A INFLUÊNCIA DE FATORES EXTRAJURÍDICOS NAS DECISÕES DO STF

Marcelo **NOVELINO**

A INFLUÊNCIA DE FATORES EXTRAJURÍDICOS NAS DECISÕES DO STF

2ª edição

2025

EDITORA JusPODIVM
www.editorajuspodivm.com.br

EDITORA *Jus*PODIVM
www.editorajuspodivm.com.br

Rua Canuto Saraiva, 131 – Mooca – CEP: 03113-010 – São Paulo – São Paulo
Tel: (11) 3582.5757
• Contato: https://www.editorajuspodivm.com.br/central-de-relacionamento

Capa e Diagramação: Marcelo S. Brandão *(santibrando@gmail.com)*
Imagens: *www.shutterstock.com – 93136894 | 729420802 | 729420799*

N938i Novelino, Marcelo
A Influência de Fatores Extrajurídicos nas Decisões do STF / Marcelo Novelino. – 2. ed. – São Paulo: Editora JusPodivm, 2025.
424 p.

Inclui bibliografia.
ISBN: 978-85-442-6287-0.

1. Direito Constitucional. 2. Fatores Extrajurídicos. 3. Supremo Tribunal Federal (STF). 4. Decisões Judiciais. I. Novelino, Marcelo. II. Título.

CDD 341.2

BIBLIOTECÁRIA RESPONSÁVEL

Ana Carolina Ribeiro Mois – CRB7 – RJ 007348/0

2.ª ed., *2.ª tir.:* set./2025.

À minha querida Avó
Irene, pelo exemplo de luta,
superação e amor.

AGRADECIMENTOS

À UERJ e a todos os seus servidores pela oportunidade de participar de um programa de Pós-Graduação muito bem estruturado, organizado e de altíssima qualidade.

Ao *Daniel Sarmento* – meu orientador e mestre, com quem tive o privilégio de conviver durante todos esses anos – pelo estímulo, conselhos, conhecimento transmitido e pela disponibilidade em auxiliar a todo instante, inclusive feriados e finais de semana. Agradecimentos não são suficientes para expressar minha profunda gratidão.

Ao *Thomas Bustamante* – meu coorientador e amigo querido, a quem tenho como exemplo desde o início de minha caminhada acadêmica – pelo incentivo e apoio permanentes.

Ao Professor *Luís Roberto Barroso*, um exemplo desde o início de minha formação acadêmica e profissional. O profundo conhecimento, a inteligência ímpar, a postura impecável, a oratória imbatível, o senso de humor refinado e a inigualável capacidade de síntese e organização de ideias complexas são, sem qualquer exagero, algumas de suas marcas registradas.

Aos Professores do PPG/UERJ – todos profissionais de extrema competência e que muito contribuíram para minha (trans)formação acadêmica –, em especial às queridas e brilhantes Professoras *Jane Reis* e *Ana Paula de Barcellos*, com as quais tive maior convivência durante este período e que, além de todo o conhecimento transmitido, muito me ajudaram com seus conselhos e orientações.

Aos Professores *Rodrigo Brandão*, *Marco Marrafon* e *Leandro Molhano*, sempre atenciosos e dispostos a colaborar com valiosos conselhos, críticas e sugestões que, sem dúvida, foram essenciais para o aprimoramento das ideias desenvolvidas ao longo da tese.

A todos os colegas da PPG/UERJ com quem tive a oportunidade de debater, refletir e aprender durante esse período tão significativo de minha vida acadêmica.

Por fim, gostaria de fazer um agradecimento especial ao talentoso *Flávio Costa*, cujo auxílio na revisão e atualização da tese para publicação foi primordial.

A Deus, sempre, por tudo!

NOTAS DE APRESENTAÇÃO

"Marcelo Novelino produziu um trabalho admirável, na forma e no conteúdo. Texto fácil, estilo límpido e pesquisa rica. E as ideias, não apenas estão no lugar certo, como expandem o conhecimento sobre o tema, com reflexão crítica e criativa. O livro demonstra bem que a justiça constitucional é tecida com fios da realidade, da normatividade e do desejo".

(Luís Roberto Barroso)

"O trabalho de Marcelo é uma competente desmistificação do processo de decisão por parte de juízes e tribunais. Estabelece um diálogo com a imagem idealizada de um magistrado inteiramente imparcial, um ser afastado do mundo e de suas mazelas, capaz de proferir sentenças como se fosse um autômato. Ao juiz "boca da lei", guiado exclusivamente por fatores jurídicos, contrapõe um juiz humano, sujeito a uma complexidade de influências que vão de distintas doutrinas até fatores institucionais e diversas regras que balizam o processo decisório. A leitura de seu texto enriquece o conhecimento sobre o Poder Judiciário e fornece parâmetros para pesquisas."

(Maria Tereza Sadek)

"Marcelo Novelino escreveu um livro extraordinário. A sua primeira grande virtude foi a escolha do tema. A análise dos fatores que influenciam a decisão judicial no Brasil ainda se acha excessivamente vinculada ao modelo legalista, de maneira que o conhecimento convencional costuma reproduzir um enredo açucarado que faz pouco sentido àqueles dispostos a se engajar em um exame mais crítico e realístico do tema. Ao enfatizar os fatores extrajurídicos que influenciam o juiz, Marcelo acertou em cheio. O livro, porém, tem diversas outras qualidades, dentre as quais se destaca a excepcional pesquisa. Fruto de um esforço quiçá obsessivo, Marcelo articulou, de maneira consistente, as contribuições da teoria do direito, da ciência política e da psicologia para a construção de uma contribuição original sobre o seu tema. A densidade da pesquisa, contudo, não prejudicou a leveza do texto; ao contrário, a sua leitura se mantém fluida e prazerosa do começo ao fim. Enfim, trata-se de um livro a ser lido por todos aqueles que busquem melhor compreender as nuances do exercício da função jurisdicional."

(Rodrigo Brandão)

PREFÁCIO

Este livro corresponde à tese de doutorado de Marcelo Novelino, apresentada na pós-graduação em Direito Público da UERJ, e aprovada com nota 10, distinção e louvor, por banca composta pelos professores Luis Roberto Barroso, Maria Teresa Sadek, Rodrigo Brandão, Thomas Bustamante e por mim, na qualidade de orientador.

Trata-se de um trabalho de qualidade excepcional, sobre um tema importantíssimo, mas muito pouco explorado no Brasil: como os juízes *de fato* decidem. O foco central da obra é a análise *descritiva* da decisiva influência de fatores extrajurídicos na atuação jurisdicional, especialmente do Supremo Tribunal Federal.

Já se tornou lugar-comum a afirmação de que, nas últimas décadas, o Supremo Tribunal Federal ganhou uma importância que até então não desfrutava, tornando-se o árbitro frequente dos maiores conflitos políticos, sociais, econômicos e morais da Nação. Cuida-se do fenômeno da judicialização da política e das relações sociais, tão discutido entre nós. Da união homoafetiva ao julgamento do "Mensalão", do controle da constitucionalidade de planos econômicos à definição do tamanho das câmaras de vereadores, do financiamento das campanhas eleitorais ao aborto de anencéfalos, poucos temas escapam atualmente à jurisdição da Corte, que adquiriu uma visibilidade social e midiática inédita na história nacional.

O fenômeno, como se sabe, é praticamente global, ocorrendo em inúmeros países de todos os continentes. No Brasil, dentre as suas inúmeras causas, pode-se apontar o nosso amplo sistema de jurisdição constitucional, facilmente deflagrável; a natureza abrangente e "invasiva" da Constituição de 88; o pluralismo político e social de nossa sociedade; a sedimentação institucional do Estado de Direito, que assegurou a independência judicial e conjurou ameaças de golpes e quarteladas; uma certa descrença em relação à capacidade do sistema representativo de responder adequadamente às reivindicações sociais; e a consolidação de uma cultura jurídica que vê a Constituição como norma, e não como mera proclamação política, reconhecendo o caráter vinculante dos seus princípios mais abstratos.

Neste contexto de mudança institucional, a atuação do STF tem despertado um grande interesse não só no campo jurídico, como também em outras disciplinas, além da atenção crescente da opinião pública. Na seara acadêmica, ganhou corpo, nos últimos tempos, o instigante debate sobre como os juízes constitucionais devem interpretar o Direito e decidir. Este debate tem se beneficiado de um proveitoso encontro entre o Direito Constitucional e a Filosofia. A literatura jurídica brasileira tem se embrenhado na discussão desta questão, em geral aderindo a teorias formuladas por autores norte-americanos ou alemães. Rios de tinta são gastos para defender ou criticar o uso, em nossa jurisdição constitucional, de concepções como a teoria da argumentação de Robert Alexy, a ideia do Direito como integridade de Ronald Dworkin, o procedimentalismo de Habermas, a hermenêutica de Gadamer e Heidegger, a teoria sistêmica de Luhmann, dentre outras. Verdadeiras "tribos acadêmicas" se formaram em torno destas teorias e o debate prossegue acalorado, sem qualquer perspectiva de trégua ou de vitória por qualquer dos lados.

Há, porém, um "ponto cego" nestas querelas acadêmicas, que a obra prefaciada ajudará a iluminar. Para definir a forma como juízes devem decidir, não há como ignorar a maneira como eles de fato decidem, ou os constrangimentos e influências extrajurídicas a que estão submetidos, e que condicionam o modo como são capazes de atuar no mundo real. Como destacou com precisão o autor, "*se comprovadamente há fatores extrajurídicos que influenciam o comportamento judicial, até mesmo de forma inconsciente e inevitável, qualquer teoria prescritiva que tenha a pretensão de evitar ou minimizar as influências indesejadas deve levá-los em consideração e enfrentá-los, ao invés de ignorá-los, como se simplesmente não existissem*". Neste sentido, o livro de Marcelo Novelino começa a suprir uma gravíssima lacuna nos estudos constitucionais brasileiros. Afinal, uma teoria que feche os olhos para a realidade poderá se comportar como o filósofo grego Thales de Miletto, que – reza a lenda –, mirando pensativo as estrelas do céu, descuidou-se do chão em que pisava e acabou caindo em um poço...

Além da relevância do tema, o livro prefaciado tem inúmeras outras qualidades. A profundidade da pesquisa e a riqueza das fontes bibliográficas utilizadas, – sobretudo as norte-americanas – são extraordinárias. O trabalho é interdisciplinar, no melhor sentido. Marcelo Novelino faz incursões de fôlego nas áreas da Ciência Política, Sociologia e Psicologia Social, jamais no objetivo de demonstrar erudição – Marcelo é de uma simplicidade tocante – mas para construir e fundamentar as suas teses. Além de muito densa, a obra é extremamente criativa e inovadora. As posições defendidas são sempre razoáveis e bem fundamentadas. E tudo isso escrito em linguagem agradável e fluente, repleta de exemplos interessantes e de estórias curiosas.

Ao longo da obra, o autor discute a influência dos mais variados fatores sobre a atuação judicial, como as motivações ideológicas dos juízes, conscientes ou não; os seus interesses pessoais; a preocupação com audiências relevantes, como a opinião pública e a mídia; aspectos culturais e sociais do país; constrangimentos institucionais, decorrentes, por exemplo, da sobrecarga de trabalho do STF, da forma de deliberação do Tribunal e do seu relacionamento com outros poderes. Estes e outros elementos são analisados com inteligência e espírito crítico, e sem o medo de desafiar ortodoxias acadêmicas ou de desagradar aos ministros da nossa Corte Suprema.

Marcelo Novelino ingressou no doutorado da UERJ quando já era um professor de Direito Constitucional nacionalmente consagrado. A sua trajetória de sucesso centrava-se, até então, na área de preparação para concursos públicos. Ele teve, porém, a coragem de se reinventar, escolhendo o caminho mais difícil. Ao invés de seguir, em sua tese, o estilo mais convencional e didático típico das obras voltadas para os concursos, Marcelo resolveu ousar, arrojando-se num mergulho profundo, por águas pouco conhecidas. O resultado do seu esforço foi absolutamente extraordinário! A tese é primorosa, honrando a tradição de excelência da pós-graduação em Direito Público da UERJ. Certamente ela vai se tornar referência na discussão sobre a forma como se dá a atuação do STF e de seus juízes.

Por todas estas razões, é para mim motivo de muito orgulho ter orientado e agora prefaciar esta obra notável do meu querido amigo Marcelo Novelino. O leitor que se aventurar pelas suas páginas vai aprender muito, e, acima de tudo, vai ser desafiado a repensar sobre as premissas – em minha opinião, algo pueris –, sobre as quais tem se erigido a teoria constitucional brasileira contemporânea.

Rio de Janeiro, julho de 2014.

Daniel Sarmento

Professor de
Direito Constitucional da UERJ

SUMÁRIO

INTRODUÇÃO

> "À medida que se avança pela estrada da Jurisprudência, mais e mais o problema do metajurídico desvela a sua decisiva importância; o jurista convence-se cada vez mais de que, se não sabe senão Direito, na realidade não conhece nem mesmo o Direito".
>
> (Francesco Carnelutti, *Tempo Perso*, Bolonha, 1952, p. 8)

I. APRESENTAÇÃO DO OBJETO DA INVESTIGAÇÃO E ESCLARECIMENTOS TERMINOLÓGICOS

A *judicialização da política* é um fenômeno presente em grande parte do mundo. O incremento quantitativo e qualitativo da formulação judicial de políticas públicas, antes mais restritas ao Legislativo e ao Executivo,[1] tem aumentado o interesse em saber como os juízes realmente decidem, isto é, quais fatores efetivamente influenciam a tomada de decisão judicial.

O estudo dessas variáveis seria de pouco interesse se a decisão judicial fosse uma atividade mecânica, estritamente condicionada por leis e precedentes, e se o juiz não precisasse fazer valorações de qualquer natureza. Todavia, no contexto constitucional contemporâneo, muitos dos casos judiciais envolvendo temas moralmente polêmicos, de alta saliência e de forte impacto na sociedade e na economia são regidos por normas de conteúdo vago e impreciso, que

---

1. O fenômeno referido é comumente denominado "judicialização da política". O termo surgiu na coletânea *The global expansion of judicial power,* coordenada por Torbjörn Vallinder e Neal Tate (1995). No Brasil, o tema foi introduzido por Marcos Faro de Castro (1997, p. 147) que destaca dois componentes desse fenômeno: "(1) um novo 'ativismo judicial', isto é, uma nova disposição de tribunais judiciais no sentido de expandir o escopo das questões sobre as quais eles devem formar juízos jurisprudenciais (muitas dessas questões até recentemente ficavam reservadas ao tratamento dado pelo Legislativo ou pelo Executivo); e (2) o interesse de políticos e autoridades administrativas em adotar (a) procedimentos semelhantes ao processo judicial e (b) parâmetros jurisprudenciais em suas deliberações."

conferem ao juiz uma ampla margem de ação dentro da qual suas escolhas tendem a ser influenciadas por variáveis não jurídicas.

Em um Estado de Direito, é legítimo presumir serem as decisões judiciais essencialmente pautadas por fatores jurídicos, mas seria ingenuidade acreditar serem *exclusivamente* determinadas por eles, bem como serem os juízes capazes de se comportar, durante todo o tempo, de forma neutra, imparcial e objetiva.[2]

Se no plano ideal é possível defender a tese da existência de uma "única resposta correta" (ou "da resposta correta", ou "da melhor resposta" ou ainda "da resposta constitucionalmente mais adequada") mesmo para os "casos difíceis",[3] no mundo real não existem mecanismos capazes de identificá-la de maneira inquestionável, tampouco pessoas ou órgãos legitimados para revelar seu conteúdo e impor sua observância.

A existência de decisões não unânimes em órgãos judiciais colegiados não deixa qualquer dúvida quanto a isso. Se um grupo de juízes pertencentes a um mesmo órgão colegiado, ao analisarem idêntica questão à luz do mesmo ordenamento jurídico, muitas vezes chegam a resultados diversos, é forçoso concluir que o material jurídico é incapaz de impor um único resultado razoável para todos os casos, e que, por conseguinte, há outros elementos intervenientes. Poder-se-ia supor que tais divergências são decorrentes da diversidade de concepções justeóricas e/ou de métodos empregados pelos juízes. Tal hipótese, no entanto, não se sustenta, ao menos como regra, ante observações mais atentas sobre a tomada de decisão judicial, como comprovam inúmeros estudos empíricos desenvolvidos no âmbito da Psicologia, da Ciência Política, da Economia e, mais recentemente, do próprio Direito.

Se os fatores jurídicos são inaptos para conformar, com exclusividade, as decisões judiciais, surgem relevantes questões a serem problematizadas: além das razões fornecidas pelo material jurídico, *quais fatores* são potencialmente capazes de influenciar o comportamento judicial? *Como* e *por que* exercem algum tipo de influência sobre os juízes? *Em que tipo de contexto* esses fatores extrajurídicos[4] têm maior probabilidade de atuar?

---

2. Como apontado por Ferrajoli (2008, p. 29-30), o juiz, "por mais que se esforce para ser objetivo, está sempre condicionado pelas circunstâncias ambientais em que atua, por seus sentimentos, inclinações, emoções e valores ético-políticos."
3. Nesse sentido, dentre outros, DWORKIN (1977, p. 279 e ss.) e STRECK (2009, p. 360 e ss.). Para uma visão crítica, ver AARNIO (1987, p. 161 e ss.) e NEVES (2006, p. 207 e ss.).
4. O termo *fator extrajurídico* será utilizado para designar tudo aquilo que contribui para um determinado tipo de comportamento dos juízes e que, por exclusão, não emana do "material jurídico convencional" – ou seja, da legislação, da doutrina ou da jurisprudência.

A abordagem será pautada por esses questionamentos e desenvolvida com o *propósito imediato* de sistematizar os fatores extrajurídicos mais influentes, refletir sobre como eles operam, explicar os motivos de sua interferência, bem como mapear os principais contextos decisórios e institucionais nos quais determinados fatores têm maior probabilidade de atuar.

A pretensão central é elaborar um *modelo descritivo* dos principais fatores extrajurídicos potencialmente capazes de influenciar o comportamento judicial,[5] tendo como *propósito mediato* fornecer elementos contributivos para o desenvolvimento de teorias normativas de decisão e de argumentação jurídicas. As teorias normativas que tentam estabelecer um modelo ideal de decisão, muitas das vezes, não conferem a devida atenção às valiosas contribuições fornecidas pelas abordagens positivas acerca do modo como os juízes efetivamente são capazes de tomar decisões.[6] Para dizer como os juízes *devem* decidir, é importante saber como *podem* decidir.

Se fatores estranhos ao direito comprovadamente interferem nas escolhas judiciais, por vezes de modo inconsciente e inevitável, as teorias jurídicas com pretensão de eficácia não podem simplesmente ignorá-los, como se não existissem. Wróblewski (1992, p. 16) afirma que a realização de investigações empíricas suficientemente profundas, capazes de contribuir para a descoberta dos processos psicológicos reais ocorridos durante a tomada de decisão, é de fundamental importância para o desenvolvimento de *teorias da decisão judicial*. Afinal, tais pesquisas são capazes não apenas de fornecer a base para o conteúdo concreto das observações teóricas, mas também de produzir instrumentos adequados para moldar comportamentos judiciais em formas desejáveis.

No mesmo sentido, Robert Alexy (2008a, p. 56) reconhece a necessidade e relevância de estudos desta natureza para as *teorias de argumentação jurídica* ao afirmar que as investigações analíticas sobre a estrutura argumentativa das diferentes decisões devem ser complementadas com investigações empíricas sobre a tomada de decisão judicial. Sem conhecer e considerar os fatores que

---

5. O termo "comportamento judicial" será empregado em dois sentidos diversos: em *sentido amplo*, para designar as atitudes adotadas pelos juízes no decorrer do processo e julgamento de um caso judicial; e em *sentido estrito*, para fazer referência apenas àquelas relacionadas à decisão em si.

6. FRIEDMAN (2005, p. 261): "As teorias normativas sobre a *judicial review* limitam suas próprias possibilidades e valor por não enfrentarem o que o conhecimento positivo ensina sobre o ambiente político no qual os juízes constitucionais atuam e sobre as restrições que necessariamente enfrentam."; VERMEULE (2003, p. 4-5): "Qualquer abordagem de interpretação constitucional e legal deve tratar a interpretação como ela realmente ocorre, em uma estrutura judicial coletiva que produz desacordos insolúveis, inconsistências doutrinárias e metodológicas ao longo do tempo...".

influenciam o comportamento judicial, bem como as vicissitudes que acometem o processo decisório, dificilmente as teorias normativas serão efetivas e conseguirão alcançar o êxito almejado.[7]

Os juízes são seres humanos e, como tais, possuem *predisposições*, *preferências* e *interesses* potencialmente capazes de afetar suas escolhas. Em muitos dos casos, seu comportamento tem como base *expectativas* formuladas dentro de um ambiente dinâmico, repleto de estímulos e pressões das mais variadas espécies. O conhecimento dos contextos decisórios e institucionais nos quais certos fatores têm maior probabilidade de atuar, por um lado, pode contribuir para o aprimoramento do *controle endógeno* realizado pelo próprio julgador interessado em evitar influências indesejáveis e em minimizar os vieses que interferem nos processos mentais de tomada de decisão; por outro, pode ser útil para a formulação de mecanismos e normas de *controle exógeno* voltados a evitar desajustes institucionais.

II. DELIMITAÇÃO DO OBJETO DE ANÁLISE

A complexidade do comportamento judicial não pode ser captada, em toda sua plenitude, apenas pelas lentes da filosofia do direito e da dogmática jurídica, sendo indispensável o recurso a outras áreas do conhecimento como, *e.g.*, a Psicologia, a Sociologia e a Ciência Política. Nenhuma tentativa de identificação, ordenação e explicação deste fenômeno comportamental seria satisfatória se ficasse adstrita ao Direito. Por se tratar de um tema extremamente abrangente e que não se restringe ao âmbito jurídico, torna-se ainda mais relevante sua delimitação e adequação às condições possíveis, de modo a evitar uma abordagem superficial dos pontos mais relevantes.

O modelo a ser desenvolvido utilizará, basicamente, estudos empíricos referentes ao Supremo Tribunal Federal (STF) e à Suprema Corte dos EUA. Em que pese os casos decididos pelos dois tribunais não serem representativos de todos os problemas surgidos nas instâncias inferiores, são os que apresentam as melhores características para a identificação e sistematização dos fatores extrajurídicos potencialmente capazes de influenciar o comportamento judicial. A opção por esta análise comparativa tem, ainda, um forte apelo de ordem prática, já que a expressiva maioria das investigações empíricas produzidas no Brasil e nos Estados Unidos envolve as decisões de suas respectivas Cortes Supremas.

---

7. CROSS (1997, p. 313): "Uma vez que a verdadeira natureza das decisões judiciais seja mais bem compreendida, os investigadores jurídicos podem investigar como moldar as decisões futuras. Esta investigação é crucial: 'Poucas questões são tão centrais para o estudo do processo jurídico como a referente ao modo como as decisões jurídicas são tomadas'."

O segundo ponto a ser destacado é em relação aos propósitos imediatos da análise (*quais* são os fatores, *por que* influenciam e *em que circunstâncias*). Não faz parte das preocupações que orientam este trabalho apontar *em que medida* (ou seja, *quanto*) cada um dos fatores extrajurídicos influencia as decisões dos magistrados, o que exigiria pesquisas empíricas mais específicas. Investigações desta natureza, embora relevantes para o aperfeiçoamento do modelo a ser desenvolvido, não são indispensáveis para sua construção. Os dados empíricos existentes na literatura nacional e estrangeira permitem a formulação de "enunciados probabilísticos"[8] relativos à probabilidade de interferência de certos fatores dentro de determinados contextos. Isso porque, independentemente do órgão judicial ou do sistema jurídico, os fatores que influenciam o comportamento judicial são essencialmente os mesmos, embora sua atuação tenha intensidade e grau de interferência distintos.

III. POTENCIAIS CONTRIBUIÇÕES DO MODELO A SER DESENVOLVIDO

A identificação, explicação e sistematização dos contextos decisórios e institucionais nos quais determinados fatores extrajurídicos têm maior probabilidade de influenciar o comportamento judicial, além de imprescindíveis para o desenvolvimento de teorias normativas de decisão e de argumentação jurídicas, podem trazer outras contribuições relevantes.

Do ponto de vista acadêmico, uma visão abrangente e mais realista do processo decisório se revela útil para a formação dos futuros profissionais do direito por fornecer importantes elementos para análises crítico-descritivas menos ingênuas e idealizadas. Se os juízes são seres humanos que sofrem a influência de uma série de motivações autointeressadas é importante que estas sejam compreendidas não apenas por cientistas políticos, mas também por estudiosos do direito (SCHAUER, 2000, p. 617-618).

Do ponto de vista institucional, este tipo de análise pode contribuir para o desenvolvimento dos mecanismos de *controle exógeno* por fornecer informações relevantes para o aprimoramento dos sistemas de escolha e nomeação dos juízes; para a regulamentação da participação de pessoas, órgãos e entidades em processos constitucionais; e para a definição de normas institucionais internas e externas. A ordenação sistemática dos fatores extrajurídicos pode,

8. Serão denominadas de *enunciados probabilísticos* as exposições sumárias de uma proposição acerca da provável influência de um fator, dentro de determinado contexto, mantidas todas as demais condições. Em seguida à sua formulação, essas proposições serão definidas, explicadas e, quando possível, demonstradas empiricamente.

ainda, trazer ganhos no incremento da racionalidade, consistência, integridade das decisões judiciais.[9]

Do ponto de vista prático-processual, o conhecimento dos contextos decisórios e institucionais onde há maior probabilidade da influência de fatores extrajurídicos pode proporcionar ganhos em diferentes aspectos. Para os juízes, pode contribuir para o acionamento de mecanismos de atenção e autocontrole dos fatores que tendem a operar abaixo do nível de consciência plena (*controle endógeno*); para os advogados, pode ser uma poderosa fonte de informação para a utilização de argumentos de convencimento ou para traçar a melhor estratégia de atuação. Uma melhor compreensão da tomada de decisão judicial pelos advogados pode contribuir para que estes tenham uma atuação mais eficaz tanto durante o litígio, como na antecipação de seu provável desfecho, possibilitando que sejam evitados ou resolvidos em um estágio inicial (EPSTEIN; LANDES; POSNER, 2013, p. 6).

Do ponto de vista das relações sociais, a identificação dos elementos que interferem no comportamento judicial pode contribuir para prognósticos acerca da posição a ser adotada por juízes e tribunais. Como observou o juiz norte-americano Richard Posner (2008, p. 24), "os resultados dos casos decididos pela Suprema Corte dos EUA podem ser previstos mais precisamente por meio de um punhado de variáveis, nenhuma das quais envolvendo a doutrina jurídica, do que por uma equipe de especialistas em direito constitucional." A análise dessas variáveis pode contribuir para *insights* valiosos relacionados à gestão da incerteza e ao fomento da segurança jurídica.

Todas essas potenciais contribuições oferecidas às abordagens jurídicas por um estudo descritivo do comportamento judicial revelam a importância e imprescindibilidade de um empreendimento desta natureza.

IV. MÉTODO E PLANO DE TRABALHO

A tomada de decisão judicial costuma ser abordada, conforme a área de conhecimento, sob diferentes prismas. Tradicionalmente, a abordagem jurídica possui um enfoque teórico e normativo (como os juízes *devem decidir*), enquanto a dos cientistas políticos é voltada para análises empíricas e descritivas (como

9. TARUFFO (2001, p. 8-9): "(...) o verdadeiro problema consiste em compreender o quê acontece quando o raciocínio do juiz vai além dos confins daquilo que convencionalmente se entende por *direito* e em individualizar as garantias de racionalidade e razoabilidade, de confiabilidade, de aceitabilidade e de controlabilidade dos numerosos aspectos da decisão judiciária que verdadeiramente não são nem direta nem indiretamente controlados ou determinados pelo direito."

os juízes, de fato, *decidem*). Quando se trata de ações deliberativas, nem sempre é simples distinguir as duas formas de análise, já que todo empreendimento descritivo pressupõe um mínimo de teoria.

As *teorias descritivas* (ou *teorias positivas*) de aplicação judicial do direito podem ser decompostas em três partes. A primeira consiste na análise dos fatores que influenciam o comportamento judicial. A segunda, na tentativa de identificação de regularidades, se houver, neste comportamento. A terceira, na formulação de previsões do comportamento judicial, seja em relação às tendências gerais de aplicação do direito, seja quanto à probabilidade de decisões concretas em determinados casos (WRÓBLEWSKI, 1992, p. 56-57). Como já ressaltado anteriormente, o presente estudo terá um caráter eminentemente *descritivo*, isto é, será desenvolvido com o intuito de construir um modelo representativo do comportamento judicial dentro de uma dada realidade.

Não fazem parte das preocupações imediatas que norteiam este trabalho discutir quais fatores deveriam influenciar a tomada de decisão judicial, nem em que medida ou sob quais circunstâncias seria desejável que um determinado fator tivesse um peso maior do que os demais.[10] Estas são questões a serem desenvolvidas em abordagens *prescritivas*, de caráter teórico-normativo, as quais pressupõem, em alguma medida, o conhecimento e a compreensão do cenário real, o que só é possível através da observação e interpretação dos fenômenos empíricos e dos mecanismos de pressão que efetivamente atuam sobre o comportamento dos juízes. Em síntese, não se pretende construir um modelo normativo direcionado a determinar como o processo decisório deveria ocorrer, mas sim retratar as linhas básicas desta realidade, ainda que com o propósito mediato de fornecer elementos e informações úteis ao desenvolvimento de teorias normativas de decisão e de argumentação jurídicas.

A tese será desenvolvida em três partes, sendo a primeira dedicada primordialmente ao papel orientador e limitador desempenhado pelo direito. No Capítulo 1, serão abordados dois dos principais modelos comportamentais da Ciência Política, os quais postulam que os juízes perseguem objetivos distintos (*jurídicos* x *políticos*). Baseado no Formalismo Jurídico, o *modelo legalista* pressupõe que os juízes buscam a melhor realização possível do direito. Por

10. Vale notar que, embora não seja usual, há autores que defendem a importância, sob a perspectiva prescritiva, da influência de fatores extrajurídicos no comportamento judicial. Nesse sentido, George e Epstein (1992, p. 324) observam que, "do ponto de vista normativo, muitos seguiram o exemplo de Brandeis, argumentando que fatores extrajurídicos devem entrar nas deliberações judiciais. Afinal, se os juízes fossem constrangidos pelos precedentes, o direito permaneceria estático, quando deveria refletir as mudanças morais e valorativas."

sua vez, os adeptos do *modelo atitudinal*, inspirados no Realismo Jurídico, postulam que os juízes desejam maximizar suas preferências políticas pessoais. No Capítulo 2, serão fixados os alicerces para o desenvolvimento do *modelo jurídico multifatorial*, uma proposta de abordagem descritiva do comportamento dos juízes que pressupõe o direito como principal protagonista, mas considera inevitável a influência, consciente ou inconsciente, de determinados fatores extrajurídicos, conforme o contexto decisório e institucional. No Capítulo 3, será feita a análise do *material jurídico convencional* (legislação, doutrina e jurisprudência) utilizado pelas Cortes Supremas do Brasil e dos Estados Unidos e de sua incapacidade para determinar, em todos os casos e de modo exclusivo, o comportamento judicial.

A segunda parte terá como objeto de análise os *fatores endógenos*, isto é, aqueles relacionados aos atributos judiciais. Os juízes, assim como qualquer ser humano, possuem predisposições, preferências e interesses potencialmente capazes de afetar seu comportamento. No âmbito do Direito, embora existam "fatores de objetivação"[11] voltados a minimizar a interferência de certas idiossincrasias na atuação judicial, estes não são capazes de anular a humanidade dos juízes e nem de transformar suas decisões em algo absolutamente neutro, imparcial e objetivo. No Capítulo 4, serão abordados os *fatores cognitivos*, a fim de demonstrar como erros sistemáticos e vieses cognitivos ("predisposições") podem influenciar, de forma inconsciente, o raciocínio decisório dos juízes. No Capítulo 5, a análise dos *fatores ideológicos* compreenderá a influência exercida por preferências pessoais dos juízes, tanto as de natureza política ("preferências substanciais"), quanto as de natureza metajurídica ("preferências formais"). No Capítulo 6, serão analisados os *fatores de interesse* potencialmente capazes de motivar escolhas e induzir comportamentos judiciais. A direção na qual os interesses dos juízes ou de terceiros tendem a influenciar o comportamento judicial, em regra, está relacionada às plateias consideradas relevantes, razão pela qual estas também serão objeto de análise no referido capítulo.

Por fim, a terceira parte do trabalho tratará dos *fatores exógenos* que, além de contribuírem para a constituição e estruturação dos atributos judiciais, podem atuar maximizando ou restringindo a influência das predisposições, preferências e interesses dos juízes, conforme o contexto institucional em que estão inseridos.

11. Dentre os *fatores de objetivação* podem ser mencionados: a formação jurídica; o dever profissional de observar regras materiais e formais; e os critérios, métodos e parâmetros formulados pela doutrina e pela jurisprudência.

Nos Capítulos 7 e 8, será analisada a atuação de *estruturas sociais e culturais* na conformação dos atributos dos juízes. No Capítulo 9, serão apresentados *fatores interpessoais*, os quais dizem respeito à forma como o comportamento judicial é influenciado pelas relações dos juízes com aqueles que os circundam. Por fim, o Capítulo 10 abordará aspectos do *contexto normativo-institucional* potencialmente capazes de fomentar a influência de determinados fatores jurídicos e extrajurídicos, de acordo com as expectativas geradas por normas internas e externas que fornecem informações relevantes sobre as possíveis reações de outros atores.

PARTE I

FATORES JURÍDICOS E EXTRAJURÍDICOS: A INCAPACIDADE DE DETERMINAÇÃO DO COMPORTAMENTO JUDICIAL PELO DIREITO

Dentre os principais problemas subjacentes às diferentes teorias jurídicas sobre como os juízes *devem* decidir, está a questão, geralmente desprezada, sobre como, de fato, *podem* decidir. Mesmo os melhores juízes possuem, assim como os demais seres humanos, tendências e limitações cognitivas, preferências e interesses, vícios e virtudes. Por mais que sejam bem-intencionados e persigam o sincero objetivo de alcançar a melhor realização possível do direito, há contextos decisórios nos quais a indeterminação do material jurídico convencional ou dos fatos juridicamente relevantes confere uma margem de ação na qual as escolhas judiciais são necessariamente influenciadas, em maior ou menor medida, por fatores estranhos ao direito.

Os principais modelos descritivos do comportamento judicial utilizam como base o direito e/ou a política para formular suas explicações e predições. Cada um centraliza o foco implicitamente na motivação judicial, tratando as ações dos juízes como se fossem direcionadas apenas por seus objetivos. Sob essa perspectiva, as preferências jurídicas e/ou políticas dos juízes se transformariam diretamente em escolhas nos casos submetidos à apreciação do Poder Judiciário.

Os três modelos dominantes, no âmbito da Ciência Política norte-americana, são essencialmente pautados na antítese entre o Formalismo e o Realismo.[1] O *modelo legalista* (*legal model*)[2] pressupõe que os juízes perseguem um *objetivo jurídico*, qual seja, alcançar a melhor realização possível do direito. O direito é aqui compreendido em um sentido estrito, com limites claramente definidos e distintos da política, sendo revelado - e não criado - pelos juízes através de interpretações puramente técnicas, livres de valorações e caracterizadas pela neutralidade, imparcialidade e objetividade. Situado no extremo oposto, o *modelo atitudinal* (*attitudinal model*) sugere a busca por *objetivos políticos* consistentes em maximizar as "preferências políticas pessoais", sendo a ideologia[3] a principal responsável pelas escolhas judiciais. O *modelo estratégico* (*strategic model*), por sua vez, é uma abordagem mais de meio do que de fim, segundo a qual os juízes, com o intuito de promoverem seus *objetivos jurídicos e/ou políticos* de forma eficaz e por longo prazo, adotam comportamentos sofisticados, tendo em consideração não apenas suas preferências pessoais, mas também as possíveis reações de outros atores políticos.

Todos esses modelos puros, além de captarem apenas parte daquilo que cada juiz faz durante algum tempo e de exagerarem em algumas de suas afirmações, adotam pressupostos extremamente simplificadores e irreais, como se o raciocínio dos juízes pudesse se desenvolver de forma homogênea, unidirecional, linear, operando sempre de modo racional e deliberado. Diversos estudos empíricos, no entanto, apontam a significativa interferência de outros fatores, tendentes a atuar com

---

1. TAMANAHA (2010, p. 115-116): "O lado formalista é identificado com o 'modelo legalista,' que está denegrido dentro deste âmbito. O lado realista é identificado com o 'modelo atitudinal,' que tem desfrutado de décadas de primazia. [...] O mais recente, o 'modelo estratégico' (...), é normalmente construído de uma forma que se alinha com o modelo atitudinal no lado realista da divisão."
2. No Brasil, o termo "*legal model*" costuma ser designado como "modelo legal" embora, a rigor, a tradução mais correta seja "modelo jurídico". Não obstante, como este rótulo é utilizado pelos cientistas políticos norte-americanos para fazer referência a teses essencialmente legalistas (ou formalistas), optamos por adotar a expressão "modelo legalista" que, a nosso ver, expressa mais fielmente a essência desta abordagem descritiva.
3. Os termos *preferências políticas pessoais* e *ideologia* serão utilizados indistintamente para designar o conjunto de ideias, pensamentos e convicções de natureza filosófica, política, religiosa, social ou econômica que orientam os indivíduos ou grupos de indivíduos em suas ações.

maior ou menor intensidade conforme as características do contexto decisório.[4]

Na primeira parte, o estudo será dividido em três capítulos. O primeiro será dedicado à análise dos modelos dominantes (*legalista*, *atitudinal* e *estratégico*) e das abordagens cujo foco central são as instituições judiciais e políticas (*neoinstitucionalistas*). No segundo capítulo, serão fixadas as bases para a formulação de um *modelo descritivo* do comportamento judicial, tendo o direito como principal protagonista, mas reconhecendo que, em determinados contextos decisórios e institucionais, há fortes probabilidades de que múltiplos fatores extrajurídicos exerçam algum tipo de influência, de modo consciente ou inconsciente. Por fim, o terceiro capítulo abordará a incapacidade dos *fatores jurídicos* de impor, com exclusividade e em todos os casos, um único resultado razoável ("comportamento judicial em sentido estrito"), bem como para pautar todos os atos judiciais praticados no decorrer de um processo ("comportamento judicial em sentido amplo").

4. BURBANK (2009, p. 20): "Estudos recentes contradizem o estrito pressuposto dos defensores desses modelos, sugerindo que, ao contrário, não é apenas o 'direito' que deve ser considerado na mistura com a 'política judicial' e que, assim como ocorre com o 'direito,' se e quando as outras influências afetam o comportamento judicial é algo que depende do contexto."

1

OS PRINCIPAIS MODELOS DESCRITIVOS DO COMPORTAMENTO JUDICIAL

As abordagens sobre o comportamento judicial costumam ser pautadas pela antítese entre duas concepções com predominância nos Estados Unidos em períodos históricos distintos. De um lado, o *Formalismo Jurídico*, com auge entre 1870 e 1920, trata o direito como algo autônomo, abrangente e logicamente determinado, cujas características são necessárias e suficientes para permitir aos juízes deduzir, por meio de uma atividade puramente mecânica, os únicos resultados corretos. De outro, o *Realismo Jurídico* considera o direito altamente indeterminado, repleto de lacunas e contradições, as quais permitem resultados diferentes e contraditórios entre si na interpretação de uma mesma norma. Os realistas jurídicos dão ênfase ao aspecto criativo das decisões judiciais, por considerá-las altamente suscetíveis à influência de fatores extrajurídicos, sendo impossível explicá-las apenas com base na utilização racional do direito. Tais influências são tão diversificadas que os reais fundamentos das decisões acabam obscurecidos.[1]

1. Um polêmico estudo feito por professores da *Columbia Business School* e da *University of the Negev*, em dezembro de 2010, testou uma caricatura usual do realismo jurídico – *o resultado do julgamento depende do que "o juiz comeu no café da manhã"* – em 1.112 decisões judiciais sobre liberdade condicional, proferidas sequencialmente por oito juízes judeu-israelenses, durante dez meses. Foram registradas duas pausas para alimentação dos juízes, o que resultou na segmentação das deliberações diárias em três "sessões de decisão": I) do café da manhã até o almoço; II) do almoço até o intervalo para o lanche da tarde; e, III) do lanche da tarde até o final do expediente. Os pesquisadores concluíram que o percentual de sentenças favoráveis à liberdade condicional cai gradualmente de 65% para quase zero dentro de cada sessão de decisão, retornando abruptamente para 65% após o intervalo para refeição. Segundo os autores da pesquisa, os resultados sugerem que as decisões judiciais podem, de fato, sofrer a interferência de variáveis externas que não deveriam ter qualquer influência sobre elas (DANZIGER; LEVAV; AVNAIM-PESSO, 2011).

Os créditos pela formulação dos fundamentos iniciais da concepção realista costumam ser atribuídos a Oliver Wendell Holmes Jr. Em conhecida passagem do livro *The Common Law*, que tem como foco central a análise das "reais" determinantes de uma decisão judicial, Holmes (1881, p. 1) afirma:

> A vida do direito não tem sido lógica: tem sido experiência. O sentido das necessidades da época, as teorias morais e políticas predominantes, intuições de ordem pública, declaradas ou inconscientes, até mesmo os preconceitos que os juízes compartilham com seus semelhantes, tiveram muito mais a fazer do que o silogismo na determinação das regras pelas quais os homens devem ser governados. O direito incorpora a história do desenvolvimento de uma nação por muitos séculos, e não pode ser tratado como se contivesse apenas os axiomas e corolários de um livro de matemática.

Nas diferentes versões do Realismo Jurídico, as decisões judiciais não são controladas pelo direito com a intensidade e frequência que muitos costumam acreditar. Para Karl Llewellyn (1930, p. 74-75), os juízes, mais do que simplesmente descobrir, *produzem* o direito e utilizam duas teorias distintas de precedentes, de acordo com sua conveniência: uma *restrita*, para os "holdings" considerados indesejáveis; e outra *ampla*, para os úteis.[2] Os adeptos dessa tradição argumentam que as principais influências causais sobre a tomada de decisão judicial decorrem de pontos de vista filosóficos e políticos do juiz, os quais são a base de sua "ideologia". Ressaltam, ainda, que o material jurídico convencional é utilizado para formular uma racionalização argumentativa "*ex post facto*", ou seja, para conferir legitimidade a decisões que, na realidade, foram politicamente motivadas. Jerome

---

O artigo contendo os dados da pesquisa, a crítica à conclusão dos autores e a réplica estão disponíveis, respectivamente, em: www.pnas.org/lookup/suppl/doi:10.1073/pnas.1018033108/-/DCSupplemental; http://www.pnas.org/content/108/42/E833.full; http://www.pnas.org/content/108/42/E834.

2. LLEWELLYN (1930, p. 74-75): "O que eu gostaria que penetrasse com profundidade em suas mentes sobre a doutrina do precedente, portanto, é que ela é bicéfala. É como a [dupla] face de Jano. Não há uma doutrina, nem uma linha de doutrina, mas duas, e duas que, aplicadas ao mesmo tempo para o mesmo precedente, são contraditórias uma com a outra. Existe uma doutrina para se livrar de precedentes considerados problemáticos e uma doutrina para fazer uso de precedentes que parecem úteis. Essas duas doutrinas coexistem lado a lado."

Frank (1932, p. 653) considera as fundamentações como "exposições censuradas" (*censored expositions*) do raciocínio decisório.

No final da década de 1970, surge uma nova escola teórica inspirada na concepção realista e profundamente influenciada pelos movimentos de direitos civis da década anterior. Apontado como o "neto radical do Realismo Jurídico" (POSNER, 2008, p. 112), o *Critical Legal Studies* (CLS), embora não tenha produzido um bloco monolítico de pensamento, pode ser identificado por algumas ideias centrais de grande influência no direito estadunidense, sobretudo na década de 1980.[3] Dentre elas, destacam-se a visão politicamente engajada do direito ("*Direito é política*")[4] e a noção de que *o direito é radicalmente indeterminado*. Os *crits*, como são conhecidos os representantes do movimento, sustentam que o material jurídico convencional pode ser utilizado para justificar praticamente qualquer resultado. Para muitos, essa indeterminação é manipulada de acordo com o interesse das elites dominantes, espaço de origem da grande maioria dos juízes (ROSENFELD, 2001, p. 57-58). Embora tenha gerado uma grande quantidade de trabalhos, as teses centrais desse movimento nunca tiveram uma aceitação verdadeiramente ampla no âmbito jurídico (CROSS, 1997, p. 257).

A concepção radical sobre o grau de indeterminação do direito, adotada tanto por realistas como pelos *crits*, não pode ser admitida, sobretudo por desprezar os casos jurídicos típicos em favor dos casos incomuns e por atribuir uma discricionariedade exageradamente desmedida aos juízes. Não obstante, esses movimentos têm o mérito de haver alertado para a impossibilidade de se compreender o direito e as decisões judiciais de forma isolada, sem levar em consideração estruturas mais amplas de *background* filosófico, político, econômico e social.

---

3. Entre os mais influentes representantes deste movimento estão o filósofo jurídico norte-americano Duncan Kennedy e o filósofo e teórico social brasileiro Roberto Mangabeira Unger, um dos últimos a tentar desenvolvê-lo em novas direções.

4. ROSENFELD (2001, p. 56-57): "Que todo o direito é, em última análise, política, é a posição adotada pelo movimento dos Estudos Críticos do Direito (CLS). (...) Normalmente, os materiais constitucionais, legais e de *common law* com os quais os juízes devem tratar são compostos de amplas sobreposições de regras e exceções, princípios e normas conflitantes, e diretivas abertas suscetíveis de interpretações contraditórias. Assim, os juízes sempre têm uma escolha entre várias alternativas plausíveis com diferentes consequências políticas."

A suposta antítese entre *Formalismo* e *Realismo*, embora marcada por equívocos em alguns de seus aspectos essenciais, foi determinante para a formulação dos modelos de comportamento judicial dominantes no campo da ciência política, com a primeira concepção correspondendo ao modelo *legalista* e a segunda aos modelos *atitudinal* e *estratégico*.

1.1. O MODELO LEGALISTA

> *O modelo legalista [...] postula que as decisões da Suprema Corte são baseadas nos fatos do caso à luz do sentido claro das leis e da Constituição, da intenção de seus idealizadores, dos precedentes e de um sopesamento dos interesses da sociedade.*
>
> Jeffrey A. Segal e Harold J. Spaeth

O comportamento judicial descrito por parte dos cientistas políticos como típico do modelo legalista corresponde ao que os juristas estadunidenses denominam de *formalismo*,[5] embora haja uma diferença fundamental. Na ciência política, a abordagem é eminentemente descritiva, ao passo que, no direito, a concepção é utilizada em termos prescritivos, de modo a designar que as decisões judiciais *devem ser* determinadas exclusivamente pelo direito e que os juízes *não devem* agir como atores políticos livres para impor os valores que desejam.

As versões mais estritas de modelos jurídicos, como o legalismo, sugerem que as decisões judiciais são determinadas exclusivamente por fatores jurídicos extraídos do material legislativo e jurisprudencial por meio de operações lógicas. O direito é concebido, em termos de conhecimento e técnica, como uma disciplina autônoma em relação às demais, como um domínio limitado, cuja trajetória pode ser identificada através da análise de fatores internos (CROSS, 1997, p. 255). Não existe espaço para a subjetividade do juiz. A disciplina imposta pela "cultura jurídica" é considerada suficiente para submeter as decisões judiciais ao exclusivo domínio do direito, sem a influência de fatores extrajurídicos como a ideologia ou as crenças pessoais dos juízes (SUNSTEIN, 2006, p. 5). As garantias institucionais e funcionais impediriam influências e pressões externas, assegurando não apenas a independência dos juízes, mas também a neutralidade, a imparcialidade e a objetividade das decisões judiciais.

5. Sobre o tema, por todos, *cfr.* SCHAUER (1988).

Sob a perspectiva legalista, a aplicação judicial do direito pode ser caracterizada a partir dos seguintes elementos centrais: em relação aos critérios hermenêuticos, um *modelo formalista de interpretação*, no qual o significado é revelado (natureza declaratória da interpretação) com base nos elementos do texto constitucional (*textualismo*), na intenção do poder constituinte (*originalismo*) ou por meio de metanormas (normas referentes à interpretação e aplicação de outras normas) formuladas para restringir a discricionariedade judicial;[6] no tocante à postura perante os demais poderes, um *modelo de autorrestrição*; quanto ao material normativo, um *modelo de regras*; e, relativamente à aplicação das normas, um *modelo lógico-dedutivo*.[7]

Tal concepção estrita corresponde à visão positivista predominante nos primórdios do constitucionalismo liberal clássico. A partir do século XVIII, a cultura jurídica europeia passou a ser dominada pelo modelo científico de raciocínio, o qual ainda hoje faz parte do inconsciente coletivo de muitos juristas sob a forma de silogismo judicial (TARUFFO, 2007, p. 69). Na França revolucionária, o ambiente político era de profunda desconfiança em relação aos magistrados. O juiz era considerado um escravo do direito posto, cuja missão começava no ponto em que terminava a do legislador. A jurisdição era vista como a *longa manus* da lei, ideia sintetizada pelo Deputado Bergasse, constituinte francês de 1789, ao afirmar que "o Poder Judiciário estará (...) mal organizado se o juiz gozar do privilégio perigoso de interpretar a lei ou de acrescentar algo a suas disposições" (SAMPAIO, 2001, p. 193). Essa visão encontrava apoio teórico na obra clássica de Montesquieu, *De l'Esprit des Lois* (1748), na qual o poder de julgar era considerado "invisível e nulo", sendo atribuído aos juízes o papel de mera "boca

6. A proposta de utilização de diretrizes interpretativas tem um aspecto curioso que aparentemente contradiz a própria lógica do legalismo: se essas diretrizes não estão positivadas no texto constitucional, a opção por uma ou por outra representa uma escolha política (em sentido amplo), sendo que escolhas dessa natureza são inconsistentes com o modelo. Posner (2008, p. 48) cita, como exemplo, a metanorma segundo a qual *uma lei não deve ser invalidada, a menos que sua inconstitucionalidade seja tão clara que esteja além de qualquer dúvida razoável*. Em nenhum lugar do texto constitucional está expresso que a interpretação deve ser estrita nem existe qualquer dispositivo do qual se possa deduzir diretamente este critério.

7. A decisão judicial é concebida como o produto de um silogismo no qual o fato (premissa menor) seria logicamente subsumido à norma (premissa maior), vista como um comando extraído do texto legal através de um conjunto de cânones e metanormas supostamente capazes de tornar a interpretação uma atividade regrada e, portanto, imune à discricionariedade judicial.

da lei" (*La bouche de la loi*).[8] A tomada de decisão neutra e puramente mecânica, resultante da literalidade de textos legais construídos com dispositivos claros e precisos, era considerada capaz de eliminar qualquer espaço significativo para divergências interpretativas ou para a confluência de fatores ideológicos, sociais, institucionais e políticos. A visão refratária à influência de fatores extrajurídicos foi fortalecida com o advento do Código de Napoleão (1804) e o surgimento da *Escola da Exegese*, corrente do pensamento jurídico francês com apogeu entre 1830 e 1880.

1.1.1. A insuficiência descritiva do modelo legalista

O modelo legalista pode ser utilizado para descrever, embora de forma grosseira, número significativo de decisões judiciais tomadas em casos mais simples e rotineiros,[9] mas certamente não retrata, com fidelidade, o comportamento judicial adotado em casos de maior complexidade. Referindo-se ao contexto europeu, Garoupa e Ginsburg (2009, p. 463) especulam que a estabilidade sem precedentes dos regimes políticos ocorrida no segundo pós-guerra teria permitido aos juízes dos países de *civil law* abandonar as abordagens mais formalistas que os blindavam das constantes e abruptas mudanças políticas havidas em grande parte do século XIX e início do século XX.

A adequação descritiva do legalismo é colocada em xeque por requisitos exigidos para o ingresso na magistratura[10] e pelas qualidades esperaradas de um bom juiz, tais como ter "bom senso," ser

8. MONTESQUIEU (2009, p. 180): "Mas os juízes da Nação, como dissemos, são apenas a boca que pronuncia as palavras da lei; seres inanimados que não podem moderar nem a força nem o rigor."
9. Michele Taruffo (2007, p. 69) observa que, embora a decisão judicial não possa ser vista como "o resultado exclusivo de um *iter* lógico modelado de acordo com as formas de dedução silogística, [...] não se pode ignorar que uma conexão essencialmente dedutiva, ou subsuntiva, representa o núcleo fundamental da aplicação da norma ao fato." Por sua vez, Ronald Cass (1995, p. 995-996) argumenta que, apesar de não conseguirem captar aspectos importantes do comportamento judicial, as abordagens formalistas têm uma relação significativa e sistemática com o processo de tomada de decisão e que a "análise formal é a essência da formação jurídica e prática, não porque descreve totalmente e é capaz de predizer as decisões judiciais, mas sim por fazer um trabalho melhor que qualquer alternativa."
10. A Constituição brasileira de 1988, por exemplo, exige requisitos como *idade mínima* (art. 101) e *tempo de "atividade jurídica"* (art. 93, I) ou de *"efetiva atividade profissional"* (arts. 94; 107, I; 111-A, I; 115, I).

sábio ou experiente. Tais atributos seriam totalmente dispensáveis se a aplicação judicial do direito fosse, de fato, um procedimento de mera subsunção lógica.

Atualmente, nem mesmo na comunidade jurídica essa visão estrita descrita pelo modelo legalista tende a ser acolhida. As percepções idealizadas de que os juízes apenas revelam a norma pré-existente ou de que o direito pode atuar como único fator determinante das decisões judiciais, além de desmistificadas por estudos empíricos,[11] contrastam com as abordagens jurídicas mais sofisticadas e de maior projeção na atualidade, nas quais é reconhecida a influência da política ou adotada uma concepção mais ampla do direito. Nesse sentido, destacam-se a "leitura moral da constituição" proposta por Ronald Dworkin e o "pragmatismo jurídico" defendido por Richard Posner, dois dos mais influentes juristas norte-americanos de todos os tempos.[12] A despeito do caráter essencialmente normativo, tais teorias não ignoram a inexorável presença de fatores extrajurídicos na tomada de decisão judicial.

1.1.1.1. A leitura moral da constituição

Ronald Dworkin (1977, p. 22 e ss.) propõe um modelo de *policies*, *principles* e *rules* em contraposição ao modelo de regras. Em sua concepção, os princípios desempenham papel fundamental na tomada de decisão, sobretudo nos casos difíceis (*hard cases*) envolvendo questões constitucionais cujos fatos não estão regulados por uma regra específica. Embora rejeite a tese de que "direito e política são exatamente a mesma coisa", Dworkin (2005, p. VIII-IX) considera irrealista a noção jurídica tradicional de que ambos pertencem a mundos inteiramente distintos e independentes e que, por conseguinte, as convicções políticas não desempenham absolutamente nenhum papel nas decisões judiciais. A

11. EPSTEIN; KNIGHT (1998, p. 183): "Os cientistas sociais há muito tempo rejeitaram esta consideração e substituíram-na por uma concepção mais realista que incorporou o fato de que quando os juízes se envolvem na interpretação jurídica, muitas vezes alteram o conjunto de regras existentes de uma forma tão ampla que seria enganoso dizer que eles não estão criando um novo direito. O reconhecimento desse fato – de que os juízes, juntamente com os membros do Legislativo e Executivo, criam o direito – não só desafiou algumas de nossas crenças básicas sobre o Estado de Direito, mas também trouxe consigo importantes implicações sobre a autonomia e discricionariedade judicial."

12. Nos Estados Unidos, de acordo com o levantamento feito por Fred Shapiro (2000), Posner é o jurista mais citado de todos os tempos, seguido por Dworkin. Curiosamente, ambos foram os mais ferozes críticos um do outro.

ideia de que os juízes, se não fossem tão sedentos pelo poder, poderiam usar estratégias politicamente neutras de interpretação constitucional, atrapalha e corrompe a política constitucional (DWORKIN, 2006, p. 57-58). O texto constitucional e a integridade do direito restringem a influência das convicções pessoais, mas são insuficientes para eliminá-la por completo. A *leitura moral* da constituição, sugerida para a interpretação dos dispositivos especialmente abstratos e formulados na linguagem dos princípios morais, só considera as convicções pessoais de justiça nocivas quando não são abertamente reconhecidas, expostas e defendidas de forma honesta.[13]

O jusfilósofo pondera que os juízes, na medida em que seguem qualquer tipo de estratégia coerente para interpretar a constituição, fazem uso da leitura moral, cujo papel fica eclipsado quando as convicções pessoais se harmonizam com as normas impugnadas e em evidência quando se inclinam para o sentido oposto. A compreensão distinta acerca dos "grandes valores morais inseridos no texto da constituição" é vista por Dworkin (2006, p. 3) como a melhor explicação para as diferenças entre os padrões liberais e conservadores de decisão judicial: juízes com convicções políticas mais conservadoras têm uma inclinação natural para interpretar os princípios constitucionais abstratos de maneira conservadora, enquanto os juízes com convicções mais liberais tendem a interpretar os mesmos princípios de maneira liberal. Por reconhecer a impossibilidade de os juízes serem neutros em relação às grandes questões constitucionais e de evitarem qualquer interferência de preferências pessoais em decisões complexas, Dworkin (2006, p. 131-132) argumenta caber ao "Senado negar a confirmação aos indicados cujas convicções sejam demasiadamente idiossincráticas ou que se recusem a declará-las com franqueza."

O fato de reconhecer a influência das convicções pessoais em casos difíceis, não o impede de considerar "tosca" a tese do *realismo jurídico*, segundo a qual os juízes decidem questões complexas simplesmente com base em convicções políticas, como se fossem legisladores. Em primeiro lugar, por ignorar um limite determinante para as decisões judiciais: o de que "os juízes devem impor apenas convicções políticas

13. DWORKIN (2006, p. 57): "[A leitura moral] explica por que a fidelidade à Constituição e ao direito *exige* que os juízes façam juízos atuais da moralidade política e encoraja assim a franca demonstração das verdadeiras bases desses juízos, na esperança de que os juízes elaborem argumentos mais sinceros, fundamentados em princípios, que permitam ao público participar da discussão. Por isso, é claro que a leitura moral encoraja juristas e juízes a interpretar uma constituição abstrata à luz de sua concepção de justiça."

que acreditam, de boa-fé, poder figurar numa interpretação geral da cultura jurídica e política da comunidade." A despeito das possíveis discordâncias razoáveis acerca de quais convicções políticas satisfazem essa condição, algumas seguramente não passam pelo teste por não se prestarem a uma "interpretação geral coerente" exigida pelo direito. Em segundo lugar, por obscurecer uma distinção entre dois tipos de argumentos fundamentais para a teoria jurídica: os argumentos de princípios e os argumentos de política.[14] A jurisdição se distingue da atividade legislativa essencialmente por sua atuação como um *fórum de princípio*, ou seja, como *lócus* em que as decisões devem se basear em argumentos de princípio. As convicções pessoais dos juízes são impostas somente em questões de princípio, mas não em questões de política (DWORKIN, 2005, p. IX-X).

Como se pode notar, tal visão em nada se aproxima da descrição feita pelo modelo legalista.

1.1.1.2. O pragmatismo jurídico

O *pragmatismo jurídico*, na versão defendida por Richard Posner (2003, p. 13), tem como núcleo a "adjudicação pragmática", cujo elemento central é a ideia de que a decisão judicial deve visar àquilo que se mostra mais razoável, levando em conta não apenas as consequências de cada caso específico, mas também as consequências sistêmicas em seu sentido mais amplo. A decisão pragmática baseia-se mais em fatos e consequências do que em conceitualismos, generalidades ou deduções silogísticas.

O método pragmático utilizado para determinar se o fato está ou não abrangido pela norma divide-se em duas etapas. A primeira consiste em estabelecer o propósito da norma, o qual deve ser buscado não apenas no sentido do texto normativo, mas também na realidade social, conformada pela lei. Em seguida, deve-se escolher o resultado mais propício a alcançar a finalidade contida na norma, considerando o compromisso legislativo que lhe é subjacente e não permitindo a dissolução da legislação por contingências imprevistas. Identificado

---

14. Os *argumentos de política* se referem à persecução de objetivos coletivos considerados relevantes para o bem-estar da comunidade como um todo, ao passo que os *argumentos de princípio* justificam determinadas decisões por demonstrarem que estas respeitam ou asseguram direitos de indivíduos ou de determinados grupos.

seu propósito, a norma pode ser reformulada em termos práticos (POSNER, 2008, p. 245).

Segundo Posner (2008, p. 249), não se deve criar expectativas excessivas em relação ao pragmatismo, pois este *não é uma máquina de produzir respostas comprovadamente corretas* para as questões jurídicas. Haverá situações de casos semelhantes tratados de maneiras divergentes, pois diferentes juízes atribuem pesos distintos às consequências e essas são prognosticadas de forma diversa.[15] O pragmatismo não tem a pretensão de alcançar a decisão mais correta; contenta-se com decisões *razoáveis*, tendo em conta os interesses em conflito.

Dentre os *elementos centrais* da concepção adotada por Posner (2003, p. 59-85), alguns aspectos são especialmente relevantes para a presente análise. O primeiro é a *ênfase nas consequências*, compreendida não apenas como a atenção aos melhores resultados práticos imediatos, mas também às futuras consequências sistêmicas, o que inclui o repeito às leis e aos precedentes. Por serem os materiais mais importantes da decisão judicial, as consequências benéficas da adesão às normas legais e jurisprudenciais também devem ser sopesadas pelo juiz. Outro elemento importante é a *razoabilidade* ("*reasonableness*"), considerada o "critério final" de um julgamento pragmático. O juiz deve buscar proferir a decisão mais razoável possível, sopesando todas as vantagens e desvantagens ("*all things considered*"). Isso significa levar em conta não apenas as consequências específicas da decisão, mas também o material jurídico convencional, a preservação dos valores do Estado de Direito, além de outras considerações de ordem psicológica e prudencial. Um terceiro elemento a ser destacado é o *caráter prospectivo*. Ao contrário do formalismo, voltado para o passado – exige que a decisão possua um "*pedigree*" –, o pragmatismo jurídico tem foco no futuro. A adesão às decisões anteriores é vista como necessária para alcançar objetivos sociais relevantes, não como um dever ético de coerência e consistência (POSNER, 2007, p 609). A limitação da discricionariedade judicial é desejável, mas não sua completa eliminação.

15. POSNER (2008, p. 249): "[O pragmatismo jurídico] reconhece a inevitabilidade de casos semelhantes, muitas vezes, serem tratados de forma inconsistente, não só porque os diferentes juízes sopesam as consequências de forma diferente dependendo do *background*, do temperamento, da formação, da experiência e da ideologia do juiz, os quais moldam suas preconcepções e, portanto, sua resposta a argumentos e provas; mas também porque, pelas mesmas razões, diferentes juízes veem diferentes consequências. O pragmatismo jurídico aceita a evidência empírica da escola atitudinal."

Para essa concepção pragmática, inexiste procedimento analítico geral que diferencie o raciocínio jurídico de qualquer outro raciocínio prático. O fato de inexistir diferença intrínseca no modo como juízes e outros profissionais abordam os problemas em suas respectivas atividades não significa, no entanto, endossar a tese realista de que os juízes decidem os casos da mesma forma que os legisladores e outros políticos. A equiparação entre direito e política – ou entre adjudicação e legislação – é tida como um equívoco e uma desinformação, embora os pragmatistas reconheçam que a distância que separa os juízes dos políticos não é tão grande quanto costuma ser retratada pelo formalismo jurídico.

O pragmatismo jurídico, apesar de ser uma teoria essencialmente normativa, identifica aspectos relevantes da realidade decisória.[16] Richard Posner (2008, p. 230) afirma, embora com certo exagero e parcialidade, ser o termo "pragmatismo" o mais apropriado para descrever o comportamento típico do juiz estadunidense médio, em todas as instâncias judiciais.

Como se pode notar nos aspectos pontualmente destacados das duas abordagens, a linha divisória entre o direito e a política nem sempre é pressuposta, dentro da comunidade jurídica, de um modo tão rígido como sugerem alguns cientistas políticos. Ademais, em nenhuma delas, a tomada de decisão judicial é vista como uma atividade meramente lógica e formal, realizada de forma neutra. O modelo legalista corresponde a uma concepção excessivamente estrita da teoria do direito e da atividade judicial, há muito superada por teorias mais sofisticadas nas quais o direito é concebido de forma ampla e/ou permeável em relação à política.

A visão tradicionalmente atribuída aos juristas não corresponde à realidade, nem mesmo na experiência jurídica estadunidense, em que

---

16. TAMANAHA (2007, p. 30): "Um estudo que entrevistou juízes de quatro Supremas Cortes estaduais no final da década de 1960 descobriu que os juízes se enquadram em três categorias nas suas percepções sobre suas funções judiciais. Aproximadamente a metade se considerava rígidos aplicadores do direito, um quarto se considerava legisladores e o outro quarto se considerava pragmáticos que se envolvem em ambos os papéis, embora visando resultados justos e políticas sólidas. Embora estejam faltando estudos mais recentes, é justo supor que uma maior proporção de juízes contemporâneos são pragmáticos judiciais, ainda que, sem dúvida, as outras duas orientações também estejam bem representadas. Hoje, as decisões judiciais rotineiramente citam aspectos políticos, consideram os propósitos que estão por trás do direito e prestam atenção às consequências sociais do direito."

o falso antagonismo entre o *Formalismo* e o *Realismo Jurídico* foi o principal responsável pelo surgimento dos modelos legalista e atitudinal. Ao criticar esta antítese frequentemente pressuposta nas análises sobre as decisões judiciais, Brian Tamanaha (2010, p. 4) observa que autores rotulados como formalistas nunca sustentaram a difundida crença na "jurisprudência mecânica". Na verdade, trata-se de um *mito* atribuído ao formalismo jurídico por críticos como Roscoe Pound, que teriam tomado como base para suas objeções a discussão existente na doutrina alemã.

1.2. O MODELO ATITUDINAL

> *A Suprema Corte decide conflitos à luz dos fatos do caso em face das atitudes e valores ideológicos dos justices.*
>
> Jeffrey A. Segal e Harold J. Spaeth

O *modelo atitudinal*, inspirado pelo Realismo Jurídico,[17] postula que a ideologia influencia fortemente o comportamento dos juízes, sendo suas "atitudes" bons indicadores de votos em casos futuros.[18] No âmbito da Ciência Política, a análise precursora da influência da ideologia é creditada à obra *The Roosevelt Court* (1948), de C. Herman Pritchett que, a despeito de não ter desenvolvido propriamente uma teoria sobre a tomada de decisão judicial, examinou, de forma sistemática, vários blocos de votos divergentes e convergentes, além de configurações ideológicas de decisões não unânimes proferidas pela

17. Para Gibson e Caldeira (2009, p. 1), o modelo atitudinal é apenas uma versão moderna do Realismo Jurídico. Na visão de Frederick Schauer (2000, p. 617), o modelo que os cientistas políticos denominam de atitudinal é o mesmo que os juristas chamam de Realismo Jurídico. Frank Cross (1997, p. 257), por sua vez, considera o modelo atitudinal uma versão um pouco menos maniqueísta do *Critical Legal Studies*. Cumpre ressalvar, entretanto, que o modelo atitudinal acabou por se desenvolver baseado em uma interpretação tendenciosa feita pelos estudiosos da *judicial politics*, pois, apesar de terem destacado a influência de "vieses subconscientes" (*subconscious biases*) no raciocínio judicial, os realistas não chegaram a afirmar que os juízes decidem os casos seguindo suas preferências políticas pessoais. Segundo Tamanaha (2010, p. 117), embora o modelo atitudinal tenha suas raízes no realismo jurídico, a visão de que os juízes são "políticos de toga preta", "perseguidores de objetivos políticos", é invenção própria dos atitudinalistas.
18. As *atitudes* dos juízes consistem, segundo Segal e Spaeth (2002, p. 91), em um conjunto relativamente duradouro de crenças inter-relacionadas sobre um objeto (partes envolvidas diretas e indiretamente na ação) ou situação (questões jurídicas dominantes no caso).

Suprema Corte entre 1937 e 1947. Aponta-se a obra pioneira de Pritchett como um divisor de águas a partir do qual os cientistas políticos passam a analisar as decisões judiciais de modo mais crítico e analítico.

Glendon Schubert, em *The judicial mind* (1965), elaborou a primeira teoria bem delineada sobre o comportamento judicial. A obra, que tratou da ideologia política e das atitudes dos juízes da Suprema Corte dos Estados Unidos, teve dois objetivos primários: explicar o modelo teórico construído pelo próprio autor e disponibilizar uma análise concisa e consistente das tendências decisórias do tribunal (SCHUBERT, 1965, p. 5-6). A opção por investigar as decisões no período de 1946 a 1963 visava a facilitar a comparação direta das similaridades e diferenças de suas teorias e métodos com os utilizados por Pritchett no período anterior (1937-1947). Com base em diversos trabalhos de psicologia cognitiva e empírica, Schubert (1965, p. 27) desenvolveu uma abordagem voltada a dimensionar as atitudes judiciais dentro de uma escala ideológica (de liberal a conservadora). De acordo com o modelo proposto, os juízes teriam *pontos ideais* (*i-points*), situados dentro de um espaço ideológico multidimensional,[19] que representam "sua predisposição para responder de determinadas maneiras quando medida ao longo de certas dimensões." A finalidade era possibilitar a elaboração de previsões, a partir de preferências ideológicas previamente determinadas, sobre como os juízes votariam em certos tipos de casos.[20]

---

19. BRENNER; WHITMEYER (2009, p. 14-15): "Um aspecto importante do modelo atitudinal é a maneira como os estudiosos conceitualizam isso espacialmente. Estudiosos preveem uma única dimensão, do extremo liberal ao extremo conservador, representada por uma linha, e pressupõem que a atitude de cada *justice* pode ser colocada em algum lugar na linha. A posição do *justice* na linha é geralmente chamada de 'ponto ideal' do *justice*. As atitudes dos *justices* podem variar de acordo com o tema específico envolvido em um caso. Um *justice* pode ser um pouco mais liberal em casos de busca e apreensão, por exemplo, e um pouco mais conservador em casos relacionados ao federalismo. Por este motivo, os estudiosos costumam dividir os casos em diferentes áreas temáticas e determinar o ponto ideal de cada *justice* em cada área temática."

20. SONGER; JOHNSON (2007, p. 913): "Uma série de estudos que aplicou os métodos de Schubert encontrou resultados semelhantes em vários outros países. Por exemplo, as análises de *scalogram* das Supremas Cortes da Índia, Filipinas e Japão encontraram uma ordenação sistemática dos juízes que indicaram padrões atitudinais nas tomadas de decisão (...). E, mesmo em face de uma forte tradição de supremacia parlamentar e de cortes não políticas, Robertson encontrou evidências de votação atitudinal nas decisões judiciais da *British House of Lords* (...). Esses estudos de várias partes do mundo sugerem que a votação atitudinal nos tribunais muitas vezes anda de mãos dadas com a elaboração judicial de políticas públicas."

O rótulo "modelo atitudinal" (*attitudinal model*) ganhou maior visibilidade após a publicação do livro *The Supreme Court and the attitudinal model* (1993), no qual Jeffrey A. Segal e Harold J. Spaeth desenvolvem um criterioso estudo empírico com o objetivo de analisar, sob a perspectiva atitudinal, como e por que os juízes da Suprema Corte dos EUA votam de determinadas maneiras. No modelo atitudinal proposto pelos autores, dois componentes permitiriam explicar e predizer os votos: os fatos do caso e a ideologia dos *justices*.[21] O direito seria utilizado não como base para as decisões, mas para encobrir os seus reais motivos, sendo as verdadeiras razões fornecidas pelas "atitudes e valores políticos". As afirmações de serem as decisões judiciais objetivas, neutras e imparciais seriam desmentidas pelas decisões divergentes dentro de um mesmo tribunal.

O mito de neutralidade das decisões judiciais existe, segundo Segal e Spaeth (1993, p. 18), porque os juízes "brincam de Deus" com a vida, liberdade e propriedade dos litigantes ao proferir sempre a decisão final. Os autores prosseguem dizendo:

> Mas brincar de Deus (*judges play God*) não é uma tarefa apropriada para meros mortais. E assim a mitologia nasce. Os juízes dizem não ter poder discricionário; eles não proferem decisões suas. É apenas a lei ou a Constituição falando através deles que ditam o resultado. Se resulta qualquer política pública, foram determinadas pela lei fundamental e pelas ações governamentais compatíveis com ela, não pelo juiz. Os juízes, portanto, são objetivos, desapaixonados e imparciais. Para garantir que os fatos não obscureçam o mito, adotamos uma postura de avestruz. Para apoiar a mitologia, dispositivos foram criados para incutir respeito e reverência aos juízes. Segredo e mistério blindam o processo de tomada de decisão. Assim, vestimos os juízes em trajes característicos. E, embora a sociedade coloque uniforme em alguns funcionários governamentais que não são juízes – os militares, a polícia, e alguns trabalhadores dos correios –, nenhum deles usa uma toga preta, o mais solene e

---

21. Segal e Spaeth (1993, p. xvi-xviii) argumentam que, embora tenham testado a possibilidade de fatores interpessoais afetarem as decisões dos *justices*, com exceção da influência do Advogado Geral (*Solicitor General*), poucas evidências sistemáticas apoiam efeitos consideráveis de outros atores. Por outro lado, embora admitam que, em áreas do direito sem importância para os julgadores, o resultado das decisões possa ser dirigido por *fatores não atitudinais*, os autores afirmam não ter encontrado qualquer evidência nesse sentido.

misterioso dos trajes. Palácios de Justiça e salas de audiência reproduzem igrejas e templos. Em vez de altares, eles contêm bancos elevados para que todos os que entram olharem para cima. Os processos são ritualizados, acompanhados por pompa e cerimônia, e conduzidos (pelo menos antes do desaparecimento do jargão legalista) em uma linguagem, em grande parte, incompreensível para os leigos.

O modelo atitudinal foi definitivamente consolidado na obra *The Supreme Court and the attitudinal model revisited* (2002). Por meio da combinação de conceitos básicos do Realismo Jurídico, da Ciência Política, da Psicologia e da Economia, Segal e Spaeth (2002, p. 86) reafirmaram a proposição fundamental do modelo, segundo a qual "[a] Suprema Corte decide conflitos à luz dos fatos do caso em face das atitudes e valores ideológicos dos *justices*." Sob essa perspectiva, um juiz votaria a favor da descriminalização do aborto por ser extremamente liberal, enquanto outro votaria contra por ser extremamente conservador. O material jurídico convencional seria utilizado apenas para racionalizar a decisão *a posteriori*, encobrindo os fatores reais de influência. Por isso, as análises feitas pelo modelo focam apenas no resultado dos votos, sem considerar a fundamentação das decisões.

O modelo atitudinal, embora tenha sido construído sob o paradigma do movimento behaviorista, decorre, em parte, da *Teoria da Escolha Racional*.[22] Segal e Spaeth (2002, p. 111) advertem, no entanto, que essa teoria admite qualquer tipo de objetivo, ao passo que o modelo atitudinal se limita a admitir objetivos de natureza política. Os atitudinalistas acreditam que os juízes são motivados não apenas pelo senso de dever profissional ou pelos ideais do Estado de Direito, mas, sobretudo, pelo desejo de maximizar suas *preferências políticas pessoais*. Esse é apontado como o objetivo primário dos juízes e principal responsável pela convergência entre as decisões da Corte e a ideologia de seus membros (ESPSTEIN, KNIGHT e MARTIN, 2001, p. 588).

22. A *Teoria da Escolha Racional* tem como pressuposto básico a noção de que os atores políticos são "maximizadores de utilidades" que tomam decisões racionais consistentes com suas preferências e interesses. Entende-se como "decisão racional" a que é tomada quando um ator assume um curso de ação que satisfaz seus desejos da forma mais eficiente. Ao escolher entre cursos alternativos de ação possíveis, o ator racional opta por aquele que considera o melhor para atingir suas finalidades. Os juízes são considerados, pelos adeptos desta concepção, como atores racionais que agem de forma intencional e otimizada em direção a algum objetivo específico.

1.2.1. As espécies de modelo atitudinal

O modelo atitudinal possui duas versões com abrangências distintas. *Em sentido estrito*, utiliza-se o modelo para explicar e predizer apenas os votos dos membros da Suprema Corte nas decisões sobre o mérito. Essa versão pura, cujas principais referências são as obras de Schubert (1965) e de Segal e Spaeth (1993; 2002), foi a abordagem dominante entre as décadas de 1950 e 1990. A delimitação do âmbito de análise é justificada pelo fato de a Suprema Corte possuir uma margem de ação mais ampla para a realização de escolhas judiciais e atuar dentro de um contexto específico de fracas restrições. Em outras palavras, as limitações impostas pelo material jurídico convencional e os constrangimentos institucionais são insuficientes para impedir que os *justices* promovam sua agenda ideológica votando de acordo com suas preferências políticas pessoais.

A maior liberdade institucional decorre dos seguintes fatores: I) impossibilidade de revisão das decisões por outros tribunais; II) maior indeterminação do material legislativo e jurisprudencial; III) garantias funcionais conferidas aos seus membros; IV) ausência de *accountability* perante a opinião pública, o Congresso e o Presidente; V) controle sobre a própria agenda; e VI) falta de ambição dos *justices* por um cargo mais elevado. A discricionariedade para escolher os casos a serem julgados torna atípicos os processos decididos pelo tribunal, os quais tendem a ter um elevado nível de saliência e complexidade conjugado com um baixo grau de determinação do material legislativo constitucional, cujos enunciados tendem a ser mais vagos e imprecisos.

No modelo atitudinal estrito proposto por Segal e Spaeth (2002, p. 312-313), as decisões de mérito da Suprema Corte têm como base os *fatos do caso* (ou *estímulos do caso*) justapostos em face das *atitudes* de seus membros. Segal (1999, p. 240) argumenta que o voto baseado em preferências políticas pessoais sinceras (*comportamento sincero*) tende a ser muito mais usual do que o supostamente sofisticado (*comportamento estratégico*), não só em virtude da imprecisão das informações disponíveis sobre os riscos de uma eventual superação legislativa, mas também da escassez de casos em que isso ocorre.

Nos últimos anos, abordagens atitudinais mais abrangentes têm agregado outras variáveis à análise descritiva do comportamento judicial. No *sentido mais amplo*, o modelo atitudinal tenta explicar e predizer as decisões tomadas também em outras etapas do processo. Na análise de julgamentos da Suprema Corte, embora as preferências políticas dos *justices* continuem sendo tratadas como o fator primário para a decisão sobre o mérito, as variáveis contextuais e estratégicas também são consideradas em outras etapas do processo nas quais as regras e as estruturas mostram-se mais restritivas (SEGAL, 1999, p. 240). Essa perspectiva admite a existência de casos nos quais é insustentável qualquer desvio do enunciado normativo ou do precedente, hipóteses nas quais o material jurídico convencional pode impedir decisões baseadas em preferências políticas pessoais. O modelo mitigado não ignora a influência do direito no processo decisório, mas considera os fatores jurídicos insuficientes para impedir decisões pautadas pela ideologia. Por ser incapaz de impor um resultado específico, limitando-se a excluir as escolhas mais radicais, o direito teria pouco impacto sobre o resultado final.

1.2.2. Análise crítica

Os atitudinalistas forneceram uma contribuição extremamente relevante para o estudo do comportamento judicial ao conseguirem demonstrar, empiricamente, as hipóteses formuladas pelo Realismo Jurídico.[23] Em que pese a eficiência preditiva em determinados tipos de contextos decisórios, conforme será demonstrado a seguir, o modelo possui deficiências e limitações que afetam sua abrangência e capacidade para explicar, de modo convincente, as razões pelas quais a ideologia desempenha um papel tão significativo em algumas áreas do direito.

1.2.2.1. A descaracterização do papel do direito e a sobrevalorização da influência da política

Talvez o principal defeito do modelo atitudinal seja a valorização excessiva conferida à influência da política em detrimento do direito. Assim como os juristas tendem a sobrevalorizar o grau de determinação do material jurídico convencional, os cientistas políticos costumam exagerar no papel desempenhado pela política. Embora tenham demonstrado empiricamente que as limitações jurídicas impostas à ideologia não são tão fortes quanto as teorias normativas parecem exigir, os atitudinalistas falham ao tratar essas restrições como irrelevantes.

---

23. Os dados empíricos contendo evidências bastante significativas da influência da ideologia sobre o comportamento judicial serão analisados no *item 5.1.1* (As investigações empíricas nos tribunais dos EUA).

No afã de comprovar que os julgamentos são políticos, acabam por não investigar o papel exercido pelo direito na mesma proporção que o fazem em relação à ideologia. A maior dificuldade é fornecer uma explicação satisfatória para as decisões unânimes proferidas pela Suprema Corte, que, nos últimos anos, têm representado em torno de 30% a 40% de sua produção (BURBANK, 2009, p. 14), mesmo em um contexto decisório e institucional extremamente propenso à influência de fatores ideológicos.

No mais, a correlação entre a ideologia de um juiz e suas decisões não significa que, necessariamente, essas sejam politicamente orientadas. Tanto o modelo atitudinal quanto os modelos jurídicos podem explicar muitos dos resultados, desde que esses não sejam compreendidos de maneira muito restrita. Por desconsiderarem a presença de variáveis jurídicas colineares, algumas explicações acabam fragilizadas.[24]

Por certo, os fatores ideológicos devem ocupar um espaço importante em qualquer modelo de comportamento judicial, mas não uma posição acima do direito. Na grande maioria dos casos típicos, o material jurídico convencional é suficientemente determinado para impor resultados imunes a qualquer tipo de influência das preferências políticas pessoais. Em outros, mais controversos e moralmente carregados, os fatores ideológicos podem até desempenhar um papel determinante, mas nunca exclusivo. Em um Estado de Direito, a legitimidade de qualquer decisão judicial pressupõe que seja, ao menos, orientada e limitada pelo direito.

1.2.2.2. A seletividade das evidências e a limitação da análise focada nos resultados

O modelo atitudinal é mais criticado pelas omissões do que propriamente pelo que tenta explicar. As características dos casos típicos selecionados – i.e., decisões de mérito não unânimes proferidas pela

24. CROSS (1997, p. 291): "Este problema taxonômico com o modelo atitudinal é resultante de sua metodologia. Os pesquisadores tomam uma questão jurídica, tal como os direitos dos réus, e caracterizam as posições pró-estado como politicamente conservadoras e o oposto como liberal. Quando os pesquisadores encontram alguns juízes consistentemente liberais ou conservadores nas decisões sobre os direitos dos réus, eles concluem que a política deve explicar a consistência nos resultados. Normalmente, eles ignoram a possibilidade de que algum fator jurídico poderia explicar esta mesma consistência. Em termos estatísticos, uma questão jurídica pode ser altamente colinear com uma questão política."

Suprema Corte – não correspondem à grande maioria das questões examinadas pelo Poder Judiciário.[25] Os casos de indeterminação do direito não são típicos, mas um fenômeno periférico de um sistema normativo que, em geral, fornece resultados específicos para a decisão judicial. Assim, as espécies de casos investigados pelo modelo atitudinal constituem a exceção e não a regra dentro do sistema jurídico.

Segal e Spaeth (1993, p. 58) admitem que casos envolvendo dispositivos constitucionais claros e precisos provavelmente nunca chegarão à Suprema Corte como, por exemplo, a norma proibitiva da eleição de cidadão com menos de trinta e cinco anos de idade para o cargo de Presidente dos Estados Unidos. O reconhecimento de que o direito controla os casos mais simples implica admitir que os modelos jurídicos são capazes de explicar a maior parte dos casos judiciais, pois estes, em termos quantitativos, são os tipicamente julgados pelo Poder Judiciário. O uso de evidências seletivas impede sua aplicação ao comportamento judicial típico e revela que a reputação descritiva dos modelos jurídicos não foi totalmente destruída.

A ausência de contextualização adequada e a análise focada apenas no resultado das decisões limitam o poder explicativo do modelo.[26] Uma investigação sobre os fatores que influenciam o comportamento judicial não pode tratar os resultados de uma decisão e suas motivações

25. POSNER (2008, p. 27-28): "A tradicional preocupação dos atitudinalistas com casos politicamente carregados decididos pela Suprema Corte cria uma impressão exagerada da penetração da política nos julgamentos proferidos nos EUA. Em sua maioria, os casos decididos por tribunais estadunidenses não são politicamente carregados, nem julgados pela Suprema Corte".

26. RIBEIRO; ARGUELHES (2012, p. 17): "De fato, argumentos apresentados na literatura crítica ao modelo atitudinal enfatizam que seria nas *opinions* que sustentam o resultado, e não no resultado da decisão em si, que os juízes da Suprema Corte agiriam mais intensamente com o intuito de registrar suas orientações sobre *policies*. Afinal, são as razões escritas na decisão – e não o seu simples resultado – que servirão de orientação para casos futuros, dentro do judiciário e na sociedade em geral. Assim, supondo que um Ministro liberal (ou conservador) deseje tornar *o direito constitucional* do país cada vez mais parecido com suas preferências políticas (uma suposição que dificilmente poderia ser recusada por um proponente do modelo atitudinal), e se o direito constitucional dos EUA é em larga medida produzido a partir das razões escritas que acompanham as decisões de mérito, então esse Ministro terá razões práticas de sobra para se preocupar com a forma pela qual as decisões da Corte são redigidas. Se é assim, a variável dependente do modelo atitudinal (percentual de votos sobre o mérito) pouco poderia nos dizer sobre aquilo que o próprio modelo teria sido construído para observar (a maximização de preferências políticas por parte dos juízes). Os defensores do modelo não estão em uma posição confortável para lidar com este problema."

como algo necessariamente idêntico. A análise estatística dos dados é um importante ponto de partida, mas a compreensão efetiva da tomada de decisão judicial dentro do contexto político exige uma segunda etapa de análise, de caráter mais qualitativo. Isso porque uma mesma ação pode ter diferentes significados dependendo do contexto no qual ocorre como, por exemplo, levantar a mão em uma reunião ou em uma luta (CLAYTON; MAY, 1999, p. 250).

A metodologia de contagem dos votos dos juízes utilizada descreve certas ações ou comportamentos, mas não os motivos, finalidades ou significados. Por tais razões, Clayton (1999, p. 27) argumenta que a única maneira de saber se, de fato, os juízes votam suas preferências políticas e usam os princípios jurídicos apenas para mascarar suas verdadeiras motivações é por meio de uma abordagem que contextualize as decisões em campos maiores de significado e motivação, haja vista que "a suposição de que votos semelhantes em casos semelhantes têm motivos e significados semelhantes, não pode ser admitida a menos que os casos sejam colocados em um espaço histórico e contextual similar."

1.2.2.3. Os pressupostos simplistas sobre a maximização judicial

A visão míope de que os juízes são seres "monolíticos", perseguidores de um único objetivo – i.e., a maximização de preferências políticas pessoais –, não confere a devida atenção ao papel exercido pelo direito, pelas instituições e por diversos fatores e motivações suficientemente relevantes para influenciar o comportamento judicial em determinados contextos decisórios. Como observado por Cross (1997, p. 309), "a clara presença de alguns fatores ideológicos na tomada de decisão não prova serem eles os únicos fatores presentes."

Um juiz que pretenda aproximar o direito de suas posições políticas pessoais não pode simplesmente desprezar as preferências dos demais colegas de tribunal ou o risco de superação da decisão pelo Legislativo. Para alcançar objetivos políticos é necessário adotar comportamentos de *natureza estratégica*.

Ademais, as decisões podem ser influenciadas por interesses secundários dos juízes (como a manutenção de uma reputação positiva, o aumento de poder ou a diminuição da carga de trabalho) e por preocupações com a sua eficácia ou possíveis consequências sistêmicas. Para Stephen Burbank (2009, p. 19-20), além de desprezarem a influência do direito e do contexto institucional, os atitudinalistas ignoram a natureza humana dos juízes, reduzindo-os a meros perseguidores de um objetivo único e instrumental. Embora em um sistema complexo como o jurídico, não seja possível explicar todas as variáveis existentes, os atitudinalistas acabam deixando de fora do modelo fatores de extrema relevância que, de acordo com o contexto, podem exercer forte influência sobre o comportamento judicial.

O fato de não possuírem interesses econômicos imediatos não impede os juízes de agirem motivados pelo senso de dever profissional. Ao considerá-los como "seres totalmente políticos", preocupados exclusivamente com os "efeitos políticos" de suas decisões, o modelo atitudinal parte de uma premissa demasiadamente radical e restrita (CROSS, 1997, p. 298). Não se pode desprezar a circunstância de que toda a formação jurídico-profissional dos magistrados prestigia o dever de respeito ao direito e na ilegitimidade de decisões pautadas por preferências ou interesses pessoais.

As instituições só são capazes de ordenar a vida social porque as pessoas acreditam na sua existência e importância (RICHARDS; KRITZER, 2002, p. 306-307). Assim como as demais instituições, o direito também foi criado para servir a determinados propósitos. Os indivíduos que consideram esses propósitos legítimos, dignos de serem perseguidos, tendem a colaborar e a se sentirem restringidos por eles. Em um Estado de Direito, argumenta Cross (1997, p. 254), é provável que a maior parte dos indivíduos e, principalmente, dos juízes tenha maior devoção pela democracia do que por seu partido político.

1.2.2.4. As limitações da perspectiva externa

Um dos aspectos mais questionáveis do modelo atitudinal é o pressuposto adotado para explicar a correlação entre a ideologia dos juízes e o resultado de suas decisões, qual seja, a ideia de que os principais objetivos dos membros da Suprema Corte são *políticos* e que, ao tomarem suas decisões, "querem que os resultados se aproximem o máximo possível" de suas preferências políticas pessoais (SEGAL; SPAETH, 2002, p. 92). Essa afirmação, feita a partir de uma perspectiva externa, parece sugerir que a influência de fatores políticos sobre o comportamento judicial opera de forma *consciente*, ou seja, como decorrência de uma vontade deliberada de insculpir preferências políticas pessoais no direito.

Se, de fato, os julgamentos fossem deliberadamente orientados pelo resultado, os fundamentos do Estado de Direito ficariam gravemente comprometidos. Essa, todavia, não parece ser a melhor interpretação dos dados empíricos existentes. A despeito da impossibilidade de saber o que se passa na cabeça de um indivíduo, uma explicação alternativa e mais plausível para a maior parte dos votos prolatados em casos moralmente e/ou politicamente carregados nos quais o material jurídico convencional não fornece uma resposta clara é a de que, embora acreditem estar decidindo com base no direito, de forma inconsciente, os juízes acabam sendo influenciados por seus valores e convicções pessoais.[27]

A perspectiva externa, adotada pelo modelo atitudinal, mostra-se incapaz de capturar a "cultura jurídica" de maneira adequada e de explicar satisfatoriamente o verdadeiro funcionamento do sistema jurídico. Para Stephen Feldman (2005, p. 5-6), a política desempenha um papel constitutivo no processo de interpretação do direito compreensível apenas através da conjugação da perspectiva externa com o ponto de vista interno dos modelos jurídicos:

> o ponto de vista interno do direito é eficaz porque os advogados, juízes e professores de direito são limitados de forma relativamente consistente quando interpretam textos legais. No entanto, as restrições interpretativas, sendo fluidas e contingentes, sempre englobam preferências políticas: a política, em outras palavras, é um elemento constitutivo da interpretação jurídica. Por essa razão, a abordagem externa da ciência política provavelmente irá prever decisões da Suprema Corte com um elevado grau de precisão. Além disso, e mais importante, as melhores decisões interpretativas dos juízes da Suprema Corte provavelmente irão corresponder às suas preferências políticas exatamente porque a política é parte integrante da interpretação jurídica. Os juízes, por isso, raramente experimentam conflitos evidentes entre seus desejos políticos e pontos de vista interpretativos – precisamente por causa da natureza da própria interpretação. Dado esse ponto importante, a dicotomia aparentemente clara entre os pontos de vista interno e externo de adjudicação se revela como enganosa na sua simplicidade.

A tese de que o principal objetivo dos *justices* é maximizar suas preferências políticas pessoais também pode ser refutada com base na constatação de que, ocasionalmente, a Suprema Corte profere decisões interpretando uma lei e, em seguida, convida o Congresso a

27. Tal hipótese será trabalhada nos Capítulos 4 e 5.

superar (*override*) o resultado da decisão (CROSS, 1997, p. 307-308). Como explicar esse tipo de comportamento se o próprio Tribunal pode implementar suas decisões sem a necessidade de aquiescência do parlamento? A utilização dessa técnica decisória, conhecida como "convite à superação" ("*invited overrides*"), embora não seja usual, revela algum tipo de preocupação com as variáveis do modelo jurídico e, em certa medida, enfraquece a ideia de que os juízes perseguem objetivos políticos.

1.3. O MODELO ESTRATÉGICO

> *[O]s justices são atores estratégicos cientes de que sua capacidade para alcançar seus objetivos depende da consideração das preferências de outros atores, das escolhas que esperam que os outros façam e do contexto institucional em que atuam.*
>
> Lee Epstein e Jack Knight

O modelo estratégico, que tem como paradigma a Teoria da Escolha Racional, conta com grande adesão dos estudiosos da política judicial nos Estados Unidos. Por ser uma teoria de meios, essa concepção é compatível com qualquer teoria de motivação judicial orientada por objetivos, embora predomine o entendimento entre seus adeptos de que os *justices* perseguem objetivos político-jurídicos.[28] Nesse sentido, considera-se a realização das preferências políticas pessoais como principal objetivo buscado por esses juízes, sendo o *direito* visto essencialmente como restrição[29] e o *contexto institucional* como obstáculo.

A abordagem estratégica rejeita as noções centrais dos outros modelos dominantes: a *tese legalista* de que os membros da Suprema Corte são suficientemente limitados pelo direito e que, por

---

28. Nesse sentido, dentre outros, Epstein, Knight e Martin (2001, p. 592): "A abordagem estratégica, tal como a concebemos, parte da mesma premissa da escola atitudinal: os *Justices* são 'perseguidores de um único objetivo político jurídico'. A partir daí, no entanto, as duas abordagens divergem drasticamente."

29. A visão do direito como mera limitação ao comportamento judicial é bem representada pela seguinte metáfora citada por Cross (1997, p. 326): "Considere que o direito seja cordas amarrando um Houdini judicial. As cordas podem ser apertadas ou soltas, possivelmente amarradas com habilidade e redundância. Estas cordas vão tentar amarrar milhares de juízes, cada um dos quais com diferentes níveis de habilidades para escapar." (Nota do autor: Harry Houdini era o nome artístico do húngaro Ehrich Weiss, um dos mais famosos escapistas e ilusionistas de todos os tempos).

conseguinte, as preferências políticas pessoais têm pouca influência sobre suas escolhas; e a *visão atitudinalista* (em sentido estrito)[30] de que os *justices*, por não encontrarem restrições jurídicas significativas para a sua atuação, estão livres para perseguir seus objetivos políticos pessoais agindo de modo sincero (MALTZMAN; SPRINGS II; WAHLBECK; 1999, p. 60).

Na obra *Elements of judicial strategy*, apontada como precursora da abordagem estratégica,[31] Walter F. Murphy (1964) traça um esboço da mentalidade política dos membros da Suprema Corte semelhante à de agentes eleitos que atuam no contexto político e afirma que as escolhas judiciais levam em conta as preferências dos demais atores relevantes e suas possíveis reações. Ao destacar a função condicionadora que as grandes estruturas de poder exercem sobre a capacidade judicial de afetar as políticas públicas, Murphy (1964, p. 3-4) pondera que a realização das preferências judiciais depende de cálculos estratégicos sobre os pontos de vista de outros atores, como os colegas de tribunal e os membros do Legislativo e Executivo. Conforme o contexto de atuação, considerações de natureza estratégica podem levar os juízes a optar por um comportamento diverso do que adotariam se estivessem em um ambiente sem as mesmas restrições institucionais.

As contribuições fornecidas pelo estudo pioneiro de Murphy serviram como base para o livro *The choices justices make*, de Lee Epstein e Jack Knight (1998). Os autores sustentam que os membros da Suprema Corte não devem ser vistos como indivíduos pouco sofisticados que fazem escolhas com fundamento apenas em suas preferências políticas pessoais, mas sim como atores estratégicos cientes de que, para alcançar seus objetivos, devem atentar-se para três aspectos essenciais: as preferências de outros atores relevantes; as possíveis escolhas destes; e

30. SEGAL (1999, p. 239): "[F]ora da decisão de mérito, os trabalhos atitudinais, em sentido amplo, assemelham-se em grande parte a muitas das hipóteses da safra mais recente da escolha-estratégica."

31. O trabalho de Murphy tem inspirado também as abordagens neoinstitucionalistas, como observam Maltzman, Spriggs e Wahlbeck (1999, p. 44): "De fato, muitos estudiosos da política judicial agora adotam uma abordagem que reconhece o papel tanto das preferências políticas como das restrições institucionais na formação de resultados da Corte (...). Esta abordagem para o estudo da tomada de decisão judicial tem suas raízes, é claro, em um velho favorito dos estudiosos do processo judicial, a obra de Walter Murphy (1964) sobre o comportamento estratégico de juízes da Suprema Corte dentro das restrições institucionais. Revivendo a abordagem estratégica de Murphy de tomada de decisões judiciais, estes novos estudos sugerem que os juízes exercem as suas preferências políticas sujeitas a restrições endógenas e exógenas ao Tribunal."

o contexto institucional em que atuam. A perspectiva baseada apenas na atuação sincera dos *justices* é considerada insuficiente para captar, em certos casos, a realidade da tomada de decisão da Corte e, por conseguinte, o seu papel na sociedade norte-americana. Na visão de Epstein e Knight (1998, p. xiii), em virtude de as escolhas dos *justices* resultarem de um comportamento estratégico e não apenas de valores ideológicos ou de uma jurisprudência apolítica, "o direito, tal como produzido pela Suprema Corte, é o produto de longo prazo da tomada de decisão estratégica de curto prazo."

Os membros da Suprema Corte são vistos como *perseguidores de objetivos político-jurídicos* ("*seekers of legal policy*")[32] que optam pelos cursos de ação mais adequados a fazer com que o direito reflita suas posições políticas preferenciais[33] e que, para torná-las mais eficazes em longo prazo, levam em consideração o contexto institucional no qual atuam, as preferências de outros atores políticos relevantes e agem estrategicamente para promover seu objetivo. Quando confrontados com cursos alternativos de ação, juízes estratégicos analisam as potenciais consequências da decisão e escolhem a alternativa que melhor promova seus objetivos em longo prazo, ainda que para isso seja necessário se afastar parcialmente de sua posição preferida (BAUM, 2008, p. 6). Em um caso envolvendo direitos de liberdade, por exemplo, para assegurar a liberdade na maior medida possível, um juiz pode optar por uma posição mais moderada visando a obter o apoio da maioria do colegiado ou evitar que a decisão provoque o Congresso a aprovar uma legislação ainda mais restritiva a esse direito. Dessa forma, a preocupação em impedir que o resultado se afaste demasiadamente do ponto considerado ideal levaria os juízes a optar, dependendo do contexto institucional, por resultados que não correspondem exatamente à sua posição preferida. Isso explicaria

---

32. O termo "político-jurídico" ("*legal policy*") é utilizado pelos autores com o intuito de incluir variáveis associadas tanto ao modelo atitudinal, como ao modelo legalista.

33. EPSTEIN; KNIGHT (1999, p. 217): "Esta não é uma afirmação particularmente controversa. *Justices* podem ter objetivos distintos da política, mas nenhum estudioso sério da Suprema Corte afirmaria que a política não é o principal entre eles. Na verdade, esta é talvez uma das poucas coisas sobre as quais a maioria dos estudiosos do processo judicial concorda."; No mesmo sentido, BRENNER; WHITMEYER (2009, p. 21): "Embora os estudiosos da Suprema Corte discordem quanto à extensão em que os *justices* se comportam estrategicamente, há um consenso generalizado de que são politicamente orientados. A maioria dos estudiosos que adotam modelos estratégicos presume que os *justices* o são de forma exclusiva."

parte das divergências entre os votos dos membros da Suprema Corte e suas preferências políticas pessoais.

O resultado de um *comportamento estratégico* poderá ser equivalente ao de um *comportamento sincero* quando as preferências políticas do julgador coincidirem com as de outros atores políticos relevantes ou situarem-se em um ponto de indiferença no qual os legitimados para iniciar o processo legislativo não tenham o incentivo necessário para substituir a política definida pelo tribunal. Nesses casos, a tese atitudinal de que os *justices* votam de acordo com suas preferências políticas sinceras é admitida pelos adeptos do modelo estratégico. A divergência ocorrerá apenas quando as preferências dos atores políticos não coincidirem (EPSTEIN, KNIGHT; MARTIN, 2001, p. 590). Reconhecer que os membros da Suprema Corte *sempre* agem de forma sincera na busca por seus objetivos seria subestimar sua inteligência e capacidade, tratando-os como pensadores míopes preocupados com a configuração do direito apenas em curto prazo. A essência da explicação estratégica não está no comportamento sofisticado, mas na interdependência da escolha entre os atores (MALTZMAN, SPRIGGS II; WAHLBECK, 1999, p. 62).

A abordagem estratégica postula que uma ampla compreensão das escolhas dos juízes só é possível quando se leva em conta, ao lado dos objetivos perseguidos, o contexto institucional em que atuam, sendo as *instituições* compreendidas como conjuntos de normas que "estruturam as interações sociais de determinados modos." (EPSTEIN; KNIGHT, 1998, p. 17). O êxito na tentativa de situar o direito o mais próximo possível de seus pontos ideais depende da capacidade dos *justices* de antecipar as possíveis reações de outros atores políticos, o que, por sua vez, exige informações a respeito de suas preferências sobre questões específicas. Essas informações, embora não seja necessário conhecê-las com exatidão, devem mostrar-se suficientes para permitir o cálculo sobre a natureza do contexto político em que estão operando. No cálculo das probabilidades, as instituições sociais e políticas desempenham um papel fundamental.

As principais fontes potencialmente capazes de fornecer informações úteis para a elaboração de cálculos estratégicos mais precisos são, para Epstein e Knight (1999, p. 219-220), a mídia e os memoriais apresentados pelos *amici curiae*, os quais revelam não só um interesse de determinados atores ou grupos na decisão, mas também suas preferências. Esses dados podem ser especialmente valiosos nos casos de memoriais apresentados por membros do Congresso ou pelo

Advogado-Geral, que é o representante do Governo dos Estados Unidos perante a Suprema Corte.[34]

1.3.1. As espécies de atuação estratégica

A atuação estratégica pode ser adotada de diferentes formas, em relação a diferentes atores e com objetivos distintos. A identificação dessas várias espécies é importante por revelar, de um lado, diferentes expectativas e motivações subjacentes ao comportamento judicial adotado e, por outro, tentativas distintas de influenciar o comportamento de outros atores relevantes.

Quanto à amplitude, o termo pode ser empregado em sentidos mais ou menos abrangentes. A *atuação estratégica em sentido amplo* compreende qualquer tipo de comportamento intencionalmente adotado como meio para a melhor realização possível dos fins pretendidos, tendo em consideração os demais atores relevantes e suas possíveis escolhas e reações. A *atuação estratégica em sentido estrito* – a rigor, a que corresponde às premissas centrais do modelo – ocorre quando o juiz, a fim de maximizar suas preferências político-jurídicas em longo prazo, leva em conta o contexto institucional em que atua, as preferências e possíveis reações de outros atores relevantes e opta racionalmente pelos cursos de ação mais apropriados à promoção de seus objetivos.

Quanto à localização dos atores em relação aos quais é adotada, a atuação estratégica também pode ser diferenciada em duas espécies. A *atuação estratégica intracorte* visa à obtenção, dentro do tribunal, de uma maioria favorável ao resultado mais próximo possível daquele considerado como ideal pelo juiz. Por serem as decisões de tribunais o produto das escolhas interdependentes de seus membros, a conformação do resultado dessa decisão está subordinada a várias preferências e é condicionada por uma série de normas e procedimentos internos que podem reduzir ou ampliar a capacidade de um juiz influenciar as escolhas dos demais colegas e, por conseguinte, o resultado final. A agenda do tribunal, o modo de designação do relator, a forma de deliberação interna, o *quorum* mínimo exigido para as decisões são alguns dos aspectos institucionais relevantes para a definição do resultado do jogo estratégico intracorte. A *atuação estratégica extracorte*,

---

34. EPSTEIN; KNIGHT (1999, p. 225): "No conjunto, entre os anos de 1954 e 1993, a Corte adotou a disposição defendida pelo Advogado Geral em 72% dos 691 casos em que o seu escritório participou como *amicus*."

por sua vez, objetiva evitar que a decisão do tribunal seja reformada em instâncias superiores, ou superada pelo legislador ou, ainda, que cause uma reação contrária por parte do público (*backlash*).[35] Como os órgãos judiciais estão inseridos em um sistema político no qual outros atores podem reverter, superar, evitar ou até ignorar suas decisões, os juízes que realmente desejam conformar, de forma eficaz e duradoura, o conteúdo final do direito às suas preferências não podem se comportar como se estivessem agindo em um vácuo. Quando reações indesejadas são consideradas prováveis, ajusta-se a posição preferida com o intuito de evitá-la.

Ante a complexidade e a dificuldade de conhecer preferências e prever possíveis reações de terceiros, a nosso ver, não se deve esperar a ocorrência rotineira de comportamentos estratégicos, sobretudo no caso da *estratégia extracorte em sentido estrito,* que tende a ser muito mais complexa – e, por conseguinte, menos eficaz – que a *estratégia intracorte.*

Por fim, quanto à natureza (individual ou institucional) dos interesses motivadores do comportamento, a atuação estratégica pode ser competitiva ou cooperativa. Na *atuação estratégica competitiva*, os membros do tribunal adotam comportamentos não sinceros com o objetivo de aproximar, na maior medida possível, o resultado final da decisão de suas preferências pessoais. Nesse sentido, o relator de um processo pode adotar um entendimento mais moderado que, embora não reflita com exatidão sua posição preferida, tem maior potencial para obter a adesão da maioria dos membros do tribunal. Na *atuação estratégica cooperativa*, os membros do tribunal trabalham conjuntamente para produzir a decisão mais viável possível, sob o ponto de vista institucional. Esse tipo de estratégia tende a ser utilizada quando a decisão envolve questões de alta saliência, potencialmente capazes de gerar fortes reações negativas por parte de atores políticos, da mídia ou

35. BAUM (2008, p. 17): "Um *justice* estratégico deve enfrentar a tarefa de prever as reações do público às decisões da Corte, uma tarefa que tem suas próprias complexidades. Um exemplo é o *justice* que acredita que a Corte põe em risco o seu apoio público e, em última instância, sua capacidade de obter aceitação para suas políticas, tomando decisões que entrem em conflito com pontos de vista da maioria do público. Se este *justice* contempla votar em um resultado provavelmente impopular, deve calcular quanto de apoio público seria perdido como resultado dessa decisão e, por sua vez, o quanto esta perda de apoio afetaria a eficácia da Corte como formuladora de políticas. Esse efeito estimado, então, tem que ser comparado com o benefício estimado para os objetivos do *justice* em matéria de política a partir da decisão em causa."

da opinião pública. Se a unanimidade é considerada capaz de conferir maior legitimidade à decisão do tribunal e, portanto, maior eficácia em sua implementação e cumprimento, uma boa estratégia coletiva pode ser buscar o consenso entre os membros do tribunal.

1.3.2. Análise crítica

O modelo estratégico costuma receber críticas a partir de duas perspectivas opostas. Por um lado, o modelo é acusado de ser *sobre-inclusivo* em virtude de apropriar-se de determinados tipos de comportamento que, a rigor, não correspondem às suas premissas centrais. Nesse sentido, Howard Gillman (1997, p. 12) observa que, se uma atuação judicial for rotulada como estratégica apenas por considerar as possíveis reações de outros atores, praticamente todas as decisões proferidas na história da Suprema Corte seriam dessa espécie. Gillman (1999, p. 70-73) pondera, ainda, que o fato de um *justice* mudar de opinião durante a elaboração da decisão ou de a Corte aparentemente evitar um conflito com outro poder não pode ser tido como uma evidência necessária de barganha ou retração estratégica. O autor sustenta que seria mais benéfico focar a discussão nas considerações específicas que levam um juiz a concluir que determinado curso de ação – negociar ou não, recuar ou se manter firme, evitar ou partir para o confronto, agir com sinceridade ou de forma estratégica – é o melhor a ser adotado naquelas circunstâncias, do que gastar energia com a questão abstrata de saber se os juízes estão ou não engajados em tomar decisões estratégicas.

Jeffrey Segal (1999, p. 243) sustenta que essa abordagem utiliza "manobras de salvação" que a tornam infalsificável, haja vista que, se a Suprema Corte profere uma decisão coerente com as preferências do Congresso, afirma-se ter sido adotada uma postura estrategicamente deferente; e, se a decisão contraria tais preferências, alega-se que seus membros se enganaram "sobre a mediana do Congresso" ou tentaram mudar as preferências deste. No mesmo sentido, Brian Tamanaha (2010, p. 119) observa que, quando as decisões da Suprema Corte são baseadas no direito e, por conseguinte, não correspondem às preferências políticas de seus membros, o modelo estratégico possui uma "capacidade alquímica (ou casuística)" de transformá-las em decisões politicamente calculadas, a fim de preservar a premissa de que os julgamentos do tribunal são politicamente orientados.

Por outro lado, o modelo estratégico é tachado de *subinclusivo* por mostrar-se incapaz de descrever e explicar os principais aspectos do comportamento judicial. Ainda que a explicação teórica e empírica de todos os fenômenos relacionados ao comportamento judicial seja uma tarefa praticamente impossível, a abordagem estratégica é demasiadamente restrita por adotar premissas pouco realistas para a atuação judicial de rotina. A dificuldade de identificar as preferências e possíveis reações de atores relevantes, sobretudo quando situados fora do tribunal, torna extremamente árdua e complexa a escolha de uma atuação estratégica adequada e eficaz. Por isso, quando as circunstâncias reais do ambiente decisório são devidamente consideradas, o comportamento mais racional, em regra, é o que corresponde às preferências sinceras dos juízes.[36]

O modelo estratégico também recebe críticas por não conferir o devido valor ao papel desempenhado pelo direito e pelo contexto institucional na formação das crenças pessoais dos juízes. Um dos pontos importantes inexplorados pelo modelo consiste em saber em que medida a inclinação dos juízes para a atuação estratégica intracorte pode ser também um subproduto de forças institucionais, tendo em vista que a negociação entre eles não decorre apenas da soma de preferências pessoais e de efeitos interativos, mas também de um conjunto cambiante de perspectivas institucionais normativas (GILLMAN, 1999, p. 75). No tocante à atuação estratégica extracorte, a sensibilidade às preferências de grupos dominantes do Congresso e da Presidência pode resultar não do receio calculado de superação ou da mera aceitação das preferências da coalizão política dominante, mas da crença de que a finalidade do próprio direito está subordinada às relações institucionais existentes dentro do sistema político. Ao tratar as dinâmicas intrajudiciais e as relações interinstitucionais como tipos diferentes de jogos, a abordagem estratégica ignora situações em que atores de diferentes

36. Segal (1999, p. 242) destaca, dentre os vários problemas teóricos apresentados pelas abordagens estratégicas, os seguintes: "quase sempre conferem ao Congresso a última palavra, quando a Suprema Corte pode rever rapidamente as superações [*overrides*] do Congresso; normalmente atribuem à Suprema Corte informação completa e perfeita sobre as preferências do Congresso, de modo que a Corte saberia se o Congresso vai votar para superar qualquer decisão tomada por ela; geralmente obrigam a Corte a agir no modo legal quando ela pode frequentemente alternar para o modo constitucional; e, finalmente, estes modelos subestimam a dificuldade de aprovar a legislação de superação, por ignorar fatores como custos de transação e de oportunidade."

instituições estatais se veem como tendo relações não competitivas e distintas, conforme a área de atuação de cada um deles.

Por fim, critica-se a abordagem estratégica por ignorar a natureza humana dos juízes, reduzindo o seu comportamento à busca por um conjunto restrito de objetivos jurídico-políticos. Os juízes, assim como qualquer ser humano, podem ser motivados por interesses diversos, como a maximização do lazer, do poder, do prestígio ou da sua popularidade. Por isso, mesmo admitindo como principal objetivo perseguido pelos juízes a realização de preferências, não se pode desprezar que motivações alternativas também são capazes de produzir comportamentos perfeitamente racionais (HALL; BRACE, 1999, p. 283-284). No mesmo sentido, Lawrence Baum (2008, p. 15) pondera que o argumento estratégico, embora bastante persuasivo, não confere a devida atenção à força dos incentivos fornecidos por outras plateias também relevantes para os juízes e que tendem a considerar aquilo que eles fazem e não as possíveis consequências decorrentes de suas decisões, mesmo porque dificilmente uma atuação estratégica pode ser identificada por quem não está familiarizado com as várias nuances do comportamento judicial. Por tais razões, Baum considera não haver motivações suficientemente fortes para justificar o esforço exigido por cálculos estratégicos dessa natureza.[37]

1.4. AS ABORDAGENS NEOINSTITUCIONALISTAS

> *As decisões dos juízes são uma função do que eles preferem fazer, temperadas pelo que eles pensam que devem fazer, mas restringidas pelo que percebem que é possível fazer.*
>
> James Gibson

Nas últimas décadas, tem se verificado uma forte revitalização do paradigma institucional, com o renascimento de concepções constitutivas e normativas da política e do papel que as instituições desempenham na formação de atitudes e valores individuais

37. BAUM (2008, p. 16): "Os juízes que atuam estrategicamente não asseguram qualquer benefício tangível diverso daqueles obtidos por juízes que agem de forma sincera. Embora eles possam obter benefícios intangíveis quando suas políticas jurídicas favoritas estão próximas de serem realizadas, a sua capacidade limitada para influenciar os resultados reduz a quantidade desses benefícios. Além disso, os juízes podem ganhar tanto ou mais satisfação, simplesmente adotando a posição que eles identificam como correta, independentemente do resultado final."

(CLAYTON; MAY, 1999, p. 237). O *novo institucionalismo* surge como reação a duas premissas básicas da tradição behaviorista: "a de que o comportamento humano é pré-determinado e a de que a ação individual pode ser agregada para dar conta dos resultados políticos." (MALTZMAN; SPRIGGS II; WAHLBECK, 1999, p. 46). As instituições são vistas como mecanismos capazes não apenas de limitar os cursos de ação possíveis, mas também de estruturar as ações, moldando gradativamente as preferências pessoais. Apontadas como hegemônicas na ciência política contemporânea, as novas abordagens de viés institucional retornam à antiga premissa básica da "centralidade das instituições", i.e., à noção de que as instituições importam decisivamente na produção dos resultados políticos.

O retorno ao foco institucional, embora iniciado no final dos anos 60, tem como marco teórico o artigo *The new institutionalism: organizational factors in political life*, de James G. March e Johan P. Olsen, publicado em 1984. Em reação ao tratamento das instituições como epifenômenos do comportamento autointeressado de indivíduos e grupos, March e Olsen (1984) destacam a importância da inter-relação entre as "instituições" ou "estruturas" humanas e as decisões de atores políticos. Na concepção dos autores, ao mesmo tempo em que as instituições moldam seus interesses e condutas, as ações desses atores reformulam as instituições em maior ou menor medida. Por isso, o relato idealmente completo de um evento político deve considerar a forma como o contexto institucional influencia a ação política em questão, assim como de que modo essas ações alteram as estruturas institucionais. As abordagens neoinstitucionalistas não negam a importância do contexto político-social e nem das motivações dos atores individuais, apenas insistem que as instituições políticas devem ser tratadas como atores políticos autônomos. A "primazia dos resultados"[38] é questionada e substituída pelo resgate da antiga noção de que "a política cria e confirma interpretações da vida" e que, através dela, "os indivíduos desenvolvem a si mesmos, suas comunidades e o bem público." (MARCH; OLSEN, 1984, p. 738-741).

38. MARCH; OLSEN (1984, p. 741): "Na maioria das vezes, a teoria contemporânea em ciência política considera política e comportamento político em termos instrumentais. A intenção das ações é encontrada em seus resultados, e o princípio de organização de um sistema político é a alocação de recursos escassos em face do conflito de interesses. Assim, a ação é escolha, a escolha é feita em termos de expectativas sobre suas consequências, os significados são organizados para afetar as escolhas, e os símbolos são cortinas que obscurecem a política real, ou artefatos de um esforço para tomar decisões."

No que se refere ao Judiciário, a maior parte dos trabalhos com o foco nas instituições surge a partir do final da década de 1990, quando a questão comportamental sobre como as instituições são afetadas pelas características pessoais dos juízes começa a dar lugar a uma indagação em sentido oposto, isto é, sobre como os juízes são afetados pelas características das instituições nas quais estão inseridos. A fim de examinar como as atitudes judiciais são estruturadas e constituídas institucionalmente, as abordagens neoinstitucionalistas buscam explorar contextos sociais, culturais e políticos mais amplos nos quais ocorre a tomada de decisão judicial, investigando não apenas o resultado, mas também os objetivos e as motivações subjacentes a ele.

A tese atitudinal de que os membros da Suprema Corte seriam livres para decidir casos apenas com base em sua ideologia é posta em xeque pela visão de que o comportamento judicial é limitado não apenas pelo direito, mas, sobretudo, pela interação da Corte com outras instituições políticas relevantes (FRIEDMAN, 2005, p. 263). Cornell Clayton (1999, p. 37) argumenta que alguns dos princípios utilizados na fundamentação de suas decisões sugerem que os *justices* tendem a encarar o direito como um "processo político constitutivo", no qual os pontos de vista de outros atores políticos não são considerados apenas barreiras para a promoção de preferências pessoais, mas uma base importante para se chegar a resultados jurídicos adequados. A partir da premissa de que a Suprema Corte está envolvida em um "diálogo constitutivo" sobre o significado do direito, Clayton afirma que qualquer entendimento sobre a sensibilidade dos juízes às instituições jurídicas exige atenção ao padrão de relações institucionais do regime político existente.

Os adeptos dessa perspectiva, apesar de reconhecerem a influência das preferências políticas pessoais, tratam a atuação de fatores políticos de uma forma mais ampla e complexa, no sentido de estruturar o direito e as escolhas dos juízes. As decisões judiciais são consideradas atos políticos não porque os juízes atuam como agentes eleitos que desejam maximizar preferências políticas de maneira consciente, mas porque o direito em si é um processo de construção de valores políticos, e a interpretação jurídica uma atividade influenciada por forças políticas profundas que moldam o comportamento judicial (CLAYTON, 1999, p. 20-22).

As investigações de viés neoinstitucional buscam descobrir se, em um dado momento histórico, diferentes atributos organizacionais tornam mais ou menos prováveis determinadas formas de decisão judicial. Ou seja, procuram identificar *padrões de correspondência* entre características institucionais específicas de um órgão judicial – *e.g.*, a forma de nomeação de seus membros, o modelo de deliberação, o controle sobre a agenda do tribunal – e as tendências de tomada de decisão de seus membros – *e.g.*, a probabilidade de proferir votos liberais/conservadores ou de elaborar votos divergentes (GILLMAN, 1999, p. 82). Ao explicar como diferentes contextos institucionais podem influenciar as escolhas feitas por tomadores de decisão e enfatizar o impacto causado pelas instituições, não apenas limitando as atitudes judiciais, mas também constituindo e estruturando preferências e interesses pessoais dos juízes, as abordagens neoinstitucionalistas fornecem elementos que permitem uma interpretação mais precisa e completa do comportamento judicial.[39]

1.4.1. As abordagens histórico-interpretativas

As diferentes concepções compreendidas no paradigma neoinstitucional disputam a melhor forma de conceituar as instituições e descrever sua influência sobre os juízes. Todas admitem que as decisões judiciais são influenciadas tanto pelo direito como pela política, mas divergem em relação ao grau de influência desses fatores e sobre o modo de influência das instituições. Serão analisadas, a seguir, algumas das principais abordagens de viés *histórico-interpretativo*.[40]

---

39. RIBEIRO; ARGUELHES (2012, p. 2): "Trabalhos como os de Gillman (1999), de perspectiva institucionalista histórica, são às vezes mencionados como exemplos de um 'modelo institucional' de comportamento judicial. Embora seja problemático agrupar esse conjunto de trabalhos dentro de um único e distinto 'modelo', o seu ponto em comum – a ênfase na possibilidade de que o pertencimento a uma instituição judicial possa afetar as próprias preferências dos juízes, afastando a simples maximização de preferências políticas – os aproxima das recentes tentativas de reconstruir um 'modelo legal' de comportamento judicial."

40. Vivien Schmidt (2010, p. 5-13) elenca quatro abordagens neointitucionalistas: I) o *institucionalismo da escolha racional* "pressupõe atores racionais com preferências fixas que fazem cálculos estratégicos para maximizar suas preferências e para os quais as instituições representam as estruturas de incentivos que reduzem as incertezas resultantes da multiplicidade de preferências e questões individuais."; II) o *institucionalismo histórico* "é centrado na forma como as instituições, entendidas como um conjunto de práticas regularizadas com qualidades semelhantes às das regras, estruturam as ações e resultados. Ele enfatiza não apenas o funcionamento e o desenvolvimento das instituições, mas também o padrão de dependência e as consequências não intencionais que resultam de tal desenvolvimento histórico."; III) o *institucionalismo sociológico* "tem como foco as formas e procedimentos da vida organizacional resultantes de práticas culturais

As abordagens histórico-interpretativas do desenvolvimento institucional rejeitam a concepção instrumental da política e do direito compartilhada pelos modelos atitudinal e estratégico. Argumenta-se que a Teoria da Escolha Racional e suas variáveis não conferem o devido valor a aspectos relevantes do comportamento judicial, deixando de explorar adequadamente as diversas formas de influência das instituições, sobretudo na formação das preferências judiciais.[41]

A análise e utilização de metodologias interpretativas para descrever a evolução histórica de determinadas instituições é central nessas abordagens (CLAYTON; MAY, 1999, p. 239-240). O caráter histórico

---

específicas." As instituições, compreendidas como "normas socialmente constituídas e culturalmente enquadradas", orientam as ações humanas segundo a "lógica da adequação" ("*logic of appropriateness*"), isto é, as instituições são vistas como adequadas para influenciar as ações a partir da perspectiva de uma determinada visão cultural de mundo. Ao lado dessas três estruturas tradicionais de análise, Schmidt classifica algumas concepções teóricas que levam a sério ideias e discursos dentro de uma quarta abordagem que denomina de "institucionalismo discursivo". Em apertada síntese, o objeto de explicação do *institucionalismo discursivo* são as ideias e discursos de agentes conscientes; a lógica de explicação, a comunicação e a definição das instituições são feitas a partir do significado (*meaning*) de estruturas e construções. A análise de como ocorrem as mudanças é o aspecto distintivo fundamental do institucionalismo discursivo em relação às abordagens neoinstitucionalistas tradicionais. Enquanto nestas há uma continuidade institucional (visão *estática*) e as mudanças são consideradas decorrentes de choques exógenos, o institucionalismo discursivo adota uma visão dinâmica na qual as mudanças (e continuidades) são operadas em processos endógenos através de ideias e interações discursivas. O discurso, entendido como a troca de ideias, é considerado fundamental para explicar de que modo as ideias migram do pensamento individual para a ação coletiva, haja vista que só é possível saber o que pensam as pessoas, ou por que elas agem de determinadas maneiras, depois que elas se expressam por palavras. Ademais, observa Schmidt (2010, p. 15), na maior parte das vezes, as pessoas não se envolvem em uma ação coletiva sem a articulação, discussão, deliberação e legitimação de suas ideias sobre suas ações. Por tais razões, seria imprescindível identificar as "habilidades discursivas" através das quais os agentes conscientes podem mudar (ou manter) suas instituições seguindo uma lógica comunicativa. Os *insights* das abordagens institucionalistas discursivas que têm como foco a "democracia deliberativa" são relacionados à concepção habermasiana de "ação comunicativa".

41. SMITH (1988, p. 92): "O comportamento é normalmente retratado como o resultado de cálculos racionais destinados a promover o autointeresse do indivíduo ou do grupo. O 'comportamento' das instituições políticas, por sua vez, é tratado como um simples produto da complexa interação de escolhas e ações individuais e de grupo. Tais análises tendem, por outro lado, a considerar os interesses e recursos dos atores políticos e, portanto, grande parte do conteúdo e das consequências da ação política como sendo, em última análise, reflexo das forças sociais e econômicas mais profundas que moldam a política muito mais do que a política as molda. Assim, as preferências e os poderes dos atores políticos são muitas vezes tratados como 'dados' exógenos na análise política."

decorre da premissa segundo a qual, ao longo do tempo, a interação com determinados aspectos do sistema político pode transformar as instituições e desenvolver novas normas, tradições e funções. Seu objeto de explicação são as "práticas e estruturas", com foco na forma como as instituições estruturam as ações e resultados. As instituições políticas são definidas como "estruturas e regularidades macro-históricas", cujo desenvolvimento está sujeito a uma "lógica de trajetórias dependentes" ("*logic of path-dependence*"), fenômeno segundo o qual os valores do sistema, no longo prazo, são uma função das ocorrências de curto prazo. Essa abordagem enfatiza não apenas o funcionamento e o desenvolvimento das instituições, mas também a "trajetória dependente" e as consequências não intencionais que resultam desse desenvolvimento histórico (SCHMIDT, 2010, p. 5 e p. 10).

Os interpretativistas sustentam que o comportamento judicial "não é apenas *estruturado* pelas instituições, mas é também *constituído* por elas no sentido de que os objetivos e os valores associados a determinados arranjos políticos dão energia e direção aos atores políticos." (GILLMAN; CLAYTON, 1999, p. 6-7). Rogers Smith (1988), um dos precursores da reação ao behaviorismo e à Teoria da Escolha Racional, destaca a influência das instituições sobre a autoconcepção dos indivíduos que ocupam funções institucionalmente definidas no sentido de fornecer diferentes perspectivas institucionais. Smith (1988, p. 95) afirma que, além de definir regras para os procedimentos de tomada de decisão, as instituições influenciam a autoconcepção dos atores políticos, conferindo-lhes perspectivas institucionais distintas, motivo pelo qual suas crenças e valores podem ser descritos, de modo mais preciso, "como concepções de dever ou ações intrinsecamente significativas", e não como "preferências egoístas". Por serem as preferências e interesses pessoais conformados e modificados não só pela reflexão e escolha deliberadas, mas também por instituições políticas mutáveis, as análises políticas devem explorar de que forma as estruturas institucionais contribuem para moldar o conjunto de recursos, regras e valores, no lugar de simplesmente considerá-lo como algo dado (SMITH, 1988, p. 98-100). A tomada de decisão judicial é vista como um processo em que as convicções e valores que dão origem às "preferências" dos juízes são moldados pelos distintos papéis profissionais, pelo senso de obrigação e por perspectivas institucionais relevantes.

As abordagens histórico-interpretativas, embora possuam algumas divergências internas, compartilham o interesse comum em tentar compreender e explicar o comportamento com base nos significados que as próprias pessoas associam a ele. De acordo com Gillman (1999, p. 78), a prática behaviorista de pressupor um motivo e, em seguida, tentar encontrar padrões de comportamento que o reflitam, embora seja útil para esclarecer certas questões, pode induzir a erros óbvios por não examinar adequadamente as convicções e preocupações reais dos juízes. Em vez de focar em motivações aparentemente universais, como racionalidade e egoísmo, os interpretativistas preferem adotar uma visão interna da prática judicial no sentido de analisar essa atividade a partir do ponto de vista dos participantes envolvidos. Para isso, tentam reconstruir estados intencionais da mente e contextos culturais ou políticos, com a pretensão de identificar as razões que levaram uma determinada pessoa a adotar certo comportamento. Nas palavras de Gillman (1999, p. 83-84):

> Quando vamos além da visão de que as instituições facilitam ou impedem o comportamento autointeressado, somos capazes de incorporar em nossa compreensão dos efeitos institucionais certas experiências que são frequentemente inexploradas por abordagens mais positivistas, incluindo: experiências de obrigação e dever profissional, entendimentos de propósito comum, a preocupação com a manutenção da autoridade ou legitimidade corporativa e a participação em uma rotina – cada uma das quais sugere a presença de um tipo de motivação distinta de algo racional, autointeressado, estratégico e calculado.

O que torna uma instituição reconhecida é o fato de ter uma *missão*, entendida como "um propósito identificável ou um objetivo normativo comum que, em determinado momento histórico e em um contexto específico, torna-se rotineiro dentro de uma forma corporativa identificável como resultado dos esforços de certos grupos de pessoas." A utilização da ideia de missão é considerada útil por permitir uma análise mais abrangente dos efeitos institucionais. A noção de "tribunal" como instituição fomentadora de certos objetivos e executora de funções específicas dentro do sistema político influencia a autoconcepção de seus membros, inclusive no que se refere ao senso de responsabilidade profissional para filtrar a interferência de preferências e interesses inconsistentes com as funções institucionais. A ideia de missão pode contribuir para uma melhor compreensão por parte dos membros do tribunal sobre como interagir corretamente com outras instituições e atores do sistema político (GILLMAN, 1999, p. 79-84).

1.4.1.1. A abordagem do "Regime Político"

A abordagem do *Regime Político*, proposta por Cornell Clayton e David May (1999), apesar de também adotar alguns dos pressupostos fundamentais da Teoria da Escolha Racional estratégica, possui um viés histórico-interpretativo. Os autores postulam que as atitudes e estratégias judiciais utilizadas na tomada de decisão são limitadas e constituídas por contextos judiciais e políticos mais amplos dentro do quais a Suprema Corte atua.

Para Clayton e May (1999, p. 234), os *justices* tendem a decidir com base não apenas em suas preferências políticas pessoais, mas principalmente no que "acreditam ser a mais autêntica compreensão do 'direito' e a missão ou papel apropriados da Corte." O "significado do direito" subordina-se aos pontos de vista e relações entre atores politicamente relevantes que conformam o sistema político em um dado momento histórico. Nesse sentido, os juízes podem estar verdadeiramente comprometidos com o direito e, ainda assim, serem sensíveis aos valores dominantes do regime político. Essa sensibilidade às posições e valores dos grupos dominantes no Legislativo e Executivo pode ser resultante da convicção de que o direito em si é dependente das relações institucionais ocorridas dentro do sistema político e não de um cálculo estratégico adotado para a realização de preferências políticas pessoais ou por medo de superação da decisão por parte dos poderes políticos. Vale dizer: um juiz pode acreditar que determinadas instituições jurídicas estão incorporadas dentro de um regime político mais amplo e que, por isso, devem extrair dele o seu significado (CLAYTON; MAY, 1999, p. 244-245).

As decisões judiciais são consideradas resultantes de fatores diversificados, entre os quais se incluem as preferências políticas imediatas e os constrangimentos institucionais, mas as razões mais fortes seriam aquelas fornecidas pelo desejo de realizar uma interpretação profissionalmente íntegra ou pela visão autenticamente apoiada na missão da Corte.[42] Em ambos os casos, é de se esperar uma tomada de decisão judicial sensível aos valores sociais dominantes na forma

42. CLAYTON; MAY (1999, p. 245): "Mesmo as atitudes judiciais sobre princípios jurídicos abstratos como o *stare decisis*, após um exame minucioso, vão se revelar contingentes em face dos valores sociais e políticos prevalecentes. Este ponto foi bem ilustrado pela decisão da Corte em *Planned Parenthood v. Casey*. A maioria dos *justices* em 1992, sem dúvida, tinham preferências políticas que os levaria a abandonar o direito ao aborto estabelecido em *Roe v. Wade*. Na verdade, Casey parecia ser a oportunidade tão esperada pelos 'conservadores' da Corte para reverterem Roe. Que a Corte, ao contrário,

como foram expressos e articulados pelo *regime político* (CLAYTON; MAY, 1999, p. 246).

As duas conclusões centrais levam a crer que, em primeiro lugar, é necessário estar atento ao padrão de valores políticos e relações institucionais dentro do regime existente; em segundo lugar, deve-se reconhecer que esses padrões se mostram- historicamente contingentes, podendo ser alterados por meio de escolhas políticas criativas. Por isso, argumentam Clayton e May (1999, p. 248), faz sentido examinar a mudança do papel dos tribunais e do significado do direito dentro dos diferentes regimes, a qual resulta "de grandes 'realinhamentos' políticos ou grandes 'momentos constitucionais' em que o povo faz escolhas políticas para alterar o conjunto de instituições políticas e sociais existentes."

1.4.1.2. A "Teoria Interpretativo-estrutural"

A *Teoria Interpretativo-estrutural*, proposta por Stephen M. Feldman (2005), elucida, com precisão e clareza, de que modo os aspectos sociais, culturais e políticos integram o processo interpretativo na aplicação judicial do direito e como as instituições contribuem para conciliar juízos interpretativos e preferências políticas dos juízes. Conjugando os pontos de vista interno e externo da adjudicação e tendo como apoio a hermenêutica filosófica de Gadamer, Feldman usa o conceito de "horizontes interpretativos" para explicar como as tradições comunitárias e os simultâneos interesses, preconceitos e expectativas permitem e, ao mesmo tempo, limitam a interpretação jurídica.[43] Esta é vista como um processo fluido e contingente – nunca estático –, condicionado pelo *contexto histórico* incorporado pelas tradições comunitárias, no qual estão incluídas as posições estruturais ocupadas pelo intérprete e que são alteradas historicamente.[44]

---

tenha reafirmado o *holding* básico de Roe indica que havia mais coisas em jogo do que as preferências políticas pessoais dos juízes."

43. FELDMAN (2005, p. 14): "Hans-Georg Gadamer usa a metáfora de 'horizonte' para elucidar esse fenômeno de simultânea capacitação e restrição: somos capazes de ver dentro dos limites de nossos respectivos horizontes, mas não além dele. Embora nossa perspectiva interpretativa seja sempre necessariamente limitada – porque estamos situados dentro de um horizonte que tem limites – nós somos capazes de compreender o significado dos textos exatamente porque podemos ver qualquer parte dentro do nosso horizonte."

44. FELDMAN (2005, p. 16-17): "Embora muitos teóricos preocupados com a hermenêutica ou com a interpretação jurídica tenham enfatizado a importância do contexto, um componente crucial do contexto e, portanto, da interpretação, muitas vezes é esquecido.

Feldman (2005, p. 4) tenta desenvolver uma metodologia que, de certo modo, possa servir como uma ponte entre a visão interna adotada no âmbito jurídico e a visão externa do modelo atitudinal. A influência da política sobre o comportamento judicial não é desprezada, mas o direito deixa de ser visto como epifenômeno e como mero artifício retórico utilizado para ocultar os verdadeiros fundamentos políticos das decisões judiciais, sendo as ideologias jurídicas (doutrinas) compreendidas como possíveis causas - ou, no mínimo, como restrições - das decisões judiciais.

A *Teoria Interpretativo-estrutural* defende que direito e política estão conectados em um sentido forte. A política integra o direito por ser um dos componentes da interpretação jurídica, já que as preferências políticas dos juízes constituem uma parte significativa de seu horizonte interpretativo. A política judicial não deve ser confundida, no entanto, com outros tipos de manifestação política, tendo em vista que é sempre conformada por instituições jurídicas, como a doutrina e a jurisprudência. Assim, segundo Feldman (2005, p. 45-46), ainda que a política eventualmente entre em jogo, o Estado de Direito tem prioridade, como revelaram as investigações empíricas conduzidas por Mark Richards e Herbert Kritzer (2002). Ainda que não tenham negado o papel desempenhado pelas preferências políticas pessoais nos votos dos *justices*, os autores conseguiram demonstrar empiricamente a importância estrutural dos precedentes na jurisprudência da Suprema Corte dos EUA. Com base na codificação de todos os casos referentes à liberdade de imprensa e de expressão, julgados entre 1953 e 1998, Richards e Kritzer (2002, p. 315) concluíram que a "Suprema Corte não

---

A saber, todos os intérpretes estão sempre situados em determinadas posições *estruturais* no seio da sociedade. Todos os indivíduos ocupam determinados papéis sociais relativamente incorporados (embora contingentes) que resistem dentro de práticas e instituições sociais complexas. Os papéis sociais, além disso, são definidos em parte pelas relações entre as diversas posições institucionais, pelos esquemas organizacionais tanto de determinadas instituições como da sociedade em geral. [...] Significativamente, no que diz respeito à interpretação, cada intérprete de um texto ocupa um determinado papel ou papéis dentro da sociedade em geral vis-à-vis com outros intérpretes. Em outras palavras, a posição estrutural (ou posições) do intérprete é parte do contexto de interpretação e, como acontece com outros aspectos do contexto, a posição estrutural pode tanto fortalecer como restringir a interpretação. As contribuições da estrutura social para interpretação são complexas, múltiplas e variadas (dependendo de outros aspectos do contexto). Se vários intérpretes deliberam sobre o significado de um texto, suas respectivas posições estruturais em face dos outros intérpretes provavelmente irão influenciar o rumo do diálogo."

é simplesmente uma pequena legislatura" e que tanto fatores políticos como jurídicos são fundamentais em suas decisões. O direito não é mera restrição mecânica ao resultado das decisões judiciais, mas uma construção elaborada por juízes com valores e metas políticas, nas quais os "*regimes jurisprudenciais*" importam, em parte, por se constituírem em meios de persuasão para os outros juízes.[45] Para esses autores, a ausência de *accountability* eleitoral e de uma instância revisora superior não impede a criação de outras restrições capazes de moldar o processo decisório, pois, embora façam parte do mundo da política, os *justices* possuem uma "cultura jurídica" distinta dos demais atores políticos.

45. RICHARDS; KRITZER (2002, p. 308): "[C]onceituamos um regime jurisprudencial com referência a um precedente central, ou conjunto de precedentes relacionados, que estruturam a forma com que os ministros da Suprema Corte avaliam elementos fundamentais de casos na tomada de decisões em uma determinada área jurídica. As decisões que enunciam esses precedentes fundamentais servem para demarcar regimes jurisprudenciais que são estabelecidos por um determinado período de tempo. Fundamentalmente, regimes jurisprudenciais funcionam como variáveis intervenientes entre os fatores que influenciam as decisões dos juízes e as próprias decisões...".

2

O MODELO JURÍDICO MULTIFATORIAL

2.1. CONSIDERAÇÕES PRÉVIAS

A abordagem desenvolvida neste capítulo tem por objetivo fixar os pressupostos básicos e enunciados estruturais que serão utilizados na elaboração de um modelo descritivo dos fatores extrajurídicos que, em determinados contextos, tendem a influenciar o comportamento dos ministros do Supremo Tribunal Federal.

A partir de diversos estudos e investigações empíricas envolvendo as Cortes Supremas do Brasil e dos Estados Unidos, o modelo reconhece o protagonismo do direito, isto é, considera o material jurídico (legislação, doutrina e jurisprudência) como o principal fator responsável por fornecer razões definitivas e/ou contributivas para os atos e decisões judiciais. Os fatores jurídicos, no entanto, nem sempre são capazes de determinar, de forma exclusiva, o comportamento judicial. Por isso, o modelo busca identificar os contextos decisórios e institucionais característicos nos quais certos fatores extrajurídicos tendem a exercer influência, de modo consciente ou inconsciente, sobre o comportamento dos juízes.

A ideia subjacente ao desenvolvimento desse *modelo jurídico multifatorial* pode ser sintetizada nos seguintes termos: a incapacidade de determinação do comportamento judicial por fatores jurídicos abre espaço para a interferência de variáveis extrajurídicas, cuja atuação será condicionada primordialmente pelo contexto decisório e institucional. Se o material jurídico nem sempre é capaz de impor um único resultado razoável para as decisões judiciais (*comportamento judicial em sentido estrito*) nem de pautar, com exclusividade, os atos processuais praticados pelos juízes (*comportamento judicial em sentido amplo*), inevitavelmente outras variáveis estranhas ao direito[1] irão concorrer para a adoção de determinados comportamentos.

O modelo postula que, em qualquer órgão judicial ou sistema jurídico, os juízes são potencialmente influenciáveis por fatores cognitivos (predisposições), ideológicos (preferências) e de interesse (expectativas), embora a intensidade e o grau de influência de cada um desses *fatores extrajurídicos endógenos* dependam de duas espécies de variáveis. As variáveis subjetivas são relacionadas aos atributos pessoais de cada juiz, cuja constituição e estruturação sofrem a influência de *fatores extrajurídicos exógenos* relacionados ao ambiente institucional, social e cultural em que atuam. As variáveis objetivas referem-se aos contextos decisórios e institucionais específicos nos quais ocorre o processo e julgamento. Diferentes configurações podem produzir diferentes expectativas, contribuindo para fomentar ou restringir a influência de certos fatores. Embora a medida da intensidade e do grau da influência de cada fator só possa ser determinada através de dados específicos, as inúmeras investigações empíricas existentes permitem formular enunciados sobre a probabilidade de influência de alguns fatores jurídicos e extrajurídicos, conforme as características marcantes do contexto decisório e institucional.

O *contexto decisório* compreende a inter-relação de circunstâncias fáticas e jurídicas que acompanham uma situação-tipo submetida à apreciação do Poder Judiciário. No tocante à influência de fatores extrajurídicos sobre a interpretação de fatos e textos normativos, a distinção fundamental é entre "casos simples" e "casos complexos". A diferença entre as duas espécies é mais gradual do que dicotômica, vale dizer, os casos não são puramente simples ou complexos. Entre os dois extremos, existem os que são mais simples e outros que apresentam maior grau de complexidade. Ao lado dessa distinção estrutural, serão diferenciados quatro grupos de casos cujas características marcantes

---

1. Cumpre-se esclarecer que, dependendo das concepções positivistas ou não positivistas adotadas, os elementos que integram o "direito" serão compreendidos em termos mais ou menos abrangentes. Para os fins imediatos que orientam o desenvolvimento deste trabalho – quais sejam, explicar e sistematizar os fatores potencialmente capazes de influenciar o comportamento judicial –,, optou-se por adotar uma *concepção de direito em um sentido estrito*, correspondente ao material jurídico convencional (legislação, doutrina e jurisprudência), por permitir uma decomposição mais nítida dos fatores de influência. É necessário deixar registrado, no entanto, que a escolha dessa concepção mais estrita, geralmente adotada por concepções juspositivistas, não decorre de qualquer juízo de valor quanto à sua bondade, mas uma opção pautada exclusivamente por razões de natureza metodológica.

tendem a estimular a influência específica de determinados fatores extrajurídicos, a saber: "casos em que são exigidas valorações judiciais"; "casos com alta carga moral e/ou política"; "casos de alta saliência pessoal, social e/ou midiática"; e "casos de alto impacto político, social e/ou econômico".

O *contexto institucional* abrange as normas internas e externas especificamente relacionadas ao âmbito de atuação de cada órgão judicial. Diferentes configurações institucionais, por criarem tipos diversos de expectativas sobre as possíveis reações de outros atores, tendem a estimular ou restringir a influência de determinados fatores jurídicos ou extrajurídicos.

A análise dos fatores extrajurídicos que tendem a influenciar o comportamento judicial terá como base as características determinantes do contexto decisório e institucional em que atuam os ministros do STF.

2.2. PRESSUPOSTOS PARA O DESENVOLVIMENTO DO MODELO

Um modelo descritivo dos fatores potencialmente capazes de influenciar o comportamento judicial deve identificar e organizar os *principais elementos* e explicar as possíveis razões pelas quais existe a probabilidade de sua interferência. Todo modelo, no entanto, é uma representação simplificada da realidade, e não a realidade em si mesma. Para ser útil, deve mostrar-se satisfatoriamente abrangente e preciso, mas, ao mesmo tempo, parcimonioso o bastante para se concentrar apenas nos fatores realmente cruciais. Neste sentido, Segal, Spaeth e Benesh (2005, p. 20) afirmam que um bom modelo deve perseguir dois propósitos contraditórios: "explicar com precisão o comportamento em questão e fazê-lo com parcimônia, isto é, com moderação ou sobriedade."

O comportamento judicial é um fenômeno extremamente complexo, sujeito à influência de uma ampla gama de variáveis que dificilmente poderiam ser explicadas de maneira completa e exaustiva por um único modelo descritivo. As limitações naturais de tempo, espaço e cognição exigem a delimitação do objeto de análise para que o empreendimento possa atender à sua finalidade. A sistematização dos fatores de influência mais relevantes tem por objetivo precípuo contribuir para o desenvolvimento de mecanismos endógenos e exógenos capazes de minimizar as influências inapropriadas e indesejáveis. Assim, serão deixados de fora do modelo determinados fatores aleatórios e episódicos que, embora potencialmente capazes de interferir nas escolhas judiciais, ainda não foram objeto de estudos empíricos suficientemente amplos para identificar uma relação de causalidade precisa ou não se mostram úteis aos propósitos deste trabalho.[2]

O modelo será construído a partir de dois pressupostos básicos, expostos a seguir.

2.2.1. Pressuposto subjetivo

O pressuposto subjetivo pode ser sintetizado nos seguintes termos: *os juízes não são seres monolíticos que perseguem um único objetivo durante todo o tempo ou que agem sempre motivados pelo mesmo tipo de interesse.*

Para melhor compreensão, esse pressuposto pode ser dissecado em seis pontos.

Em primeiro lugar, o modelo considera que *os juízes em geral e a maioria dos membros do STF persegue primordialmente objetivos jurídicos*, embora eventualmente fatores extrajurídicos influenciem, de forma consciente ou inconsciente, o comportamento deles. Por "objetivo jurídico" deve ser entendido o desejo de alcançar a melhor realização possível do direito, isto é, de conferir ao material legislativo e jurisprudencial a melhor interpretação à luz das concepções

2. Há uma série imensa de variáveis potencialmente capazes de influenciar o comportamento judicial, tais como: o local, o dia e a hora do julgamento; o humor, o cansaço ou a fome do juiz no momento da decisão; algum comentário ou notícia ouvidos minutos antes de decidir, entre muitos outros. Esses *fatores aleatórios* não serão analisados neste estudo. Para uma análise da interferência de variáveis relacionadas ao *lugar* (localização do prédio, tamanho do recinto, temperatura ambiente, iluminação, intensidade dos ruídos...), ao *tempo* (dia e hora da sessão, ordem de julgamento do processo, distância entre os processos nas pautas...) e ao *modo* (publicidade ou sigilo das votações, ordem de votação, funções do presidente do órgão, sustentações orais...) do julgamento, sugerimos a leitura do artigo elaborado por Barbosa Moreira (1994, p. 12) no qual o próprio autor faz a seguinte ressalva: "Não desejamos dar a ninguém a impressão de que os julgamentos desse tipo se resolvem, afinal de contas, numa espécie de loteria, onde o que menos importa é o direito da parte. Nossa experiência de magistrado não nos autoriza em absoluto a insinuar que em qualquer hipótese sobrepaire a tudo mais a temperatura reinante na sala de sessões, ou a hora em que se examina a causa, ou alguma vicissitude fisiológica de juiz ou de advogado... Tais fatores atuam, é certo; mas, à evidência, não atuam todos ao mesmo tempo, nem com igual intensidade. Em muitos casos, sua influência será tão pequena a ponto de tornar-se praticamente irrelevante. É bom tomarmos consciência de que o fenômeno existe; evitemos, porém, exagerar-lhe o alcance, convertê-lo em pretexto para uma sorte de mania persecutória."

filosóficas e teóricas consideradas apropriadas ao exercício da função jurisdicional, sob o paradigma do Estado de Direito. Tudo isso sem desconsiderar as potenciais consequências econômicas e sociais da decisão. Essa visão encontra apoio em pesquisa realizada pela Associação dos Magistrados Brasileiros (AMB), segundo a qual 87,1% dos juízes em atividade consideraram que suas decisões devem ser "preponderantemente orientadas por parâmetros legais". Para 83,8% dos juízes entrevistados, é igualmente importante ter compromisso com as "consequências sociais" da decisão e, para 40,5%, deve-se atentar também para as "consequências econômicas" dessa (SADEK, 2006, p. 47).[3] A crença amplamente dominante no âmbito jurídico é no sentido de que os casos judiciais devem ser decididos primordialmente com base no direito e não em preferências políticas ou interesses pessoais dos magistrados. Os juízes em geral e os membros do STF em particular têm plena consciência deste dever profissional.[4]

Em segundo lugar, o modelo reconhece, como exceção, a possibilidade de que em certos casos *alguns dos juízes atuem precipuamente orientados por objetivos políticos* e que, por essa razão, sempre que tiverem a oportunidade, tentarão aproximar o resultado das decisões de suas preferências políticas pessoais. Em termos gerais, é bastante provável que a proporção de juízes politicamente orientados varie de acordo com o sistema (talvez seja maior nos países de *common law* do que nos de *civil law*)[5] e com o grau de jurisdição (maior entre

3. Para uma análise crítica dos resultados obtidos, *cf.* ARGUELHES (2005) e LEAL (2006).
4. Como corretamente assinala Wendy Martinek (2010, p. 77), "provavelmente não há outra norma que tenha uma reivindicação *prima facie* mais forte [*stronger prima facie claim*] sobre os juízes do que aquela segundo a qual a tomada de decisão judicial deve ser regida pela consideração dos fatores jurídicos pertinentes. Esta norma está firmemente entrelaçada no tecido do ensino jurídico e da profissão jurídica. Juízes, portanto, vão para os tribunais com esta norma já bem inculcada. A autoidentificação de um juiz como membro de um tribunal pode levar a uma confiança reforçada nos fatores jurídicos convencionais para se chegar ao dispositivo de uma decisão; não porque ele os vê de maneira instrumental para angariar o apoio de seus colegas, como os teóricos estratégicos o consideram (...) ou como uma capa para mascarar a influência descarada da ideologia pessoal, como os atitudinalistas o consideram (...), mas porque ele enxerga os fatores jurídicos como os mais relevantes para a sua tomada de decisão, precisamente por causa de sua participação no pequeno grupo constituído [pelos membros] de seu tribunal."
5. POSNER (2008, p. 263): "Juízes da Europa continental são mais legalistas do que os estadunidenses ou ingleses. O sistemas jurídicos (*civil law*) europeus e os sistemas europeus de governo de forma mais ampla foram construídos ao longo das linhas que limitam muito a discricionariedade judicial e, portanto, os desvios do legalismo. A carreira

membros de uma suprema corte ou de um tribunal constitucional do que entre juízes de primeira instância). Juízes de instâncias ou de tribunais diversos, por exercerem diferentes tarefas, podem conferir pesos distintos às considerações jurídicas e extrajurídicas. De qualquer modo, parece razoável supor que a maior parte dos juízes age primordialmente orientada por objetivos jurídicos e que aqueles que perseguem objetivos políticos representam uma exceção.

Em terceiro lugar, o modelo postula que *nenhum juiz persegue o mesmo objetivo durante todo o tempo*.[6] Um juiz rotineiramente orientado por objetivos jurídicos pode, em casos específicos, fazer escolhas deliberadamente pautadas por preferências políticas pessoais ou outros tipos de interesses. De qualquer modo, esse tipo de conduta tende a ser excepcional. Mesmo reconhecendo a probabilidade de que, em supremas cortes ou tribunais constitucionais, seja mais frequente a presença de juízes que perseguem objetivos políticos, não seria realista supor que os ministros do STF estão preocupados em impor suas preferências políticas pessoais na maioria das dezenas de milhares de processos dos quais participam anualmente.

Em quarto lugar, o modelo trata os *juízes como seres humanos* e não como máquinas, haja vista que o fato de vestirem uma toga preta não modifica sua essência. Assim como os demais seres humanos, o raciocínio dos juízes também está sujeito à influência de inúmeros fatores de natureza psicológica, sociológica e antropológica que, por vezes, operam abaixo do nível da plena consciência. Todas as variáveis capazes de interferir no resultado das decisões judiciais e que não decorrem do material jurídico convencional (legislação, doutrina e jurisprudência) serão aqui denominadas de *fatores extrajurídicos*. Em casos de maior complexidade, as decisões judiciais proferidas pelo STF tendem a ser afetadas por fatores dessa natureza.

Em quinto lugar, o modelo pressupõe que *grande parte da influência exercida por fatores extrajurídicos opera de modo inconsciente*, como decorrência de predisposições individuais que afetam o raciocínio decisório. Embora os "fatores de objetivação" (formação jurídica, métodos e parâmetros desenvolvidos no âmbito doutrinário e jurisprudencial...) contribuam para minimizar a influência de alguns erros

---

judicial atrai o tipo de pessoa que se sente confortável em uma burocracia, e isso gera nela, uma vez lá, hábitos de obediência a diretivas e a outros textos normativos."

6. MORSE (2006, p. 404): "Uma explicação cerebral monolítica de um comportamento complexo é quase sempre radicalmente incompleta."

e vieses cognitivos, tais interferências não podem ser completamente eliminadas pelos juízes.[7] Diante da impossibilidade de se exercer um controle absoluto sobre a influência de fatores cognitivos, o melhor a fazer, explica Daniel Kahneman[8] (2012, p. 38-39), é uma espécie de "acordo" no sentido de "aprender a reconhecer situações em que os enganos são prováveis e se esforçar mais para evitar enganos significativos quando há muita coisa em jogo." Por isso a relevância de se conhecer em que tipo de contexto decisório e/ou institucional determinados fatores extrajurídicos têm maior probabilidade de atuar. Estando cientes das situações em que o raciocínio decisório tende a ser mais afetado por determinados fatores, os julgadores bem-intencionados e dispostos a evitar influências indevidas poderão exercer maior grau de controle sobre suas próprias decisões e optar por concepções teóricas ou filosóficas mais compatíveis com a realização dos princípios subjacentes ao Estado de Direito.[9]

---

7. IRWIN; REAL (2010, p. 9-10): "É da natureza humana desejar e acreditar que agimos livres de preconceitos e vieses. Para os juízes, é também uma questão de identidade profissional serem árbitros imparciais para os problemas apresentados para resolução. Poucos admitem tomar decisões conscientemente tendenciosas, especialmente as motivadas por vieses negativos. Mas a mente humana é um mecanismo complexo e as pesquisas sugerem fortemente que, independentemente de preconceitos e vieses conscientes ou declarados, a maioria das pessoas, não importa o quão bem educado ou pessoalmente comprometido com a imparcialidade, portam alguns enviesamentos inconscientes ou implícitos. O grau desses vieses implícitos, bem como seu impacto nas decisões intuitivas ou deliberativas é, certamente, objeto de debate e, provavelmente, varia muito de pessoa para pessoa. No entanto, esses desvios existem."
8. CALLIGARIS (2007): "Daniel Kahneman ganhou o Prêmio Nobel de Economia por trabalhos que mostram como os agentes econômicos (investidores, consumidores etc.) acreditam obedecer, em suas escolhas, a critérios racionais (utilidade, lucro, interesse), mas, de fato, são levados por emoções que eles desconhecem e que os impedem de calcular corretamente os riscos de seus atos. Outros pesquisadores chegaram mil vezes a conclusões parecidas analisando pensamentos políticos, nos quais a racionalidade é seriamente ameaçada por afetos e emoções. Isso, claro, sem que o sujeito pensante se dê conta da interferência. Recentemente, o 'Journal of Cognitive Neuroscience' (...) publicou uma pesquisa, de Drew Westen e outros, que, pela primeira vez, comprova 'materialmente' o peso das motivações afetivas e emocionais em nossos pensamentos. Os sujeitos da amostra deviam julgar, por exemplo, uma explicação fornecida por um político. Enquanto decidiam se a explicação lhes parecia plausível ou não, seu funcionamento cerebral era monitorado por ressonância magnética. Embora os sujeitos jurassem que eles estavam decidindo fria e racionalmente, suas escolhas implicavam uma intensa atividade de zonas cerebrais classicamente envolvidas na regulação afetiva, na defesa psicológica e no 'viés de confirmação'."
9. Por exemplo: em respeito ao princípio democrático, um juiz que tenha plena consciência de que em temas moralmente carregados há grande probabilidade de que suas decisões

Por fim, o fato de um juiz ter como propósito geral a melhor realização possível do direito ("objetivo jurídico") não impede que motivações específicas influenciem o seu comportamento. Assim como qualquer ser humano, os ministros do STF possuem *interesses* das mais variadas naturezas e que, em certos contextos, podem fornecer fortes incentivos para sua atuação. Há diversas fontes internas - senso de justiça, conduta profissional adequada, busca por bons resultados, pelo poder, por prestígio - e externas - elogios e críticas de colegas, de estudiosos do direito, de políticos, da opinião pública - potencialmente capazes de fornecer estímulos para o comportamento judicial e que, por isso, também devem ser incorporadas às análises sobre o tema.

2.2.2. Pressuposto objetivo

O segundo pressuposto utilizado como base para a construção do modelo é de natureza objetiva e pode ser sintetizado nos seguintes termos: *em um Estado de Direito no qual a independência judicial é assegurada de forma efetiva e satisfatória, o comportamento dos juízes é essencialmente orientado e limitado pelo material jurídico, embora este nem sempre seja capaz de conformar integralmente todos os atos judiciais ou de determinar um único resultado razoável para todas as decisões.*

O *Estado de Direito* costuma ser conceituado de formas bastante diversificadas[10] e tem recebido diferentes concretizações ao longo da história.[11] Embora as tentativas de domesticação do domínio político pelo direito se configurem de maneiras distintas, é possível identificar algumas das ideias nucleares básicas indissociáveis deste modelo de Estado, dentre elas: a submissão de todos os poderes públicos ao direito; a impessoalidade e a limitação jurídica do poder; a observância do devido processo legal em ambas as dimensões (formal e material); e a independência entre os poderes.

---

sejam fortemente influenciadas por valores e convicções pessoais pode optar, em casos que não envolvam direitos de minorias, por uma postura autorrestritiva – em vez de ativista – em deferência às escolhas feitas pelo legislador democraticamente eleito.

10. Para a análise específica do tema, dentre outros: DÍAZ GARCIA (1992); FALLON, Jr. (1997). CANOTILHO (1999); ROSENFELD (2001); GARGARELLA (2003); FEREJOHN; PASQUINO (2003); TAMANAHA (2004); WALDRON (2008); PALOMBELLA (2009); BARBERÁN (2010).

11. Dentre as diversas configurações adotadas por este modelo de Estado podem ser destacadas: o *Rule of Law* na Inglaterra e nos Estados Unidos (*"Always under Law"*), o *Rechtsstaat/Verfassungsstaat* na Alemanha (surgido na antiga Prússia) e o *État Légal/État du Droit* na França.

A *independência judicial* costuma ser referida em três dimensões. A "independência externa" (ou "independência política") consiste na capacidade de tomar decisões livres de pressões e coações por parte do Executivo e do Legislativo, ou seja, decisões pautadas essencialmente pelo direito e não pela agenda de outros poderes. A autonomia política do Poder Judiciário é assegurada por meio de garantias funcionais e institucionais consagradas, em regra, nas constituições. A "independência interna" consiste na autonomia conferida a órgãos judiciais de instâncias inferiores em relação a órgãos hierarquicamente superiores. Essa dimensão também se mostra relevante em relação à eficiência e uniformidade da influência exercida pelo sistema judicial sobre o resultado das políticas públicas (KAPISZEWSKI; TAYLOR, 2008, p. 749). Por fim, a independência dos órgãos judiciais pode ser referida também em relação às partes envolvidas no processo ou aos atores e grupos interessados na solução do litígio. Essa dimensão, geralmente denominada de "imparcialidade judicial", costuma ser juridicamente protegida pelas normas processuais que estabelecem as hipóteses de impedimento e suspeição dos juízes.[12] Em todas essas três dimensões, o grau de independência judicial pode ser assegurado em diferentes níveis, variando de acordo com as espécies de garantias normativamente consagradas, com a eficácia social dessas normas e com a estabilidade institucional. Os enunciados probabilísticos formulados no decorrer desta abordagem presumem uma atuação judicial desenvolvida em um ambiente de normalidade institucional no qual a liberdade para decidir é assegurada, de forma razoavelmente efetiva e em um grau satisfatório, contra coações, pressões e restrições diversas das impostas pelo direito.

O modelo pressupõe ainda que, em um Estado de Direito, o *material jurídico é um elemento necessário* em toda e qualquer decisão judicial com pretensão de legitimidade, embora *nem sempre seja capaz de impor uma única solução razoável.*[13] Essa incapacidade pode

12. No Código de Processo Civil brasileiro, as causas de impedimento e suspeição estão contempladas nos arts. 144 e 145.

13. Vale ressalvar, uma vez mais, que se trata de uma análise eminentemente descritiva e que, por isso, não será discutido se, em tese, o direito é *suficiente* para determinar o resultado de todos os casos judiciais, ou seja, se no plano ideal existe apenas uma "única resposta correta" (ou a "melhor resposta") como sustentam alguns doutrinadores. O que o modelo pressupõe é que, no mundo real, o direito não consegue, por si só, impor sempre a observância de um único resultado, sobretudo nos casos mais complexos em que geralmente há uma margem para razoáveis divergências.

ser constatada nas divergências entre os juízes. Se o direito tivesse a capacidade de impor um único resultado razoável para todos os tipos de caso, certamente as decisões não unânimes seriam muito mais raras. Não obstante, o dever de fundamentar as decisões judiciais impõe uma referência obrigatória ao direito, o que delimita, de forma inexorável, as escolhas possíveis, mesmo quando o juiz deseja apenas maximizar suas preferências ou interesses pessoais e utiliza o material jurídico apenas para legitimar um resultado previamente escolhido.

O *grau de determinação do direito* pode variar, portanto, entre dois extremos que vão desde os casos em que fatores jurídicos fornecem razões suficientemente fortes para determinar, com exclusividade, o comportamento judicial, até aqueles nos quais o material jurídico é capaz de fornecer apenas razões contributivas para as escolhas judiciais possíveis. Há casos em que a vagueza e imprecisão dos enunciados normativos conferem uma ampla margem de ação dentro da qual podem existir sinceras divergências sobre a solução juridicamente exigida, mesmo em se tratando de juízes extremamente qualificados, bem-intencionados e perseguidores de objetivos jurídicos.[14]

Em síntese, a análise dos fatores extrajurídicos tendentes a influenciar o comportamento dos ministros do STF, bem como dos juízes em geral, terá como pressuposto um ambiente decisório no qual são efetivamente assegurados os meios necessários para uma atuação judicial independente e primordialmente guiada pelo direito, ainda que os fatores jurídicos nem sempre sejam capazes de conformar todos os atos judiciais ou de fornecer razões suficientemente fortes para determinar apenas um único resultado decisório razoável.

2.3. OS ENUNCIADOS PROBABILÍSTICOS

A constatação empírica de que um determinado fator extrajurídico influencia o comportamento judicial sob determinadas condições não significa que essa interferência sempre irá ocorrer na mesma medida e em todos os casos semelhantes. Considerando a diversidade e a complexidade das variáveis potencialmente capazes de interferir no raciocínio dos juízes, qualquer empreendimento que pretendesse

14. FRIEDMAN (2005, p. 280): "O direito, sem dúvida, desempenha um papel no julgamento – e estudiosos positivos ignoram isto por sua conta e risco –, mas nem sempre ele constrange os juízes do modo como as teorias normativas parecem exigir."

assegurar, *a priori* e sob certas condições, a necessária interferência de determinados fatores extrajurídicos estaria fadado ao fracasso.

Por essas razões, o modelo jurídico multifatorial adotará *enunciados probabilíticos*,[15] os quais consistem em exposições sumárias de uma proposição referente à provável influência de um determinado fator diante de certos contextos ou situações *ceteris paribus*, isto é, desde que mantidas todas as demais condições inalteradas. Essas proposições – do tipo: "*Quanto mais..., maior a probabilidade de...*" – serão devidamente explicadas e, sempre que possível, acompanhadas dos respectivos estudos empíricos que serviram de base para sua formulação.

A pretensão não é elaborar uma descrição completa, pronta e acabada, do comportamento dos juízes, mas sim formular um modelo descritivo com abertura suficiente para permitir contínuos desenvolvimentos, acréscimos, correções e adaptações. Dentre as potenciais vantagens de um modelo baseado no contexto decisório e institucional em que determinados fatores têm maior probabilidade de atuar podem ser destacadas a flexibilidade, o dinamismo e a abrangência. Os enunciados que o compõem podem ser testados, ampliados, aprimorados e corrigidos à medida que forem surgindo novos estudos e comprovações empíricas, sem que sua estrutura seja afetada. Além de mais flexível e dinâmica do que a das abordagens convencionais, a estrutura do modelo proposto pode ser adaptada para a análise descritiva de qualquer órgão judicial, independentemente do sistema jurídico (*civil law* ou *common law*), dos objetivos primordialmente perseguidos pelos juízes (jurídicos ou políticos), do grau de jurisdição e do contexto institucional.

2.3.1. Enunciados probabilísticos estruturais

O modelo jurídico multifatorial postula que as características do caso judicial são determinantes para criar um ambiente mais suscetível à interferência de variáveis específicas e que, por isso, a probabilidade de influência de certos fatores extrajurídicos é primordialmente condicionada pela configuração do contexto decisório.

Para a formulação dos enunciados probabilísticos estruturais, que servirão de base para a construção do modelo, os contextos decisórios típicos serão diferenciados a partir de dois critérios distintos: o *grau*

15. O termo "probabilidade" será utilizado em seu sentido comum, ou seja, para designar uma tendência de que algo venha a ocorrer.

de determinação dos elementos fáticos e jurídicos; e as *características marcantes* da controvérsia judicial.

2.3.1.1. Distinção quanto ao grau de determinação dos elementos fáticos e jurídicos

O grau de determinação dos elementos fáticos e jurídicos de um caso judicial é o aspecto de maior relevância em termos de probabilidade de influência dos fatores extrajurídicos.[16] Quanto maior a indeterminação das *circunstâncias fáticas* descritas nos autos ou dos *enunciados normativos* aplicáveis ao processo e julgamento,[17] maior a margem de ação conferida ao juiz e, por conseguinte, maior a probabilidade de que fatores extrajurídicos influenciem o seu comportamento.

Com base no grau de complexidade dos casos judiciais, é possível formular dois enunciados probabilísticos estruturantes para a construção do modelo jurídico multifatorial:

- ***Enunciado estruturante (1):*** *Quanto mais simples o caso judicial, maior a probabilidade de que o resultado seja determinado exclusivamente por fatores jurídicos.*
- ***Enunciado estruturante (2):*** *Quanto mais complexo o caso judicial, maior a probabilidade de influência de fatores extrajurídicos.*

---

16. Nesse sentido, Brian Tamanaha (2010, p. 151) afirma que as investigações empíricas existentes são unânimes em constatar que "o grau de incerteza do direito é o principal fator na capacidade de normas jurídicas determinarem as decisões judiciais". Por isso, afirma o autor, "a linha de base deve levar em conta os diferentes tipos de disposições jurídicas e diferentes tipos de questões. Normas legais, como razoabilidade ou justiça, por exemplo, convidam os juízes para fazer julgamentos baseados em valores; algumas decisões judiciais, como a condenação criminal, estão comprometidas com a discrição ou julgamento dos juízes. Por sua natureza, estes tipos de decisões serão suscetíveis a maior variação. Quando as regras são claras e simples e os fatos tendem a ser simples, ao contrário, deve-se esperar um alto grau de consistência."

17. Os atos judiciais praticados durante o processo e julgamento são regulamentados por normas institucionais internas que estabelecem, *e.g.*, a ordem e o prazo para julgamento dos casos, a forma de escolha do relator ou o grau de discricionariedade na escolha dos assuntos a serem julgados. Quanto maior a rigidez e o grau de determinação dessas normas, menor a margem de ação judicial. A importância das diferentes configurações do *contexto institucional* para a análise da probabilidade de influência de fatores extrajurídicos será tratada na terceira parte deste trabalho.

Tais enunciados são confirmados, por exemplo, por constatações empíricas de que o grau de influência de fatores ideológicos é muito mais elevado na Suprema Corte do que nos demais tribunais estadunidenses, cujas decisões são pautadas por leis e precedentes com maior grau de determinação; ou ainda, pela verificação de que o percentual de decisões unânimes em Recursos Especiais julgados pelo STJ (94,97%) é maior que o de Recursos Extraordinários julgados pelo STF (80,72%).[18] Enquanto naqueles o parâmetro é, basicamente, a legislação federal (CRFB/88, Art. 105, III), nestes o parâmetro são as normas constitucionais (CRFB/88, Art. 102, III), cujo grau de indeterminação é maior.[19]

A diferença entre *casos simples* e *casos complexos* não é dicotômica, mas gradual, ou seja, entre os dois polos opostos – casos extremamente simples e casos extremamente complexos – existem casos situados em diferentes pontos intermediários. Nessa escala gradativa, quanto maior a complexidade do caso, maior a probabilidade de interferência de fatores extrajurídicos sobre o comportamento judicial.

Os *casos simples* (ou *fáceis*) podem ser definidos como aqueles nos quais a situação fática ocorre dentro das expectativas ordinariamente previstas e está contemplada de forma clara e precisa pelo material jurídico.[20] Nesta espécie, incluem-se os casos rotineiros e aqueles similares a outros que, embora originariamente problemáticos, passaram a ser regidos por uma regra clara e precisa formulada judicialmente como, *e.g.*, a decisão da Suprema Corte dos EUA proibindo a criminalização do aborto no primeiro trimestre de gestação (Caso *Roe v. Wade*, 1973) ou a decisão do Supremo Tribunal Federal que declarou inconstitucional qualquer interpretação que tipifique a conduta de interromper a gravidez de feto anencéfalo como crime de aborto (ADPF 54/DF, Rel. Min. Marco Aurélio, julgamento: 12.04.2012).

---

18. Dados fornecidos por Lopes (2013, p. 34-38).

19. Cumpre-se ressaltar que, tanto no caso dos tribunais estadunidenses, como no dos brasileiros, existem também outras variáveis relacionadas ao contexto institucional que interferem no grau de influência de fatores extrajurídicos.

20. HART (1994, p. 139-140): "Os casos simples, em que os termos gerais parecem não necessitar de interpretação e em que o reconhecimento dos casos de aplicação parece não ser problemático ou ser 'automático', são apenas os casos familiares que estão constantemente a surgir em contextos similares, em que há acordo geral nas decisões quanto à aplicabilidade dos termos classificatórios. Os termos gerais seriam inúteis para nós enquanto meio de comunicação, se não existissem tais casos familiares e geralmente incontestáveis."

Os casos simples possuem, portanto, duas características essenciais: sob a perspectiva fática, a normalidade ou regularidade da situação de fato ocorrida no caso judicial;[21] sob a perspectiva normativa, a clareza e precisão da regra formulada no âmbito legislativo ou jurisprudencial. Quanto maior a clareza e precisão da premissa normativa, o grau de determinação e vinculatividade do precedente aplicável ao caso e o consenso doutrinário sobre a aplicação de um instituto jurídico, maior a probabilidade de o direito determinar o resultado sem interferências externas.

A existência de enunciados normativos claros e precisos, de jurisprudência sedimentada sobre o tema ou de teses jurídicas consensuais impõem fortes limites – ainda que transponíveis – à atuação judicial (VERMEULE, 2003, p. 7). Por isso, nos casos mais simples, o direito tem grande probabilidade de determinar o resultado decisório sem qualquer interferência de fatores extrajurídicos. Essa afirmação encontra apoio nas investigações empíricas produzidas sobre o tema.[22] Em abrangente estudo, Cass Sunstein *et al.* (2006) constataram que, embora houvesse uma forte influência de fatores extrajurídicos em algumas das áreas temáticas pesquisadas, nos casos em que o material legislativo ou jurisprudencial era "claro e vinculante" ("*clear and binding*"), as divergências ideológicas não se manifestavam no resultado das decisões proferidas pelos tribunais federais de apelação dos EUA.[23] Vale notar que os casos simples são os *casos típicos* em qualquer sistema jurídico.

---

21. Vale notar que a oposição entre *quaestiones iuris* e *quaestiones factii* é apenas tipológica, pois em muitas situações essas questões estão estritamente inter-relacionadas como, *e.g.*, na determinação dos fatos pelas normas jurídicas (WRÓBLEWSKI, 1992, p. 37).

22. CROSS (1997 p. 288): "A hipótese de 'casos fáceis' tem certo suporte empírico. As teorias sugerem que as cortes distritais federais seriam mais frequentemente regidas pelo precedente e pelo modelo legalista, uma vez que enfrentam casos mais rotineiros do que os tribunais superiores."

23. SUNSTEIN *et al.* (2006, p. 60): "No nível dos tribunais de apelação, precedentes ou atos normativos do Congresso podem muito bem ser claros o suficiente para superar os efeitos potenciais do partido [do Presidente responsável pela nomeação do juiz]. Certamente, a palavra 'suficiente' é crucial aqui. Se o direito é totalmente claro, as pessoas não irão litigar, e se elas perderem, a apelação será improvável. Por definição, os casos que chegam aos tribunais de apelação têm pelo menos algum grau de incerteza. Mas é possível que nesses tribunais, o direito, muitas vezes, tenha duas características: suficientemente amplo para justificar uma apelação, mas também com clareza suficiente para reduzir ou eliminar as divergências ideológicas. Em algumas áreas, essas discordâncias se manifestam principalmente ou apenas nos casos 'limites' – as situações altamente incomuns que encontram seu caminho

No extremo oposto, situam-se os *casos complexos* (ou *difíceis*),[24] nos quais há uma ampla margem de ação para as escolhas e valorações judiciais em virtude de controvérsias razoáveis envolvendo a avaliação de situações fáticas ou divergências interpretativas. Quanto maior a complexidade de um caso, maior a necessidade de se recorrer a elementos estranhos ao direito e, por conseguinte, maior a probabilidade de influência dos fatores extrajurídicos sobre o comportamento judicial.

A existência de uma "zona de indeterminação" ou de uma "área aberta" no direito é reconhecida por grande parte das concepções positivistas e não positivistas,[25] embora tenham visões (descritivas ou prescritivas) próprias do problema[26] e apresentem soluções distintas para resolvê-lo. Hart (1994, p. 139) observa que, em todos os campos de experiência, existem limites inerentes à natureza da linguagem e à orientação que a linguagem geral pode oferecer. Haverá casos simples que ocorrem em "contextos semelhantes, aos quais as expressões gerais são claramente aplicáveis" e "outros em que não é claro se se aplicam ou não", nos quais a ausência ou incerteza de uma diretriz decorre

---

para a própria Suprema Corte. Daqui resulta que a ausência de efeitos do partido, dentro dos tribunais de apelação, é plausivelmente um produto da disciplina que o direito impõe."

24. A doutrina costuma utilizar a expressão "casos difíceis" para designar situações nas quais há uma "zona de penumbra" (Hart). Esta denominação, todavia, envolve uma série de questões subjacentes debatidas no âmbito doutrinário que não estão necessariamente relacionadas à realidade que se pretende designar. Assim, optou-se por utilizar a denominação *casos complexos*, por ser uma expressão mais neutra e que identifica com maior precisão as situações nas quais há uma razoável divergência em relação ao resultado prescrito pelo direito.

25. Entre os autores que não admitem esta tese estão Ronald Dworkin (1977, p. 81 e ss.) e, no direito brasileiro, Lenio Streck (2009, p. 360 e ss.).

26. ALEXY (2009, p. 92): "O positivismo acentua, justamente, que o juiz, nos casos duvidosos, deve decidir com base em critérios extrajurídicos, o que inclui a decisão baseada em princípios morais. Mas, com isso, não atinge o ponto crucial. Este consiste no fato de os princípios, primeiramente, de acordo com a tese da incorporação, serem componentes necessários do sistema jurídico e, em segundo lugar, de acordo com a tese da moral, de incluírem necessariamente aqueles que integram uma moral. Essa dupla propriedade de pertencer ao mesmo tempo à moral e ao direito significa que a decisão do juiz em casos duvidosos deve ser interpretada de forma diferente do que acontece nas teorias positivistas. Como os princípios morais, por seu conteúdo, estão incorporados ao direito, o juiz que neles se apoia decide com base em critérios jurídicos. Querendo-se recorrer à dicotomia ambígua entre forma e conteúdo, ele decide com base em razões morais, mas, quanto à forma, decide com base em razões jurídicas."

da indeterminação do texto legal. Nas situações em que o direito se mostra parcialmente determinado ou incompleto, Hart (1994, p. 335) considera que o juiz "deve exercer a *discricionariedade* [*discretion*] e *criar* o direito para o caso, em vez de aplicar meramente o direito estabelecido preexistente."[27] Hart (2010, p. 95) afirma, ainda, que, na "maioria dos casos de interpretação, falar de escolha entre alternativas, 'legislação judicial' ou mesmo '*fiat*' (ainda que não *fiat* arbirtário), expressa melhor as realidades da situação."

Na concepção de Hans Kelsen (1996, p. 388), a relativa indeterminação do ato de aplicação do direito é representada pela ideia de moldura ou quadro. A determinação ou vinculação da norma de escalão superior (lei) em relação à norma de escalão inferior (sentença judicial) nunca é completa, em razão da impossibilidade de estabelecer uma vinculação do ato de aplicação em todas as direções e sob todos os aspectos. A norma jurídica possui uma espécie de moldura criada por seu texto, dentro da qual o aplicador do direito tem uma margem, maior ou menor, de livre apreciação para preenchê-la, podendo optar pela aplicação que julgar mais adequada entre as várias possíveis.

Os casos complexos possuem alguns aspectos dos casos simples, mas carecem de outros. Sob a perspectiva fática, caracterizam-se pela existência de dúvidas razoáveis sobre a identificação e valoração dos fatos (*casos faticamente controversos*).[28] Sob a perspectiva normativa, o material jurídico referente ao caso pode ser considerado obscuro (*casos*

27. A teoria hartiana da *discricionariedade para a criação judicial do direito* nos casos difíceis é o principal alvo do ataque promovido por Dworkin contra o positivismo jurídico. O jusfilósofo norte-americano não considera uma boa estratégia deixar o juiz livre para decidir, uma vez que este não possui legitimidade para formular normas de forma retroativa. Para Dworkin (1977, p. xii), mesmo os casos difíceis podem ser resolvidos com o material jurídico composto por regras, princípios e *policies*.

28. SEÑA (2007, p. 51): "[O] derrame moral e ideológico que o juiz realiza na sua atividade de julgar não se reduz ao âmbito da interpretação normativa. Também se manifesta no que respeita à evolução da prova dos fatos que venham a constituir os fundamentos de fato com que deve construir as sentenças. Com efeito, quando o juiz avalia a credibilidade de um meio de prova ou a atendibilidade de uma prova fá-lo numa perspectiva de crítica sã e este critério reenvia necessariamente para certas valorações pessoais do juiz. [...] '[A] apreciação da prova é uma atividade complexa, sujeita a determinados critérios, os quais não são sempre únicos, nem explícitos, nem claros, nem hierarquizados: a apreciação da prova decorre da experiência do julgador...' [Daniel Mendonça]. Se isto é assim, parece que certas valorações pessoais são também incindíveis da avaliação das provas no processo."

de interpretação),[29] insuficiente (*casos de integração*),[30] contraditório (*casos de conflito*)[31] ou inadequado em virtude da excepcionalidade da situação fática (*casos de derrotabilidade*).[32] Nesses casos, como o direito mostra-se incapaz de fornecer respostas precisas e inequívocas para o problema, abre-se uma margem de ação dentro da qual as escolhas judiciais tendem a ser influenciadas também por fatores extrajurídicos.

Se os fatores jurídicos são incapazes de determinar essas escolhas de forma clara e precisa, abre-se um espaço para que outros fatores estranhos ao direito possam atuar, com maior ou menor intensidade, de acordo com o contexto decisório. Nessa área aberta, marcada por indeterminações e incertezas, o direito existente orienta e impõe limites às possíveis escolhas judiciais, mas não é capaz de impor a própria escolha (HART, 2010, p. 95). Para corrigir as falhas na criação de respostas juridicamente aceitáveis ou para preencher as lacunas do direito, frequentemente os juízes se veem obrigados, mesmo que queiram apenas seguir o direito existente, a recorrer a elementos extrajurídicos.

O constitucionalismo contemporâneo possui algumas características marcantes – *e.g.*, o reconhecimento definitivo da normatividade das

---

29. Os *casos de interpretação* designam as situações nas quais há uma controvérsia razoável sobre o sentido do enunciado normativo e que, para ser eliminada, exige um maior esforço interpretativo. Esta espécie é contraposta por Wróblewski (1992, p. 33) aos *casos de isomorfia*, entendidos como aqueles nos quais o sentido direto do dispositivo é aceito por ser considerado suficientemente claro e preciso. Por ser a linguagem sujeita a ambiguidades, não raro surgirão dúvidas sobre o sentido mais adequado juridicamente. Nestes casos, quais fatores tendem a contribuir para a escolha da norma (produto da interpretação do enunciado normativo) X em detrimento da norma Y?

30. Os *casos de integração* são aqueles nos quais a ausência de uma regra específica exige que a lacuna seja preenchida por princípios jurídicos ou pela analogia. As lacunas sempre existirão, pois nem tudo pode ser antecipado ou considerado com antecedência pelo legislador. Em casos desta natureza, quais fatores tendem a contribuir para que o juiz preencha a lacuna com a regra X e não com a regra Y?

31. Os *casos de conflito* envolvem situações jurídicas em que há mais de um enunciado normativo apontando para diferentes resultados (conflito em sentido amplo). Abrangem os casos de *antinomia jurídica própria* (conflitos de normas em sentido estrito) e de *antinomia jurídica imprópria* (colisões de princípios). Nesses casos, quais são os fatores tendentes a contribuir para que o juiz atribua um peso maior ao princípio X do que ao princípio Y?

32. Os *casos de derrotabilidade* podem ser compreendidos como aqueles em que a regra aplicável, apesar de válida, acaba sendo superada por outras normas que fornecem razões mais fortes para a solução do caso concreto. Quais fatores tendem a contribuir para que o juiz atribua ao princípio X um peso suficientemente forte a ponto de prevalecer sobre o princípio da segurança jurídica combinado com o princípio Y subjacente à regra afastada no caso concreto?

constituições e de todos os seus dispositivos; a constitucionalização do direito, marcada pela onipresença da constituição e pela centralidade dos direitos fundamentais; o pluralismo e antagonismo de valores constitucionalmente consagrados – que contribuem para o "deslocamento da agenda de problemas" para os casos de indeterminação do direito (CALSAMIGLIA, 1998, p. 211), favorecendo o surgimento de casos mais complexos. O impacto causado por esses casos gera uma impressão falsa de serem muito mais frequentes do que realmente são, embora o aspecto quantitativo não diminua sua relevância dentro do ordenamento jurídico, pois, exatamente neles, os juízes têm maior capacidade para, influenciados por seus pontos de vista, moldar o direito em novas e desejadas direções (TAMANAHA, 2010, p. 191).

2.3.1.2. Distinção quanto às características marcantes da controvérsia judicial

A segunda distinção estruturante utiliza como critério as *características marcantes* da controvérsia judicial. Alguns tipos de casos judiciais envolvem temas e/ou interesses especialmente acentuados que tornam o ambiente decisório mais propício à influência de certos fatores extrajurídicos. Nesse sentido, há quatro grupos de casos cujas características marcantes tendem a favorecer a influência específica de determinados fatores extrajurídicos: os *casos em que são exigidas valorações judiciais*; os *casos com alta carga moral e/ou política*; os *casos de alta saliência pessoal, social e/ou midiática*; e os *casos de alto impacto político, social e/ou econômico*. Não se pretende afirmar que, em cada tipo, ocorre a influência de apenas um fator específico, mas sim que, em casos com tais características, alguns fatores extrajurídicos tendem a atuar com maior intensidade sobre o comportamento judicial.

Tendo como base as características marcantes da controvérsia judicial, podem ser formulados os seguintes enunciados probabilísticos estruturantes:

- ***Enunciado estruturante (3):*** *Quanto mais forte o impacto potencialmente negativo de uma decisão envolvendo questões políticas, sociais e/ou econômicas, maior a probabilidade de influência de fatores pragmáticos.*
- ***Enunciado estruturante (4):*** *Quanto maior a subjetividade do critério valorativo fixado para a escolha entre alternativas juridicamente estabelecidas, maior a probabilidade de influência de fatores cognitivos.*

- ***Enunciado estruturante (5):*** *Quanto mais alta a carga política e/ou moral do tema a ser decidido, maior a probabilidade de influência de fatores ideológicos e cognitivos.*
- ***Enunciado estruturante (6):*** *Quanto maior a saliência pessoal, social e/ou midiática de um caso, maior a probabilidade de influência de fatores de interesse e de considerações de natureza estratégica.*

Em se tratando de *comportamento judicial em sentido estrito*, os fatores cognitivos, ideológicos, de interesse e pragmáticos tendem a atuar com maior intensidade sobre a interpretação de fatos e textos normativos em casos de maior complexidade, nos quais o grau de determinação do direito é baixo. Cuidando-se de *comportamento judicial em sentido amplo*, mesmo em casos mais simples, nos quais o grau de determinação do resultado pelo direito seja elevado, esses fatores extrajurídicos tendem a influenciar determinados atos judiciais praticados durante o processo e julgamento. Dessa forma, podem estimular o juiz, por exemplo, a adotar comportamentos estratégicos direcionados a controlar o "tempo do processo" a fim de que este seja julgado em um momento considerado mais oportuno;[33] ou, ainda, a exteriorizar na fundamentação da decisão considerações paralelas (*obiter dicta*) às razões determinantes (*ratio decidendi*) que o levaram a decidir.[34]

Os *casos em que são exigidas valorações judiciais* abrangem aqueles que têm por objeto temas sobre os quais a própria legislação contempla várias alternativas juridicamente possíveis. Pode-se mencionar, como exemplos típicos, os casos de responsabilidade civil nos quais o juiz fixa

---

33. Comportamentos estratégicos desta natureza podem ser exteriorizados, *e.g.*, através de um pedido de vista, na escolha do melhor momento para colocação do processo na pauta de julgamento, na demora ou rapidez para proferir a decisão entre outros.

34. Esta hipótese pode ser ilustrada pela decisão monocrática proferida por Celso de Mello na ADI 3.300 MC/DF. Sob o aspecto formal, tratava-se de um caso bastante simples, uma vez que a jurisprudência consolidada do STF não admite como objeto de Ação Direta de Inconstitucionalidade norma jurídica já revogada. Muito embora a tese jurídica de fundo ("legitimidade ético-jurídica da união homoafetiva como entidade familiar") correspondesse às preferências políticas pessoais de Celso de Mello, diante do alto grau de determinação do direito, o Ministro considerou "que a ocorrência de insuperável razão de ordem formal" tornava inviável o cabimento da ação. Apesar do resultado da decisão, Celso de Mello não só fez questão de exteriorizar o seu entendimento sobre a questão de fundo, como chegou a sugerir uma via processual supostamente mais adequada, a Arguição de Descumprimento de Preceito Fundamental. Posteriormente, sem o obstáculo de caráter formal, Celso de Mello votou favoravelmente à tese de fundo (ADI 4.277/DF e ADPF 132/RJ, Rel. Min. Ayres Britto, julgamento: 05.05.2011).

o valor da indenização pelos danos morais e os de responsabilidade criminal nos quais se estabelece a quantidade da pena a ser aplicada.[35] Em casos judiciais com essas características, quanto maior o grau de subjetividade do critério juridicamente fixado, maior a probabilidade de que *fatores cognitivos* – especialmente as denominadas "ilusões cognitivas" analisadas no *item 4.2.1.3* (A influência de vieses cognitivos na avaliação de fatos) – influenciem as valorações feitas pelo juiz.

Os *casos com alta carga moral e/ou política* compreendem os que envolvem questões de natureza filosófica, moral, religiosa ou política (em sentido estrito). A área temática característica deste tipo de caso são os direitos e garantias fundamentais que, não raro, tratam de temas polêmicos sobre os quais os juízes possuem valores e convicções pessoais fortemente arraigados, cuja interferência nem sempre pode ser completamente eliminada. Embora a intensidade da influência varie de acordo com a importância atribuída pelo juiz ("saliência pessoal" do caso) a cada tema específico (aborto, união homoafetiva, ações afirmativas, possibilidade de prisão antes do trânsito em julgado...), em casos que envolvem questões relacionadas à vida, liberdade, igualdade, propriedade, direitos sociais e políticos há grande probabilidade de influência, consciente ou inconsciente, de *fatores cognitivos* e *ideológicos*, os quais serão analisados, respectivamente, nos Capítulos 4 e 5.

Os *casos de alta saliência* englobam não apenas os relativos a questões de grande repercussão social e/ou midiática, mas também aqueles cujo tema é especialmente relevante para o juiz ou para plateias específicas com as quais ele se preocupa. Os juízes, assim como qualquer ser humano, possuem interesses potencialmente capazes de motivar escolhas e induzir comportamentos. A alta saliência pessoal, social e/ou midiática de um caso tende a favorecer a influência de determinados tipos de *fatores de interesse*, analisados no Capítulo 6, bem como a utilização de *considerações de natureza estratégica* baseadas em expectativas sobre as possíveis reações de outros atores, tema abordado no Capítulo 9.

35. O Código Penal brasileiro estabelece em seu art. 59: "O juiz, atendendo à culpabilidade, aos antecedentes, à conduta social, à personalidade do agente, aos motivos, às circunstâncias e consequências do crime, bem como ao comportamento da vítima, estabelecerá, conforme seja necessário e suficiente para reprovação e prevenção do crime: I- as penas aplicáveis dentre as cominadas; II- a quantidade de pena aplicável, dentro dos limites previstos; III- o regime inicial de cumprimento da pena privativa de liberdade; IV- a substituição da pena privativa da liberdade aplicada, por outra espécie de pena, se cabível."

Por fim, há os *casos de alto impacto político, social e/ou econômico*, em que as decisões são potencialmente capazes de produzir consequências sistêmicas com forte impacto negativo, em especial por causarem situações de insegurança político-jurídica ou de instabilidade social e/ou econômica. Em contextos envolvendo direitos sociais e econômicos, nos quais os efeitos da decisão podem ser altamente impactantes, há grande probabilidade de que *fatores pragmáticos*[36] influenciem o comportamento judicial, conforme será demonstrado na análise a seguir.

2.3.1.2.1. Os casos de alto impacto político, social e/ou econômico

A análise da jurisprudência do Supremo Tribunal Federal revela que, em determinados contextos decisórios, há uma tendência dos ministros em conferir peso maior às considerações relacionadas às potenciais consequências sistêmicas da decisão do que às razões fornecidas pelo material jurídico.[37]

Diana Kapiszewski (2011), em estudo sobre o tema, selecionou 26 casos de alta saliência política e econômica, examinados pelo STF entre 1985 e 2004.[38] Com base nas opiniões de especialistas (agentes políticos, funcionários públicos, jornalistas, economistas, juristas e

36. O termo "fatores pragmáticos" será utilizado para designar especificamente as razões contributivas fornecidas por preocupações relacionadas às possíveis *consequências sistêmicas* da decisão judicial, embora o pragmatismo jurídico, enquanto teoria do direito, possua outros elementos centrais.

37. VIEIRA (2002, p. 231-32): "[O] que se pode constatar pelas decisões analisadas é o fato de que em algumas circunstâncias ministros do Supremo deram mais peso a critérios como eficiência, utilidade, conveniência, oportunidade, segurança ou governabilidade do que à própria normatividade, agindo, assim, de forma mais *consequencialista* do que *principista.* [...] Esse posicionamento, porém, não tem sido a regra. Mais do que isso, não é o que predomina entre todos os ministros do Tribunal. Há juízes mais *consequencialistas,* outros mais *principistas.* Portanto, há juízes mais propensos a atender à demanda da integridade do sistema político ou da governabilidade, outros mais propensos em reafirmar a posição de defensores intransigentes do texto constitucional."

38. O objetivo do estudo foi ilustrar a tese de que os membros de Cortes Constitucionais ponderam, à luz do conteúdo de cada caso politicamente importante e do contexto decisório, diferentes tipos de considerações. A "Tese do balanceamento tático" ("Thesis of tactical balancing"), proposta por Kapiszewski (2011, p. 472-473), postula que, nas democracias desenvolvidas e em desenvolvimento, são balanceados seis tipos de considerações: I) a própria ideologia; II) os interesses institucionais judiciais; III) as preferências dos membros de Legislativo e Executivo; IV) as possíveis consequências econômicas ou políticas de sua decisão; V) a opinião pública sobre o caso; e VI) o direito e considerações jurídicas.

cientistas políticos), das partes envolvidas e de ministros do STF, todas obtidas em entrevistas pessoais, a Professora da Universidade da Califórnia classificou a abordagem do STF como *pragmática* (no todo ou em parte) em 11 grupos de casos analisados (ou 55% do total).[39]

Um dos principais instrumentos jurídicos utilizados pelo Tribunal para evitar ou minimizar consequências políticas, sociais ou econômicas indesejadas é a "modulação temporal dos efeitos da decisão". Adotada no âmbito do controle de constitucionalidade, essa técnica possui dois requisitos ("segurança jurídica" e "excepcional interesse social"),[40] cuja análise se baseia fundamentalmente em considerações de natureza consequencialista.[41]

Sobre a importância atribuída às consequências da decisão, é possível formular o seguinte enunciado probabilístico:

- ***Enunciado dos fatores pragmáticos:*** *Quanto maior o impacto político, social ou econômico da decisão, maior a probabilidade de considerações de natureza consequencialista influenciarem o comportamento judicial.*

Na jurisprudência do STF, podem ser encontrados vários exemplos de *casos sociopoliticamente impactantes* nos quais "fatores pragmáticos" tiveram peso decisivo para o resultado final. Um dos julgamentos paradigmáticos, no qual se atribuiu maior peso às razões de natureza consequencialista do que às estritamente jurídicas, teve como objeto

---

39. Dentre os 11 grupos de casos, 7 foram considerados *inteiramente pragmáticos*: ADI 4 (Juros de 12%); ADC 1 (COFINS); ADC 9 (MP do "apagão"); ADI 295 (Suspensão de concessão de liminares e cautelares por 30 meses pela MP 186/90); ADIs 259 e 534 (Plano Collor I); ADI 2.238 (Lei de Responsabilidade Fiscal); RE 226.855 (FGTS). Os 4 grupos de casos classificados como *parcialmente pragmáticos* foram: ADI 2.11 (Fator previdenciário); RMS 22.307 (Revisão salarial de 28,86%); MS 21.969 (Reajuste de 10,94%- URV); ADI 2.061 (Reajuste anual da remuneração de servidores públicos).

40. Lei 9.868/1999, Art. 27. Ao declarar a inconstitucionalidade de lei ou ato normativo, e tendo em vista razões de segurança jurídica ou de excepcional interesse social, poderá o Supremo Tribunal Federal, por maioria de dois terços de seus membros, restringir os efeitos daquela declaração ou decidir que ela só tenha eficácia a partir de seu trânsito em julgado ou de outro momento que venha a ser fixado.

41. Mais recentemente, a Lei 13.655/2018 introduziu o artigo 20 no Decreto-Lei 4.657/42 (Lei de Introdução às Normas do Direito Brasileiro), o qual expressamente prevê, como regra para as decisões judiciais pautadas por materiais jurídicos com maior grau de indeterminação, a consideração de suas consequências práticas: Art. 20. Nas esferas administrativa, controladora e judicial, não se decidirá com base em valores jurídicos abstratos sem que sejam consideradas as consequências práticas da decisão.

dispositivos de uma Resolução do Congresso Nacional que autorizavam o exame das Medidas Provisórias (MPs) e a emissão do respectivo parecer por Relator nomeado pela Comissão Mista.[42] No dia posterior ao julgamento, no qual foi declarada a inconstitucionalidade dos dispositivos com efeitos retroativos (*ex tunc*), o Advogado-Geral da União suscitou Questão de Ordem (QO) alertando para o risco de que centenas de outras MPs, também aprovadas nos termos dos dispositivos da Resolução impugnada, fossem consideradas inconstitucionais. O STF, por maioria, acatou a QO e postergou os efeitos temporais da decisão, a fim de preservar a validade e a eficácia de todas as MPs convertidas em Lei até a data do julgamento, bem como daquelas que estivessem em trâmite no Legislativo. A razão preponderante para a mudança do dispositivo do acórdão foi a necessidade de adotar-se, por razões de segurança jurídica, uma "postura consequencialista".[43]

No mesmo sentido, pode ser mencionada a decisão proferida no Agravo Regimental interposto contra a liminar concedida no MS 31.816/DF, que tinha por objeto a ordem de apreciação dos vetos do Presidente da República pelo Congresso Nacional. Ao sustentar que o STF deveria atribuir efeito *ex nunc* (não retroativo) à decisão, a fim de excluir dos seus efeitos as deliberações já tomadas ou pendentes de exame pelo Parlamento, o Ministro Teori Zavascki argumentou que a rígida aplicação dos princípios constitucionais invocados, com efeito *ex tunc* (retroativo), tornaria caótica a atuação do Congresso Nacional, pois não apenas paralisaria qualquer nova deliberação, como

42. O STF declarou a inconstitucionalidade formal da MP 366/2007 (posteriormente convertida na Lei 11.516/2007), por ter sido submetida à apreciação do plenário, sem antes passar pela análise de uma comissão mista formada por Deputados e Senadores, conforme determina expressamente o art. 62, § 9º, da CRFB/88 ("Caberá à comissão mista de Deputados e Senadores examinar as medidas provisórias e sobre elas emitir parecer, antes de serem apreciadas, em sessão separada, pelo plenário de cada uma das Casas do Congresso Nacional"). Na mesma decisão, o Tribunal declarou, incidentalmente, a inconstitucionalidade dos artigos 5º, *caput*, e 6º, *caput* e parágrafos 1º e 2º, da Resolução 1/2002 do Congresso Nacional, que autorizavam a emissão do parecer por meio de Relator nomeado pela Comissão Mista e o envio direto ao Plenário da Câmara dos Deputados (ADI 4.029/AM, Rel. Min. Luiz Fux; julgamento: 07.03.2012).

43. O Relator, Ministro Luiz Fux, argumentou em seu voto: "Informações preliminares dão conta de que aproximadamente quinhentas medidas provisórias tramitaram mediante a adoção do procedimento ora declarado inconstitucional. Daí a necessidade imperiosa que seja dada segurança jurídica às normas já editadas, evitando-se grave distorção de todo o sistema na corrida desenfreada ao Poder Judiciário. Quer dizer, essa é uma demonstração de que devemos ter, nesse caso, uma postura consequencialista." (ADI 4.029/AM, Rel. Min. Luiz Fux; julgamento: 08.03.2012)

ainda lançaria um "manto de insegurança jurídica" sobre todas as deliberações realizadas nos últimos anos, em virtude de se tratar de um descumprimento reiterado e antigo. Diante do "grave cenário de fato" (existência de mais de três mil vetos pendentes de apreciação, alguns deles com prazo vencido há 13 anos), a maioria acolheu os argumentos no sentido de que "a gravidade das consequências" decorrentes do simples reconhecimento da inconstitucionalidade com efeitos *ex tunc* induzia à convicção de que o Tribunal deveria adotar orientação semelhante à da ADI 4.029/AM.[44]

Outro exemplo bastante conhecido é a decisão envolvendo a aplicabilidade da norma que vedava "taxas de juros reais, nelas incluídas comissões e quaisquer outras remunerações direta ou indiretamente referidas à concessão de crédito, [...] superiores a doze por cento ao ano" (CRFB/88, art. 192, § 3º). Mais do que um debate meramente jurídico, a definição da aplicabilidade teria importantes reflexos para interesses econômicos do governo, de empresários e da sociedade em geral. Em decisão apertada, por maioria de seis votos a quatro, o STF declarou a constitucionalidade do parecer exarado pela Consultoria-Geral da República,[45] que considerava *não autoaplicável* a norma contida no dispositivo constitucional.[46] Por certo, devido aos potenciais impactos negativos da decisão, a influência de "fatores pragmáticos" acabou sendo preponderante para o resultado escolhido pela maior parte dos ministros.

Entre os *casos economicamente impactantes* nos quais a forte influência de fatores pragmáticos se revela bastante nítida, estão os que envolvem questões relacionadas a matérias tributárias e previdenciárias, potencialmente capazes de causar um "rombo" significativo no orçamento do Governo ou nas contas da Previdência Social. Fabiana

---

44. MS 31.816 MC-AgR/DF, Rel. Min. Luiz Fux; Rel. p/ Acórdão: Min. Teori Zavascki (Julgamento: 27.02.2013): "[...] no entender majoritário da Corte, não há como manter a determinação liminar ordenando ao Congresso Nacional que 'se abstenha de deliberar acerca do Veto Parcial nº 38/2012 antes que proceda à análise de todos os vetos pendentes com prazo de análise expirado até a presente data, em ordem cronológica de recebimento da respectiva comunicação'. Isso porque se mostra pouco provável que tal determinação venha a ser mantida no julgamento definitivo da demanda, especialmente pela gravidade das consequências que derivariam do puro e simples reconhecimento, com efeitos *ex tunc*, da inconstitucionalidade da prática até agora adotada pelo Congresso Nacional no processo legislativo de apreciação de vetos presidenciais (...)."
45. Parecer N. SR-70/1988 da Consultoria-Geral da República, aprovado pelo Presidente da República e seguido por circular do Banco Central.
46. ADI 4/DF, Rel. Min. Sidney Sanches; Julgamento: 07.03.1991.

Luci de Oliveira (2006, p. 182-183) assevera que a defesa dos cofres públicos, com base em argumentos de natureza política, não é uma exceção na jurisprudência do STF, sendo frequente a advertência de ministros sobre os possíveis riscos de colapso financeiro do Estado no caso de serem proferidas decisões contrárias às medidas adotadas pelo Governo. Na análise de Fábio Andrade (2010, p. 18), "argumentos pragmáticos ou consequencialistas de cunho econômico em matéria tributária têm recrudescido na prática do Supremo Tribunal Federal dos últimos anos." A percepção de Luís Roberto Barroso (2011, p. 37) é de que, "em questões que envolvem a Fazenda Pública, estudos empíricos certamente demonstrariam uma atuação favorável ao erário, revelada emblematicamente em questões de vulto".[47] De fato, essa noção intuitiva é confirmada não apenas por alguns julgados específicos, mas também por investigações empíricas produzidas sobre o tema.

Quando do julgamento da liminar na ação que questionava a constitucionalidade do Plano Collor I (MP 168/90 convertida na Lei 8.024/90), Sydney Sanches, então Presidente da Corte, ressaltou: "Não me animo a adotar medida que ponha em risco ainda maior a já combalida economia do país".[48] Não raro, o ex-ministro costumava alertar para a necessidade de o Tribunal considerar o momento político e econômico atravessado pelo país na época dos julgamentos (OLIVEIRA, 2006, p. 97-98). Ao apreciar a ADI que tinha por objeto dispositivo referente ao custeio da Seguridade Social (Lei 8.212/91, art. 22, I), o Relator também suscitou argumentos consequencialistas de cunho econômico para sustentar a necessidade de o STF modular,

47. Barroso (2011, p. 37) cita, como exemplo, alguns casos de alto impacto econômico nos quais o STF decidiu a favor da União, mesmo havendo jurisprudência em sentido contrário: "No caso do FGTS, deixou de considerar o tema do direito adquirido como infraconstitucional. No da Cofins, mudou a orientação sumulada pelo STJ, mesmo depois de haver recusado conhecimento a diversos recursos extraordinários na matéria, e sequer modulou os efeitos, como seria próprio em razão da alteração da jurisprudência. No IPI alíquota zero, considerou que uma decisão do Plenário por 9 a 1, decisão de uma das turmas e mais de 5 dezenas de decisões monocráticas não firmavam jurisprudência. Em seguida, mudou a orientação, igualmente sem modular efeitos."

48. Em seu voto, Sidney Sanches pondera que a suspensão cautelar da lei poderia "trazer inúmeros transtornos para a economia nacional, com a abrupta injeção de vários trilhões de cruzeiros no meio circulante nacional, de efeitos imprevisíveis ou previsivelmente deletérios como, por exemplo, o retorno a uma ameaçadora hiperinflação, de mais de 80% ao mês, que desgastará a poupança dos depositantes, desvalorizará irremediavelmente a moeda brasileira e acabará punindo mais duramente ainda aqueles que sequer tiveram condições de poupar, ou seja, os mais desfavorecidos." (ADI 534 MC/DF, Rel. Min. Celso de Mello, julgamento: 27.06.1991).

casuisticamente, os efeitos temporais da decisão a fim de salvaguardar "superiores interesses do Estado e em razão da calamidade dos cofres da Previdência Social".[49] Vale notar que, na época do julgamento (1995), ainda não havia qualquer previsão legislativa sobre a possibilidade de modulação temporal dos efeitos da decisão.

Utilizando o modelo estatístico de regressão logística em uma amostra de 162 Ações Diretas de Inconstitucionalidade (ADIs) julgadas entre 1999 e 2004, todas envolvendo "questões de Estado",[50] Ricardo Ribeiro (2012) constatou que o STF tem maior propensão a declarar a inconstitucionalidade de normas que causam impacto orçamentário negativo nas contas estatais.[51] Não foi diferente a descoberta de Pedro Ferreira (2013, p. 84), embora sob a perspectiva oposta. Ao analisar 756 decisões definitivas de mérito proferidas em ADIs (entre 2002 e 2012), o autor concluiu que a maioria dos membros do STF "é pouco inclinada a derrubar normas federais com impacto na economia".

Vale registrar ainda que, apesar de a maior parte dos estudos empíricos existentes no Brasil serem direcionados ao STF, a preocupação com as consequências sociais e econômicas das decisões também se faz presente em outras instâncias do Judiciário, como revelam os já referidos dados da pesquisa realizada pela Associação dos Magistrados Brasileiros (AMB) (SADEK, 2006, p. 47).

---

49. ADI 1.116/DF, Rel. Min. Maurício Corrêa (Julgamento: 05.10.1995): "[...]Creio não constituir-se afronta ao ordenamento constitucional exercer a Corte política judicial de conveniência, se viesse a adotar a sistemática, caso por caso, para a aplicação de quais os efeitos que deveriam ser impostos, quando, como nesta hipótese, defluísse situação tal a recomendar, na salvaguarda dos superiores interesses do Estado e em razão da calamidade dos cofres da Previdência Social, se buscasse o *dies a quo,* para a eficácia dos efeitos da declaração de inconstitucionalidade, a data do deferimento cautelar."

50. Na definição de Ribeiro (2012, p. 98-99), as decisões em "*questões de Estado*" são aquelas cuja judicialização pode ensejar risco de grande impacto orçamentário negativo nas contas públicas, tais quais: organização do Estado, tributação, finanças públicas e outros assuntos congêneres. O autor justifica a escolha argumentando que as "decisões da Corte, nesses âmbitos, possuem uma repercussão maior nos interesses dos atores políticos envolvidos pelo processo decisório do STF, razão pela qual atraem uma discussão maior de custos associados à decisão."

51. RIBEIRO (2012, p. 104): "[...] o STF também foi sensível ao impacto econômico da norma jurídica: se a norma está provocando impactos econômicos negativos nas contas do poder público, as chances do STF declarar sua inconstitucionalidade são 2,7 vezes superiores, quando comparadas com os casos em que as normas geram impactos positivos ou neutros."

3

O MATERIAL JURÍDICO CONVENCIONAL

O *modelo jurídico multifatorial* adota como base para o seu desenvolvimento a tese de que a influência exercida por fatores jurídicos e extrajurídicos sobre o comportamento judicial é essencialmente condicionada pelas características do contexto decisório, as quais contribuem de maneira decisiva para aumentar ou reduzir a probabilidade de interferência de determinados fatores específicos. O modelo postula ainda que os fatores extrajurídicos endógenos (*cognitivos*, *ideológicos* e de *interesse*) potencialmente capazes de influenciar o comportamento judicial são os mesmos, embora a intensidade e o grau de influência sejam condicionados por variáveis subjetivas (atributos específicos de cada juiz) e objetivas (diferentes configurações dos contextos decisório e institucional).

Uma das variáveis objetivas mais relevantes para a interferência de fatores extrajurídicos é, sem dúvida, a complexidade do caso, a qual, em regra, está diretamente relacionada ao *grau de determinação* do material jurídico convencional (*legislação*, *doutrina* e *jurisprudência*). Quando as determinações contidas nos enunciados legislativos e jurisprudenciais se mostram vagas, imprecisas, contraditórias ou insuficientes, abre-se uma margem de ação para os juízes dentro da qual o recurso a fontes de outra natureza torna-se inevitável.

O objetivo central da análise desenvolvida neste capítulo será demonstrar as razões pelas quais o material jurídico é incapaz de determinar, com exclusividade, o comportamento dos membros do Supremo Tribunal Federal.

3.1. A LEGISLAÇÃO

A incapacidade de determinação do comportamento judicial pelo material legislativo se verifica não somente em relação ao resultado decisório, mas também no tocante aos demais atos judiciais praticados durante o processo e julgamento.

A constituição, principal material legislativo utilizado para fundamentar as decisões das supremas cortes e de tribunais constitucionais, caracteriza-se por conter vários enunciados normativos incapazes de fornecer um significado provido de todos os elementos necessários à sua aplicação e que, por isso, conferem uma ampla margem de ação ao intérprete, favorecendo a interferência de fatores extrajurídicos.

Parte significativa dos dispositivos constitucionais costuma ser formulada, sob a *perspectiva formal*, em termos extremamente vagos e imprecisos. Por possibilitar a convivência de valores potencialmente conflitantes, os enunciados normativos de textura aberta surgem como um recurso legislativo necessário nas modernas sociedades hipercomplexas, marcadas pelo dissenso conteudístico decorrente da pluralidade de expectativas, valores e interesses característicos da esfera pública. Embora presente em toda a legislação, essa característica se revela ainda mais acentuada nas constituições, cuja maior rigidez não aconselha enunciados normativos formulados em termos muito precisos, por exigirem intervenções mais frequentes a fim de serem adaptados às constantes transformações da realidade social.[1] Além de melhor abarcar realidades complexas, facilitar a adaptação do sentido pretendido às mudanças sociais e permitir a convivência de valores potencialmente conflitantes, a opção por essa técnica legislativa, intencionalmente adotada, por vezes também visa a adiar a definição de questões controversas com o objetivo de alcançar certo grau de consenso.

A formulação de enunciados normativos vagos e imprecisos costuma ocorrer, sobretudo, em matérias relacionadas a direitos fundamentais ou que tratam de fins a serem perseguidos pelo Estado, temas que se caracterizam por serem consagrados em "estruturas normativas de menor densidade regulatória" (ALEXY, 2008b, p. 26). A tarefa de definir os consensos básicos e estruturantes da sociedade, sem asfixiar por completo o espaço de atuação da política, e de estabelecer as diretrizes a serem perseguidas pelos poderes públicos favorece a opção por normas com tais características. Na consagração de direitos sociais e

1. Essa é uma das razões que explicam as inúmeras alterações já ocorridas no texto da Constituição brasileira de 1988. A análise das emendas promulgadas revela que, em sua esmagadora maioria, tratam de matérias que, além de não serem tipicamente constitucionais, foram consagradas de forma mais analítica e regulamentar.

econômicos, por exemplo, é usual deixar em aberto um espaço para diferentes concretizações, a fim de permitir que políticas públicas específicas sejam definidas de acordo com as necessidades e prioridades eleitas pela vontade majoritária. Esse elevado grau de abertura presente nos dispositivos formulados linguisticamente em termos vagos e imprecisos confere uma ampla margem de ação criativa para a construção da norma pelo intérprete[2] e, por conseguinte, favorece a potencial interferência de fatores extrajurídicos.

A intensidade das controvérsias interpretativas não decorre apenas da maior ou menor abertura do dispositivo legal, mas também do dissenso em torno do objeto regulado.[3] Sob a *perspectiva substancial*, as constituições costumam consagrar enunciados normativos dotados de conteúdos materialmente controversos e com alta carga moral e/ou política. Em áreas temáticas moral e/ou politicamente carregadas, a existência de valores e convicções pessoais fortemente arraigados confere aos juízes diferentes predisposições, preferências e interesses que, não raro, acabam por orientar suas interpretações em sentidos diversos, gerando profundas e sinceras divergências sobre o melhor sentido a ser adotado.

Ao lado das características constitucionais tendentes a conferir um amplo e fecundo espaço para a influência de fatores extrajurídicos sobre a decisão dos juízes (*comportamento judicial em sentido estrito*), é necessário ter em conta determinados aspectos do material legislativo processual e procedimental, haja vista que, durante o processo e

---

2. As normas são o resultado da interpretação dos enunciados consagrados no texto normativo (interpretam-se textos, aplicam-se normas). A atividade do intérprete não se resume à descrição de um significado normativo pré-existente, mas a sua produção. Trata-se de uma atividade "constitutiva, e não simplesmente declaratória" (GRAU, 2006, p. 26-27). Interpretar é construir – ou reconstruir (ÁVILA, 2012, p. 25) – o sentido da *norma* a partir do *texto normativo*, que deve atuar como ponto de partida e limite relativo para a atividade interpretativa.

3. ALEXY (2008, p. 26-27): "[A] abertura não é, sozinha, uma explicação suficiente para a intensidade da controvérsia acerca dos direitos fundamentais. Mesmo que extremamente aberta, uma normatização pode não suscitar grandes discussões caso haja um amplo consenso sobre a matéria. Mas, se a abertura estiver associada a um profundo dissenso sobre o texto regulado, estará aberto o flanco para uma ampla disputa. É exatamente esse o caso dos direitos fundamentais. O catálogo de direitos fundamentais regula de forma extremamente aberta questões em grande parte muito controversas acerca da estrutura normativa básica do Estado e da sociedade. Isso pode ser percebido com grande clareza nos conceitos dos direitos fundamentais à dignidade, à liberdade e à igualdade."

julgamento das ações, os juízes praticam diversos atos (*comportamento judicial em sentido estrito*) igualmente relevantes e suscetíveis à influência de fatores estranhos ao direito. A concessão de uma liminar, uma ordem de prisão preventiva ou provisória, a inadmissibilidade de produção de determinada prova ou a maior celeridade na tramitação são alguns exemplos de decisões formais ou informais adotadas em um processo que podem ser determinantes para o resultado final. Ademais, as diferentes configurações de normas que regem certos procedimentos no âmbito dos tribunais – *e.g.*, as referentes à definição da agenda do tribunal, à escolha do relator, à ordem de votação – podem contribuir para estimular ou limitar a interferência de predisposições, preferências ou interesses dos juízes. Quando não existem regras rígidas e eficazes impondo determinado procedimento judicial, abre-se um espaço para a adoção de diferentes tipos de condutas cuja escolha tende a ser influenciada por considerações de natureza extrajurídica.

Com base nas características do material legislativo, podem ser formulados os seguintes enunciados probabilísticos:

- ***Enunciado legislativo (1):*** *Quanto mais vagos e imprecisos os enunciados normativos, maior a probabilidade de influência de fatores extrajurídicos na sua interpretação.*
- ***Enunciado legislativo (2):*** *Quanto maior o dissenso conteudístico sobre questões de alta carga moral e/ou política, maior a probabilidade de influência de fatores cognitivos e ideológicos.*
- ***Enunciado legislativo (3):*** *Quanto maior a flexibilidade das normas processuais e/ou procedimentais, maior a probabilidade de influência de fatores extrajurídicos sobre o comportamento judicial em sentido amplo.*

3.1.1. A Constituição brasileira de 1988

A Constituição brasileira de 1988, além de conter enunciados materialmente controversos e formulados em termos vagos e imprecisos, possui outras características que também contribuem para ampliar a margem de ação dos juízes, que, mesmo qualificados, sinceros e bem-intencionados podem ter dúvidas e divergências razoáveis sobre a alternativa constitucionalmente exigida.

Quanto à extensão, mostra-se um conjunto de normas materialmente abrangente e extremamente prolixo que contempla diversos assuntos tradicionalmente tratados no âmbito infraconstitucional. Essa amplitude material tende a potencializar a judicialização de temas que tradicionalmente ficariam restritos à esfera política e, por conseguinte, amplia o espaço interpretativo e "criativo" conferido aos juízes.

Quanto à função, caracteriza-se por consagrar, ao lado de normas garantistas e estruturantes, outras definidoras de tarefas, objetivos e programas de ação a serem implementados pelos poderes públicos. Nos casos de omissão inconstitucional, a elaboração da norma pelo Poder Judiciário, embora orientada e limitada pelo texto constitucional, inexoravelmente será influenciada por considerações de natureza política.[4]

Quanto à ideologia, revela-se eclética por tentar conciliar concepções típicas do Estado Social com valores inerentes ao Estado Liberal. Nas sociedades pluralistas modernas, a ausência de grupos hegemônicos capazes de conferir uma identidade ideológica às constituições torna usual a fragmentação dos textos, os quais resultam de "pequenos acordos tópicos".[5] A diversidade de pactos subjacentes à elaboração da constituição costuma gerar normas de textura aberta que consagram valores tendencialmente contraditórios, características que ampliam a possibilidade de interpretações coincidentes com valores e convicções pessoais e, ao mesmo tempo, dificultam a identificação dos fatores que, de fato, motivaram as escolhas dos juízes.

Outro importante aspecto a ser observado é a *tipologia de suas normas*. A Constituição de 1988 possui uma variada gama de espécies normativas que costuma suscitar divergências em relação à aplicabilidade

---

4. A jurisprudência do STF vem admitindo, em sede de mandado de injunção (CRFB/88, art. 5º, LXXI), que a omissão dos poderes públicos seja suprida por meio de norma elaborada judicialmente. Nesse sentido, dentre outros, podem ser mencionados os seguintes julgados: MI 721/DF, Rel. Min. Marco Aurélio, julgamento: 30.08.2007; MI 708, Rel. Min. Gilmar Mendes, julgamento: 25.10.2007; MI 758/DF, Rel. Min. Marco Aurélio, julgamento: 1º.07.2008. Posteriormente à adoção jurisprudencial da referida técnica decisória, a Lei do Mandado de Injunção estabeleceu que nessas ações o julgador deve fixar as condições em que será exercido o direito tutelado, quando assinado prazo e, ainda assim, não suprida a mora legislativa (Lei nº 13.300/16, art. 8º, II).

5. VIEIRA (1999, p. 195): "[...] muitos desses acordos são meramente estratégicos, pois sabe-se que não terão eficácia imediata, mas também não caracterizam uma derrota na arena constituinte, o que ocorreria pela adoção de determinados interesses pelo texto constitucional em detrimento de outros valores dele excluídos. O compromisso – configurado pela adoção de valores e princípios antagônicos – ao menos sinaliza com a possibilidade de disputas futuras, por intermédio da legislação ordinária, da ação administrativa e da batalha nos tribunais."

e eficácia.[6] Ante o fato de haver, em toda controvérsia, mais de uma opção, os juízes se veem obrigados a escolher entre alternativas juridicamente possíveis. Como o material jurídico nem sempre é capaz de impor a opção teoricamente mais adequada, inevitavelmente outros fatores estranhos ao direito também fornecerão razões contributivas para a decisão.[7]

Por fim, também merece destaque a amplitude do conjunto de *direitos e garantias fundamentais*, campo temático especialmente sensível à influência de fatores cognitivos e ideológicos. A Constituição brasileira consagra, ao lado de direitos liberais clássicos (civis e políticos), um extenso rol de direitos econômicos e sociais que, por serem formulados em termos extremamente "vagos, fluidos e programáticos", conduzem, de modo inevitável, a um "alto grau de ativismo e criatividade do juiz chamado a interpretá-los." (CAPPELLETTI, 1993, p. 60). Nos últimos anos, o STF tem sido provocado a manifestar-se sobre questões controversas dotadas de alta carga moral ou política, para as quais podem ser sustentadas diferentes respostas similarmente razoáveis e legítimas. Em que medida e a partir de que momento a Constituição assegura a inviolabilidade do direito à vida? A adoção de ações afirmativas baseadas em critérios étnicos e/ou socioeconômicos promove ou viola o princípio da igualdade? A Constituição assegura à união entre pessoas do mesmo gênero a mesma proteção conferida à união estável heteroafetiva? O financiamento de campanhas eleitorais por empresas viola princípios republicanos e democráticos? É constitucionalmente possível a imposição do cumprimento de pena privativa de liberdade antes do trânsito em julgado da decisão condenatória? Embora, em todos esses casos, possam existir argumentos juridicamente mais fortes para um lado da questão do que para o outro, seria uma grande ingenuidade imaginar que a avaliação desses argumentos pelos juízes possa ser feita de modo absolutamente neutro e objetivo, sem qualquer interferência (consciente ou inconsciente) de valores e convicções pessoais.

---

6. No direito brasileiro, a classificação mais tradicional da eficácia das normas constitucionais foi elaborada por José Afonso da Silva (2004). Para uma análise crítica, *cfr.* Virgílio Afonso da Silva (2010).

7. Um exemplo que ilustra com nitidez a influência de fatores extrajurídicos sobre a definição da aplicabilidade de uma norma constitucional (autoaplicável ou não autoaplicável) pode ser encontrado na decisão do STF sobre a não autoaplicabilidade do dispositivo que vedava taxas de juros reais superiores a 12% ao ano (CRFB/88, art. 192, § 3º), mencionada no *item 2.3.1.2.1* (Os casos de alto impacto político, social e/ou econômico).

Essa breve análise revela que, no âmbito constitucional, há diversos espaços nos quais o comportamento judicial, embora orientado e limitado por fatores jurídicos, não é exclusivamente determinado por eles. Nos casos em que há alternativas similarmente razoáveis para uma mesma questão, fatores extrajurídicos também tendem a fornecer razões contributivas para o resultado.

3.2. A DOUTRINA

A doutrina, no sentido amplo aqui utilizado, abrange concepções teóricas e metodológicas, parâmetros e critérios de decisão, assim como enunciados dogmáticos formulados por estudiosos do direito ou extraídos da jurisprudência de tribunais nacionais ou estrangeiros.[8] Em sua dimensão normativa,[9] a doutrina busca fornecer critérios para a *redução de incertezas* do direito.[10] As limitações de tempo e cognição inerentes ao processo judicial exigem o constante recurso a parâmetros de decisão previamente formulados, tornando ainda mais relevante a elaboração doutrinária de critérios decisórios potencialmente capazes de contribuir para a sofisticação do debate, bem como para a redução do ônus argumentativo e da complexidade decisória. A partir

8. Sobre as funções desempenhadas pela dogmática jurídica, *cfr.* ALEXY (2008a, p. 258-262).

9. A *doutrina* (ou *dogmática jurídica*) pode ser compreendida como uma disciplina "pluridimensional" que mescla, pelo menos, três atividades: (1) a descrição do direito vigente (*dimensão empírico-descritiva*), (2) sua análise sistemática e conceitual (*dimensão lógico-analítica*) e (3) a elaboração de propostas para a solução de casos jurídico-problemáticos (*dimensão prático-normativa*). A *dimensão normativa* propõe modelos de decisão com o objetivo de fornecer respostas racionalmente fundamentadas a questões axiológicas deixadas em aberto pelo material normativo previamente determinado. A questão central desta dimensão consiste em determinar, a partir do direito positivo válido, qual decisão é correta em um determinado caso concreto. Para o positivismo jurídico metodológico, a dogmática jurídica teria tão somente as duas primeiras dimensões (analítica e empírica). Na abordagem não positivista proposta por Robert Alexy (2008a, p. 244-245), o caráter prescritivo atribuído à teoria do direito faz com que a dogmática jurídica adquira também uma dimensão normativa.

10. Nesse sentido, Calsamiglia (1989, p. 15) afirma que "os casos difíceis colocam problemas que a teoria deve resolver. Esta colocação lhe proporciona uma dimensão prática e funcional muito importante. A teoria serve – efetivamente – para a redução da incerteza." Este papel também é destacado por Antonio Maia (2009, p. 125) ao assinalar que "o trabalho doutrinário procura lançar pontes entre a teoria e a prática, municiando os operadores do direito com instrumentos capazes de conduzi-los a respostas pertinentes para os problemas jurídicos, bem fundadas e ao mesmo tempo verificáveis e, na medida do possível, objetivamente controláveis."

da antecipação de conflitos constitucionais, a doutrina fornece um conjunto de soluções pré-elaboradas capazes de servir como diretriz para a solução de casos concretos.[11]

As teorias e concepções formuladas no âmbito doutrinário contribuem para constituir e estruturar alguns dos atributos dos juízes – em especial, suas "preferências formais" (ou "preferências de segunda ordem")[12] –, inculcando-lhes pontos de vista que tendem a orientar a busca pelo resultado em suas decisões. Durante toda sua formação acadêmica e profissional, os juízes são doutrinados com base em princípios e conceitos jurídicos, bem como em modos de interpretação e julgamento característicos do direito, os quais lhes fazem aderir a certos pontos de vista, valores e convicções. A atuação judicial situa-se dentro desse contexto de "infusão de significados" ("*meaning-infused*"), que confere aos juízes um modo próprio de enxergar e de se envolver com o direito (TAMANAHA, 2010, p. 194). Quando os juízes possuem concepções doutrinárias coerentes e fortemente arraigadas, estas tendem a exercer uma forte influência sobre o comportamento judicial.

As teses jurídicas acolhidas ou rejeitadas com base na jurisprudência de tribunais superiores[13] bem como aquelas em relação às quais há um amplo consenso doutrinário[14] fornecem fortes razões contributivas para a decisão, reduzindo a margem de ação judicial e, por conseguinte, a probabilidade de influência de fatores extrajurídicos. Não obstante, quando há concepções doutrinárias antagônicas ou divergentes sobre um tema, devem ser diferenciados dois tipos de contexto decisório nos quais elas tendem a ser utilizadas para fins distintos. Em casos que envolvem temas novos, pouco conhecidos e sem muita saliência pessoal para o julgador, a doutrina tende a desempenhar um papel extremamente relevante na formação da convicção judicial, seja pela

---

11. BARCELLOS (2005, p. 150-151): "Uma vez que as circunstâncias fáticas imaginadas pela doutrina se reproduzam no caso real, ou se repitam hipóteses já verificadas anteriormente, o juiz terá a sua disposição modelos de solução pré-prontos. Na verdade, os subsídios oferecidos ao aplicador pela ponderação em abstrato acabam por transformar muitos conflitos normativos, que seriam casos difíceis, em fáceis, simplesmente porque já há um modelo de solução que lhes é aplicável."
12. A análise dessas preferências será feita no *item 5.2* (A influência de "preferências formais").
13. É o caso, por exemplo, da tese de hierarquia entre normas constitucionais originárias, rejeitada em mais de uma oportunidade pelo Supremo Tribunal Federal (ADI 815/DF, Rel. Min. Moreira Alves, julgamento: 28.03.1996; ADI 4.097-AgR/DF, Rel. Min. Cezar Peluso, julgamento: 08.10.2008).
14. Como, *e.g.*, a tese da supremacia da constituição em relação aos demais atos normativos.

coerência e autoridade *do* argumento, seja pela confiança *na* autoridade que formulou o argumento. Nessas hipóteses, os juízes costumam recorrer à doutrina com o intuito de buscar, de fato, a melhor resposta para a questão a ser decidida. Em casos mais complexos, que tratam de questões sobre as quais os juízes possuem valores e convicções pessoais fortemente arraigados, quando há concepções doutrinárias divergentes, estas tendem a ser mencionadas apenas como reforço argumentativo ou para legitimar pontos de vista anteriormente acolhidos e não propriamente para auxiliar na busca de uma resposta mais adequada.[15]

A utilização de métodos, diretrizes e cânones interpretativos, embora contribua para orientar e limitar a interpretação jurídica, não é capaz de conduzir o intérprete a um único resultado[16] ou a um resultado que seja o único correto.[17] Em boa parte dos casos, a opção por determinados instrumentos interpretativos em detrimento de outros pode levar a resultados antagônicos, e essa escolha exige uma decisão baseada em pré-decisões acerca da compreensão do conteúdo das normas (GRIMM, 2006, p. 15-16).[18]

---

15. CONTINENTINO (2012): "Toda decisão judicial exige uma prévia interpretação, que, por sua vez, pressupõe uma teoria jurídica de base. Para toda linguagem interpretativa, há uma metalinguagem que põe em xeque a legitimidade de quaisquer critérios de interpretação. Não há método interpretativo último para validar uma única interpretação possível. Logo, não seria uma heresia, de minha parte, falar que para todo argumento existe uma teoria ou interpretação que lhe dê suporte, estando naturalmente excluídos os casos extremos ou exemplos *ad terrorem* (*v.g.*: a linguagem da Constituição do Brasil, de 1988, não se permite a nenhuma interpretação razoável que pretenda justificar a pena de morte, salvo em caso de guerra)."
16. ÁVILA (2001, p. 29-30): "[T]odos os argumentos jurídicos são multidirecionais. A rigor, nenhum deles é, por definição, resolutivo, no sentido de indicar uma única alternativa de interpretação."; SILVA (2007, p. 136): "Por que, então, não se encontram análises jurisprudenciais concretas com base nesse ou naquele método – isto é, por que não são utilizados exemplos concretos da jurisprudência do STF, ou de outros tribunais, para que seja exposto como tais casos teriam sido decididos se tivesse sido usado esse, aquele ou um conjunto de métodos? Talvez porque essa demonstração seja impossível."
17. KELSEN (1996, p. 396): "[A] interpretação jurídico-científica tem de evitar, com o máximo cuidado, a ficção de que uma norma jurídica apenas permite, sempre e em todos os casos, uma só interpretação: a interpretação 'correta'. Isto é uma ficção de que se serve a jurisprudência tradicional para consolidar o ideal de segurança jurídica. Em vista da plurissignificação da maioria das normas jurídicas, este ideal somente é realizável aproximativamente."
18. Nesse sentido, Marrafon (2010, p. 126) afirma ser "forçoso reconhecer que, dada a caracterização do direito como um fenômeno social complexo, especialmente ligado a processos de manifestação do poder, sua metodologia de aplicação também não se desvincula de uma determinada concepção de Estado, de sua relação com a política,

Não se conseguiu estabelecer, até o presente momento, um critério de preferência entre os elementos de interpretação que seja consensualmente aceito. Os *cânones interpretativos* – como, e.g., o literal, o sistemático, o histórico, o lógico e o teleológico – só seriam adequados para fundamentar com segurança um resultado, afirma Robert Alexy (2008a, p. 35), se fosse possível articular critérios estritos para sua ordenação hierárquica. Por sua vez, Herbert Hart (1994, p. 148) observa que, por serem "regras gerais sobre o uso da linguagem", os cânones também utilizam termos gerais que exigem interpretação, mas esta não pode ser fornecida por eles.

Em se tratando de constituições democráticas resultantes de inúmeras vontades, muitas vezes conflitantes entre si, como saber qual a verdadeira "vontade" do constituinte originário? E quando a "vontade" da maioria claramente identificada nos anais da Assembleia Constituinte conflita com a interpretação sistemática da constituição? Qual delas deve prevalecer e por qual razão? O caso envolvendo as uniões homoafetivas ilustra bem esse problema. O reconhecimento das uniões contínuas, públicas e duradouras entre pessoas do mesmo sexo como entidade familiar, para fins de aplicação das mesmas regras e consequências da união estável heteroafetiva, só foi possível porque o STF adotou uma interpretação sistemática da Constituição. Se a Corte optasse pela prevalência da interpretação literal (*textualismo*) ou da interpretação genética (*originalismo*), o resultado teria sido diverso.

A inexistência de metanormas a impor quais critérios interpretativos devem ser utilizados,[19] acaba por permitir que o intérprete opte por aqueles que o conduzam a um resultado previamente escolhido. A incoerência na adoção de teorias jurídicas é um forte indício de que estas foram utilizadas pelo juiz para justificar a decisão e não para se chegar até ela. Luís Roberto Barroso (2011, p. 251) observa que "uma pesquisa empírica revelará, sem surpresa, que os mesmos juízes nem

das escolhas valorativas consideradas juridicamente relevantes e de uma análise global de seu papel na sociedade."

19. GRAU (1996, p. 79): "Quando interpretamos, o fazemos sem que exista norma a respeito de como interpretar as normas. Quer dizer, *não existem aquelas que seriam meta-normas ou meta-regras.* Temos inúmeros métodos, ao gosto de cada um. Interpretar gramaticalmente? Analiticamente? Finalisticamente? Isso quer dizer pouco, pois as regras metodológicas de interpretação só teriam real significação se efetivamente definissem em que situações o intérprete deve usar este ou aquele cânone hermenêutico, este ou aquele outro método de interpretar. Mas acontece que essas normas nada dizem a respeito disso; *não existem essas regras.*"

sempre adotam os mesmos métodos de interpretação."[20] A incoerência metodológica é mais usual quando se trata de decisões proferidas em processos distintos (*incoerência externa*),[21] embora eventualmente possa ser constatada também dentro de um mesmo processo (*incoerência interna*).[22] Simon *et al.* (2008), em estudo realizado, afirmaram que a coerência é uma construção *ad hoc* que opera dentro do processo decisório no momento em que as escolhas são feitas, mas que se dissipa logo após a decisão ser concluída e que, portanto, não continua a

20. Em análise envolvendo a postura do STF diante de questões políticas e científicas complexas, Alexandre Garrida da Silva (2008, p. 139) destacou não haver nenhum ministro que "em sua prática jurisdicional seja sempre minimalista ou perfeccionista. Nos casos da fidelidade partidária, da cláusula de barreira e da inelegibilidade, por exemplo, o Min. Eros Grau assumiu um posicionamento nitidamente minimalista e formalista, ao passo que no caso do amianto aproximou-se, conforme foi visto, do modelo perfeccionista. Os dois modelos são, no sentido weberiano, tipos ideais e, portanto, constituem 'recortes' ou 'caricaturas' da realidade e da prática jurídica. Frequentemente, os juízes tendem a fazer um uso estratégico dos modelos anteriormente descritos tendo em vista fins previamente escolhidos, ou seja, optam pragmaticamente pelo modelo mais adequado para a resolução do problema enfrentado no caso concreto".
21. No julgamento da liminar concedida no MS 32.033/DF (Rel. Min. Gilmar Mendes) – em que se discutia Projeto de Lei que vedava a transferência de recursos nos casos de migração partidária ocorrida durante a legislatura –, o Min. Marco Aurélio apontou suposta contradição entre um dos argumentos utilizados pelo Relator ao conceder a liminar e o argumento por ele utilizado quando do julgamento da ADI 2.797/DF (Rel. Min. Sepúlveda Pertence; Julgamento: 15/09/2005) – em que o objeto era dispositivo legal que estendia a prerrogativa de foro após a cessação da investidura. Nessa ocasião, Gilmar Mendes afirmara não ser possível presumir "a inconstitucionalidade dos dispositivos atacados simplesmente porque eles contrariam a 'última palavra' conferida pelo Supremo Tribunal Federal sobre o tema". Não obstante, ao conceder a liminar no MS 32.033/DF, Gilmar Mendes, que é um dos membros da Corte que mais preza pela consistência e coerência de seus votos, argumentou que o *mandamus* deveria ser conhecido em virtude da "peculiaridade de a tramitação aparentemente ocorrer em sentido diametralmente oposto à diretriz traçada recentemente pelo Supremo Tribunal Federal, no julgamento da ADI 4430."
22. Ao analisar o "Julgamento do Mensalão" (AP 470/DF), Falcão e Haber (2012, p. A4) teceram o seguinte comentário: "[N]os casos de peculato e corrupção ativa, é possível considerar que um crime é continuidade do outro? Para Joaquim Barbosa, não. Pois precisa haver um vínculo subjetivo entre as condutas. Esta questão já havia sido analisada, sobre outro viés, no início do julgamento, quando relator e revisor discordaram acerca do desmembramento do processo. Naquela ocasião, Barbosa defendeu que era necessário um olhar sistêmico sobre o processo, pois as ações estavam intimamente ligadas. Lewandowski se opôs. Agora, trocam de papéis. Barbosa defende a autonomia de cada ação. E Lewandoski considera que a continuidade deve ser reconhecida, seja em um mesmo tipo penal, seja em crimes diferentes, que, juntos, integram o mesmo sistema delitivo."

limitar o julgador nos casos futuros em que as variáveis não se alinham necessariamente da mesma maneira.

Por serem os métodos tratados pelos tribunais como livremente comutáveis entre si, Josef Esser (*apud* LARENZ, 1997, p. 292) pondera que não deveria causar surpresa o fato de os juízes elegerem, em cada caso, aqueles que lhes permitem compatibilizar a solução considerada justa com o direito. Para Esser, a pré-compreensão alcançada com a experiência profissional possibilita ao juiz não apenas formular uma determinada conjectura de sentido, mas também construir sua própria "convicção de justeza", dirigindo o processo de "escolha do método" de acordo com o resultado já antecipado. Em outras palavras: as considerações interpretativas e dogmáticas serviriam apenas como ulterior "controle de concordância", utilizadas para comprovar a compatibilidade da solução já encontrada com o direito positivo.[23] Essa descrição parece ser apenas parcialmente correta, seja porque há casos novos em relação aos quais os juízes não possuem uma convicção previamente formada, seja porque o caminho percorrido pelo juiz é bidirecional e não unidirecional – i.e., do resultado para a escolha do método. No "controle de concordância", podem surgir novas razões contributivas para o aperfeiçoamento ou modificação da solução anteriormente encontrada pelo magistrado com base em sua "convicção de justeza",[24] como sugere a ideia de espiral formada a partir da circularidade hermenêutica.[25]

---

23. Larenz (1997, p. 292) reconhece que a descrição feita por Esser sobre o modo como os juízes chegam à solução é o que, de fato, provavelmente ocorre na realidade. No entanto, Larenz adverte que esse tipo de procedimento contém uma boa dose de "arrogância judicial" e que não deve ser considerado legítimo por ser incompatível com a "vinculação à lei e ao direito" imposta ao juiz. Sob o ponto de vista normativo, Larenz sustenta que o juiz "tem que debruçar-se continuamente, mediante um processo de pré-compreensão, sobre o sentido intencionado, e que aqui é determinante, dessas pautas, processo que lhe requer a disponibilidade para questionar e retificar o seu entendimento prévio, face ao sentido que lhe vai revelando." Isso pressupõe que a eleição do método não seja pura e simplesmente deixada ao seu livre alvedrio.
24. ADI 3.826/GO, Rel. Min. Eros Grau (Julgamento: 12.05.2010): "Como observou o Ministro Marco Aurélio na ementa do RE 140.265, cogitando do ofício judicante e da postura do juiz, '[a]o examinar a lide, o magistrado deve idealizar a solução mais justa, considerada a respectiva formação humanística. Somente após deve recorrer à dogmática para, encontrado o indispensável apoio, formalizá-la'. À falta desse 'indispensável apoio' a solução que o juiz idealizar como a mais justa não pode ser formalizada."
25. MARRAFON (2010, p. 119-120): "[O] círculo hermenêutico tem origem no método fenomenológico de HEIDEGGER e pressupõe a ideia de mundo como horizonte de sentido onde se mora, lugar de manifestação do possível, da linguagem. [...] [E]sse círculo revela

A reduzida capacidade dos métodos, diretrizes e cânones interpretativos para limitar as escolhas judiciais e determinar o resultado das decisões não os torna descartáveis e desprovidos de qualquer valor. Embora o conhecimento técnico-jurídico de pautas interpretativas formuladas pela doutrina seja insuficiente para constituir uma "pré-compreensão juridicamente formatada" a ponto de permitir "o controle normativo e racional pleno do resultado da decisão" (MARRAFON, 2010, p. 166), esse aprendizado contribui, em boa medida, para a estabilização da interpretação jurídica.[26] O papel desempenhado por tais critérios interpretativos na formação da *pré-compreensão jurídica* dos juízes tem relevância e não pode ser desprezado.

Vale lembrar que tais instrumentos exercem duas funções essencialmente distintas: a de *heuresis* e a de racionalização. A *função heurística* consiste na atuação como meio de busca e descobrimento do sentido a ser atribuído aos enunciados normativos interpretados (raciocínio decisório). Qualquer assertiva geral referente à função heurística desempenhada pelas diretrizes pressupõe a existência de dados empíricos adequados. A *função de racionalização* consiste no uso como argumento para justificar determinada interpretação, independentemente de terem efetivamente atuado no raciocínio interpretativo ou de como atuaram. Nesse sentido, desde que usados conforme as regras de raciocínio geralmente aceitas, contribuem para a justificação da decisão (raciocínio justificativo).[27]

---

um movimento ontológico (ao compreender o ente homem, se compreende o 'ser' e vice-versa, simultaneamente) que se realiza na fórmula sujeito-abertura-estranhamento/internalização ôntica-sujeito, numa circularidade que toma a forma de espiral porque não deve se fechar sobre si mesmo."

26. TAMANAHA (2010, p. 187): "O treinamento em linguagens, categorias, e conhecimentos jurídicos, e a participação em práticas jurídicas e judiciais , também envolvem a transmissão e a implantação da concepção cognitiva, uma capa jurídica [*legal layer*] que os realistas jurídicos identificam entre os fatores que ajudam a estabilizar a interpretação das normas legais."

27. WRÓBLEWSKI (1992, p. 119): "Uma confusão entre as funções de racionalização e heurística das diretrizes de interpretação conduz a graves equívocos. Em particular, a partir do ceticismo a respeito da função empiricamente verificável de controle das diretrizes na *heuresis* interpretativa, não se deve 'inferir' que essas diretrizes não têm qualquer função, ou que a sua função de racionalização é uma pura ficção mística. A partir da função de racionalização das diretrizes na justificação das decisões interpretativas não se deve inferir que elas têm sempre uma função heurística 'refletida' na justificação. Os dois erros são um resultado de não se fazer distinção adequada entre as duas diferentes funções das diretrizes...".

No tocante ao papel desempenhado pela doutrina, podem ser formulados os seguintes enunciados probabilísticos:

- ***Enunciado doutrinário (1):*** *Quanto mais sólidas e coerentes as concepções doutrinárias acolhidas por um juiz, maior a probabilidade de influenciarem o comportamento judicial.*
- ***Enunciado doutrinário (2):*** *Quanto maior o consenso doutrinário ou jurisprudencial sobre uma determinada tese jurídica, menor a probabilidade de influência de fatores extrajurídicos.*

3.2.1. Análise do contexto brasileiro contemporâneo

Na experiência jurídica brasileira, a utilização da doutrina possui traços característicos. Um aspecto que chama a atenção nos votos dos ministros do Supremo Tribunal Federal é a copiosa citação de doutrina nacional e estrangeira – incluindo a jurisprudência de tribunais de outros países – na fundamentação dos votos.[28] O curioso é que, em casos moralmente carregados e de alta saliência, nos quais normalmente são elaborados os votos mais extensos,[29] nem sempre o excessivo recurso às citações doutrinárias vem acompanhado da correspondente preocupação com a jurisprudência do próprio tribunal.[30]

---

28. O "cosmopolitismo judicial", entendido como a tendência de citar decisões judiciais de tribunais estrangeiros em casos constitucionais, não é uma exclusividade do STF. Sobre o incremento dessa propensão no âmbito da Suprema Corte dos EUA, ver POSNER (2008, p. 14).

29. FONTE (2013): "[...] dos cinco maiores acórdãos alusivos às ações diretas julgadas pelo Supremo após a Constituição de 1988, quatro são posteriores à TV Justiça, sendo certo que em dois deles (ADI 3.510 e ADI 4.277, ambas relatadas pelo ministro Ayres Britto) foram discutidas questões morais de alta indagação."

30. Esta constatação foi feita por Marcelo Continentino (2012) quanto ao julgamento da ADPF 54/DF: "quando analiso votos repletos de referências e notas de rodapé doutrinárias e, nesses mesmos votos, verifico que os ministros mal discutem suas próprias decisões proferidas em casos similares, penso que haja um motivo sério para uma investigação dos motivos que estão por detrás desse entranho silêncio ou omissão. [...] Primeiro a votar, o relator, ministro Marco Aurélio, foi o único dos três ministros, aqui mencionados, a citar o julgamento na ADI 3.510/DF, em duas oportunidades. Na primeira oportunidade, com intuito de apenas destacar a laicidade do Estado, a referência, diante da significação do direito à vida e da dignidade da pessoa humana, foi secundária para o exame da questão. Na segunda, contudo, o ministro Marco Aurélio resgatou o conceito de vida, que se sagrou vencedor na ADI 3.510/DF, para fundamentar seu voto. O ministro Luiz Fux, recém-chegado ao STF, por sua vez, não se preocupou com o precedente. Entre autores e obras doutrinárias, ele citou, pelo menos, 40 referências distintas, que iam desde Aristóteles (*Ética a Nicômaco*) até autores atuais da

Nos últimos anos, o incremento de citações doutrinárias no Tribunal pode ser atribuído não só ao surgimento dos computadores pessoais e da Rede Mundial de Computadores, mas também à criação da *TV Justiça*. Segundo estudo realizado por Felipe de Melo Fonte (2013), no período pós-TV Justiça, houve um aumento de 58,70% no tamanho dos acórdãos proferidos em Ações Diretas de Inconstitucionalidade (ADI).[31] O expressivo incremento no tamanho dos votos, atribuível principalmente à maior quantidade de referências doutrinárias, contraria as expectativas decorrentes da consolidação da jurisprudência do Tribunal, a qual deveria resultar na diminuição do tamanho das decisões. Uma hipótese provável para esse aumento é a preocupação dos ministros com plateias externas, sobretudo a formada por atores jurídicos que costumam acompanhar a transmissão de julgamentos do plenário.[32]

O excesso de citações doutrinárias, por si só, não significa que a decisão seja argumentativamente frágil, inconsistente ou incoerente, mas tampouco permite concluir que, de fato, elas contribuíram para o resultado. A diversidade de citações traz um forte indício de que

---

Filosofia, do Direito ou da Medicina. Relativamente ao STF, falou de três Habeas Corpus: o primeiro, HC 84.025, até tratava do mesmo, isto é, aborto do anencéfalo, porém foi julgado prejudicado diante do nascimento do feto; o segundo, HC 834, tinha por objeto crime de responsabilidade; o terceiro, HC 90.049, referia-se à progressão do regime na hipótese de crimes hediondos. Em suma, a ADI 3.510/DF foi completamente ignorada pelo ministro Luiz Fux. O terceiro deles, o ministro Ricardo Lewandowski, foi quem mais me surpreendeu; não fez menos de 15 referências doutrinárias (o que, diga-se, é bem razoável), citando desde o cético grego, Xenófanes ("A verdade certa, homem nenhum conheceu, nem conhecerá"), o que, aliás, deu todo o tom do seu voto, passando pelo código de Napoleão, para terminar com autores mais atuais do Direito brasileiro, a exemplo do prestigiado professor Paulo Bonavides. Porém, o ministro Lewandowski não citou um único precedente judicial, tampouco o seu próprio voto, de 75 páginas e com mais de cem referências bibliográficas, proferido no julgamento da ADI 3.510/DF, no qual ele acolhera a tese do "embrião inviável", assumindo inevitavelmente uma importante premissa sobre o conceito jurídico do direito à vida. O seu voto, porém, revela um silêncio estranhamente ensurdecedor...".

31. FONTE (2013): "Entre 1990 e 2002 [período pré-TV Justiça], eles tinham, em média, 18,16 páginas. Entre 2003 e 2011 [período pós-TV Justiça], passam a ter 28,82 páginas. A média histórica do Supremo pós-1988, considerados os anos de 1988 a 2012, é de 21,76 páginas por acórdão, o que deixa o Supremo pós TV Justiça superior em 32,44% à média histórica."
32. Essa hipótese pode ser testada através de uma análise comparativa entre o aumento do tamanho dos votos proferidos em plenário e nas turmas, cujos julgamentos não são transmitidos pela *TV Justiça*.

a doutrina tem sido utilizada com um caráter muito mais retórico, ornamental e racionalizador do que propriamente heurístico.[33]

Outro aspecto bastante característico e que, de certa forma, pode ser relacionado a alguns de nossos traços culturais marcantes é a *importação de teorias estrangeiras*, nem sempre de forma crítica e refletida, e o *sincretismo metodológico*.[34] Não são incomuns as reproduções acríticas de teorias formuladas para realidades distintas, assim como tentativas de conciliar teorias que, por vezes, mostram-se incompatíveis entre si.[35] A falta de rigor metodológico na utilização de concepções teóricas torna o ambiente decisório mais suscetível à interferência de

---

33. Nesse sentido, Marcelo Continentino (2012) argumenta que, em determinados contextos, o recurso às citações doutrinárias poderia, por hipótese, configurar "uma estratégia retórica de argumentação jurídica para legitimar a liberdade conformadora dos ministros, que, de outra forma, não poderia ser sustentada, pois as decisões anteriores do próprio STF limitariam muitas interpretações, *a priori*, toleráveis pelo texto da Constituição, caso fosse ele inteiramente autônomo e desvinculado da realidade. [...] E, para nossa infelicidade, eles seriam os primeiros a lançar sementes que perpetuariam a cultura jurídica brasileira de descompromisso com os precedentes da Corte e com a integridade do sistema constitucional."
34. A naturalidade com que incorporamos certas doutrinas, muitas vezes incompatíveis entre si, é destacada por Sérgio Buarque de Holanda (1995, p. 155) em *Raízes do Brasil*: "É frequente, entre os brasileiros que se presumem intelectuais, a facilidade com que se alimentam, ao mesmo tempo, de doutrinas dos mais variados matizes e com que sustentam, simultaneamente, as convicções mais díspares. Basta uma roupagem vistosa: palavras bonitas ou argumentos sedutores. A contradição que porventura possa existir entre elas parece-lhes tão pouco chocante, que alguns se alarmariam e se revoltariam sinceramente quando não achássemos legítima sua capacidade de aceitá-las com o mesmo entusiasmo. Não há, talvez, nenhum exagero em dizer-se que quase todos os nossos homens de grande talento são um pouco dessa espécie." Sobre o tema, ver *item 8.1.1* (Dualismo *versus* intermediação: A valorização do intermediário e o "jeitinho brasileiro").
35. Virgílio Afonso da Silva (2007, p. 134-135) faz referência a dois exemplos que ilustram essas características. O primeiro envolve os *princípios de interpretação da constituição*, os quais costumam ser mencionados por aqui como se fossem amplamente adotados na Alemanha. Segundo Virgílio, procurar por esses princípios nos compêndios de direito constitucional alemão pode ser uma tarefa frustrante, que irá contribuir apenas "para solidificar a ideia de que esses *princípios de interpretação constitucional*, que no Brasil são recebidos como se fossem moeda corrente na Alemanha, são apenas a sistematização das ideias de um único autor: Konrad Hesse." O mesmo ocorre em relação aos *métodos específicos de interpretação da constituição*, cujo rol elaborado por Böckenförde tinha apenas o intuito de "fazer uma síntese do estágio da discussão na época da publicação de seu artigo e não propor um conjunto de métodos complementares." O sincretismo metodológico resultante da ideia de que esses métodos seriam complementares entre si e compatíveis com os princípios interpretativos e outras práticas de interpretação constitucional, na opinião do autor, cria obstáculos para o avanço da discussão sobre a interpretação constitucional no Brasil.

fatores extrajurídicos por enfraquecer a capacidade restritiva da doutrina, conferindo-lhe uma função meramente racionalizadora – e não de descoberta – do resultado da decisão.

A probabilidade de influência de fatores extrajurídicos sobre o comportamento judicial também é ampliada quando determinadas teorias são incorporadas apenas de maneira parcial, sobretudo quando o foco é voltado para a parte que confere poderes aos juízes sem a devida atenção às restrições.

No Brasil, a partir da década de 1990, a forte reação à carência de normatividade dos dispositivos considerados meramente programáticos[36] acabou por fomentar um contexto de supervalorização dos princípios em detrimento das regras. No entanto, conforme adverte Rodrigo Brandão (2012, p. 139), essa ênfase aos princípios não tem sido acompanhada pela correspondente preocupação com os "rigores metodológicos e mecanismos de autorrestrição judicial". A aplicação direta de princípios constitucionais, por conferir ao juiz ampla margem de ação, acaba se mostrando mais susceptível à subjetividade do que a aplicação de regras, sobretudo quando o sopesamento ocorre de forma *ad hoc*, sem a observância de critérios prévios e objetivos para a sua execução. Essa susceptibilidade é especialmente preocupante devido à "tendência atual de invocação frouxa e não fundamentada de princípios", o que acaba violando a "lógica do Estado Democrático de Direito" em razão de ampliar "as chances de arbítrio judicial, gera[r] insegurança jurídica e atropela[r] a divisão funcional de poderes." (SARMENTO, 2009b, p. 62).[37]

O potencial conflituoso dos princípios, decorrente da constelação plural de valores tendencialmente contraditórios consagrados na constituição, pode acabar favorecendo escolhas baseadas em valores e convicções

---

36. SARMENTO (2009b, p. 46-47): "Nesta nova fase, a doutrina brasileira passa a enfatizar o caráter normativo e a importância dos princípios constitucionais, e a estudar as peculiaridades da sua aplicação. [...] Se antes estes eram vistos preponderantemente como normas programáticas, passa-se a discutir a sua eficácia jurídica a partir de novas bases, que incorporam ao debate a argumentação moral. Neste campo, a ênfase na análise dos enunciados normativos, que caracterizava a doutrina da efetividade, é substituída por uma discussão marcada pela preocupação com valores e democracia, repleta de novas categorias, importadas sobretudo do Direito germânico, como o 'mínimo existencial', a 'reserva do possível' e a 'proibição do retrocesso'."

37. SARMENTO (2009b, p. 62): "E há na sociedade brasileira traços que tornam ainda mais perigosa esta tendência à frouxidão e emotividade na metodologia jurídica. Nossa cultura caracteriza-se muito mais pelo 'jeitinho' e pelo patrimonialismo do que pela valorização do cumprimento impessoal de regras."

pessoais, sobretudo se a ponderação for realizada sem as devidas exigências de cunho metodológico.[38] A interferência de predisposições ideológicas do juiz, todavia, não deve ser vista como um problema exclusivo da ponderação, mas sim algo inerente à interpretação de enunciados normativos com conteúdo moralmente carregado e formulados em termos vagos e imprecisos.[39] A ponderação, que por vezes é inevitável,[40] quando realizada de modo criterioso, tem a vantagem de ser mais transparente e honesta que os procedimentos alternativos existentes.[41]

O avanço alcançado com o reconhecimento da normatividade dos princípios e de sua valorização como critério decisório é inegável e merece ser celebrado, mas deve vir acompanhado das respectivas exigências metodológicas e restrições teóricas impostas à atuação do Judiciário, sob pena de aumentar a indevida influência de fatores extrajurídicos no resultado decisório final.[42]

---

38. ÁVILA (2008, p. 196): A "ponderação deve: (a) indicar os princípios objeto de ponderação (pré-ponderação), (b) efetuar a ponderação (ponderação) e (c) fundamentar a ponderação feita. [...] Sem a observância desses requisitos ou fases, a ponderação não passa de uma técnica, não jurídica, que explica tudo, mas não orienta nada. E, nessa acepção, ela não representa nada mais de que uma 'caixa preta' legitimadora de um 'deciosionismo' e formalizadora de um 'intuicionismo moral'. Esclareça-se que defender a ponderação sem, ao mesmo tempo e de saída, apresentar os critérios intersubjetivamente controláveis para sua aplicação, é legitimar doutrinariamente a sua utilização excessiva e arbitrária, de nada valendo a constatação tardia do seu desvirtuamento."
39. CROSS (1997, p. 323): "[T]eoricamente, o balanceamento pode ser realizado com sinceridade. Como a pesquisa atitudinal e os estudiosos do CLS sugerem, *todos* os testes jurídicos estão sujeitos a uma potencial manipulação ideológica. Se isso for verdade, o balanceamento não é menos legítimo e, possivelmente, é mais transparente e honesto do que outras abordagens de tomada de decisões."
40. NOVAIS (2010, p. 357): "Especialmente no domínio das restrições aos direitos fundamentais não expressamente autorizadas pela Constituição (...), o recurso a tal metodologia é inevitável, qualquer que seja o nome que se lhe dê ou o artifício que a encubra".
41. Ao comentar sobre o *ceticismo ponderativo*, Martin Borowski (2000, p. 46) adverte que, inicialmente é "necessário admitir que não se conhece um parâmetro vinculante para decidir questões normativas mediante ponderação. Diversas pessoas podem chegar a diversos resultados sobre o peso e o grau de afetação de um princípio frente ao peso e à realização do princípio contraposto, assim como a relação de precedência entre ambos os princípios. Isto não é, todavia, um defeito específico do conceito de ponderação, mas que caracteriza todo procedimento decisório de questões normativas. Caso existisse um procedimento decisório intersubjetivo e obrigatório em matéria de questões normativas, este tenderia a ter preferência sobre a ponderação. Porém, um 'melhor' procedimento com estas características não existe e tampouco está à vista."
42. Uma das maneiras de se mitigar a influência de preferências políticas pessoais na ponderação é através da observância do "*princípio formal da competência decisória do legislador democraticamente legitimado*" que, nos casos de incerteza, fundamenta a

3.3. A JURISPRUDÊNCIA

A observância de precedentes é algo que se impõe, segundo MacCormick (2008, p. 191 e p. 204), não apenas por razões institucionais, mas também morais, relacionadas a "considerações de justiça, de consistência decisória e de interesse público em desestimular uma controvérsia perpétua sobre questões de direito." A fidelidade ao Estado de Direito requer que as mesmas regras e soluções orientem as decisões judiciais, independentemente do julgador, evitando-se variações inúteis e incoerentes no padrão decisório de um órgão judicial para o outro. Quando se julga um tema altamente controverso, embora possam permanecer divergências valorativas sobre a questão de fundo, ele passa a ser regido por uma regra formulada judicialmente que simplifica a solução de casos futuros. Embora um precedente possa ser diferenciado (*distinguished*) ou rejeitado (*overruled*), a carga argumentativa deve ser suportada por quem propõe a nova solução (segundo o *princípio da inércia*), exigindo-se razões suficientemente fortes para isso.[43]

---

primazia conferida às escolhas realizadas no âmbito legislativo. Nos termos da Teoria dos Princípios formulada por Alexy (2008b, p. 584-585), a *margem de ação estrutural* ("*discricionariedade estrutural*") se refere àquilo que não está obrigado e nem proibido pelas normas constitucionais. Compreende "a discricionariedade para definir objetivos, a discricionariedade para escolher os meios e a discricionariedade para sopesar". Por sua vez, a *margem de ação epistêmica* refere-se aos casos de incerteza sobre prognósticos relacionados a situações fáticas nos quais o reconhecimento da competência do legislador para avaliar as variáveis empíricas autoriza a intervenção legislativa no âmbito de proteção de um direito fundamental, mesmo quando não se constata a veracidade das premissas pressupostas, mas apenas sua incerteza ("*margem de ação epistêmica empírica*"). Nos casos em que a incerteza está relacionada não a situações fáticas, mas à melhor quantificação dos direitos fundamentais em jogo, também deve ser reconhecida ao legislador uma área no interior da qual pode tomar decisões com base em suas próprias valorações ("*margem de ação epistêmica normativa*"). Portanto, a *margem de ação epistêmica normativa* (*discricionariedade cognitiva normativa*) surge quando os pesos dos princípios em colisão são incertos, ao passo que a *margem de ação epistêmica empírica* (*discricionariedade cognitiva empírica*) se verifica quando as premissas empíricas que sustentam a intervenção do legislador são inseguras. Nos casos de incerteza, a primazia conferida às escolhas realizadas no âmbito legislativo tem como fundamento o "*princípio formal da competência decisória do legislador democraticamente legitimado*" (ALEXY, 2008b, p. 612-615).

43. Seguiu esta linha o Código de Processo Civil de 2015, ao preceituar: "Art. 489, § 1º Não se considera fundamentada qualquer decisão judicial, seja ela interlocutória, sentença ou acórdão, que: [...] VI - deixar de seguir enunciado de súmula, jurisprudência ou precedente invocado pela parte, sem demonstrar a existência de distinção no caso em julgamento ou a superação do entendimento; [...] Art. 926. Os tribunais devem uniformizar sua jurisprudência e mantê-la estável, íntegra e coerente."

Para a superação legítima de um precedente deve haver a mudança do contexto fático ou jurídico a justificar a adoção de um novo posicionamento sobre o tema ou ainda a de que o entendimento adotado está produzindo efeitos indesejados, imprevistos ou incongruentes com sua finalidade.[44]

O grau de vinculação de um precedente depende, além de considerações de ordem institucional e moral, do grau de semelhança entre as circunstâncias fático-jurídicas dos dois casos judiciais comparados, isto é, o anterior, que deu origem ao precedente, e o atual, que está sendo julgado. Quanto maior a similitude entre os aspectos essenciais dos dois casos, mais fortes as razões fornecidas a favor da observância do precedente e, por conseguinte, maior o ônus argumentativo necessário para se afastar dele.

No caso das supremas cortes e tribunais constitucionais, mesmo quando inexistentes normas impositivas de observância dos precedentes, há valores que a justificam, dentre eles: *eficiência*, uma vez que formular novas soluções para todos os problemas exigiria muito tempo e esforço;[45] a *continuidade do direito* promovida pela adesão aos precedentes, frequentemente desejável porque muitos confiam no direito para conduzir seus negócios;[46] a *justiça (ou equidade)* de conferir um tratamento semelhante a casos semelhantes;[47] a preser-

---

44. Nesse sentido, o voto do Min. Luís Roberto Barroso proferido no julgamento da Ação Direta de Inconstitucionalidade nº 5.540/MG: "Eu entendo que as mutações constitucionais ocorrem quando uma jurisprudência firme do Supremo precisa ser alterada por uma de três razões: ou ocorreu uma mudança na percepção do direito aplicado; ou ocorreu uma mudança na realidade de fato; ou, por força das consequências práticas e negativas de uma determinada linha de interpretação."

45. Nesse sentido, MacCormick (2008, p. 204) observa que, por uma questão de economia de esforço, um caso decidido após análise cuidadosa, "deve ser tratado como se tivesse sido resolvido de uma vez por todas, a não ser que se possa demonstrar ter surgido um elemento especial que exija reconsideração." Quando uma questão altamente controversa é decidida em última instância, embora possam permanecer divergências valorativas sobre a questão de fundo, ela passa a ser regida por uma regra formulada judicialmente que simplifica a solução de casos futuros.

46. EPSTEIN; KNIGHT (1998, p. 164): "O *stare decisis* é uma maneira de os tribunais respeitarem as expectativas estabelecidas de uma comunidade. Na medida em que os membros de comunidade baseiam suas expectativas futuras sobre a crença de que os outros vão seguir as leis existentes, o Tribunal tem interesse em minimizar os efeitos perturbadores da derrubada das atuais normas de comportamento."

47. Para Dworkin (1977, p. 113), a "força gravitacional" do precedente pode ser explicada, com base na "justiça de se tratar casos semelhantes da mesma maneira" ("*fairness of treating like cases alike*"), sendo que este tratamento isonômico não deve se restringir

vação da *legitimidade* do tribunal[48] e da *eficácia* de suas decisões;[49] e o *fortalecimento* das decisões, pois não observar os precedentes hoje pode minar o peso de suas próprias decisões no futuro.[50]

A real influência dos precedentes sobre o resultado de uma decisão judicial não é algo simples de avaliar-se empiricamente. Em muitos casos, há precedentes em mais de um sentido, o que permite ao julgador escolher o mais coerente com o resultado que pretende justificar. Da mesma forma que se dá com a doutrina, os precedentes podem ser utilizados mais como recurso retórico para justificar e legitimar a decisão do que propriamente como um meio para se chegar ao resultado.[51] Essa função meramente legitimadora tende a ocorrer,

---

aos resultados de decisões anteriores, mas deve abranger também os princípios que os fundamentam.

48. EPSTEIN; KNIGHT (1998, p. 172): "O comportamento dos ministros é consistente com a crença de que uma norma a favor dos precedentes é parte fundamental da concepção geral da função da Suprema Corte na sociedade como um todo. Na medida em que a observância desta norma é necessária para manter a legitimidade da Suprema Corte, tal crença vai restringir os ministros de se afastarem do precedente de uma forma regular e sistemática."

49. EPSTEIN; KNIGHT (1998, p. 164-165): "Se o Tribunal faz uma mudança radical, a comunidade pode não ser capaz de se adaptar, resultando em uma decisão que não produz uma regra eficaz. [...] [V]iolações isoladas da norma [do *stare decisis*] não resultarão na rejeição da Corte pela sociedade; apenas desvios regulares e sistemáticos da norma podem minar a legitimidade do Tribunal. Por conseguinte, a prova de exemplos isolados de desvio não demonstra que a norma não tenha efeito. Enquanto os ministros, como regra, derem cumprimento à norma, eles serão livres para desviar-se do precedente naqueles casos em que as suas preferências pessoais são tão diferentes do precedente que se sentem obrigados a alterar o direito existente."

50. BRENNER; WHITMEYER (2009, p. 150): "Em relação a este quinto valor, pode-se ver o *stare decisis* como uma espécie de troca generalizada (...) ao longo do tempo. O Tribunal atual seguirá as decisões anteriores em troca de, no futuro, o Tribunal seguir as decisões atuais. Parece claro que os *justices* estariam dispostos a desistir de certas capacidades de alterar decisões passadas em troca de um pouco de respeito por suas próprias decisões. Obviamente não é possível uma troca negociada explicitamente entre o Tribunal do presente e o Tribunal do passado ou do futuro. Assim, a melhor maneira para o Tribunal no presente implementar a troca, para garantir que o Tribunal no futuro demonstre ao menos um pouco de respeito pelas suas decisões, é mostrar de forma unilateral um pouco de respeito pelas decisões do Tribunal no passado, mas ao mesmo tempo chamar a atenção para isso e declarar que isso é uma regra que o Tribunal – o que inclui o Tribunal no futuro – deve seguir. Essa troca generalizada beneficiará Tribunais do passado, do presente e do futuro."

51. A título ilustrativo podem ser mencionados os votos proferidos na ADPF 144/DF (Rel. Min. Celso de Mello; julgamento: 06.08.2008), na qual se discutiu a possibilidade de tornar inelegível candidato processado criminalmente, ainda que não houvesse deci-

principalmente, em casos envolvendo questões sobre as quais os juízes já possuem uma "proto-decisão" de natureza ideológica decorrente de valores e convicções fortemente arraigados. Entretanto, seria pouco realista supor que isso se repete na maioria dos casos típicos do sistema judicial, sobretudo quando se leva em consideração a variedade de temas decididos e a carga elevada de processos a que está submetida a maior parte dos juízes e tribunais.

De todo modo, as frequentes citações de precedentes pelos juízes servem como forte indício de sua relevância. Ainda que a fundamentação de uma decisão consista em mera racionalização de escolhas previamente realizadas, e não a descrição exata do caminho percorrido pelo raciocínio decisório, a elevada quantidade de precedentes citados pode ser interpretada como uma indicação de que os juízes acreditam em sua força persuasiva ou, ao menos, de que consideram a observância e o respeito à jurisprudência como algo positivo.

Sobre a potencial influência exercida pelos precedentes, podem ser elaborados os seguintes enunciados probabilísticos:

- ***Enunciado jurisprudencial (1):*** *Quanto maior o grau de similitude das circunstâncias fáticas e jurídicas dos casos comparados, maior a probabilidade de influência dos precedentes.*
- ***Enunciado jurisprudencial (2):*** *Quanto maior o peso conferido aos precedentes, menor a probabilidade de influência de fatores extrajurídicos.*

3.3.1. O contexto judicial brasileiro

Na experiência constitucional brasileira, o surgimento relativamente recente da nova ordem constitucional faz com que ainda existam muitos "vales profundos" de enunciados normativos carentes de

---

são judicial condenatória transitada em julgado. Diversos precedentes foram citados por alguns ministros em seus votos para apoiar as teses (favoráveis ou contrárias) defendidas. O diálogo entre os ministros Marco Aurélio e Ayres Britto sintetiza bem a questão: Marco Aurélio – "Mas já há precedentes na Corte afastando a possibilidade de processo criminal em andamento impedir a inscrição de candidato. Refiro-me ao Recurso Extraordinário n. 194.872, da Segunda Turma, no qual figurei como relator. [...] O princípio, portanto, é linear."; Carlos Britto — "Há também julgamentos em sentido contrário. No julgamento do MS n. 25.624, o Ministro Sepúlveda Pertence, em voto acompanhado pela unanimidade do Plenário, afirmou que: '(...) em linha de princípio, será de reputar-se fundada a recusa pelo tribunal, à ausência de 'reputação ilibada', da indicação de candidato condenado pela prática de crime infamante da sua reputação moral."

interpretação jurisprudencial.[52] Ausente jurisprudência sedimentada sobre determinado tema, inexiste o ônus argumentativo para o afastamento do precedente indesejado, o que torna o ambiente decisório mais suscetível à interferência de fatores extrajurídicos.[53]

Não obstante, verifica-se uma série de variáveis institucionais que favorecem a observância de precedentes pelo STF, dentre elas, a competência mais abrangente e diversificada,[54] a carga de trabalho muito mais elevada e a ausência de discricionariedade para escolher os casos que deseja julgar.[55]

A quantidade e a diversidade dos casos submetidos à sua apreciação não encontra correspondência em nenhuma outra suprema corte ou tribunal constitucional.[56] Nos últimos dez anos, a média anual de

---

52. Uma metáfora particularmente esclarecedora, formulada por Barry Friedman e Scott Smith, refere-se à *constituição "sedimentária"*, formada por montanhas de desenvolvimentos históricos construídos pela doutrina e jurisprudência sobre o texto de dispositivos constitucionais e, ao mesmo tempo, por vales profundos de textos ainda carentes de uma interpretação consolidada (SHAPIRO, 2008, p. 935-936).

53. De acordo com a *Teoria da Argumentação Jurídica* formulada por Robert Alexy (2008a, p. 267), devem ser observadas duas regras mais gerais sobre o uso de precedentes: "Quando se puder citar um precedente a favor ou contra uma decisão, isso deve ser feito"; e, "Quem quiser se afastar de um precedente assume uma carga de argumentação". Para uma visão ampla sobre o argumento por precedentes, *cf.*, por todos, BUSTAMANTE (2012).

54. De acordo com os dados constantes da pesquisa "Supremo em Números", desenvolvida pela Escola de Direito do Rio de Janeiro da Fundação Getulio Vargas, apenas 3% do total de processos são predominantemente constitucionais. A maior parte do tempo dos ministros é utilizada para a análise de recursos extraordinários, os quais correspondem a 91,69% do total de processos. Aproximadamente 90% dos processos que chegam ao STF já foram decididos em pelo menos duas instâncias.

55. FALCÃO *et al.* (2011, p. 21): "A absoluta maioria dos processos recebidos pelo Supremo origina-se da Corte Recursal [processos referentes à competência recursal do STF], correspondendo a quase 92% dos casos de 1988 até 2009. Quantitativamente, portanto, o Supremo não é uma "corte constitucional" no sentido original em que esse tipo de instituição foi pensada. Em números absolutos, está muito mais próximo de uma "corte recursal suprema". Não é uma corte que escolhe o que julga fundamental julgar. É antes uma corte escolhida pela parte. Não constrói seu destino. Seu destino lhe é construído por cada recurso que lhe chega por deliberação alheia, de terceiros."

56. VIEIRA (2010): "Não há tribunal constitucional no mundo que tome mais decisões que o brasileiro. Em recente seminário na África do Sul, ao apresentar números do supremo, percebi um ar de ceticismo na audiência. Não demorou muito para que o juiz Jacoob, proeminente membro da Corte Constitucional sul-africana, gentilmente me interrompesse: 'caro Oscar os seus números são inverossímeis; 115 mil casos ao ano significa que, se a corte trabalhasse 240 dias por ano, estaria decidindo 479 casos por dia, o que é mais do que nossa corte julgou em toda sua existência. Isso não me parece possível'. Expliquei

processos decididos pelo STF foi mais de 1.000 vezes maior que a da Suprema Corte estadunidense, que não chega de 80 decisões anuais (SPAETH et al., 2019). Entre 2009 e 2019, foram julgados 1.179.089 processos pelo Supremo, uma média de 117.908,90 processos/ano. Nesse mesmo período, o Tribunal Constitucional português proferiu 16.245 decisões (PORTUGAL, 2020), uma média de 1.624,5 processos/ano, o que corresponde a 1,37% da média de decisões do STF. A Corte Constitucional italiana, por sua vez, entre 2008 e 2018, proferiu um total de 3.657 (ITÁLIA, 2019), média de 365,7 processos/ano correspondente a apenas 0,33% da média anual do STF no mesmo período. Na Espanha, de 2009 a 2019, o Tribunal Constitucional julgou, um total de 90.019 – 9.001,9 processos/ano (7,63% em relação à média anual do STF) – e, dessa soma, 80.140 (89,02%) foram decisões de inadmissibilidade de Recurso de Amparo (ESPANHA, 2020).

Por outro lado, a grande quantidade de *causas relativamente simples* e de *demandas repetitivas* julgadas pelo STF gera reflexos importantes sobre o comportamento judicial dos ministros, favorecendo a observância de precedentes. Um órgão composto por onze membros só conseguirá elaborar mais de 100.000 decisões (colegiadas e monocráticas) por ano se os precedentes forem utilizados como critério determinante para a resolução de casos repetitivos. Os poucos estudos empíricos existentes no Brasil sobre o uso de precedentes pelo Supremo Tribunal Federal apoiam essa hipótese. O estudo produzido por Vojvodic *et al.* (2009, p. 22) constatou que, nos *casos repetitivos*, os precedentes têm um peso decisivo para o resultado final das decisões proferidas pela Corte.[57] No mesmo sentido, Ricardo Ribeiro (2012, p. 103-104), ao

então que mais de 90% das decisões do tribunal eram tomadas monocraticamente e segui minha apresentação. Logo o juiz Jacoob me interrompeu com sua indefectível matemática: 'dividindo o total de casos por 11 juízes, isto daria mais de 10 mil casos por ano, por juiz, o que significa cerca de 1 caso a cada 12 minutos. Impossível!'."

57. VOJVODIC *et al.* (2009, p. 22): "Nesse cenário, verificamos a existência de dois usos das decisões do STF. Em casos repetitivos ou recorrentes, cuja matéria é menos complexa, como forma de controlar o volume de casos que chegam à sua alçada, as decisões proferidas pelo STF estariam funcionando como um mecanismo de filtro de decisões. Uma vez que cada um dos ministros tem de dar conta de um volume de distribuições individuais no ano que supera a casa dos dez mil feitos, essa parece ser a solução encontrada pela corte para dar vazão aos conflitos de sua pauta. É importante notar que, apesar do imenso volume de distribuições anuais, essa corte tem baixa taxa de congestão e consegue dar vazão, ano a ano, a quase totalidade de processos recebidos (...). O outro uso que o STF está dando para suas decisões é visível em julgamentos relevantes de casos emblemáticos. Mais sensíveis devido à resolução mais complexa e ao acompanhamento da mídia, eles exigem, por parte dos ministros, maior carga de

analisar as decisões do STF em Ações Diretas de Inconstitucionalidade (ADI), verificou que, em certos contextos decisórios, a existência de precedentes é determinante para o resultado. Nos casos envolvendo a iniciativa exclusiva do Chefe do Poder Executivo – em que a jurisprudência pacífica do STF considera que as normas referentes ao Presidente da República (CRFB/88, art. 61, § 1º) são de observância obrigatória pelas constituições estaduais –, as chances de declaração de inconstitucionalidade foram quase seis vezes maiores em relação àqueles nos quais esse entendimento não é aplicável. O autor concluiu que, embora fatores políticos sejam relevantes para o desfecho de determinadas ações, quando há jurisprudência consolidada sobre o tema, a tendência é de que os casos sejam decididos de acordo com ela.

A evidência mais forte da atuação dos precedentes na determinação do resultado da expressiva maioria dos casos julgados pelo STF está no elevado percentual de decisões monocráticas e unânimes.[58-59] Conforme se observa no quadro abaixo,[60] das 1.095.529 decisões proferidas entre 2010 e 2020, "apenas" 149.379 (13,63%) foram colegiadas. As outras 973.555 (86,37%) foram proferidas monocraticamente.

---

argumentação. Nesses casos, verificamos a preocupação, por parte dos ministros, em formar um entendimento sobre o litígio que sirva como precedente para casos posteriores."

58. OLIVEIRA (2006, p. 148-149): "A tendência para o consenso foi notória no comportamento do STF, sendo mais de 80% das ações decididas unanimemente. [...] Percebemos que ele [o dissenso] ocorre em especial em ações que questionam leis referentes à temática político-partidária e econômico-tributária. Além do aspecto legal, o contexto político e os grupos de interesse são os preditores do dissenso na corte, não tendo os fatores internos, ou seja, os atributos pessoais e o perfil de atuação, grande impacto quando comparados com aqueles elementos. Mas se isolamos as decisões não unânimes e observamos no dissenso quem tende a promovê-lo, ou seja, quais características e fatores levam os ministros a se posicionarem contra a corrente majoritária de pensamento e voto, notamos o grande impacto das variáveis internas, das variáveis atitudinais e de carreira. No entanto, é preciso considerar que as variáveis com as quais trabalhamos explicam uma parte pequena da variação na ocorrência do dissenso, o que indica a necessidade de atentarmos para outros fatores que não estão presentes nos nossos modelos, como, por exemplo, a opinião pública."

59. É razoável supor que o grau de unanimidade seja ainda mais elevado no âmbito dos demais tribunais, tendo em vista que estes são restringidos – e, em certos casos, vinculados – não só pelos próprios precedentes, mas também por decisões de tribunais acima deles. Em análise comparativa envolvendo decisões em matéria tributária proferidas em sede de Recurso Especial (REsp) pelo Superior Tribunal de Justiça (STJ) e em Recurso Extraordinário (RE) pelo STF, Felipe Lopes (2013, p. 34-38) constatou um elevadíssimo grau de unanimidade no STJ (94,97%), inclusive bem superior ao encontrado no STF (80,72%).

60. Disponível em: http://www.stf.jus.br/portal/cms/verTexto.asp?servico=estatistica&pagina=movimentoProcessual. Acesso em: 25 mai 2020.

Tendo em conta as competências previstas no Regimento Interno do Supremo Tribunal Federal (RISTF)[61] e o elevado percentual de decisões monocráticas, não fica difícil concluir que a grande maioria dos julgamentos no STF envolve casos repetitivos nos quais os precedentes geralmente são determinantes para o resultado.

Nos *casos mais complexos*, todavia, a preocupação com precedentes anteriores não parece ser a mesma, sobretudo em se tratando de temas polêmicos e politicamente carregados. A análise dos votos proferidos no julgamento da ADPF 54/DF – na qual o STF decidiu que a antecipação terapêutica do parto, no caso de fetos anencéfalos, não pode ser interpretada como crime de aborto – revela uma situação curiosa e preocupante. Até então, o único precedente do Tribunal envolvendo o direito à vida havia sido o julgamento em que declarada a constitucionalidade da Lei de Biossegurança (ADI 3.510/DF).[62] Este julgado, no entanto, foi levado em consideração por apenas três ministros (Marco Aurélio, Cezar Peluso e Rosa Weber). Os outros sete ministros que participaram do julgamento sequer mencionaram esse precedente, com exceção de Celso de Mello, que, embora tenha destacado a importância histórica da ADI 3.510/DF, em nenhum momento se valeu das razões fornecidas pelo julgado. Marcelo Continentino (2012) aponta, como principal hipótese para os "votos excessivamente apoiados em referências doutrinárias ou de Direito comparado e pobremente fundamentados em decisões do próprio STF", a intenção dos ministros de se manterem livres "das amarras da história institucional" a fim de adotarem "a interpretação que melhor lhe[s] convenha" (CONTINENTINO, 2012).

Por sua vez, Vojvodic *et al.* (2009, p. 27) afirmam ter identificado uma aparente tendência de mudança na formação dos precedentes pelos ministros do STF, mas argumentam que "às vezes, fica-se com a impressão de que há interesse apenas em fixar o 'novo', sem

---

61. RISTF, Art. 21, § 1º Poderá o(a) Relator(a) negar seguimento a pedido ou recurso manifestamente inadmissível, improcedente ou contrário à jurisprudência dominante ou a *Súmula* do Tribunal, deles não conhecer em caso de incompetência manifesta, encaminhando os autos ao órgão que repute competente, bem como cassar ou reformar, liminarmente, acórdão contrário à orientação firmada nos termos do art. 543-B do Código de Processo Civil; § 2º Poderá ainda o Relator, em caso de manifesta divergência com a *Súmula*, prover, desde logo, o recurso extraordinário.
62. O HC 84.025/RJ (Rel. Min. Joaquim Barbosa; Julgamento: 04.03.2004) tratava exatamente do mesmo tema da ADPF 54/DF, mas foi julgado prejudicado em razão da superveniência do parto.

necessariamente remontar a jurisprudência do Tribunal de maneira adequada."[63] Ao lado do uso indevido e do não uso dos precedentes pelo STF, as autoras destacam, ainda, o "alto grau de personalismo de seus julgamentos" e a consequente dificuldade de identificação de uma linha argumentativa definidora da *ratio decidendi* institucional, isto é, das razões determinantes que levaram o tribunal a tomar aquela decisão. O modelo agregativo adotado pelo Tribunal possibilita a produção de múltiplas *rationes* individuais, dificultando, por conseguinte, a formação de uma *ratio decidendi* coletiva a ser utilizada como precedente. De fato, a análise das Reclamações julgadas pelo STF revela que, não raro, até mesmo os próprios ministros têm dificuldade de identificar o que realmente foi decidido pelo Tribunal.[64]

3.4. INDÍCIOS DA INFLUÊNCIA DE FATORES JURÍDICOS E EXTRAJURÍDICOS: ANÁLISE COMPARATIVA DAS CORTES SUPREMAS DO BRASIL E DOS EUA

A diferença no *grau de determinação do material jurídico convencional* é bastante significativa no âmbito das Supremas Cortes do Brasil e dos EUA. Enquanto o percentual de decisões unânimes proferidas pela Corte estadunidense fica em torno de 30% a 40% do total, o grau de consenso no STF fica em torno de 80% das decisões colegiadas proferidas em ADIs.[65] Ademais, cerca de 86% das decisões deste Tribunal são proferidas monocraticamente, o que pressupõe a existência e a observância de jurisprudência consolidada sobre o tema.

---

63. VOJVODIC *et al.* (2009, p. 27): "A orientação dos ministros para a formação de precedentes, nas decisões de casos difíceis, parece ser uma tendência recente, que contrasta com o (não/mau) uso que os ministros tradicionalmente fazem de suas "decisões anteriores", citando-as de maneira aleatória, sem confirmação do conteúdo da decisão (*ratio decidendi*) –, ou de maneira estratégica –, apenas aquelas que favoreçam a linha argumentativa do ministro. Percebe-se que, em casos difíceis, é cobrado do STF um diálogo com as decisões anteriores, afinal os ministros são convocados a fixar um "novo" entendimento para a decidibilidade de casos futuros."

64. Dentre os vários exemplos pode ser mencionada a divergência entre os ministros sobre os efeitos da decisão proferida no HC 82.959/SP, objeto de questionamento na Rcl 4.335/AC, Rel. Min. Gilmar Mendes (julgamento: 21.03.2014).

65. Se forem desconsideradas as decisões em que o Ministro Marco Aurélio foi o único voto divergente, o percentual sobe para quase 90%. Se forem desconsideradas as decisões em que, no máximo, dois ministros ficaram vencidos, este percentual passa para aproximadamente 97% das decisões, o que revela um altíssimo grau de consenso.

Por sua vez, a análise de estudos empíricos relacionados ao *êxito de determinados atores* perante as Cortes Supremas do Brasil e dos EUA também revela aspectos interessantes e bastante sugestivos, para fins de comparação, sobre a provável influência exercida por fatores jurídicos e extrajurídicos no comportamento de seus membros.

Na Suprema Corte dos EUA, o postulante mais frequente e com maior taxa de êxito tanto na concessão do *certiorary*,[66] como nas decisões de mérito, é o Advogado-Geral (*Solicitor General*)[67] (SEGAL; COVER, 1989, p. 562-563). Os excelentes resultados obtidos perante a Corte, embora sejam interpretados de maneira distinta pelos adeptos dos diferentes modelos comportamentais, tendem a ser justificados com base em considerações de *natureza política*. Segal e Spaeth (2002, p. 412) sustentam que a influência é, em grande medida, atitudinal e que os *justices* conservadores apoiam um Advogado-Geral conservador, enquanto os liberais apoiam um Advogado-Geral liberal. A pesquisa conduzida pelos autores constatou que o partido político favorecido pela atuação do Advogado-Geral como *amicus curiae* foi apoiado, em mais de metade do tempo, por praticamente todos os *justices*. Por seu turno, Epstein e Knight (1998, p. 85-88) utilizam a abordagem estratégica para justificar a elevada taxa de sucesso, argumentando que o receio de retaliação por parte do Congresso e do Presidente levaria os *justices* a antecipar os casos de interesse do governo.

No Supremo Tribunal Federal, o êxito obtido por *atores jurídicos* nas Ações Diretas de Inconstitucionalidade (ADI) é significativamente maior que o conseguido por *atores não jurídicos*.[68] Na investigação rea-

---

66. Desde a Lei Judiciária (1925) e a Lei de Seleção de Casos da Suprema Corte (1988), em sua maioria, os recursos para a Suprema Corte não são admitidos. A parte que pretende a revisão da decisão de um tribunal federal ou estadual apresenta um pedido de *writ of certiorari* na Suprema Corte, cuja concessão depende de, no mínimo, quatro dos nove *justices* ("Rule of Four"). Esses têm discricionariedade para definir as questões que desejam analisar e julgam cerca de 80 a 150 casos por ano. Em 2009, por exemplo, foram apresentadas 8.241 petições e o percentual de concessão do *certiorary* ficou em torno de 1,1%. Quando o *certiorary* é concedido, o caso é agendado para a apresentação de argumentos orais e escritos.

67. O Advogado-Geral representa o governo federal dos Estados Unidos perante a Suprema Corte. Além de supervisionar e conduzir casos em que o governo é parte, o Advogado-Geral também apresenta memoriais como *amicus curiae* nos casos em que o governo federal tem interesse significativo na questão jurídica.

68. Os "atores jurídicos" legitimados para propor ADI são o Procurador-Geral da República, o Conselho Federal da Ordem dos Advogados do Brasil e as confederações ou entidades de classe ligadas às carreiras jurídicas. Os "atores não jurídicos" são o Presidente da República,

lizada por Ernani Carvalho (2009, p. 330), ficou nítida a superioridade da *performance* daqueles atores, os quais lograram êxito em 22,6% das ações (julgadas procedentes no todo ou em parte), enquanto os legitimados que não fazem parte da comunidade jurídica obtiveram apenas 4,7%. No mesmo sentido, Ricardo Ribeiro (2012, p. 103-104) constatou que as chances de os atores jurídicos serem bem-sucedidos são 3,2 vezes superiores às dos demais. O melhor desempenho entre os atores jurídicos, tanto na concessão de liminares,[69] como nas decisões de mérito,[70] é do Procurador-Geral da República. Entre 1988 e 2002, das 56 ADIs julgadas totalmente procedentes, 47 foram propostas pelo PGR, considerado "o maior parceiro do Supremo". Sua taxa de sucesso (34,3%) foi muito superior à dos demais. Para se ter ideia, as entidades de classe ligadas às carreiras jurídicas, que foram os legitimados mais bem-sucedidos depois do PGR, tiveram uma taxa de êxito na ordem dos 6,5% (CARVALHO, 2009, p. 330-331). Vale registrar, ainda, que o elevado índice de sucesso não se restringe às ADIs. Em pesquisa que teve por objeto as *ações de extradição*, Barroso (2011, p. 37) observou que, em apenas 3% dos pedidos, as decisões do STF não acompanharam a manifestação do PGR.

---

a Mesa do Senado Federal, a Mesa da Câmara dos Deputados, as Mesas de Assembleias Legislativas e da Câmara Legislativa do Distrito Federal, os Governadores de Estado ou do Distrito Federal, os partidos políticos com representação no Congresso Nacional e as demais confederações sindicais e entidades de classe de âmbito nacional (CRFB/88, art. 103).

69. CARVALHO (2009, p. 327): "Em termos proporcionais, destacam-se quatro requerentes, os quais foram atendidos, no todo ou em parte, nos seus pedidos de liminar. As entidades de classe da burocracia jurídica tiveram 17,4% dos seus pleitos liminares atendidos no todo ou em parte. Os governadores de estado e de distrito federal obtiveram 19,4% de êxito na mesma proporção. A Ordem dos Advogados do Brasil, através do seu conselho federal, atingiu os 25%. Por fim, o destaque fica para o procurador-geral da República, que, em termos proporcionais, é de longe o requerente que possui a maior taxa de sucesso na obtenção de uma liminar (57,7%). No mesmo sentido, VIANNA; BURGOS; SALLES (2007, p. 79): "[O]s dois autores com maior êxito no julgamento das liminares são exatamente aqueles que mais têm litigado contra os legislativos estaduais, a saber, os procuradores e os governadores. O primeiro autor teve nada menos que 68,5% das liminares de Adins julgadas deferidas ou parcialmente deferidas, e o segundo, 62,4%." Nota do autor: Neste trabalho realizado em 2007, em razão do elevado índice de ações "aguardando julgamento de mérito" (mais de 60%), Vianna, Burgos e Salles optaram por analisar apenas os dados sobre decisões liminares.

70. Nos julgamentos de mérito proferidos entre 1999 e 2004, este percentual ficou em torno de 80% das demandas, nas quais estão incluídas impugnações de normas federais produzidas pelo Poder Judiciário e de normas estaduais elaboradas pelos Poderes Legislativo e Judiciário, em especial, normas relativas à remuneração de servidores e magistrados (RIBEIRO, 2012, p. 92).

Os dados referentes ao STF sugerem um forte protagonismo dos argumentos de *natureza jurídica* em suas decisões. Partindo da premissa de que, em geral, o móvel principal dos atores não jurídicos são motivações de natureza política e o dos atores jurídicos são questões de natureza jurídica, pode-se creditar boa parte do alto índice de sucesso desses atores ao peso elevado atribuído ao material jurídico convencional, conforme postula o modelo jurídico.

No entanto, considerando que o êxito do PGR foi muito superior ao dos demais atores jurídicos,[71] é razoável supor que outras razões também podem ter contribuído para o seu sucesso, dentre elas, a atuação como *custos legis*,[72] a personificação de interesses públicos primários, a experiência obtida através da reiterada atuação perante o Tribunal, a deferência por parte dos ministros baseada na presunção de que possui elevado conhecimento jurídico e até a relação de amizade e o fato de se sentar ao lado do Presidente do STF durante os julgamentos.[73]

---

71. De 1988 a 2002, 87,4% das liminares concedidas (totalmente) aos atores jurídicos foram requeridas pelo PGR. No mérito, das 78 decisões procedentes (no todo ou em parte), 56 foram ajuizadas pelo PGR e apenas 3 pelos demais atores jurídicos. Ao analisar esses dados, Carvalho (2009, p. 329) argumenta que, "se existe um domínio da linguagem, esse domínio transcende o aparato técnico da teoria do direito e penetra no estreito relacionamento institucional. Caso contrário, as instituições que dominam bem a linguagem, como o conselho federal da OAB e as entidades de classe da burocracia jurídica (Associação dos Magistrados Brasileiros, por exemplo), deveriam possuir um padrão semelhante aos obtidos pela Procuradoria da República."

72. FERREIRA (2013, p. 72): "É a presença do PGR nos gráficos estimados que permite discutir a validade do modelo jurídico. Se ele de fato segue o seu papel constitucional de *custos legis* ("fiscal da lei") e produz pareceres independentes com objetivos estritamente jurídicos, a análise da sua localização em relação aos ministros indicaria a validade do modelo para o STF. De fato, no período o PGR se localiza próximo ao grupo de cima, mas distante dos demais. Uma interpretação possível é de que esse grupo teria ministros que votam da maneira preconizada pelo modelo jurídico, enquanto os demais votariam de maneira mais discricionária e menos restringida pela lei. É ainda interessante que o ponto extremo ao PGR na segunda dimensão seja o do ministro Aurélio, conhecido pelo seu isolamento nas votações da corte ...".

73. O Conselho Federal da Ordem dos Advogados do Brasil (OAB) ajuizou uma Ação Direta de Inconstitucionalidade questionando a norma que prevê o posicionamento de membros do Ministério Público (MP) ao lado direito de juízes ou presidentes dos tribunais perante os quais atuam. Alega-se que essa norma, ao oferecer prerrogativa ao membro do MP de sentar-se lado a lado com o magistrado, mesmo quando atua como parte, viola frontalmente os princípios da isonomia, do devido processo legal, do contraditório e da ampla defesa. Ainda segundo o requerente, a "posição de desigualdade dos assentos é mais do que simbólica e pode influir no andamento do processo." (ADI 4.896/RO, Rel. Min. Rosa Weber). No mesmo sentido: ADI 4.768/DF.

PARTE II

FATORES ENDÓGENOS: A INFLUÊNCIA DAS PREDISPOSIÇÕES, PREFERÊNCIAS E INTERESSES NO COMPORTAMENTO JUDICIAL

Devemos nos dar um pouco mais de crédito do que os revolucionários das ciências sociais nos conferem: perseguimos muitos objetivos ao mesmo tempo e o fazemos em todos os tipos de maneiras previsíveis e imprevisíveis.

Alan Wolfe

A influência de fatores extrajurídicos no comportamento judicial tem sido objeto de investigações empíricas desenvolvidas por cientistas políticos, economistas, psicólogos e juristas interessados em compreender como os juízes realmente decidem os casos mais complexos. As revelações obtidas por esses estudos são valiosas para o desenvolvimento de teorias normativas e de mecanismos mais eficazes no controle de interferências indevidas. Para prescrever como devem ser as decisões judiciais é importante conhecer como os juízes efetivamente decidem e o que são capazes de fazer (SCHAUER, 2008, p. 24). Daí a necessidade de se investigar quais são os fatores tendentes a influenciar o comportamento judicial, em que circunstâncias há maior probabilidade de atuarem e quais as razões subjacentes a tais influências.

Os fatores extrajurídicos podem ser diferenciados, conforme sua origem, em dois grupos. Os *fatores endógenos*, ligados aos atributos judiciais, conferem pontos de vista próprios a cada julgador sobre determinadas questões. Os *fatores exógenos*, relacionados às estruturas sociais, culturais e institucionais, interferem tanto na conformação desses atributos, quanto na opção por certos tipos de comportamentos a depender do contexto decisório.

Os fatores extrajurídicos endógenos, analisados a seguir, serão subdivididos em três espécies: I) *fatores cognitivos*, referentes às predisposições tendentes a afetar o raciocínio decisório; II) *fatores ideológicos*, relativos às preferências quanto ao conteúdo da decisão (preferências substanciais de natureza política) ou às concepções justeóricas sobre como decidir (preferências formais de natureza metajurídica); e III) *fatores de interesse*, atinentes às expectativas potencialmente capazes de motivar escolhas e induzir condutas.

4

FATORES COGNITIVOS: A INFLUÊNCIA DAS PREDISPOSIÇÕES

Quanto mais se observa o destino humano e quanto mais se examina suas fontes secretas de ação, mais se fica impressionado com a força de motivos inconscientes e com as limitações da livre escolha.

Carl Gustav Jung

O acesso às operações realizadas pela mente humana é bastante limitado. Boa parte dos processos mentais é silenciosa e fica oculta da consciência. Sabemos sobre nós mesmos muito menos do que imaginamos (KAHNEMAN, 2012, p. 68). Estudos de psicologia cognitiva demonstram a interferência, nem sempre plenamente controlável, de uma série de inclinações e erros cognitivos sobre a tomada de decisão.

Com os juízes não é diferente. Mesmo os bem-intencionados e mais qualificados são afetados por idiossincrasias. A formação jurídica não tem o condão torná-los imunes aos vieses cognitivos inerentes ao raciocínio humano. As formas de cognição são essencialmente semelhantes. Em casos de maior complexidade, a interpretação de textos normativos e a avaliação de fatos tendem a ser afetadas por vieses e preconceitos que, embora parcialmente controláveis, não podem ser completamente eliminados.

A abordagem dos fatores cognitivos será voltada à análise de como e por que certas "predisposições"[1] afetam, muitas vezes de modo

1. O termo *predisposições*, que designa tendências naturais do indivíduo ou inclinações a determinados tipos de julgamentos, será aqui utilizado no sentido de abranger todos os

inconsciente, o comportamento judicial, potencializando preferências e interesses ou criando expectativas enviesadas.

4.1. OS SISTEMAS INTUITIVO E DELIBERATIVO

A tomada de decisão envolve dois processos mentais essencialmente distintos. O *sistema intuitivo* (Sistema 1) produz pensamentos rápidos, espontâneos, automáticos, involuntários e que exigem pouco esforço. Abrange as intuições, impressões, pré-concepções e vieses cognitivos. O *sistema deliberativo* (Sistema 2), por sua vez, é o responsável por raciocínios lentos, controlados, deliberados e que demandam grande esforço mental, como nas decisões pautadas por regras. Compreende as atividades mentais relacionadas à concentração e ao raciocínio lógico.

A relação entre os dois sistemas é extremamente complexa. Os processos mentais do sistema intuitivo tendem a ser afetados por inclinações cognitivas e a cometer erros sistemáticos em circunstâncias específicas passíveis de serem minimizados, mas não totalmente controlados, pelo sistema deliberativo. Ante a impossibilidade de se impedir a influência de vieses cognitivos na tomada de decisão, o melhor a fazer é tentar identificar as situações nas quais os enganos e inclinações são mais prováveis a fim de minimizar interferências indejesadas (KAHNEMAN, 2012, p. 38-39).

Tendo em conta a relação indissociável entre os dois sistemas e as condições temporais disponíveis para a realização do julgamento, é possível formular o seguinte enunciado probabilístico:

- ***Enunciado dos fatores cognitivos (1):*** *Quanto menor o tempo disponível para deliberação judicial, maior a probabilidade de julgamentos intuitivos e superficiais.*

Os dois tipos de processos mentais estão presentes na tomada de decisão judicial.[2] Estudos empíricos demonstram que os juízes, embora

---

tipos de vieses cognitivos (inclinações e erros sistemáticos) e preconceitos (autênticos e inautênticos) tendentes a afetar o raciocínio judicial.

2. Nesse sentido, *e.g.*, IRWIN; REAL (2010, p. 5): "[...] a tomada de decisão judicial pode certamente ser vista como envolvendo os dois tipos de processos de pensamento."; GUTHRIE; RACHLINSKI; WISTRICH (2007, p. 141): "Acreditamos que a maioria dos juízes tenta 'alcançar suas decisões, utilizando fatos, provas e critérios jurídicos altamente restritivos, enquanto deixam de lado vieses pessoais, atitudes, emoções e outros fatores de individualização.' Apesar de seus melhores esforços, no entanto, os juízes, como

capazes de substituir a intuição pelo pensamento deliberativo, quando confrontados com certos estímulos tendem a tomar decisões intuitivas. Guthrie, Rachlinski e Wistrich (2007, p. 126) encontraram resultados equivalentes no desempenho do grupo de juízes e no dos demais participantes de semelhante nível de formação. Os dados sugerem a forte presença de processos mentais intuitivos tanto nos experimentos genéricos do *Teste de Reflexo Cognitivo*,[3] como na análise de questões específicas enfrentadas cotidianamente no Judiciário.[4] Para os autores, além de indesejável, seria impossível eliminar completamente a intuição da decisão judicial, por se tratar de componente indispensável ao funcionamento do cérebro humano. Confiar na intuição pode ser desejável em certos contextos. O perigo está em utilizá-la em momentos inapropriados.[5]

---

qualquer outra pessoa, têm dois sistemas cognitivos para fazer julgamentos – o intuitivo e o deliberativo – e o sistema intuitivo parece ter um efeito poderoso sobre a tomada de decisão dos juízes. A abordagem intuitiva pode funcionar bem em alguns casos, mas pode levar ao erro e à injustiça em outros."

3. O "*Cognitive Reflection Test*" (CRT), explicam Irwin e Real (2010, p. 5-6), contém "três problemas que medem a capacidade ou disposição do tomador de decisão para resistir firmemente em confiar na resposta a um problema que primeiro vem à mente em uma leitura rápida do problema. As perguntas no CRT são projetadas para convidar a uma resposta imediata, intuitiva, que, após a deliberação, revela-se incorreta. O CRT, na íntegra, consiste no seguinte: (1) Um taco e uma bola custam $ 1,10 no total. O taco custa $ 1,00 a mais do que a bola. Quanto custa a bola? (2) se 5 máquinas levam 5 minutos para fazer 5 objetos, quanto tempo levariam 100 máquinas fazer 100 objetos? (3) em um lago, há um pedaço coberto de blocos de lírios. A cada dia a área dobra de tamanho. Se demorar 48 dias para os lírios cobrirem todo o lago, quanto tempo é preciso para que cubram metade do lago? Para muitas pessoas, a primeira pergunta no CRT convida uma resposta intuitiva e imediata 'dez centavos.' Esta resposta intuitiva, no entanto, é incorreta; a deliberação revela que a resposta correta deve ser de cinco centavos – a bola custa cinco centavos, o taco custa um dólar a mais [$ 1,05], e os dois juntos custam um total de $ 1,10. O CRT envolve problemas que são facilmente compreendidos quando explicados ou discutidos; contudo, chegar à conclusão correta para cada um dos problemas, muitas vezes, requer a supressão de uma resposta incorreta que impulsivamente parece correta imediatamente após a leitura da questão."

4. GUTHRIE; RACHLINSKI; WISTRICH (2007, p. 126-127): "Estes resultados sugerem que os juízes dependem fortemente de suas faculdades intuitivas, não só quando enfrentam problemas genéricos como os problemas incluídos no CRT, mas também quando enfrentam os tipos de problemas que geralmente se vê nos tribunais. Quando concedem indenizações, avaliam responsabilidade com base em dados estatísticos e preveem resultados no recurso, os juízes parecem inclinados a fazer julgamentos intuitivos."

5. GUTHRIE; RACHLINSKI; WISTRICH (2007, p. 134-135): "Por exemplo, quando um juiz tem de determinar se uma testemunha está dizendo a verdade, uma decisão intuitiva baseada na observação de seu comportamento pode ser mais precisa do que uma de-

Os juízes que enfrentam uma sobrecarga cognitiva decorrente do volume excessivo de trabalho têm maior propensão não apenas a confiar mais em julgamentos intuitivos, mas também a optar por decisões mais rápidas e fáceis de serem tomadas.

Um polêmico estudo feito por professores da *Columbia Business School* e da *University of the Negev*, testou esta usual caricatura do realismo jurídico – "justiça é o que o juiz comeu no café da manhã" – em 1.112 decisões judiciais sobre liberdade condicional, proferidas sequencialmente por oito juízes judeu-israelenses, durante dez meses. Foram registradas duas pausas para alimentação dos juízes, o que resultou na segmentação das deliberações diárias em três "sessões de decisão": I) do café da manhã até o almoço; II) do almoço até o intervalo para o lanche da tarde; e, III) do lanche da tarde até o final do expediente. Os pesquisadores verificaram que o percentual de sentenças favoráveis à liberdade condicional caía gradualmente de 65% para quase zero dentro de cada sessão de decisão, retornando abruptamente para 65% após o intervalo para refeição. Segundo os autores da pesquisa, os resultados sugerem que as decisões judiciais podem, de fato, sofrer a interferência de variáveis externas que não deveriam ter qualquer influência sobre elas (DANZIGER; LEVAV; AVNAIM-PESSO, 2011).[6]

Ao analisar o resultado da pesquisa, Kahneman (2012, p. 55-58) conclui que a melhor explicação possível dos dados revela algo preocupante: "juízes cansados e com fome tendem a incorrer na mais fácil posição *default* de negar os pedidos de condicional." A provável influência causada pelo cansaço e pela fome ocorre porque os processos mentais complexos realizados pelo sistema deliberativo requerem autocontrole, uma tarefa exaustiva e desagradável que exige atenção e esforço, razão pela qual indivíduos cognitivamente esgotados têm maior probabilidade de realizar julgamentos superficiais e intuitivos.

---

cisão deliberativa tomada no gabinete dias após os detalhes terem se desvanecido. Por outro lado, há momentos em que uma cuidadosa deliberação é desejável. Se os juízes são suscetíveis ao 'viés da beleza', por exemplo, se fizerem um julgamento apressado na sala de audiências, podem avaliar a credibilidade de uma testemunha atraente de modo muito positivo e a de uma pouco atraente de forma negativa. Uma determinação reflexiva feita no gabinete, após ter passado o impacto da presença da testemunha, poderia ser mais precisa."

6. O artigo contendo os dados da pesquisa, a crítica à conclusão dos autores e a réplica, estão disponíveis, respectivamente em: www.pnas.org/lookup/suppl/doi:10.1073/pnas.1018033108/-/DCSupplemental; http://www.pnas.org/content/108/42/E833.full; http://www.pnas.org/content/108/42/E834.

4.2. A INFLUÊNCIA DE VIESES COGNITIVOS

"Se o cérebro fosse simples a ponto de se permitir ser entendido, seríamos tão simples que não conseguiríamos."

Lyall Watson

O raciocínio não se desenvolve a partir do nada e tampouco dentro de um vácuo. As conclusões produzidas a partir de determinadas premissas tendem a sofrer a interferência de predisposições que o afetam, em maior ou menor medida, conforme o ambiente decisório e as características de cada indivíduo. Embora desejável que as decisões judiciais sejam livres de preconceitos, tendências e erros de raciocínio, pesquisas realizadas no âmbito da psicologia cognitiva demonstram que a tomada de decisão tende a ser afetada por uma série de vieses cognitivos, mesmo em se tratando de indivíduos com bom nível de instrução ou comprometidos com a imparcialidade, como no caso dos juízes. O impacto desses vieses cognitivos pode variar bastante de uma pessoa para outra, mas não há dúvidas sobre sua influência tanto no raciocínio humano em geral, como no raciocínio judicial em particular (IRWIN; REAL, 2010, p. 9-10).

Parte da literatura sobre o tema se baseia na suposição de que o conhecimento obtido com experimentos sobre a tomada de decisão comum e a cognição humana se aplica também aos juízes. É certo que o ambiente decisório, o treinamento jurídico recebido ao longo da formação profissional, bem como certas particularidades que envolvem o raciocínio decisório dos juízes são fatores suficientemente fortes para impedir a transposição automática de resultados obtidos nesses experimentos. Não obstante, quando os resultados são produzidos em um ambiente experimental que atende às elevadas exigências de validade externa, é possível aplicá-los com segurança aos domínios do mundo real, inclusive os especializados como no caso do Judiciário. A abertura a uma ampla gama de abordagens metodológicas ecléticas, desde que feita com cautela e rigor, pode fornecer *insights* valiosos para o estudo do comportamento judicial (SIMON, 2010, p. 134). Nesse sentido, as descobertas realizadas no âmbito da psicologia são extremamente úteis, sobretudo, por permitir que *fatores cognitivos* localizados nos "pontos cegos" do raciocínio judicial sejam trazidos à consciência e colocados em um local visível, no qual possam ser objeto de reflexão e controle.

A noção de *viés cognitivo*, introduzida em 1972 pelos psicólogos israelenses Amos Tversky e Daniel Kahneman, indica um padrão de distorção verificado em determinadas situações presentes no raciocínio e, embora geralmente carregue uma conotação pejorativa, não denota necessariamente "algo insensato, inadequado ou mesmo impreciso".[7] A lista de vieses cognitivos é extensa e os vários processos mentais que os originam são de difícil diferenciação.

A seguir serão analisados alguns dos principais vieses cognitivos tendentes a afetar a interpretação de enunciados normativos e a avaliação dos fatos do caso pelo juiz.

4.2.1. O viés implícito

Nos últimos anos, o estudo dos *vieses implícitos* foi retomado em diversos campos da psicologia e das ciências sociais, produzindo resultados com aplicações potencialmente significativas para a tomada de decisão judicial. Na definição de Irwin e Real (2010, p. 4), "vieses implícitos são atitudes inconscientes e correlações que são formadas pelas experiências de vida de alguém e que se escondem sob a superfície do consciente." Baseada na ciência da cognição implícita, esta noção sugere que as pessoas nem sempre têm o controle consciente e intencional sobre os processos de percepção social, formação de impressões e julgamento que motivam suas ações (GREENWALD; KRIEGER, 2006, p. 946). Os vieses estão enraizados nos mecanismos fundamentais do processo de pensamento humano pelo qual as pessoas aprendem, desde cedo, a associar itens que normalmente andam juntos e, por isso, acabam esperando que coexistam também em outras configurações, como nos casos de "trovão e chuva" ou de "cabelos grisalhos e velhice" (BANAJI *et al.*, 2003, p. 58).

Os processos mentais inconscientes são baseados em atitudes ou estereótipos implícitos e, muitas vezes, desempenham um papel

7. GREENWALD; KRIEGER (2006, p. 950): "Por exemplo, instrutores podem variar em seu viés de resposta na avaliação, de tal forma que alguns atribuem uma nota relativamente alta ao desempenho médio dos estudantes, enquanto outros atribuem uma nota inferior para o mesmo desempenho. Os instrutores que diferem no viés de resposta na dimensão de avaliação podem, no entanto, ser igualmente sensíveis às diferenças entre os alunos. Considere um instrutor que é tendencioso no grau de tolerância e atribui notas exclusivamente entre A (mais alta) e C (mais baixa). Estas notas do instrutor podem ser perfeitamente correlacionadas com as de um instrutor severo na avaliação que limita as notas entre B e D. Se estes dois instrutores avaliam o mesmo trabalho, cada nota do instrutor mais tolerante seria exatamente uma classe de letra acima do instrutor mais severo. A menos que sejam estabelecidos *standards* que associam performances específicas com notas específicas, não se poderia acusar nenhum instrutor de ser menos 'preciso' que o outro."

despercebido no cotidiano decisório. Na tomada de decisão judicial, isso pode ser particularmente problemático, por produzir comportamentos discriminatórios não deliberados e até mesmo divergentes das convicções e princípios endossados pelo juiz (GREENWALD; KRIEGER, 2006, p. 951). Ainda que não se saiba com precisão a intensidade com que os vieses implícitos afetam a tomada de decisão judicial, estudos sugerem que os juízes, assim como qualquer outro indivíduo, também possuem tais predisposições e que essas tendem a afetar seu comportamento, sobretudo quando ignoram ou desprezam a necessidade de estar atentos à sua influência.[8]

A partir de uma pesquisa baseada no *Teste de Associação Implícita* – conhecido como IAT ("*Implicit Association Test*")[9] – que constatou que a maioria dos estadunidenses brancos possuíam um viés implícito em relação aos seus compatriotas negros, Rachlinski *et al.* (2009, p. 1.221) decidiram verificar se os juízes possuíam o mesmo tipo de viés. Segundo os autores, o resultado da pesquisa forneceu apoio para a conclusão de que "os juízes, assim como todos nós, carregam vieses implícitos relativos à raça". Todavia, a constatação que nos parece mais relevante foi no sentido de que embora esses vieses implícitos sejam tendentes a afetar o julgamento quando os juízes não têm conhecimento da necessidade de monitorar suas decisões de viés racial, inversamente, quando conscientes desta necessidade e incentivados a suprimir este viés implícito, os juízes são capazes de fazê-lo.

Tais resultados corroboram o entendimento de que os fatores cognitivos tendentes a influenciar o comportamento judicial, quando trazidos à consciência, podem ser satisfatoriamente controlados. Por isso a necessidade de se conhecer não só a existência de tais fatores, mas também os contextos decisórios nos quais eles tendem a atuar, a fim de que possam ser monitorados e evitados.

No que se refere à influência dos vieses implícitos sobre a tomada de decisão pode ser formulado o seguinte enunciado probabilístico:

8. IRWIN; REAL (2010, p. 6-7): "O que ainda não parece ter sido significativamente estudado, no contexto de tomada de decisão judicial, é apenas quanto os vieses implícitos impactam as decisões intuitivas e/ou decisões deliberativas."

9. IRWIN; REAL (2010, p. 3): "Os indivíduos submetidos a este teste 'devem fazer em frações de segundo distinções de 'bom/ruim' entre palavras como 'amor', 'alegria', 'dor' e 'sofrimento' e, ao mesmo tempo, devem classificar imagens que são (dependendo do viés em causa) de pessoas negras ou brancas, jovens ou idosas, gordas ou magras e assim por diante.'"

- ***Enunciado dos fatores cognitivos (2):*** *Quanto menor o conhecimento sobre a existência e as circunstâncias de atuação dos fatores cognitivos, maior a probabilidade de sua influência sobre o comportamento judicial.*

4.2.2. O viés de confirmação

> *É erro peculiar e perpétuo da compreensão humana ser mais tocado e excitado pelas afirmativas que pelas negativas.*
>
> Francis Bacon

A tendência de sobrevalorizar argumentos e pontos de vista que confirmam nossas próprias opiniões e, por outro lado, de ignorar ou minimizar aqueles que as contradizem é um dos aspectos mais problemáticos do raciocínio humano.[10] A dificuldade para processar informações contrárias aos valores e convicções pessoais é um dos fatores responsáveis por fazer com que um indivíduo persista no erro, mesmo nas situações em que o equívoco é capaz de causar-lhe prejuízo. Embora existam variações de indivíduo para indivíduo, todos são afetados, em algum grau, por esta tendência, independentemente de serem mais ou menos inteligentes ou de terem uma mente mais ou menos aberta (MERCIER; SPERBER, 2011, p. 62). Ciente desta tendência cognitiva, Charles Darwin costumava anotar de imediato qualquer observação aparentemente incoerente com suas teorias, hábito que rotulou como a "regra de ouro". Em sua autobiografia, Darwin explica que "descobrira por experiência que tais fatos e pensamentos tendiam a fugir mais facilmente da memória do que aqueles que as favoreciam." (WRIGHT, 1996, p. 241).

Utilizado na literatura para identificar este fenômeno de sobre/subvalorização de evidências, o *viés de confirmação* é definido por Nickerson (1998, p. 175) como a "busca ou interpretação de evidências de maneira parcial conforme as convicções existentes, expectativas ou hipóteses em questão." O raciocínio não é desenvolvido para avaliar e corrigir uma intuição inicial, mas sim para encontrar justificativas

10. NICKERSON (1998, p. 175): "Se fosse para tentar identificar um único aspecto problemático do raciocínio humano que merece atenção acima de todos os outros, o viés de confirmação teria que estar entre os candidatos para análise. Muitos têm escrito sobre este viés, e ele parece ser suficientemente forte e penetrante a ponto de sermos levados a perguntar se o viés, por si só, pode representar uma fração significativa das disputas, brigas e mal-entendidos que ocorrem entre indivíduos, grupos e nações."

capazes de corroborá-la. Os variados estudos sobre o tema demonstram que todos os indivíduos tendem a conferir um valor excessivo às informações confirmatórias, que são positivas ou que apoiam determinada posição, ao mesmo tempo em que tendem a subvalorizar as evidências que não corroboram suas convicções e expectativas. Especula-se que a razão mais provável para esta excessiva influência da informação confirmatória seja a maior facilidade de tratá-la cognitivamente (GILOVICH, 1993, p. 29-31).

No âmbito do comportamento judicial, este viés pode influenciar, por exemplo, a avaliação da importância a ser atribuída a determinados fatos do caso. Enquanto um juiz pode conferir especial atenção a um fato específico e considerá-lo relevante para a formulação do quadro fático completo, outro pode desprezar sua importância e, por isso, omiti-lo do relatório da decisão, mesmo que não tenha a intenção de falsear a descrição do quadro fático. Isso não significa que todas as omissões ou distorções de situações fáticas sejam resultantes de processos mentais inconscientes. Como os juízes não gostam de ter suas decisões revertidas, não se pode descartar a possibilidade de que ocorram também de modo intencional com o intuito de reduzir a probabilidade de reversão da decisão por instâncias superiores ou de moldar o precedente a fim de evitar que em casos posteriores o tribunal faça uma distinção (*distinguishing*) com base naquele fato específico (POSNER, 2008, p. 69-70).

Para as teorias cognitivas clássicas, o viés de confirmação é visto como uma falha de raciocínio. De acordo com a visão mais tradicional, que remonta a Descarte ("*Cogito, ergo sum*") e aos antigos filósofos gregos, o raciocínio tem como principal função melhorar a cognição do indivíduo. Sob esse prisma, raciocinar sobre as opções existentes e sopesar suas vantagens e desvantagens seria o caminho mais seguro, senão o único, para se chegar a decisões sólidas e confiáveis. Esta concepção, no entanto, tem sido contestada com base em estudos empíricos que demonstram que o raciocínio, em muitos casos, leva a distorções epistemológicas e decisões pobres. Se, de fato, trata-se de um mecanismo desenvolvido para aprimorar o conhecimento e permitir que sejam tomadas melhores decisões, como explicar suas frequentes falhas em determinados contextos?

Instigados por esta questão, Hugo Mercier e Dan Sperber (2011) elaboraram um interessante e polêmico estudo no qual sustentam que a principal função do raciocínio é argumentativa e não cognitiva, como sugerem as teorias clássicas.[11] A *teoria argumentativa do raciocínio* proposta pelos autores se apoia na hipótese de que o surgimento do raciocínio pode ser melhor compreendido dentro do âmbito de evolução da comunicação humana, como um mecanismo viabilizador da intercambialidade subjetiva de argumentos que, de um modo geral, tornam a comunicação mais confiável e, portanto, mais vantajosa. O raciocínio contribuiria, assim, para a eficácia e confiabilidade da comunicação. Os pesquisadores argumentam que se considerarmos que o raciocínio humano evoluiu, não para aumentar nosso conhecimento e nos aproximar da verdade, mas para nos fazer triunfar nos debates, passa a fazer sentido que os indivíduos busquem argumentos e evidências favoráveis às suas teses e menosprezem aqueles que lhes são contrários. Sob esta perspectiva, aquilo que era considerado uma falha inexplicável do raciocínio, passa a ser visto como uma qualidade.[12] Vale dizer: Para a teoria argumentativa do raciocínio, o viés de confirmação é decorrente da função do raciocínio,

---

11. O artigo "*Why do humans reason? Arguments for an argumentative theory*", além de publicado em diversas revistas especializadas, mereceu uma edição inteira da *Behavioral and Brain Sciences Journal* (Universidade de Cambridge), considerada a principal revista de ciência cognitiva. Com grande impacto sobre alguns dos pressupostos tradicionais da filosofia e da psicologia, a tese defendida por Mercier e Sperber (2011) tem despertado um interesse que ultrapassa os círculos acadêmicos, tanto para provocar reações contundentes, como para atrair adeptos entusiasmados. Para Jonathan Haidt, Professor do Departamento de Psicologia da Universidade da Virginia, a publicação é tão importante que seu resumo deveria ser afixado nos departamentos de psicologia de todas as universidades dos EUA. Haidt (2011) considera que o artigo foi capaz de resolver "um dos enigmas mais importantes e tradicionais da psicologia: por que somos tão bons em raciocinar em alguns casos, mas tão irremediavelmente tendenciosos em outros?". Por seu turno, Steven Pinker (2011) observa que "a teoria argumentativa é original e provocativa, tem um elevado grau de apoio e é extremamente relevante para assuntos contemporâneos, incluindo o discurso político, o ensino superior e a natureza da razão e da racionalidade. É provável que tenha um grande impacto na nossa compreensão de nós mesmos e dos assuntos atuais."
12. MERCIER; SPERBER (2011, p. 71): "Com efeito, na maioria dos casos, o raciocínio irá provavelmente nos levar em direção a boas decisões. Isso, sugerimos, é principalmente porque melhores decisões tendem a ser mais fáceis de justificar. As razões que usamos para justificar nossas decisões, com frequência, têm sido transmitidas culturalmente e é provável que apontem para a direção certa (...). Nesses casos, as previsões da teoria argumentativa coincidem com as de teorias mais clássicas. No entanto, o que os resultados simplesmente revisados mostram é que, quando uma decisão mais facilmente justificável não é boa, o raciocínio ainda nos impulsiona na direção de facilitar a justificação. Mesmo que eles sejam raros, estes casos são cruciais para comparar a teoria atual (raciocínio nos leva a decisões justificáveis), com técnicas mais clássicas (raciocínio nos leva a boas decisões)."

uma característica que o raciocínio possui quando utilizado para a produção de argumentos.

A função central atribuída ao raciocínio como mecanismo de interação social vai ao encontro de diversos trabalhos contemporâneos nos quais é destacado o papel da sociabilidade nas capacidades cognitivas originais dos seres humanos[13] e parece confirmar a tese de Robert Wright (1996, p. 242) de que:

> o cérebro humano é, em grande parte, uma máquina de ganhar discussões, de convencer os outros que seu dono está certo – e, portanto, uma máquina de convencer seu dono do mesmo. O cérebro se assemelha a um bom advogado: dado um conjunto de interesses a defender, ele começa a convencer o mundo do seu valor moral e lógico, mesmo que, na realidade, nenhum dos dois possa estar presente. Como um advogado, o cérebro humano quer uma vitória, e não a verdade; e, como um advogado, ele é por vezes mais admirável pela habilidade do que pela virtude.

A tese de que o raciocínio se desenvolve sistematicamente no sentido de encontrar argumentos que justifiquem valores e convicções pessoais, além de se apoiar em um consistente conjunto de evidências e fazer sentido sob o prisma evolutivo, ajuda a explicar os frequentes erros nos mais elementares testes de lógica, a dificuldade em compreender noções básicas de estatística, bem como uma série de vieses cognitivos inatos que conspiram contra abordagens racionais que há muito desafiavam a visão da psicologia clássica.[14]

---

13. MERCIER; SPERBER (2011, p. 57): "O raciocínio assim concebido é adaptativo dada a excepcional dependência dos seres humanos à comunicação e sua vulnerabilidade à desinformação."

14. MERCIER; SPERBER (2011, p. 57): "O fraco desempenho em tarefas de raciocínio padrão é explicado pela falta de um contexto argumentativo. Quando os mesmos problemas são colocados em uma apropriada configuração argumentativa, as pessoas passam a ser argumentadores qualificados. Argumentadores habilidosos, no entanto, não estão atrás da verdade, mas de argumentos que deem suporte às suas opiniões. Isso explica a o notório viés de confirmação. Esse viés é aparente não apenas quando as pessoas estão realmente argumentando, mas também quando estão raciocinando proativamente a partir da perspectiva de ter de defender suas opiniões. O raciocínio assim motivado pode distorcer as avaliações e atitudes e permitir que crenças errôneas persistam. O raciocínio utilizado proativamente também favorece decisões fáceis de justificar, mas que não são necessariamente as melhores. Em todos estes casos tradicionalmente descritos como falhas ou defeitos, o raciocínio faz exatamente o que se pode esperar de um dispositivo

A teoria argumentativa do raciocínio traz, portanto, explicações bastante convincentes para a compreensão de problemas relacionados aos vieses cognitivos.

O juiz, assim como todo ser humano, também possui a tendência de conferir um peso maior às razões que apoiam seus valores e convicções pessoais do que àqueles que os contrariam.[15] O *viés de confirmação* é um dos principais fatores cognitivos responsáveis pela forte correlação encontrada, em determinados contextos, entre a ideologia e o comportamento judicial. Independentemente de os juízes terem a sincera pretensão de decidir de forma neutra, imparcial e objetiva, buscando apenas alcançar a melhor realização possível do direito, sempre haverá uma propensão maior a apoiar resultados que corroborem suas convicções e valores pessoais. Não é por outro motivo que diante de casos moralmente carregados e de maior complexidade, as respostas que o juiz considera juridicamente mais adequadas tendem a "coincidir" com suas preferências e interesses pessoais.

4.2.3. As ilusões cognitivas

Estudos no âmbito da psicologia constataram que os seres humanos dependem de atalhos mentais – conhecidos como "heurísticas" – para tomar decisões complexas. A confiança nas heurísticas, embora muitas vezes facilite a realização de bons julgamentos, também produz erros sistemáticos. Do mesmo modo que certos padrões de estímulos visuais são capazes de enganar nossa visão, levando-nos a ver coisas ilusórias, certos padrões de fato também podem enganar nossos julgamentos, levando-nos a acreditar em coisas que não são verdadeiras. Os equívocos que a dependência dessas heurísticas é capaz de perpetrar sobre o julgamento humano são denominados de *ilusões cognitivas*.

---

argumentativo: procurar argumentos que dão suporte a uma dada conclusão, e, *ceteris paribus*, favorecer conclusões para as quais possam ser encontrados argumentos."

15. EPSTEIN; LANDES; POSNER (2013, p. 45): "Mesmo que um caso não seja particularmente novo, os juízes, por vezes (talvez frequentemente) se envolvem em um 'raciocínio motivado' – escolhendo inconscientemente esses fatos, precedentes ou outros textos oficiais, ou materiais secundários, que apoiam uma visão pré-existente (de onde quer que ela possa vir) e descontando os materiais que não apoiam essa visão preconcebida. Outro nome para essa tendência é 'viés de confirmação' – a tendência comum, quando se tem uma pré-concepção (e isso é quase sempre), de procurar evidências para confirmá-la, e não para refutá-la. Os cientistas são treinados para procurar evidências que refutam suas hipóteses, advogados e juízes não são."

Os tipos de ilusões cognitivas são bastante variados. Com o objetivo de verificar até que ponto algumas das ilusões cognitivas que afetam o raciocínio de pessoas comuns em situações cotidianas interferem na tomada de decisão judicial, Chris Guthrie, Jeffrey Rachlinski e Andrew Wistrich (2001) desenvolveram uma pesquisa paradigmática, com uma amostra de 167 juízes da magistratura federal estadunidense, na qual investigaram cinco espécies de ilusões cognitvas: I) os *efeitos do enquadramento*; II) a *representatividade heurística*; III) o *viés de retrospecto*; IV) os *vieses egocêntricos*; e V) a *ancoragem*. Segundo o estudo, embora os juízes mais experientes tenham demonstrado melhor capacidade de autocontrole, todos foram sensíveis às ilusões cognitivas.

Os *efeitos do enquadramento* ("*framing effects*") consistem na tendência a tratar perdas e ganhos economicamente equivalentes de forma diversa. Quando temos que tomar decisões que envolvem certo grau de risco, categorizamos as opções de decisão como potenciais perdas ou ganhos a partir de algum ponto de referência marcante, como o *status quo*. Esta categorização, ou "enquadramento" ("*framing*"), das opções de decisão influenciam nossa avaliação, inclusive em relação à vontade de incorrer no risco. Temos uma tendência a tomar decisões de aversão ao risco ao escolher entre opções que parecem representar ganhos e a tomar decisões mais arriscadas ao optar por aquelas que parecem representar perdas. Por isso, *e.g.*, a maioria das pessoas prefere um ganho certo de R$ 100,00 a uma chance de 50% de ganhar R$ 200,00; mas prefere ter 50% de chance de perder R$ 200,00 a uma perda certa de R$ 100,00.

A *representatividade heurística* ("*representativeness heuristic*") consiste na tendência a priorizar uma informação individual em detrimento de relevantes informações estatísticas. Ao fazermos julgamentos categóricos, temos uma tendência a baseá-los na medida em que a evidência que está sendo analisada é representativa de uma determinada categoria. Quando a evidência parece representativa da categoria, consideramos a probabilidade de que se trata de um produto dessa categoria como alta; quando não se assemelha à categoria, julgamos esta probabilidade como baixa. Por exemplo: ao avaliar a probabilidade de culpa de um acusado, as pessoas tendem a basear seus julgamentos sobre a medida em que o comportamento do réu é representativo desta categoria, isto é, de ser réu em um processo. Quando este parece nervoso e é evasivo, as pessoas consideram haver grande probabilidade de que seja culpado. No entanto, quando o réu parece estar à vontade, por se tratar de uma evidência que não se assemelha a esta categoria, as pessoas a consideram como sendo baixa a probabilidade de inocência.

O *viés de retrospecto* ("*hindsight bias*") consiste na tendência a superestimar a previsibilidade de eventos passados, isto é, a considerá-los mais previsíveis do que realmente eram. Por superestimar nossa capacidade de ter previsto algo no passado, acreditamos que os outros também deveriam ter sido capazes de prever eventos melhor do que o possível. Essa tendência ocorre porque; ao aprendermos com o resultado de algo, atualizamos nossas convicções sobre o mundo e passamos a contar com elas para gerar estimativas do que era previsível. Não nos damos conta, todavia, de que as novas convicções foram inspiradas pela aprendizagem com aquele resultado.

Os *vieses egocêntricos* ("*egocentric biases*") são tendências que as pessoas têm de superestimar as próprias habilidades e as avaliações positivas sobre si mesmas. De um modo geral, as pessoas tendem a considerar que estão acima da média em uma variedade de características desejáveis como, por exemplo, em relação ao estado de saúde, à condução de veículos, à produtividade e à probabilidade de ter um casamento bem-sucedido. O mesmo ocorre em relação ao desempenho de tarefas: quando os cônjuges são questionados a respeito do percentual de tarefas domésticas que desempenham, as estimativas geralmente somam muito mais do que 100%.

A *ancoragem* ("*anchoring*"), por sua vez, consiste na tendência de fazer estimativas baseadas em pontos de partida que servem como "âncora". Quando as pessoas consideram um valor particular para uma quantidade desconhecida antes de estimá-la, a estimativa tende a ficar próxima do número inicialmente considerado. Este fenômeno apresenta um dos resultados mais confiáveis e robustos da psicologia experimental.[16] Em muitos casos, a dependência de uma âncora é razoável, pois elas transmitem informações relevantes sobre o valor real de algo. É o que ocorre, por exemplo, quando se faz a estimativa do

16. KAHNEMAN, 2012, p. 152-153: "Se lhe perguntassem se Gandhi tinha mais do que 114 anos quando morreu, você acabaria com uma estimativa muito mais elevada da idade da morte dele do que teria se a pergunta de ancoragem se referisse à morte com 35 anos. Se você considera quanto deveria pagar por uma casa, vai ser influenciado pelo preço perguntado. A mesma casa parecerá mais valiosa se o preço fornecido pelo corretor for elevado, não baixo, mesmo que você esteja determinado a resistir à influência desse número; e assim por diante – a lista de efeitos de ancoragem é infinita. Qualquer número que lhe peçam para considerar como solução possível para um problema de estimativa induzirá um efeito de ancoragem."

valor de mercado de uma casa a partir de um valor inicial constante de um catálogo de preços, o qual tende a ancorar as estimativas do valor final. O problema, porém, é que mesmo quando não fornecem qualquer informação sobre o valor real de um item, elas também tendem a influenciar o julgamento.[17] O poder de âncoras aleatórias foi constatado, inclusive, em um experimento realizado com magistrados alemães no qual se observou a interferência de números aleatórios na fixação da pena.[18]

O estudo realizado por Guthrie, Rachlinski e Wistrich (2001, p. 14-15) constatou a influência dessas cinco ilusões cognitivas sobre a tomada de decisão, tendo os juízes apresentado menor vulnerabilidade que outros especialistas e leigos apenas nos *efeitos do enquadramento* e na *representatividade heurística*. A pesquisa identificou, ainda, como a fonte potencialmente mais importante para os erros judiciais sistemáticos, independentemente das preferências e interesses pessoais, a própria natureza do pensamento humano, principal responsável por enganar os juízes confrontados com determinados tipos de situações e por levá-los a cometer equívocos consistentes e previsíveis. Segundo os autores, "os resultados mostram que, sob certas circunstâncias, os juízes dependem de heurísticas que podem levar a julgamentos sistematicamente errados."

---

17. GUTHRIE; RACHLINSKI; WISTRICH (2001, p. 24): "Em negociações de acordo, por exemplo, os litigantes podem ser influenciados pela oferta inicial da parte contrária. Os professores Russell Korobkin e Chris Guthrie descobriram, por exemplo, que as pessoas que avaliaram ofertas de acordo hipotéticas eram mais propensas a aceitar uma proposta de solução definitiva de $12.000 quando efetuada após uma oferta inicial de $2.000 do que quando feita após uma oferta inicial de $10.000. Korobkin e Guthrie supõem que aqueles que receberam a proposta inicial de $2,000 esperavam fazer um acordo de quantia relativamente pequena, de modo que a oferta final de $12.000 parecia generosa na comparação, enquanto os que receberam a oferta inicial de $10.000 esperavam fazer um acordo de valor relativamente maior e, por isso, a oferta final de $12.000 parecia relativamente mesquinha. A oferta inicial efetivamente 'ancorou as expectativas dos indivíduos' e influenciou suas preferências de acordo."
18. KAHNEMAN, 2012, p. 160: "Juízes alemães com uma média de mais de 15 anos de experiência em tribunal primeiro liam a descrição de uma mulher que fora detida por furto em lojas, depois lançavam dois dados que haviam sido adulterados de modo a dar sempre 3 ou 9. Assim que os dados paravam de se mover, perguntava-se aos juízes se iriam sentenciar a mulher a uma pena de prisão maior ou menor, em meses, do que o número apresentado no dado. Finalmente, os juízes eram instruídos a especificar a exata sentença de prisão que dariam à mulher. Em média, os que haviam rolado um 9 diziam que iriam sentenciá-la a oito meses; os que obtinham um 3 diziam que iriam sentenciá-la a cinco meses; o efeito de ancoragem foi de 50%."

A influência exercida por fatores cognitivos revela que os juízes, assim como os seres humanos em geral, nem sempre são capazes de tomar decisões tão lógicas e racionais quanto parecem supor algumas teorias normativas. A constatação de tais interferências reforça a importância de estudos envolvendo a psicologia do julgamento, não só para a melhor compreensão das razões subjacentes a determinados padrões de comportamento judicial, mas sobretudo para o desenvolvimento de mecanismos de controle interno e externo mais eficazes. Conhecer e ter em conta as limitações cognitivas inerentes à própria condição humana é primordial para o desenvolvimento de qualquer proposição teórica que pretenda minimizar os efeitos de interferências extrajurídicas indesejadas ou indevidas sobre a tomada de decisão judicial.

5

FATORES IDEOLÓGICOS: A INFLUÊNCIA DAS PREFERÊNCIAS PESSOAIS

Os *fatores ideológicos* são decorrentes do conjunto de ideias, pensamentos, valores e convicções de natureza filosófica, política, religiosa, social ou econômica que conformam as preferências dos juízes e os orientam em suas ações. A interferência de fatores desta natureza pode operar em diferentes níveis, que vão desde a influência inconsciente até a escolha deliberada de um resultado para maximizar preferências políticas pessoais.

As preferências pessoais de um juiz podem influenciar tanto o conteúdo de suas decisões, quanto a sua forma de decidir. As *preferências substanciais* (ou de *primeira ordem*) tendem a influenciar o comportamento judicial em temas de alta carga moral e/ou política como, *e.g.*, aborto, ações afirmativas, liberdades individuais, função social da propriedade e prestações relacionadas a direitos sociais. Como certos pontos de vista sobre temas específicos decorrem de concepções ideológicas mais amplas (liberal x conservador; esquerda x direita), algumas "preferências políticas pessoais" costumam caminhar juntas.[1] Espera-se, assim, de um indivíduo com viés liberal (no sentido político, de esquerda) a tendência a acolher posições favoráveis à escolha da gestante quanto à interrupção da gravidez, à proteção de direitos de acusados/condenados, às ações afirmativas, às liberdades civis e aos direitos de minorias; e, de um indivíduo com viés conservador (ou de direita), a tendência a preferir posições em sentido contrário.

As *preferências formais* (ou de *segunda ordem*), por seu turno, estão relacionadas ao modo como as decisões devem ser tomadas. Embora não

---

1. Os adeptos do modelo atitudinal utilizam a expressão "preferências políticas pessoais" para designar a influência exercida pela ideologia (liberal ou conservadora) sobre o comportamento judicial.

se refiram ao mérito da questão política a ser decidida, tais preferências orientam o juiz sobre a medida na qual deve ter em consideração suas preferências substanciais por políticas públicas específicas.[2]

O tipo e a intensidade da influência exercida por fatores ideológicos são aspectos condicionados por duas espécies de variáveis: as *subjetivas*, relacionadas aos atributos do juiz; e, as *objetivas*, relacionadas aos contextos decisório e institucional.

As *variáveis subjetivas* se referem às características pessoais de cada juiz, as quais estão relacionadas aos seus objetivos e motivações,[3] à intensidade de seus valores e convicções sobre a questão a ser decidida (*saliência pessoal do tema*),[4] ao grau de sua ideologia (*mais extrema ou mais moderada*), assim como a sua sensibilidade para detectar e seu desejo de controlar predisposições e preferências ideológicas. Juízes diversos possuem atributos diversos que os fazem reagir de forma distinta em determinados contextos. Enquanto alguns juízes têm uma

---

2. A expressão "preferências formais" é sugerida por Diego Arguelhes (2012, p. 23-24) ao destacar a importância de se reconhecer a existência de "razões mais complexas do que a simples preferência substancial do juiz". Segundo o autor, quando resultam de uma tomada de posição consciente por parte do juiz, essas preferências podem ser equiparadas às *decisões de segunda ordem*, i.e., "decisões tomadas *ex ante* sobre como decidir casos futuros." Arguelhes observa que tanto o "ativismo", quanto a "autocontenção" operam como preferências de segunda ordem, uma vez que "orientam a forma pela qual o juiz, diante uma *policy* cuja constitucionalidade está em discussão, levará em conta suas preferências de primeira ordem acerca daquela *policy*." Para uma análise das escolhas entre concepções normativas da decisão judicial como decisões de segunda ordem, *cfr*. ARGUELHES; LEAL (2009).
3. Em um estudo envolvendo 206 juízes canadenses, Palys e Divorski concluíram que a disparidade de sentenças proferidas em casos simulados podia ser explicada pelos diferentes objetivos sociojurídicos perseguidos na aplicação do direito. Os juízes que priorizavam a reabilitação do apenado tinham uma tendência maior a proferir sentenças mais lenientes em contraposição com aos juízes que defendiam uma finalidade mais dissuasiva da pena e protetora da comunidade. Os autores do estudo concluíram que os objetivos sociojurídicos perseguidos pelos juízes, principalmente a dicotomia punição/reabilitação, eram os melhores preditores da maior ou menor severidade de suas decisões (*apud* SACAU; RODRIGUES, 2009, p. 158).
4. A intensidade da influência de fatores ideológicos depende muito da importância do tema para o juiz, conforme o seu sistema de crenças e valores pessoais. Um juiz conservador pode, por exemplo, considerar altamente relevante a proteção do direito à vida do feto e ser indiferente quanto à união homoafetiva. Como observado por Nagel (1962, p. 436), pode ocorrer de dois juízes terem valores e convicções semelhantes, mas um deles detê-los com maior intensidade e, por conseguinte, divergir da maioria dos membros do tribunal em determinadas questões e, nem sempre, ser acompanhado por aquele com convicções menos vigorosas.

posição ideológica extrema, fortemente arraigada ("entrincheirada") e claramente definida em relação a determinados temas, outros têm posições mais moderadas, fracas e indefinidas sobre determinadas questões.[5] Os *juízes ideologicamente extremados* tendem a ser mais suscetíveis à influência consistente de fatores ideológicos e, por isso, têm um comportamento mais previsível. Ao observarem o padrão de voto dos membros da Suprema Corte dos EUA, Epstein, Knight e Martin (2001, p. 610) constataram que quando a decisão é proferida durante um governo de viés conservador, os membros *moderados* são mais propensos a votar de forma conservadora e, em governos liberais, de forma mais liberal. Esta tendência não foi constatada em relação aos juízes ideologicamente *extremados*, os quais apresentaram um padrão de voto consistente com suas preferências políticas pessoais, independentemente do viés ideológico do governo. Como se pode deduzir, nos órgãos judiciais colegiados em que há uma forte e equilibrada divisão ideológica, os juízes mais moderados tendem a desempenhar um papel decisivo para o resultado.[6]

As *variáveis objetivas* são relacionadas à configuração de dois tipos de contextos. No tocante ao *contexto decisório*, a influência de fatores ideológicos é característica de casos com alta carga moral e/ou política,[7] em geral, envolvendo direitos fundamentais individuais, sociais e políticos.[8] A intensidade e o grau de influência desses fatores

5. Para Posner (2008, p. 74-75), os "juízes chamados de 'imparciais' atuam com pré-concepções [*priors*] mais fracas que outros juízes, seja por causa da insegurança intelectual e uma consequente falta de convicção, seja por uma visão céptica ou um temperamento frio."

6. FRIEDMAN (2009, p. 375): "A Corte sempre terá seus extremistas. Mas os juízes decidem pelo voto majoritário, dando ao juiz 'mediano', [i.e.] ao juiz situado no centro da Corte, um enorme poder."

7. BARTELS (2010, p. 50): "Em um caso de pena de morte, por exemplo, poderíamos supor que as preferências políticas de um juiz em relação a esta questão são altamente acessíveis, e, portanto, ativadas automaticamente. No entanto, em um caso que envolve uma área temática nova, emergente, na qual o Tribunal não tenha decidido com frequência, poderíamos esperar preferências políticas menos acessíveis. Para estes últimos casos, a preferência política não é fortemente ativada porque o *justice* não tinha tido muita experiência com o assunto. Como os juízes são juristas, porém, e viram uma grande variedade de casos, eles provavelmente podem acessar uma preferência política em praticamente todos os casos que vêm perante eles. Mas isso não significa que o grau de ativação da preferência seja uniforme em todos os casos."

8. BAUM (2010, p. 19): "[...] os juízes podem se envolver em avaliações menos sistemáticas de casos que eles podem facilmente localizar no espaço ideológico, porque a ideologia serve como a heurística crítica. Em outras palavras, as questões que têm referências ideológicas claras para os juízes tendem a ser mais fáceis do que aquelas que não têm

tende a ser ainda maior, em se tratando de casos complexos e de alta saliência social e/ou midiática. Posner (2008, p. 41-42) argumenta que em casos com tais características, nem os legalistas mais convictos seriam capazes de negar a influência de fatores ideológicos, embora lamentem que ela ocorra.

A maior parte dos casos judiciais, no entanto, não possui conotação ideológica.[9] Em casos simples e/ou rotineiros que têm por objeto questões meramente formais ou temas sobre os quais os juízes não possuem valores ou convicções fortemente arraigados, tampouco preferências políticas pessoais a serem maximizadas, por óbvio, não se deve esperar qualquer tipo de influência da ideologia.

Outrossim, variáveis relacionadas ao *contexto institucional* de atuação do juiz também podem potencializar a influência de fatores ideológicos, dentre elas, o maior tempo de permanência no cargo, a discricionariedade para escolher os casos a serem julgados ou para designar o relator do processo e o alinhamento com os pontos de vista de plateias relevantes. Em sentido inverso, o receio de revisão da decisão por um tribunal superior ou de sua superação pelo Parlamento, assim como a pressão exercida por determinados grupos de interesse tendem a intensificar a atuação de mecanismos de autocontrole e vigilância individual e, por conseguinte, a inibir a influência de fatores ideológicos.[10]

Tendo em conta as variáveis subjetivas e objetivas potencialmente capazes de interferir na intensidade da influência exercida por fatores ideológicos, é possível, ao lado dos enunciados anteriores sobre o tema,[11] formular os seguintes enunciados probabilísticos:

---

essas referências (...). Em média, esses casos 'ideológicos' são provavelmente mais salientes para os juízes do que os outros casos."

9. TAMANAHA (2010, p. 151): "A juíza Patricia Wald objetou que não é realista supor 'que os juízes têm um forte sentimento sobre cada uma das centenas ou milhares de casos nos quais participam a cada ano e que estão constantemente prontos para saltar com suas preferências pessoais em qualquer momento quando não há ninguém por perto para impedir – e mesmo quando existe norma em sentido contrário.' 'Uma grande parte dos nossos casos,' ela escreveu, '... não têm ideologia aparente para apoiar ou rejeitar em absoluto.'"

10. A análise dos "fatores institucionais" será feita no Capítulo 9.

11. ***Enunciado estruturante (5):*** *Quanto mais alta a carga política e/ou moral do tema a ser decidido, maior a probabilidade de influência de fatores ideológicos e cognitivos;* ***Enunciado legislativo (2):*** *Quanto maior o dissenso conteudístico sobre questões de alta carga moral e/ou política, maior a probabilidade de influência de fatores cognitivos e ideológicos;* ***Enunciado dos fatores cognitivos (3)****: Quantos mais fortes*

- **Enunciado dos fatores ideológicos (1):** Quanto mais extremada a ideologia do juiz, maior a probabilidade de influência consistente e previsível de fatores ideológicos.
- **Enunciado dos fatores ideológicos (2):** Quanto maior a complexidade e/ou saliência de um caso com alta carga moral e/ou política, maior a probabilidade de influência de fatores ideológicos.
- **Enunciado dos fatores ideológicos (3):** Quanto mais fortes as restrições institucionais, menor a probabilidade de influência de fatores ideológicos.

Os enunciados formulados sobre o tema encontram base empírica sólida nas copiosas investigações envolvendo os tribunais estadunidenses, cujos resultados demonstram com clareza que a influência de fatores ideológicos tende a ocorrer, com maior intensidade e frequência, nas decisões não unânimes (*casos mais complexos*) proferidas pela Suprema Corte envolvendo direitos civis e políticos (*alta carga moral/política*). Além de não se submeter a qualquer instância revisora (*restrições institucionais mais fracas* que os demais órgãos judiciais), referido Tribunal tem discricionariedade para definir os casos a serem julgados. A opção, em regra, recai sobre os de *maior saliência*.

No Brasil, algumas características institucionais, sociais e culturais – *e.g.*, ecletismo ideológico, fragmentação partidária, falta de alinhamento ideológico com o Presidente responsável pela nomeação – não só reduzem significativamente a probabilidade de influência da ideologia, como tornam extremamente difícil a identificação das "preferências políticas pessoais" dos juízes. Não obstante, investigações empíricas mais recentes envolvendo o STF sugerem uma mudança no comportamento de seus ministros e apontam a presença de fatores ideológicos como os responsáveis pela nítida clivagem atualmente encontrada no Tribunal.

---

e arraigados os valores e convicções pessoais de um juiz sobre o tema (entrincheiramento ideológico), maior a probabilidade de que a influência de fatores ideológicos se sobreponha à de outros fatores extrajurídicos; ***Enunciado dos fatores cognitivos (4)****: Quanto maior a homogeneidade de pontos de vista dos membros de um órgão colegiado, maior a probabilidade de serem adotadas posições grupais mais extremas que a média das decisões tomadas individualmente;* ***Enunciado dos fatores cognitivos (5)****: Quanto maior a pluralidade de informações e de pontos de vista nos órgãos colegiados, maior a probabilidade de se evitar erros sistemáticos e decisões ideologicamente extremadas.*

5.1. A INFLUÊNCIA DE "PREFERÊNCIAS SUBSTANCIAIS"

A influência exercida por fatores ideológicos representa um grande desafio para os juristas e não pode ser desprezada por teorias normativas que pretendem dizer como os juízes *devem decidir*. Tal interferência, desde sempre pressentida, tem sido amplamente constatada por diversas investigações empíricas produzidas nas últimas décadas.[12] E não poderia ser diferente, pois, se as preferências políticas pessoais interferem até mesmo na resolução de problemas matemáticos,[13] o que esperar de decisões judiciais em que há uma margem de ação dentro da qual são possíveis escolhas razoavelmente distintas baseadas em critérios subjetivos?

Juízes costumam expressar o desejo de tomar decisões imparciais, não tendenciosas, livres de preconceitos e pautadas apenas pelo direito, como determina a missão institucional do Poder Judiciário. Embora esses sejam atributos esperados de uma decisão judicial e a grande maioria, de fato, se esforce nesse sentido, investigações empíricas produzidas por cientistas políticos, economistas, psicólogos e juristas têm demonstrado que, em determinados contextos decisórios

---

12. BARROSO (2011, p. 256-257): "[A] observação atenta, a prática política e pesquisas empíricas confirmam o que sempre foi possível intuir: os valores pessoais e a ideologia dos juízes influenciam, em certos casos de maneira decisiva, o resultado dos julgamentos. [...] Inúmeras pesquisas, no Brasil e nos Estados Unidos, confirmam que as preferências políticas dos juízes constituem uma das variáveis mais relevantes para as decisões judiciais, notadamente nos casos difíceis. É de se registrar que o processo psicológico que conduz a uma decisão pode ser consciente ou inconsciente."

13. SCHWARTSMAN (2013, p. A2): "Num trabalho publicado em setembro, Dan Kahan, de Yale, revela que nossas preferências políticas afetam até a habilidade de resolver problemas matemáticos, que deveria ser o esteio da racionalidade. O experimento que bolou para provar isso é genial. Primeiro, ele mediu a capacidade de lidar com números e as inclinações ideológicas dos 1.111 voluntários. Em seguida, dividiu-os em grupos que foram apresentados a diferentes versões de um mesmo problema matemático que envolvia o cálculo de proporções. Não era uma questão muito fácil, já que 59% das pessoas não conseguiram resolvê-la. O interessante é que, entre os que eram bons em matemática e tinham condições de acertar, os resultados mudavam dependendo da forma como o problema era apresentado. Se ele era descrito de modo ideologicamente neutro, como o cálculo da eficácia de um creme para a pele, os numericamente competentes não tinham dificuldade de resolvê-lo. Mas, quando a mesmíssima questão surgia travestida de conta sobre a eficácia do controle de armas para combater o crime, as preferências políticas falavam mais alto. Na verdade, os que eram melhores em matemática puxavam mais a resposta para o seu lado do que os menos hábeis."

e institucionais, as decisões judiciais são fortemente influenciadas por uma série de outros fatores.[14]

Os dados encontrados suscitam questões intrigantes para a compreensão de *como os juízes decidem*: o objetivo de agir conforme o direito é sincero ou seria apenas um discurso oficialmente orquestrado pelo Judiciário para conferir aparência de legitimidade às suas decisões e encobrir o real desejo dos juízes de maximizar suas preferências políticas pessoais? Se o objetivo dos juízes é, de fato, alcançar a melhor realização possível do direito, como explicar a forte correlação encontrada entre o padrão decisório e a ideologia de alguns juízes? O processo de formação profissional seria suficiente para produzir um "raciocínio artificial" nos juízes, essencialmente diverso do raciocínio comum e isento de tendências cognitivas e preconceitos? Em que medida o raciocínio dos juízes é afetado pelos mesmos fatores cognitivos que atingem os seres humanos em geral?

A correlação entre a ideologia e o comportamento judicial, por si só, não permite concluir que os juízes decidem, deliberadamente, de acordo com suas preferências políticas pessoais. Esta correspondência pode ser resultante de tendências ou inclinações cognitivas

14. A visão de "neutralidade" do Poder Judiciário, postulada pelo senso comum e por observadores nos sistemas de *civil law*, não é compartilhada pela grande maioria dos juízes brasileiros. Em pesquisa realizada pela AMB/IUPERJ (1992-1994), "83% dos juízes assinalaram que 'o Poder Judiciário não é neutro' e que 'em suas decisões, o magistrado deve interpretar a lei no sentido de aproximá-la dos processos sociais substantivos e, assim, influir na mudança social'." Resultados semelhantes foram encontrados em pesquisa do Instituto de Estudos Econômicos, Sociais e Políticos de São Paulo – IDESP (1993), na qual "74% dos magistrados respondeu que 'o juiz não pode ser um mero aplicador das leis, tem que ser sensível aos problemas sociais'." Nesta mesma investigação, 38% dos juízes considerou que "o compromisso com a justiça social deve preponderar sobre a estrita aplicação da lei", um índice bastante significativo diante da clássica formação doutrinária de um magistrado brasileiro, sobretudo, no período pesquisado. A indicação de inclinação majoritária dos magistrados brasileiros à "não neutralidade", parece sinalizar para a aproximação rumo a um modelo de convergência com o sistema de *common law*, como apontado por Vianna *et al.* (1997, p. 258-259): "O cotejo desse posicionamento com os demais quesitos do questionário permitiu apreender que o juiz brasileiro vivencia, também ele, uma transição, uma vez que, sem se desprender inteiramente das grandes referências de sua formação doutrinária, instituídas no campo da *civil law* e do positivismo jurídico, tal influência encontra-se relativizada pelo fato de ele se entender como um agente efetivo no processo de produção do direito, instalando-se, de algum modo, no campo político-cultural da *common law*."

(*predisposições*) que atuam sobre as escolhas judiciais abaixo do nível da consciência plena.[15]

Os vieses cognitivos são onipresentes no raciocínio decisório e, embora devam ser trazidos à consciência para que possam ser controlados,[16] nem sempre podem ser completamente evitados. Em questões moralmente carregadas, existe uma parte da decisão judicial ("proto-decisão") de natureza ideológica, experiencial, subjetiva e axiológica que aparece já tomada mesmo antes do conhecimento dos dados concretos do caso a ser julgado.[17] Como os vieses geralmente atuam abaixo do nível da consciência, mesmo quando os juízes buscam alcançar a melhor realização possível do direito e acreditam sinceramente estar decidindo de forma neutra e objetiva, podem acabar sendo influenciados por suas predisposições (BAUM, 2010, p. 13). Essa hipótese, argumenta Posner (2008, p. 11), "poupa os juízes da acusação de hipocrisia generalizada, sem negar a força da literatura empírica sobre julgamento político.".

15. Com base nos resultados de duas análises envolvendo decisões proferidas por tribunais federais dos EUA (de 1933 a 1977; e de 1969 a 1986), C. K. Rowland e Ronald Carp sustentam que o modelo atitudinal deve ser abandonado em favor de uma teoria do conhecimento. Segundo os autores, a explicação para as divergências nas decisões não seria decorrente de um esforço para maximizar preferências políticas pessoais, mas antes uma consequência das diferentes estruturas cognitivas de cada juiz. Assim, apesar do esforço no sentido de proferir decisões de boa-fé para decidir objetivamente os casos de acordo com o direito, as diferenças ideológicas acabariam influenciando sutilmente as decisões (TAMANAHA, 2010, p. 140).

16. Heidegger (2000, p. 207) observa que a interpretação se funda, essencialmente, numa "posição prévia, visão prévia e concepção prévia. A interpretação nunca é apreensão de um dado preliminar, isenta de pressuposições. Se a concreção da interpretação, no sentido da interpretação textual exata, se compraz em se basear nisso que 'está' no texto, aquilo que, de imediato, apresenta como estando no texto nada mais é do que a opinião prévia, indiscutida e supostamente evidente do intérprete." Com isso, explica Gadamer (1997, p. 406), Heidegger quer dizer que na compreensão guiada por uma consciência metódica não se busca simplesmente realizar suas antecipações, mas antes trazê-las à consciência para que seja possível controlá-las e, desse modo, obter uma compreensão correta a partir das próprias coisas.

17. Ao fazer uma análise comparativa entre "casos ideológicos" (casos cujo conteúdo está relacionado com uma atitude ou valor acolhido pelo juiz) e "casos não ideológicos" (casos nos quais a questão central não toca em valores profundamente acolhidos pelos juízes) decididos pela Suprema Corte, Wrightsman (2010, p. 67) observou que nos casos da primeira espécie as perguntas feitas pelos *justices* eram dirigidas com maior frequência ao advogado que, ao final, acabaria perdendo a causa. Isso indica, em alguma medida, que nos casos ideológicos os *justices* já tinham uma opinião formada mesmo antes das alegações orais.

A ressalva é importante por haver dois tipos de julgamento que, embora possam conduzir ao mesmo resultado, não devem ser tratados da mesma forma. No *julgamento intencional* (*willful judging*) o juiz decide um caso, de forma deliberada, com base em suas preferências políticas pessoais e, em seguida, manipula o material jurídico convencional para justificar o resultado previamente escolhido. No *julgamento enviesado*,[18] o juiz se esforça para produzir o melhor resultado juridicamente possível, mas sua interpretação é influenciada por predisposições que, embora atuem no mesmo sentido de suas preferências políticas pessoais, operam abaixo do nível da consciência plena (TAMANAHA, 2010, p. 187).[19] O primeiro tipo de julgamento é ilegítimo, por violar deveres inerentes à função judicial e princípios decorrentes do Estado de Direito; o segundo, embora indesejável em alguma medida, nem sempre pode ser completamente controlado pelo juiz.[20] Esta diferença, além de envolver

18. O *julgamento enviesado* corresponde, em linhas gerais, à denominada "moldura cognitiva" (*cognitive framing*), que Tamanaha (2010, p. 188-189) diferencia do "julgamento intencional" nos seguintes termos: "A moldura cognitiva afeta a todos e opera abaixo da consciência. O julgamento intencional, em contrapartida, não é onipresente e nem inevitável. A primeira influencia uma interpretação judicial *sincera*, não utilitária da lei e dos fatos; com o último, um juiz adota uma atitude instrumental para a lei e para os fatos, calculando ambos para alcançar um fim desejado. O primeiro juiz realmente trabalha para chegar à interpretação jurídica mais sólida; o último juiz é orientado no sentido de alcançar um objetivo, independentemente de ser a interpretação legal mais sólida. No primeiro modo, o direito é visto como um guia [*guidepost*] para a decisão que o juiz é obrigado a seguir, enquanto que no segundo o direito funciona principalmente como uma restrição que deve ser elidida, se necessário. A ressalva é que estes dois modos distintos de pensamento podem sombrear um no outro. O raciocínio motivado subconsciente – um fenômeno no qual as pessoas veem o que querem ver, ou a razão sinceramente desconhece uma inclinação subjacente em direção a um resultado preferido – mistura voluntarismo [*willfulness*] com moldura cognitiva. Mas esse modo misto não apaga a distinção geral."

19. A identificação da forma como certos fatores atuam sobre as escolhas judiciais possui grande relevância, não só para a explicação dos motivos que lhes são subjacentes, mas também para a análise da legitimidade das decisões. Como adverte Brian Tamanaha (2010, p. 197), "[h]á uma grande diferença entre determinados juízes que decidem casos nos termos dos resultados que preferem, manipulando as normas jurídicas para justificar esse resultado, e juízes que se esforçam para produzir a decisão juridicamente correta."

20. Nesse sentido, Barroso (2011, p. 257) argumenta que, "ao produzir uma decisão, o juiz atua dentro de um universo cognitivo próprio, que inclui sua formação moral e intelectual, suas experiências passadas, sua visão de mundo e suas crenças. Tais fatores podem levá-lo, inconscientemente, a desejar um resultado e procurar realizá-lo. Tal fenômeno é diverso do que se manifesta na vontade consciente e deliberada de produzir determinado resultado, ainda que não seja o que se considera juridicamente melhor, com o propósito de agradar a quem quer que seja ou para a satisfação de sentimento pessoal. Nessa segunda hipótese, como intuitivo, a conduta não será legítima."

a questão da legitimidade, é também crucial para o desenvolvimento de teorias normativas da decisão, pois se os mecanismos de controle endógeno podem ser eficazes para reduzir influências inconscientes não desejáveis, somente mecanismos exógenos são capazes de exercer certo controle sobre o desejo consciente e deliberado de maximizar preferências políticas pessoais.

O intuito da distinção entre *julgamentos intencionais* e *julgamentos enviesados* não é negar a existência de juízes que agem de forma politicamente orientada em determinados tipos de caso. Juízes perseguidores de objetivos políticos podem ser encontrados em qualquer grau de jurisdição e tanto em sistemas de *common law* como de *civil law*. Tampouco é desprezar a possibilidade de juízes perseguidores de objetivos jurídicos, eventualmente, optarem de modo consciente por resultados que correspondam às suas preferências políticas pessoais. É possível que, em determinados casos de alta saliência individual, as preferências políticas pessoais de um juiz que ordinariamente busca a melhor realização possível do direito acabem prevalecendo sobre os fatores jurídicos. Juízes não são máquinas; são seres humanos dotados de virtudes, mas também com vícios, defeitos, preconceitos, predileções, interesses e inconsistências de comportamento. Todos esses fatores humanos estão potencialmente presentes em julgamentos judiciais. O objetivo precípuo da distinção é evitar que correlações entre a ideologia e o padrão decisório de um juiz sejam necessariamente interpretadas como resultantes do desejo consciente e deliberado de maximizar preferências políticas pessoais.

Como já mencionado, o *julgamento intencional* viola claramente as regras do jogo decisório, por ser incompatível com o senso de dever profissional e com os princípios decorrentes do Estado de Direito. Por isso, se estiver correta a premissa de que a maioria dos juízes são profissionais sinceros, bem-intencionados e que procuram respeitar as normas inerentes à sua função, a conclusão mais plausível será no sentido de que a influência de fatores ideológicos tende a operar de forma inconsciente e que, por conseguinte, as constatações de correspondência entre decisões e preferências políticas judiciais são resultantes, em regra, de *julgamentos enviesados*.

A *perspectiva externa* adotada pelo modelo atitudinal, apesar de prever o resultado de decisões da Suprema Corte com um grau elevado de precisão, não permite capturar a "cultura jurídica" e nem compreender, de forma adequada, a visão que os juízes têm do seu papel. Boa parte dos cientistas políticos que exploram esta abordagem, talvez por não ter formação jurídica, parece não considerar alguns aspectos essenciais da interpretação no direito.[21] Esta deficiência não torna a perspectiva externa irrelevante,[22] mas evidencia a necessidade de que seja integrada uma *perspectiva interna* às investigações, a fim de que estas tenham maior capacidade de explicação do comportamento judicial.[23]

Os próximos itens, dedicados à análise de estudos empíricos produzidos nos EUA e no Brasil, terão por finalidade expor os dados estatísticos que comprovam a forte influência de fatores ideológicos e,

21. Feldman (2005, p. 23) argumenta que textos legais podem ser interpretados a partir de horizontes interpretativos distintos, nos quais estão incluídas as preferências políticas. Como a interpretação jurídica não é um processo mecânico, estas preferências entram em jogo como parte do próprio processo interpretativo.
22. Nesse sentido, entre outros: BURBANK (2009, p. 32): "Fizemos grandes progressos no estudo dos comportamentos judiciais, e professores de Direito interessados neste assunto têm uma dívida grande com os estudiosos da ciência política. Seu trabalho, quantitativo e qualitativo, enriqueceu o nosso conhecimento e nos forneceu novas ferramentas e perspectivas. [...] Assim como é um erro banir o direito e outras influências da paisagem comportamental, mesmo na Suprema Corte dos Estados Unidos, seria um equívoco ser negligente com os numerosos *insights* que os atitudinalistas e outros estudiosos de ideias afins (quanto às preferências judiciais) proporcionaram, e continuam a proporcionar, ao lançar luz sobre um assunto extremamente complexo."; FRIEDMAN (2005, p. 272): "Embora o modelo atitudinal tenha suas dificuldades, ainda assim faz uma afirmação sobre a influência da ideologia judicial que merece mais do que a resposta que tem recebido dos estudiosos normativos."; CROSS (1997, p. 311): "Qualquer interessado em uma investigação positiva da tomada de decisão judicial deve ter em conta o modelo atitudinal em conjunto com os fatores jurídicos. A consideração de ambas as disciplinas é essencial também para a investigação normativa."
23. Feldman (2005, p. 5) propõe uma "teoria interpretativa-estrutural da tomada de decisão judicial" que conjuga os pontos de vista interno (modelo legal) e externo (modelo atitudinal) da adjudicação. No mesmo sentido, Cross (1997, p. 284) considera que o melhor caminho a ser seguido é a integração das duas perspectivas (interna/externa). Tamanaha (2010, p. 189), por sua vez, argumenta que "[s]ob a perspectiva externa, é impossível discernir se uma determinada decisão é atribuível à concepção cognitiva ou ao julgamento intencional. Eles podem produzir o mesmo resultado: um juiz liberal, por exemplo, pode proferir uma decisão liberal tanto através do raciocínio sincero influenciado pela concepção cognitiva, como através de um raciocínio intencional para atingir esse fim. As decisões produzidas das duas maneiras têm a mesma aparência externa, apoiadas pelo raciocínio jurídico e citações de autoridade (a fundamentação escrita é um esforço para produzir a justificativa jurídica mais persuasiva, independente de qual orientação decisória levou à conclusão). [...] A principal verificação é a interna: a integridade do juiz e o grau de compromisso de se envolver em uma busca imparcial pela resposta jurídica correta. Há também verificações externas contra o julgamento intencional: decisões jurídicas que não atendam aos padrões de análise juridicamente aceitáveis ou que levantam uma forte suspeita de julgamento intencional correm o risco de reversão pelos tribunais revisores ou de reprovação dos observadores.""

sobretudo, demonstrar que esta influência tende a ocorrer com mais frequência em determinados contextos específicos.

5.1.1. As investigações empíricas nos tribunais dos EUA

Na ciência política norte-americana há inúmeros estudos empíricos demonstrando, de forma inequívoca, a influência dos fatores ideológicos sobre o comportamento judicial (TAMANAHA, 2010, p. 132). Esta influência tem se revelado ainda mais forte na Suprema Corte, a ponto de prevalecer o entendimento entre os teóricos positivos de que os *justices* perseguem objetivos políticos e que, em decisões não unânimes, suas "preferências políticas pessoais" são as principais determinantes para resultado (EPSTEIN; KNIGHT, 1997, p. 5). Esta visão é apoiada pelo elevado grau de sucesso alcançado pelas previsões de resultado das decisões do Tribunal[24] formuladas a partir de medidas pré-fixadas da ideologia dos *justices*.[25]

Diante das dificuldades para se medir diretamente a ideologia dos juízes – já que poucos estariam dispostos a revelar, de forma aberta e sincera, suas preferências políticas pessoais em questionários formulados por estudiosos do comportamento judicial –, a codificação costuma ser feita através de *proxies* ideológicos.[26]

---

24. As decisões costumam ser divididas em dois grupos. Em geral, as decisões são codificadas como *liberais* quando favoráveis a: autores de ações de discriminação com base na raça, sexo ou deficiência; defensores de programas de ação afirmativa ou de regulamentação de financiamento de campanha; empregados; consumidores; réus em processos criminais; meio-ambiente; e, proteção de direitos civis em geral. As decisões *conservadoras*, por sua vez, são as proferidas em sentido contrário.

25. CROSS (1997, p. 275): "Harold Spaeth, por exemplo, é suficientemente confiante na capacidade do modelo atitudinal para prever votos e decisões pendentes da Suprema Corte nos meios de comunicação. Segundo o professor Spaeth, o modelo foi preciso 'em mais de 9 em cada 10 previsões de comportamento judicial.' Que eu saiba, nenhum jurista conseguiu um registro comparável usando o modelo jurídico."; SEGAL; SPAETH (2002, p. 324): "Spaeth foi capaz de prever precisamente 88% (92 de 105) das decisões da [Suprema] Corte entre 1970 e 1976 e 85% dos votos dos *justices*."; FRIEDMAN (2005, p. 273): "Segal e Spaeth são capazes de prever mais de 70% dos votos dos *justices* da Suprema Corte baseados na ideologia e, às vezes, eles conseguem até obter resultados melhores.""

26. Barry Friedman (2005, p. 277) menciona vários métodos de medição da ideologia judicial, dentre eles, um interessante projeto no qual os *justices* são mapeados juntamente com outros atores políticos em um espaço ideológico comum, utilizando-se uma variedade de fatores como pontes. Embora consideradas promissoras, tais medidas de *"espaço comum"* ainda não foram capazes de resolver satisfatoriamente o problema

Utilizando um sistema de pontuação da ideologia ("*Segal-Cover scores*") baseado em editoriais de jornais publicados entre a indicação e nomeação dos *justices*, Segal e Cover (1989) investigaram decisões não unânimes proferidas pela Suprema Corte (de 1953 a 1988) e descobriram que a ideologia explica 80% dos votos em casos de liberdades civis.[27] Em análise posterior e de maior abrangência (de 1946 a 1992), Segal *et al.* (1995, p. 820) constataram uma correlação com a ideologia em 69% dos votos referentes a liberdades civis e em 56% dos votos sobre questões econômicas. O mesmo sistema foi empregado por Segal e Spaeth (2002, p. 319)[28] para analisar casos de busca e apreensão (*search and seizure cases*), nos quais o modelo atitudinal foi capaz de predizer corretamente 77% das decisões proferidas pela Suprema Corte (entre 1962 e 1998). O *Segal-Cover scores* também foi utilizado na investigação feita por Collins Jr. (2007) que, após examinar os votos dos membros da Suprema Corte em decisões de mérito (de 1946 a 1996), constatou haver maior probabilidade de influência *consistente* e *previsível* de fatores ideológicos quando presentes as seguintes variáveis: I) juízes com ideologia mais extremada;[29] II) juízes

da equivalência de comportamento. Outro critério utilizado para definir a ideologia dos juízes, mas sem muito sucesso, são as declarações feitas durante a sabatina realizada pelo Senado. Embora os questionamentos feitos pelos senadores possam ser úteis para revelar a ideologia do indicado e forneçam dados comparativos interessantes, a utilização desta medida exógena revela-se problemática. Nos casos de nomeações controvertidas, geralmente há uma preocupação em evitar posições extremadas e em agradar os senadores, o que coloca em xeque a fidelidade das opiniões emitidas pelo sabatinado. Nos casos de nomeações incontroversas, geralmente, as informações relativas à ideologia do sabatinado costumam ser escassas (SEGAL; COVER, 1989, p. 560).

27. SEGAL; COVER (1989, p. 561): "As questões de liberdades civis são aquelas que envolvem processo penal, direitos civis, a Primeira Emenda, devido processo legal, e privacidade. Decisões liberais são (1) pró-pessoa acusada ou condenada por crime, (2) pró-liberdades civis ou direitos civis do autor, (3) pró-indigentes (4), pró-índio e (5) contra o governo no devido processo legal e privacidade."

28. Apesar de reconhecerem que o "*Segal-Cover scores*" é uma medida exógena menos precisa, Segal e Spaeth (2002, p. 321) o consideram mais confiável do que os procedimentos originalmente adotados, nos quais os estudiosos faziam o prognóstico da ideologia com base nos votos anteriores dos *justices* e, em seguida, usavam as medidas para prever os votos futuros, gerando um problema de circularidade.

29. COLLINS Jr. (2007, p. 17): "[O]s resultados corroboram o argumento de que o extremismo ideológico reduz a variabilidade na tomada de decisões de um justice. Em outras palavras, em comparação com um justice mais moderado, um justice extremamente liberal (ou conservador) se engaja em um comportamento de voto mais consistente." No mesmo sentido, FELDMAN (2005, p. 37): "É verdade que os justices politicamente extremados

com maior tempo de posse no Tribunal;[30] III) casos mais salientes;[31] e IV) casos de menor envolvimento de grupos de interesse.[32]

Outro *proxy* bastante utilizado é o *partido do presidente* responsável pela nomeação: juízes escolhidos por presidentes democratas têm maior propensão a tomar decisões liberais, enquanto os escolhidos por presidentes republicanos tendem a tomar decisões mais conservadoras.[33] A visão de que juízes nomeados por presidentes de diferentes

---

para o lado conservador ou liberal – justices como Scalia e Thomas, ou como Thurgood Marshall e William Brennan – tendem a ser mais previsíveis."

30. COLLINS Jr. (2007, p. 18): "[À] medida que aumenta o tempo de posse de um *justice* na Corte, a variabilidade na tomada de suas decisões diminui. Isto é interessante por [...] fornecer evidências claras de apoio a um efeito de aclimatação para os juízes da Suprema Corte: em relação aos seus primeiros anos no Tribunal, os *justices* apresentam posteriormente em suas carreiras um comportamento de voto mais consistente, o que sugere que os juízes da Suprema Corte, assim como outros juristas, passam por um período de aclimatação."
31. COLLINS Jr. (2007, p. 18-19): "Como esperado, a saliência do caso diminui a variabilidade na tomada de decisões de um *justice*. Por exemplo, em casos não-salientes, o conservador Scalia profere votos conservadores em 62% do tempo; em casos que apareceram na lista *Congressional Quarterly* ou na primeira página do *New York Times* (mas não em ambos), Scalia votou conservadoramente 72% do tempo; em casos que aparecem em ambas as listas, Scalia proferiu votos conservadores em 78% dos casos. Do ponto de vista do modelo atitudinal, este achado sugere que a ideologia tem um papel central em casos salientes, reduzindo as chances de se observar um comportamento não-atitudinal. Além disso, este achado corrobora as pesquisas em psicologia social, que revelam que a consistência entre atitude e comportamento é especialmente reforçada quando um indivíduo vê um problema como relevante..."
32. COLLINS Jr. (2007, p. 19-20): "[O] resultado também mostra o importante papel desempenhado por interesses organizados na Corte. À medida que aumenta o número de memoriais de *amicus curiae*, o mesmo acontece com a variabilidade na tomada de decisão dos *justices*. Ao apresentar informações que de outra forma poderiam não estar disponível para os juízes, os grupos de interesse são capazes de expandir o escopo do conflito, tornando a decisão judicial mais variável do que em casos sem a (ou com menor) participação do *amicus*. Por exemplo, Warren votou de forma liberal em 74% dos casos em que não foram apresentados memoriais. Nos casos em que, pelo menos, três memoriais (aproximadamente uma alteração de desvio-padrão), Warren votou de forma liberal apenas 62% do tempo. Considerado em conjunto com os resultados referentes aos memoriais no modelo de escolha, este achado sugere que *amicus briefs* podem convencer os juízes a votar de acordo com as posições contidas nos memoriais e essa persuasão aumenta a variabilidade do comportamento dos *justices*."
33. Este *proxy*, embora utilizado com considerável sucesso preditivo, nem sempre é um representante adequado da ideologia do juiz, uma vez que: I) nem todos os Presidentes são sensíveis à ideologia do indicado; II) podem ser indicados juízes com características diversas das do partido (mais ou menos conservadores); III) o juiz pode ser conservador em algumas questões (como nas econômicas) e liberal em outras (como segurança

partidos não possuem pontos de vista fundamentalmente diversos e que, uma vez no cargo, eles acabam surpreendendo quem os nomeou, embora encontre apoio em alguns exemplos famosos,[34] está longe de corresponder à regra, sobretudo, no âmbito da Suprema Corte, onde as expectativas costumam ser correspondidas (SUNSTEIN *et al.*, 2006, p. 130). A correlação entre o partido político do presidente e as tendências judiciais mais liberais ou conservadoras é tão evidente, que muitos juízes costumam postergar o momento da aposentadoria para aumentar a possibilidade de que seu sucessor seja nomeado por um presidente do mesmo partido (POSNER, 2008, p. 59).[35] Ao analisarem decisões proferidas pela Suprema Corte entre 1937 e 2009, Epstein, Landes e Posner (2013, p. 8) constataram que, na média, os *justices* nomeados por presidentes republicanos votam de forma mais conservadora que seus colegas nomeados por democratas e que esta diferença no padrão de votação era mais forte em direitos civis e menos acentuada em casos

---

nacional, política social, aborto, direitos dos homossexuais); ou IV) pode ocorrer o chamado "desvio ideológico" (*ideology drift*), que consiste na tendência de juízes se afastarem da postura política (liberal ou conservadora) do partido dos presidentes que os nomearam à medida que aumenta o tempo no cargo (POSNER, 2008, p. 23-26). Por este motivo, a ideologia do juiz no momento da nomeação ("ideologia *ex ante*") pode ser diferente da ideologia refletida em seus votos ("ideologia *ex post*"). De qualquer modo, se mesmo com todas as imperfeições, ainda assim, é possível revelar uma significante diferença entre os juízes nomeados por presidentes republicanos e democratas, o caráter rudimentar deste *proxy* apresenta mais virtude do que vício para a compreensão do comportamento judicial. Para análise dos fatores que influenciam a escolha feita pelo presidente, ver *item 9.2.1* (A forma de recrutamento).

34. Um conhecido exemplo foi a indicação de Earl Warren pelo Presidente Eisenhower, do Partido Republicano. Warren acabou se tornando um *Chief Justice* extremamente progressista. A Corte Warren ficou marcada por uma série de importantes decisões de caráter liberal influenciadas por seu Presidente, dentre elas, *Brown v. Board of Education* (1954), *Gideon v. Wainwright* (1963), *Reynolds v. Sims* (1964) e *Miranda v. Arizona* (1966). Embora não exista qualquer evidência sobre a veracidade de tal assertiva, costuma ser atribuída a Eisenhower a seguinte frase sobre a indicação de Warren: "Foi o erro mais tolo que já cometi".

35. Um caso emblemático, que ilustra esta correlação entre o voto do juiz e o partido do presidente responsável por sua nomeação, é o acórdão proferido por um Tribunal Federal de Apelação que considerou inconstitucional a proibição, estabelecida pela legislação estadual de Michigan/EUA, de ações afirmativas baseadas em critérios raciais nos processos de admissão para as universidades públicas daquele Estado. Dos quinze participantes do julgamento, os oito juízes da maioria haviam sido nomeados por presidentes democratas e os sete juízes da divergência por presidentes republicanos (*Coal. to Defend Affirmative Action, et al. v. Regents of the Univ. of Mich., et al.*, Nos. 08-1387/1389/1534; 09-1111. Disponível em: http://www.ca6.uscourts.gov/opinions.pdf/12a0386p-06.pdf.)

envolvendo federalismo, privacidade e poder judicial. Os resultados da investigação, segundo os autores, apoiam a visão de que muitos dos casos que chegam à Corte tendem a ser juridicamente indeterminados e politicamente carregados, "compelindo os *justices* a recorrer às suas pré-concepções [*priors*] - que, muitas vezes, contêm um componente ideológico - para resolver o caso."

A influência de fatores ideológicos tem sido constatada também no comportamento dos membros de outros tribunais dos EUA, embora restrita a casos controversos com alta carga moral e/ou política. Segundo Tamanaha (2010, p. 141-142), investigações mais recentes têm demonstrado que os juízes dos tribunais de apelação não possuem a liberdade para decidir de acordo com suas preferências políticas pessoais - ou, se têm, não costumam exercê-la -, diferentemente do que os atitudinalistas costumam crer.

Em uma pesquisa empírica bastante abrangente, envolvendo a análise de 6.408 decisões colegiadas e 19.224 votos individuais conexos proferidos no âmbito dos tribunais federais de apelação dos EUA (entre 1995 e 2004), Sunstein *et al.* (2006, p. 10 e p. 130) constataram que em algumas das áreas investigadas[36] o partido do presidente de nomeação é um forte indicador do comportamento judicial, sendo que nos órgãos colegiados formados exclusivamente por "juízes democratas" se verificou uma probabilidade duas vezes maior de resultado liberal do que naqueles formados apenas por "juízes republicanos".[37] As evidências mais significativas de "votação ideológica" foram encontradas em *áreas moralmente carregadas* como, *e.g.*, direitos de homossexuais[38]

36. Dentre os temas pesquisados estão: ação afirmativa, revogação parlamentar da imunidade de Estado soberano, discriminação sexual, discriminação por deficiência, assédio sexual, revisão de regulamentos ambientais, financiamento de campanha, desconsideração da personalidade jurídica, discriminação racial, segregação, obscenidade, violações de cláusulas contratuais, restrições à publicidade comercial.

37. SUNSTEIN *et al.* (2006, p. 22): "As decisões judiciais são, naturalmente, o que mais importa tanto para os litigantes, quanto para o direito e, portanto, esta descoberta pode muito bem ser a mais importante. O ponto mais evidente é um diferencial forte entre o resultado médio em uma turma só de republicanos e em uma turma só de democratas. Com efeito, a probabilidade de um resultado liberal é aproximadamente duas vezes mais elevada na última em relação a primeira. Para os litigantes em áreas altamente controversas, muito depende de sua sorte – o resultado da designação dos juízes, o que é aleatório."

38. Os autores constataram que 57% dos juízes nomeados por presidentes democratas foram favoráveis aos autores, contra apenas 16% dos juízes nomeados por republicanos.

e ações afirmativas[39]. (SUNSTEIN *et al.*, 2006, p. 24-25). O estudo não constatou, todavia, a influência significativa de fatores ideológicos em determinadas áreas temáticas relevantes,[40] contrariando as expectativas iniciais dos autores. Com base nos resultados encontrados, Sunstein e seus colaboradores concluíram que, embora a influência da ideologia seja inegável em determinados tipos de casos, em muitas áreas, a insignificância ou inexistência de diferenças no padrão de voto comprovam os efeitos disciplinadores do material jurídico convencional (SUNSTEIN *et al.*, 2006, p. 60).

O conjunto de dados estatísticos referentes aos tribunais norte-americanos confere apoio aos enunciados probabilísticos de fatores ideológicos, no sentido de que a influência desses fatores tende a ser mais forte, consistente e previsível quando estão presentes determinadas variáveis. De um lado, a maior consistência no padrão de voto dos juízes *ideologicamente mais extremados* e com *maior tempo de posse* revela que a presença desses atributos judiciais potencializa a influência de fatores ideológicos (*variáveis subjetivas*). De outro, a delimitação das pesquisas às decisões não unânimes[41] (o que pressupõe terem sido proferidas em *casos mais complexos*), as evidências estatisticamente mais significativas encontradas em *casos moral e/ou politicamente carregados*[42] e de *maior saliência*, assim como as diferenças no grau

39. A análise de decisões proferidas entre 1978 e 2004 revelou que o percentual de votos de "juízes democratas" favoráveis à manutenção dos programas de ações afirmativas era 28% maior que o de republicanos. A diferença ficou ainda mais significativa nas decisões colegiadas, nas quais o índice de votos pró-ação afirmativa em turmas compostas apenas por "juízes democratas" foi quase o triplo em comparação com as turmas formadas apenas por republicanos (ver *item 4.2.2.1* A polarização grupal). Ao atualizar os resultados deste estudo para um período mais recente (1995 a 2008), Epstein, Landes e Posner (2013, p. 157 e ss.) descobriram que os "juízes republicanos" votaram pela manutenção de programas de ação afirmativa em 41% dos casos, enquanto os "juízes democratas" votaram desta forma 66% das vezes, ou seja, uma diferença de 25%, muito próxima da encontrada por Cass Sunstein e seus colaboradores.
40. Não foram encontradas evidências significativas de diferença entre os votos dos nomeados por presidentes de diferentes partidos em cinco áreas importantes: recursos criminais, desapropriação de propriedade privada, indenizações punitivas, legitimidade *ad causam* e restrições legislativas impostas à Cláusula de Comércio.
41. As investigações empíricas sobre a influência da ideologia, em regra, são concentradas apenas em *decisões não unânimes* que, nos últimos anos, representaram algo em torno de 60% a 70% do total de decisões proferidas pela Suprema Corte.
42. Wrightsman (2010, p. 65) encontrou um percentual consistentemente menor de decisões unânimes proferidas pela Suprema Corte em *"casos ideológicos"* – i.e., casos cujo conteúdo está relacionado com uma atitude ou valor acolhido por um juiz – nos

de influência de acordo com o *órgão judicial*[43] comprovam que os contextos decisório e institucional são determinantes para o grau de influência dos fatores ideológicos (*variáveis objetivas*).

5.1.2. As investigações empíricas no âmbito do STF

No Brasil, ainda não são muitas a investigações específicas sobre a atuação das preferências políticas pessoais dos juízes em suas decisões. Além de estudos empíricos sobre o comportamento judicial serem relativamente recentes (pós-Constituição de 1988), algumas características inerentes à nossa realidade jurídica, política, cultural e institucional dificultam, sobremaneira, a identificação dos objetivos (políticos ou jurídicos) que orientaram a opção por determinados resultados, assim como a utilização de determinados *proxies* para a medição da influência de fatores ideológicos.

Sob a *perspectiva normativa*, a pluralidade de valores, muitas vezes antagônicos, consagrados pela Constituição brasileira de 1988 acaba por conferir, em casos mais complexos, uma margem de ação dentro da qual a opção por determinados pontos de vista pode ser baseada em objetivos distintos. As correspondências entre o resultado da decisão e a ideologia judicial podem ser motivadas pelo desejo de maximizar preferências políticas pessoais, mas também podem ser decorrentes da vontade sincera de alcançar a melhor realização possível do direito a qual, na grande maioria dos casos, irá coincidir

---

três períodos analisados por ele: em 2001, as decisões unânimes foram alcançadas com menos frequência em casos ideológicos (32,5%) do que nos casos não ideológicos (43,7%); em 2002, 36,4% dos casos ideológicos resultaram em decisões unânimes, em comparação com 56,5% dos casos não ideológicos; em 2005, houve unanimidade em 45,6% dos casos ideológicos, contra 66,7% dos casos não ideológicos.

43. EPSTEIN; LANDES; POSNER (2013, p. 10-11): "Encontramos substancialmente maior divergência entre ideologia *ex ante* e *ex post* nos tribunais de apelação e atribuímos isso à maior influência de considerações legalistas nesses tribunais. Quanto mais peso essas considerações têm, menor a probabilidade de um juiz de inclinações conservadoras votar de forma consistentemente conservadora ou um juiz de inclinações liberais consistentemente liberal. [...] E então encontramos, e concluímos que há, de fato, menos ideologia na tomada de decisão do tribunal distrital do que nos níveis mais elevados do judiciário federal. Relacionamos este fenômeno com o conceito na teoria da organização de 'gestão por exceção,' através do qual as perguntas mais simples são respondidas na parte inferior de uma hierarquia de decisão e apenas as mais difíceis no topo. No caso do sistema judicial federal, isto implica que o papel da ideologia nas decisões irá aumentar à medida que os casos subirem através da hierarquia judicial do tribunal distrital para a Suprema Corte."

com tais preferências. Neste sentido, o ecletismo constitucional é uma característica que torna ainda mais difícil a identificação do tipo de objetivo perseguido pelos juízes.

Sob a *perspectiva político-cultural*, a fraqueza e a fragmentação de nosso sistema partidário conjugadas com a heterogeneidade e o sincretismo característicos de nosso tecido social tornam pouco provável uma aplicação exitosa de codificações binárias universais da ideologia dos juízes a temas específicos distintos.[44] O enquadramento dos indivíduos em categorias bem definidas não é algo simples na sociedade brasileira, cujos membros demonstram extrema dificuldade em operar com lógicas dualistas de posições antagônicas e mutuamente exclusivas. Por permitirem a associação entre os extremos, as categorias intermediárias tendem a ser vistas como algo positivo.[45] Alguns conceitos ideológicos facilmente manejados em determinadas sociedades (*liberal/conservador*; *esquerda/direita*) encontram enormes dificuldades para serem operados por aqui, onde indivíduos com preferências políticas homogêneas constituem uma rara exceção. Posições favoráveis ou contrárias a determinados temas que, em geral, tendem a caminhar juntas, no Brasil costumam ser entendidas e avaliadas de maneiras diferentes por um mesmo indivíduo.[46]

---

44. Nesse sentido, Taylor (2007, p. 244) considera que, no Brasil, a "corrente atitudinal é de difícil aplicação devido à complexidade de se estudar as atitudes dos juízes ou ministros em um sistema multipartidário em que as dimensões da disputa política dificilmente podem ser analisadas em um espectro binário." O autor, no entanto, faz a seguinte ressalva: "Com isso não pretendo afirmar que as motivações estratégicas ou atitudinais inexistam no caso brasileiro ou que essas abordagens não deveriam ser aplicadas a ele, mas simplesmente enfatizar que a abordagem institucionalista parece ter sido a mais útil e produtiva nesse primeiro momento dos estudos do Judiciário pós-1988 por uma série de motivos tanto metodológicos quanto conjunturais."

45. Sobre o tema, ver *item 8.2.1.1* (Dualismo *versus* intermediação: A valorização do intermediário e o "jeitinho brasileiro").

46. CALDEIRA (2013, p. A15): "Nota-se, por exemplo, alta aprovação do uso da pílula anticoncepcional e aprovação razoável da 'pílula do dia seguinte'. Por outro lado, observa-se que muitos a favor do uso da camisinha não se posicionam favoravelmente à legalização do casamento gay. Outros tantos a favor do divórcio posicionam-se contra a liberação do aborto. Legalização da união de pessoas do mesmo sexo, aborto e uso de anticoncepcionais são temas que geralmente aparecem juntos nesse intrincado debate. Contudo, é preciso atentar para o fato de que são práticas entendidas com pesos diferentes pelos brasileiros. Uma mulher, por exemplo, pode defender o reconhecimento do casamento civil de pessoas do mesmo sexo, mas negar o aborto em qualquer circunstância. Isso demonstra que temas que parecem caminhar juntos – especialmente quando se observa uma agenda liberalizante que cresce na América Latina – são entendidos e avaliados de maneiras diferentes pelos brasileiros. Conceitos como 'liberal' e 'conservador'

O sincretismo de pontos de vista sobre temas políticos (em sentido amplo) dificulta, sobremaneira, a identificação e a medição da influência exercida por fatores ideológicos sobre o comportamento judicial, mas não diminui a relevância de tal influência e, tampouco, torna-a inexistente.[47]

Se os pontos de vista sobre os temas moral e/ou politicamente carregados costumam ser individualizados e não homogêneos, dificilmente a diferenciação de juízes brasileiros em categorias ideológicas dicotômicas e abrangentes (do tipo: liberal/conservador) será capaz de produzir resultados satisfatórios na medição da influência de preferências políticas pessoais. Para conseguir identificar referida interferência, os padrões de votação teriam que ser analisados separadamente, em cada área temática específica, o que na prática, nem sempre pode ser operacionalizado, devido à escassez do material adequado a este tipo de análise – i.e., várias decisões proferidas pelo mesmo juiz, em casos complexos, sobre temas específicos de alta carga moral e/ou política.

Se a heterogeneidade de pontos de vista torna árdua a tarefa dos estudiosos do comportamento judicial, não poderia ser diferente em relação ao Presidente da República intencionado a nomear ministros com pontos de vista em comum. Talvez por isso, a "afinidade ideológica", enquanto critério para recrutamento de juízes, não seja tão determinante no Brasil.

---

demonstram os seus limites operacionais no campo fluido da moral. Os brasileiros, atravessados pela vaga da destradicionalização crescente e testemunhas da emergência de um 'mercado de sentido' variado – não apenas religioso, por sinal – que ganha impulso nas últimas décadas, expressam sua sensibilidade moral de formas diferentes. Os posicionamentos morais exprimem-se de maneira subjetiva e individualizada, mergulhados na multiplicidade de concatenações, combinações e ajustes. Sem um fiador único. Tal característica perpassa o campo religioso brasileiro e é sentida profundamente no catolicismo: 58% dos entrevistados pelo Datafolha se declararam católicos. Muitos responderam diferentemente às perguntas, inclusive assumindo posições que vão de encontro às oficiais da Igreja Católica. A homogeneidade aparente se dilui nos inúmeros graus de adesão à instituição. 'Ser católico', como dizia o saudoso Antônio Flávio Pierucci, 'é fácil'. E completa: 'Reside nisso parte da força do catolicismo, mas grande parte também de sua fraqueza'."

47. A mesma dificuldade de medição ocorre em relação à influência de fatores jurídicos, o que não afeta o protagonismo do material jurídico convencional na tomada de decisão. A nosso ver, a heterogeneidade de pontos de vista dos brasileiros é um dos motivos pelos quais a medição da influência da ideologia não tem obtido êxito como nos EUA, onde há uma dicotomia ideológica clara, bem definida e mais facilmente aferível entre os simpatizantes dos partidos democrata (liberais) e republicano (conservadores).

As dificuldades para a medição da ideologia, decorrentes de características normativas, políticas e culturais brasileiras, não diminuem, necessariamente, a potencial influência de preferências políticas substanciais sobre o comportamento judicial. O mesmo não se pode dizer, todavia, em relação ao contexto *jurídico-institucional* brasileiro que, em termos comparativos, revela-se bem mais inóspito a esta espécie de interferência do que o norte-americano. Além de atuar em um sistema de *common law*, a Suprema Corte daquele país julga menos de cem casos por ano, todos escolhidos de forma discricionária, tendo como base uma Constituição concisa e sintética, na qual os principais dispositivos foram formulados em termos vagos e imprecisos.[48]

Nos países que adotam o sistema de *civil law* como o Brasil, além de a magistratura atrair maior número de indivíduos motivados por objetivos jurídicos, a atuação judicial tende a ser mais fortemente limitada pelo direito.[49] Ademais, nossa Constituição se caracteriza pela prolixidade e pelo caráter analítico, mesmo na parte dos direitos fundamentais, na qual podem ser encontrados inúmeros dispositivos formulados em termos bastante precisos.[50] Como se não bastasse, o STF decide mais de 100.000 processos/ano, sobre os mais variados temas, sem liberdade para escolher os casos a serem julgados. Embora essas características marcantes do contexto jurídico-institucional brasileiro não sejam suficientes para eliminar a influência de fatores ideológicos, não se deve esperar que, por aqui, as preferências políticas pessoais interfiram no comportamento judicial na mesma proporção e intensidade constatadas por lá.

No Brasil, os raros estudos empíricos direcionados à análise da influência da ideologia têm se concentrado no Supremo. Algumas das principais investigações foram produzidas por Fabiana Luci de Oliveira, que desenvolveu um modelo para a análise do comportamento judicial no qual combina elementos de sociologia das profissões, jurisprudência e dos três modelos dominantes (jurídico, atitudinal e estratégico). Para testá-lo, analisou 300 Ações Diretas de Inconstitucionalidade decididas

---

48. O exemplo mais característico da ampla margem de ação conferida pela Constituição de 1787 é o Artigo XIV, 1 ("Nenhum Estado poderá fazer ou executar leis restringindo os privilégios ou as imunidades dos cidadãos dos Estados Unidos; nem poderá privar qualquer pessoa de sua vida, liberdade, ou bens sem processo legal, ou negar a qualquer pessoa sob sua jurisdição a igual proteção das leis"), do qual a Suprema Corte tem extraído uma significativa e diversificada quantidade de normas sobre os mais variados temas.
49. Nesse sentido, DESPOSATO; INGRAM; LANNES (2012, p. 7-8) e POSNER (2008, p. 263).
50. Basta lembrar, a título exemplificativo, que só o artigo 5º possui 78 incisos.

no período de 1988 a 2003. A conclusão da autora foi no sentido de que o comportamento judicial dos ministros é fortemente influenciado pelo contexto institucional e, em menor medida, por fatores jurídicos e políticos, sendo que as *variáveis atitudinais foram as que tiveram o menor impacto*. Diante do elevado grau de consenso (mais de 80% dos casos foram decididos por unanimidade)[51] e da constatação de que a maior parte das decisões teve como base argumentos técnicos, Oliveira (2008, p. 112) atribuiu um papel central ao "profissionalismo"[52], apontando-o como o fator mais importante para a compreensão de comportamento de voto.[53]

Leoni e Ramos (2006) aplicaram métodos bayesianos de estimação do ponto ideal na análise de 408 ADIs julgadas pelo STF no mesmo período acima (1988-2003). Um dos objetivos do estudo era verificar em que medida os modelos de pontos ideais explicam os

51. OLIVEIRA (2006, p. 159): "O consenso também contribui para distanciar o mundo jurídico do mundo político. Por isso nos interessou olhar para a ocorrência do comportamento não esperado, ou seja, o dissenso, para o porquê e onde ele acontece. Percebemos que ele ocorre em especial em ações que questionam leis referentes à temática político-partidária e econômico-tributária. Além do aspecto legal, o contexto político e os grupos de interesse são os preditores do dissenso na corte, não tendo os fatores internos, ou seja, os atributos pessoais e o perfil de atuação, grande impacto quando comparados com aqueles elementos."

52. Oliveira (2006, p. 4) argumenta que "o profissionalismo estabelece a expertise como um diferencial, sendo que os valores profissionais acrescentam substância moral ao conteúdo técnico das profissões". Para a autora, é a identidade com os valores do *profissionalismo* que diferencia os ministros do STF dos outros atores políticos. De acordo com Oliveira (2006, p. 228-229), "ao mesmo tempo em que o profissionalismo une os ministros em torno de ideias comuns, fundamentadas na necessidade de garantir a legitimidade do tribunal e a diferenciação dos ministros em relação aos outros atores políticos, ele também os separa, devido às diferentes visões em relação à extensão dos poderes que o tribunal deve ter. O STF é composto por ministros provenientes de diversas carreiras do mundo do direito, sendo que a maioria deles passou por mais de uma dessas carreiras, muitos exercendo inclusive ocupações estranhas à profissão, ocupando postos políticos. Assim, esses ministros trazem diferentes visões ao tribunal. Suas diferentes vivências de carreira somam-se à vivência comum de integrar o STF." Sobre a influência da trajetória profissional ("carreira") no comportamento de voto dos ministros do STF, ver *item 8.1.2* (As experiências profissionais).

53. Este entendimento é o mesmo que Oliveira (2006, p. 238) já havia adotado na conclusão de sua tese de doutoramento, ao afirmar que "[d]ireito, profissionalismo e política são fatores inter-relacionados na determinação das decisões da corte. O papel imperativo desempenhado pelo profissionalismo no processo de tomada de decisão judicial é um aspecto positivo, na medida em que favorece a independência dos juízes em relação aos interesses político-partidários e governamentais. Isso dá credibilidade e legitimidade ao STF."

votos proferidos no STF. A conclusão dos autores foi no sentido de que o modelo é capaz de diferenciar as posições dos ministros do STF e que as preferências destes, assim como ocorre com os membros da Suprema Corte, podem ser sintetizadas em uma única dimensão capaz de explicar aproximadamente 86% das decisões do Tribunal.

O foco central do estudo conduzido por Desposato, Ingram e Lannes (2012), que teve como base de dados 1.258 ADIs com decisões não unânimes proferidas entre 1989 e 2010, foi testar a presença de evidências que apoiassem os modelos legalista ou atitudinal. Após examinar os casos em que a maioria dos ministros alinhados com o Presidente em exercício votou contra a maioria dos que não estavam alinhados com este, os autores constataram que durante o Governo Lula o número de "divisões majoritárias" foi três vezes maior do que no Governo anterior.[54] Embora não tenham encontrado uma polarização extrema, os autores constataram haver nítida clivagem na Corte, impulsionada, principalmente, pela quantidade de nomeações feitas por Lula.[55] Ao contrário da maior parte dos estudos anteriormente produzidos no Brasil, Desposato, Ingram e Lannes (2012) encontraram uma "clara dimensão ideológica" nas decisões do STF após tais nomeações, o que sugere uma mudança de comportamento dos ministros.[56]

54. DESPOSATO; INGRAM; LANNES (2012, p. 23): "Antes do governo Lula, cerca de 3% das decisões não unânimes envolviam divisões entre os nomeados do presidente em exercício e os outros juízes. No governo do Presidente Lula, esse número aumentou para 10% – o que significa que há três vezes mais divisões majoritárias durante [o governo] Lula do que durante [o governo] FHC. Estes resultados são consistentes com a análise espacial e de permutação, sugerindo que uma nova e crescente separação está ocorrendo entre os juízes nomeados por Lula e os seus colegas no tribunal." *Nota do autor*: Os resultados excluíram o Ministro Marco Aurélio, apontado como um "*outlier* errático".

55. DESPOSATO; INGRAM; LANNES (2012, p. 20): "Nossos resultados são robustos, significativos, e visualmente impressionantes – e são divergentes da maior parte da literatura existente sobre o STF brasileiro. Trabalhos anteriores o caracterizam, quase unanimemente, como um tribunal altamente profissional, não ideológico, cujas decisões são sempre feitas com base em argumentos jurídicos ou considerações macroeconômicas apolíticas sobre a estabilidade nacional. Nossos resultados mostram que este não é realmente o caso! Há uma forte divisão no tribunal que corresponde ao presidente que fez a nomeação. A divisão é impulsionada principalmente por uma divisão entre as várias nomeações do Presidente Lula e o resto da corte, com evidências mais fracas das divisões de nomeações anteriores."

56. DESPOSATO; INGRAM; LANNES (2012, p. 27): "Neste trabalho, examinamos todas as decisões de ADIs disponíveis até junho de 2010. A análise de todas as decisões constitucionais durante este período encontrou uma clara dimensão ideológica para o espaço ideal da Suprema Corte Brasileira, conduzida quase totalmente pelas nomeações do Presidente Lula (2003-2010). Decisões anteriores ao seu mandato não mostraram

Em trabalho no qual analisa padrões de divergência dos ministros no STF, estimando pontos ideais de preferências através de um modelo espacial ("NOMINATE"),[57] Pedro Ferreira (2013) utilizou 756 ADIs julgadas em definitivo pelo Supremo, no período de 2002 a 2012. Segundo o autor, os resultados ratificaram, em certa medida, o entendimento predominante de que o comportamento dos ministros do STF não pode ser explicado pelo modelo atitudinal,[58] embora a validade desse modelo para o Tribunal não tenha sido completamente afastada pelos gráficos estimados, já que em alguns deles – inclusive no referente ao "julgamento do mensalão"[59] – foi possível vislumbrar

impacto da nomeação do presidente no ponto ideal ou nos resultados. Mas a adição dos ministros [nomeados por] Lula para o tribunal mudou fundamentalmente o espaço judicial, com uma clara divisão entre os nomeados por Lula e outros nomeados. Estes resultados sugerem uma transição importante neste judiciário de *civil law* – de uma abordagem formalista, pragmática de tomada de decisão para um modelo atitudinal mais amplo, ativista."

57. FERREIRA (2013, p. 40): "O NOMINATE (*nominal three-step estimation*) é um método de estimação de modelos espaciais de votação. Criado pelos cientistas políticos Keith Poole e Howard Rosenthal, ele usa escala multidimensional (*multidimensional scaling*) para projetar preferências em um espaço."

58. FERREIRA (2013, p. 70): "Pelo modelo atitudinal, na forma que a *proxy* de ideologia leva em conta o partido do Presidente responsável pela indicação, era de se esperar que os pontos no gráfico estivessem dispersos de acordo com as cores (já que a cor de cada ministro foi colocada de acordo com o Presidente que o indicou). Não é isso que acontece: pontos vermelhos (indicações de Lula) estão dispersos por todo gráfico, e pontos de outras cores (indicações de outros Presidentes) também não se dividem dessa forma. De fato, uma divisão que aparece nesse período e apareceu em outros foi entre dois grupos de ministros: um, menor e mais isolado, formado por Mello, Britto e Aurélio, e outro, maior, formado pelos restantes de ministros da corte em cada período. Não só essa divisão não reflete diferentes Presidentes responsáveis pela indicação, como os dois grupos foram heterogêneos em termos de indicação presidencial: Mello, Britto e Aurélio foram cada um indicado por Presidentes diferentes."

59. FERREIRA (2013, p. 82): "De fato, a disposição nos pontos no gráfico é marcadamente diferente da das ADIs. A variação nas coordenadas na primeira dimensão revela as divergências ocorridas no julgamento e amplamente veiculadas na mídia: em um extremo o PGR (acusação), acompanhado de perto pelo relator Barbosa, e no outro extremo o revisor Lewandowski, acompanhado de perto por Toffoli. É fácil perceber de quanto mais à direita, mais um votante tende a votar pela condenação dos réus. O mesmo cuidado necessário nos gráficos anteriores é necessário na interpretação do gráfico: a estimativa leva em conta apenas as divergências. Assim, o gráfico não diz, por exemplo, que o PGR e Lewandowski estiveram sempre em lados opostos, mas diz que eles estiveram sempre em lados opostos quando houve divergências. Para alguns réus, todos se posicionaram pela absolvição (incluindo o PGR) e para outros, todos se posicionaram pela condenação (inclusive Lewandowski). Sem a pretensão de analisar exaustivamente esse julgamento, as coordenadas na primeira dimensão se relacionam com uma maior

uma dispersão dos pontos consoante com a teoria. Ferreira (2013, p. 83) argumenta ser natural haver padrões diferentes de votação para temas diversos, ou seja, um juiz pode se afastar de uma ideologia que lhe é atribuída quando há uma mudança na pauta do tribunal e surgem outros tipos de controvérsias ("deslocamento de ideologia"). Nesse sentido, o autor afirma que as divisões verificadas no STF dependem do tema que está sendo julgado: "ministros com visões próximas no debate sobre a autonomia dos entes federados podem não ter necessariamente visões próximas em uma controvérsia em relação ao Código Penal."[60]

Em síntese, é possível observar que embora a maior parte dos trabalhos existentes no Brasil aponte uma incapacidade do modelo atitudinal para explicar o comportamento de voto dos ministros do STF, estudos mais recentes têm constatado fortes indícios da influência de fatores ideológicos.[61] Verifica-se, ainda, que diante da impossibilidade física de se analisar todas as decisões já proferidas pelo Tribunal,

---

ou menor incidência de votos pró-réu. Foi intuitivo perceber isso para os extremos do gráfico (Lewandowski e Toffoli, PGR e Barbosa), mas isso também é verdade para os pontos entre eles. Lúcia e Weber, por exemplo, se juntaram a Lewandowski e Toffoli em várias votações sobre formação de quadrilha (incluindo em relação à cúpula do PT). Britto e Mello, ocasionalmente divergiram do PGR e de Barbosa, para absolver réus do chamado núcleo publicitário, por exemplo. Já a segunda dimensão marca o isolamento de Aurélio em algumas votações. O mensalão é um exemplo de como os gráficos anteriores não explicam o comportamento dos ministros em *todas* as ações. Em uma ação penal, obviamente, as discussões não se concentram em interesses econômicos do governo federal ou na autonomia dos Estados. O foco sai um pouco do Direito Constitucional para o Direito Penal. Ministros que têm afinidade no primeiro caso podem não ter no segundo...".

60. FERREIRA (2013, p. 83): "Padrões diferentes também trazem indícios diferentes em relação às teorias de comportamento judicial. Uma divisão comum observada nas ADIs – Aurélio, Mello e Britto contra o resto – não aparece aqui. Na verdade, a divisão esquerda-direita do gráfico parece opor ministros mais novos na corte (indicados depois da divulgação do escândalo) de ministros mais antigos, à exceção de Fux. Essa divisão, por exemplo, é consoante com o modelo atitudinal."

61. DESPOSATO; INGRAM; LANNES (2012, p. 26): "A crescente literatura sobre o Judiciário Brasileiro sugere que esta instituição está imune à politização observada em outros tribunais, especialmente os dos Estados Unidos. De acordo com estas pesquisas, os juízes tomam decisões com base em seus entendimentos sobre questões jurídicas ou em outras considerações pragmáticas, sendo que a ideologia desempenha um papel pequeno nos resultados ou comportamentos. A maior parte destes trabalhos é baseada em estudos de caso por estudiosos e observadores jurídicos, mas as conclusões centrais também são apoiadas por análises econométricas (e.g., Taylor 2008; Oliveira 2008; Jaloretto e Mueller 2011). Nossos resultados contrariam todos esses achados anteriores."

as investigações têm utilizado somente os julgamentos proferidos em Ações Diretas como base de dados para a análise.

O problema desta delimitação é que tal classe de ações, além de não ser representativa da maioria das decisões tomadas pelo STF, mostra-se pouco adequada para a investigação da influência de fatores ideológicos.[62] Uma análise dos temas decididos em Ações Diretas revelará que a expressiva maioria das normas impugnadas trata de temas envolvendo a Administração Pública, Federação e Organização dos Poderes. Temas de alta carga moral e/ou política (em sentido estrito) envolvendo, e.g., Direitos Fundamentais, estão presentes em um reduzido percentual de ações, sendo que a maior parte foi julgada apenas na última década.[63] Talvez esta mudança recente ajude a explicar, juntamente com outras variáveis – como, *e.g.*, o Presidente da República e o método de pesquisa empregado – a diferença entre os resultados encontrados nos trabalhos mais recentes e os de pesquisas realizadas nas duas décadas seguintes à promulgação da Constituição

62. Esta advertência não costuma ser ignorada nos estudos sobre o tema. Nesse sentido, Ferreira (2013, p. 83) afirma: "O julgamento do mensalão mostra, portanto, que uma dose de cautela é necessária para interpretar as coordenadas estimadas para o STF nos últimos dez anos em julgamento de ADIs. Elas não se aplicam a todos os casos do tribunal, muito embora, por razões já discutidas, as ADIs possuam várias características desejáveis que ensejaram a escolha de seu uso no trabalho."

63. É possível notar uma mudança na agenda típica do Supremo que, coincidentemente ou não, corresponde ao início do Governo Lula (2003). Temas de forte carga moral e/ou política, envolvendo questões de alta saliência social e/ou midiática, passaram a ser mais constantes na agenda do controle concentrado-abstrato exercido pelo STF, embora estes casos sejam pouco expressivos e difíceis de serem captados em estudos empíricos meramente quantitativos. Como exemplos, podem ser citados: a observância de limites objetivos do "número de vereadores" em relação à população do município (ADI 3.345/DF, j. 25.08.2005; ADI 4307-REF-MC, j. 11.11.2009), a fixação da "verticalização" das coligações partidárias (ADI 3.685/DF, j. 22.03.2006), o afastamento da "cláusula de barreira" (ADI 1.351/DF, j. 07.12.2006), a vedação de "nepotismo" (ADC 12/DF, j. 20.08.2008; Súmula Vinculante 13, de 21.08.2008), a fixação da "fidelidade partidária" (ADI 3.999/DF e ADI 4.086/DF; j. 12.11.2008), a declaração de constitucionalidade da "Lei de Biossegurança" (ADI 3.510/DF; j. 29.05.2008), a não recepção da "Lei de Imprensa" em sua totalidade (ADPF 130/DF, j. 30.04.2009), a manutenção da "Lei da Anistia" (ADPF 153/DF; j. 29.04.2010), o reconhecimento das "uniões homoafetivas" como entidade familiar para fins de proteção jurídica (ADPF 132/RJ e ADI 4.277/DF, j. 05.05.2011), o diferimento da eficácia da "Lei da Ficha-Limpa" para as eleições seguintes às do ano de sua publicação (ADC 29 e 30/DF e ADI 4.578/DF, j. 09.11.2011; RE 633.703/MG, j. 23.03.2011), a vedação de criminalização do "aborto de fetos anencéfalos" (ADPF 54/DF, j. 12.04.2012) e a constitucionalidade dos "sistemas de cotas" adotados por universidades públicas (ADPF 186/DF, j. 26.04.2012).

de 1988, nas quais não foram encontrados indícios consistentes de votação ideológica por parte dos ministros.

Por fim, cumpre-se fazer uma ressalva em relação ao tipo de decisão (*unânime/não unânime*) utilizada como base para as análises. Nos EUA, as investigações empíricas direcionadas à identificação da influência exercida pelas preferências políticas pessoais costumam se concentrar apenas em *decisões não unânimes* que, em tese, são típicas dos casos mais complexos, nos quais o material jurídico convencional não foi suficiente para determinar o resultado decisório. No Brasil, esta delimitação não costuma ser observada nas investigações empíricas sobre o tema, o que, por evidente, dificulta a identificação e medição da influência de fatores ideológicos.

Por outro lado, não se pode deixar de registrar o forte consenso entre os ministros verificado em alguns casos envolvendo temas com alta carga moral.[64] Este alinhamento pode ser resultante da influência, consciente ou inconsciente, de *fatores ideológicos* (i.e., de predisposições e/ou preferências políticas pessoais em comum), embora seja bastante provável que outros fatores também tenham contribuído para esta convergência de opiniões, pouco usual em temas controversos desta natureza, dentre eles: *fatores jurídicos* (alto grau de determinação do material jurídico convencional), *institucionais* (desejo de conferir maior legitimidade simbólica à decisão) e/ou de *interesse* (convergência entre

64. ARGUELHES; RIBEIRO (2012): "Se um estrangeiro nos perguntasse quais têm sido as grandes controvérsias constitucionais recentemente enfrentadas pelo Supremo Tribunal Federal (STF), ficaria perplexo. O grau de consenso no tribunal parece ser muito alto. Ao discutir a união estável entre pessoas do mesmo sexo, o tribunal decidiu por unanimidade. O mesmo ocorreu com discussões sobre ação afirmativa por critérios raciais e sobre o alcance da liberdade de expressão para defender a legalização da maconha. No caso da interrupção da gravidez de fetos com anencefalia, embora a decisão não tenha sido unânime (9 x 2), o tribunal ficou muito longe de se dividir. O estrangeiro descobriria o seguinte: no Brasil, a tarefa de discutir o que significa igualdade, liberdade e autonomia individual, ao contrário do que ocorre em muitos outros países, não tem sido suficiente para dividir o tribunal. [...] O Supremo parece se dividir mais em função de conjunturas, do contexto, e não de grandes temas constitucionais. Divide-se em função do cenário imediato da decisão e de suas implicações. Em vez de debates sobre igualdade, liberdade e autonomia individual, temos improváveis discussões sobre os casos de Cesare Battisti e Antonio Palocci – em ambos, a posição vencedora teve um único voto de vantagem. A mesma diferença de um voto ocorreu quando o Supremo discutiu a necessidade de se transcrever gravações obtidas por meio de escutas telefônicas, como na decisão relativa à Operação Hurricane, e quanto à extensão dos poderes de investigação do Conselho Nacional de Justiça. Casos que se tornaram importantes pela conjuntura, e não pelos temas em si."

os ministros sobre as plateias consideradas relevantes para fins de reputação pessoal ou institucional).

5.2. A INFLUÊNCIA DE "PREFERÊNCIAS FORMAIS"

As *preferências formais* (ou de *segunda ordem*) são relacionadas a concepções justeóricas previamente acolhidas pelo juiz sobre a forma de decidir determinadas questões como, *e.g.*, a opção por adotar uma postura ativista ou de autocontenção, de acordo com a visão sobre o papel institucional a ser desempenhado pelo Judiciário. Tendo-se em conta que o ativismo judicial tende a conferir uma margem de ação mais ampla aos juízes, é possível supor que o comportamento dos que são simpáticos a posturas mais pró-ativas tem maior probabilidade de ser influenciado por fatores extrajurídicos do que o comportamento dos juízes que preferem adotar uma postura de autocontenção. Nesse sentido, pode ser formulado o seguinte enunciado probabilístico:

- ***Enunciado dos fatores ideológicos (4):*** *Quanto mais ativista a postura judicial, maior a probabilidade de influência de fatores extrajurídicos.*

A força da influência potencialmente exercida por preferências desta natureza pode ser ilustrada pela análise comparativa do comportamento antagônico, em matéria de controle de constitucionalidade, de duas importantes lideranças argumentativas dentro do Supremo Tribunal Federal: os Ministros Moreira Alves e Gilmar Mendes.[65] Cada um a seu modo tentou e conseguiu, em diferentes medidas, moldar parte da jurisprudência da Corte de acordo com suas "preferências formais".

José Carlos Moreira Alves, reconhecidamente um dos mais influentes ministros da história do STF, tomou posse em 1975, após ter exercido o cargo de Procurador-Geral da República por cerca de 3 anos, e se aposentou compulsoriamente em 2003, ao atingir 70 anos

65. Uma parte significativa dos exemplos mencionados a seguir, sobretudo os que se referem ao Ministro Moreira Alves, foi extraída do trabalho elaborado por Carlos Alexandre Azevedo Campos (2011, p. 541-596). Nas palavras deste autor, ambos representam "modelos absolutamente distintos de juiz constitucional, com visões muito distantes sobre o papel que o Supremo Tribunal Federal deve desempenhar no concerto democrático brasileiro: enquanto o primeiro representou o padrão do juiz constitucional que adota o comportamento de autocontenção judicial, o segundo apresenta-se como o seu oposto, o próprio padrão do juiz ativista."

de idade. A liderança intelectual de Moreira Alves contribuiu decisivamente para conformar a jurisprudência da Corte, especialmente em matéria de controle de constitucionalidade, conferindo-lhe um viés nitidamente *autorrestritivo*. A defesa de uma postura de autocontenção se baseava, não apenas na concepção sobre o papel a ser desempenhado pelo STF,[66] mas também no receio de que a ampliação do acesso ao Tribunal pela via direta aumentasse excessivamente o volume de casos a serem julgados. Para Alves, o acúmulo de processos, com a consequente demora em julgá-los, poderia gerar uma "crise" do STF capaz de conduzi-lo ao descrédito junto à opinião pública. A par disso, é provável que a experiência profissional como PGR e, em seguida, como ministro do STF ainda durante a vigência da Constituição anterior, também tenha influenciado a "preferência" do Ministro por uma postura de autocontenção, refratária à expansão do controle abstrato. Isso porque, no regime constitucional pretérito, esta espécie de controle era bastante restrita, limitando-se à ação de *representação de inconstitucionalidade*, que tinha como único legitimado ativo o Procurador-Geral da República.

Dentre as principais teses jurídicas decorrentes desta concepção autorrestritiva que Moreira Alves conseguiu emplacar na jurisprudência do STF, podem ser destacadas: I) a *interpretação restritiva dos legitimados ativos* para propor as ações de controle abstrato (CRFB/88, art. 103);[67] II) a impossibilidade de controle abstrato de

66. A visão de Moreira Alves sobre o papel institucional do STF foi sintetizada por Campos (2011, p. 568) nos seguintes termos: "As suas ideias, lançadas em textos sobre o Supremo Tribunal Federal e principalmente nos votos que proferiu na Corte, sempre deram a conta exata sobre o que pensava ser o papel que o Tribunal deveria desempenhar no desenho institucional brasileiro: o de uma instituição que deve ocupar seu espaço sem expandir ou centralizar poderes, sem interferir nas razões políticas das instituições de representação popular e autocontido no manejo dos instrumentos decisórios que a Constituição lhe reservou. E foi exatamente assim que o Supremo se comportou sob a sua liderança intelectual."

67. ADI 271-MC/DF, Rel. Min. Moreira Alves (Julgamento: 24.09.1992): "EMENTA: Ação direta de inconstitucionalidade. Central Única dos Trabalhadores (CUT). Falta de legitimação ativa. Sendo que a autora constituída por pessoas jurídicas de natureza vária, e que representam categorias profissionais diversas, não se enquadra ela na expressão – entidade de classe de âmbito nacional –, a que alude o artigo 103 da Constituição, contrapondo-se às confederações sindicais, porquanto não é uma entidade que congregue os integrantes de uma determinada atividade ou categoria profissional ou econômica, e que, portanto, represente, em âmbito nacional, uma classe..."; No mesmo sentido: ADI 334-MC/DF, Rel. Min. Moreira Alves (Julgamento: 01.09.1993); e ADI 433 QO/DF, Rel. Min. Moreira Alves (Julgamento: 13.11.1991)."

constitucionalidade tendo por objeto *normas pré-constitucionais*;[68] III) a impossibilidade de atuação do tribunal como *legislador positivo*,[69] diretriz utilizada com fundamento para diversas interpretações, dentre elas, a referente aos efeitos das decisões proferidas em Mandados de Injunção;[70] IV) interpretação restritiva acerca das hipóteses de cabimento da *Reclamação*.[71]

No polo oposto, destaca-se a influência exercida por Gilmar Mendes, nomeado para o STF em 2002, após ter exercido o cargo de Advogado-Geral da União por mais de 2 anos.[72] Reconhecido no meio acadêmico como um jurista altamente qualificado, Mendes é um dos principais teóricos brasileiros em matéria de controle de constitucionalidade, com ativa participação na elaboração do Projeto da Emenda Constitucional que introduziu a Ação Declaratória de Constitucionalidade (ADC) na Constituição de 1988[73] e nos anteprojetos das leis que regulamentaram a Ação Direta de Inconstitucionalidade (ADI),

---

68. RP 1.012/SP, Rel. Min. Moreira Alves (Julgamento: 27.09.1979): "Em se tratando de leis anteriores à Constituição Federal vigente, não há que se cogitar – como tem entendido o S.T.F. – de inconstitucionalidade, mas, sim, (e se for o caso), de revogação, matéria estranha a representação de inconstitucionalidade."

69. Na visão de Moreira Alves, o STF somente poderia atuar como "*legislador negativo*", expressão cunhada com base na conhecida lição de Hans Kelsen (2007, p. 152), segundo a qual "a anulação de uma lei tem o mesmo caráter de generalidade que sua elaboração, nada mais sendo, por assim dizer, que a elaboração com sinal negativo e portanto ela própria uma função legislativa."

70. MI 107-QO/DF, Rel. Min. Moreira Alves (Julgamento: 23.11.1989): "[...] ação que visa a obter do Poder Judiciário a declaração de inconstitucionalidade dessa omissão se estiver caracterizada a mora em regulamentar por parte do poder, órgão, entidade ou autoridade de que ela dependa, com a finalidade de que se lhe de ciência dessa declaração, para que adote as providências necessárias, à semelhança do que ocorre com a ação direta de inconstitucionalidade por omissão...".

71. Rcl 389/PR, Rel. Min. Néri da Silveira (Julgamento: 23.06.1993). Voto do Ministro Moreira Alves: "A meu ver – como já decidimos com relação à ação rescisória – não cabe reclamação sob a alegação de desrespeito ao julgado em representação de inconstitucionalidade [...]. Aliás, reclamação para garantir a autoridade de decisão desta Corte só cabe quando há execução, e, nela, se desrespeita o decidido por este Tribunal."

72. CAMPOS (2011, p. 592): "O ministro Gilmar Mendes, por sua vez, possui uma clara visão do Supremo Tribunal Federal como uma instituição de *superpoderes*. Orientado a este resultado, ele tem sistematicamente proposto uma dinâmica decisória dirigida à superação completa da postura de autorrestrição metodológica e processual defendida por Moreira Alves."

73. Ao lado de Ives Gandra, Mendes foi autor do Projeto de Emenda Constitucional (PEC 130/92), apresentado pelo Deputado Roberto Campos, com o objetivo de instituir a ADC e que foi parcialmente incorporado ao texto constitucional pela EC 3/93.

a Ação Declaratória de Constitucionalidade (ADC)[74] e a Arguição de Descumprimento de Preceito Fundamental (ADPF)[75]. Em sua atuação como Ministro, Gilmar Mendes conseguiu implementar algumas das teses defendidas em sua vasta produção acadêmica, todas resultantes de suas nítidas "preferências formais" por um *ativismo judicial* de autoexpansão e de concentração da jurisdição constitucional.[76]

Os exemplos são copiosos, ainda que nem sempre suas concepções tenham sido acolhidas pela maioria do Tribunal. Dentre as teses jurídicas antagônicas às defendidas por Moreira Alves podem ser mencionadas: I) a *interpretação mais ampla da legitimidade ativa* para propositura das ações de controle abstrato, em especial, no caso dos partidos políticos (CRFB/88, art. 103, VIII)[77] e das entidades de classe (CRFB/88, art. 103, IX)[78]; II) a possibilidade de controle abstrato de *normas pré-constitucionais*

---

74. Gilmar Mendes foi relator do anteprojeto de lei sobre o processo e julgamento da Ação Direta de Inconstitucionalidade e da Ação Declaratória de Constitucionalidade, o que se converteu no Projeto de Lei do Executivo n. 2.960/97 e, posteriormente, resultou na Lei n. 9.868/99.

75. Mendes foi membro da Comissão instituída para elaborar o anteprojeto de lei que disciplinou a arguição de descumprimento de preceito fundamental, cujo texto básico foi convertido na Lei n. 9.882/99.

76. Esta dimensão do ativismo judicial é referida por Campos (2012, p. 155) nos seguintes termos: "As cortes e juízes ativistas também expandem seu papel institucional por intermédio da ampliação jurisprudencial do acesso à sua jurisdição e de seu espaço de atuação, afastando por sua conta dificuldades procedimentais, como critérios rígidos de legitimidade processual e de cabimento de ações e recursos. Mais importante do que quem bate às portas das cortes, seria a relevância do tema questionado. Por meio dessa dimensão, as cortes ativistas também ampliam seus poderes de decisão, formulando doutrinas que reforçam o alcance das ações e recursos constitucionais, assim como a força vinculante de suas decisões. Com o desenvolvimento ampliativo dessas *regras procedimentais*, as cortes aumentam para si seu grau de independência em face dos poderes políticos."

77. Na jurisprudência pretérita do STF, o partido político que, após o ajuizamento da ação, deixasse de ter representante no Congresso Nacional, perderia sua legitimidade ativa, com a consequente extinção da ação sem julgamento de mérito (vide: ADI 3.908/DF, Rel. Min. Joaquim Barbosa, julgamento: 30.10.2008). Com a mudança de entendimento capitaneada por Gilmar Mendes na ADI 2.159-AgR/DF, da qual foi relator para o acórdão, este requisito passou a ser analisado no momento da *propositura da ação*, não importando eventual perda superveniente do representante.

78. Alterando o posicionamento anteriormente adotado, o STF reconheceu a legitimidade de entidades de classe formadas por *pessoas jurídicas* que atuam na defesa de uma categoria social, ainda que reunidas em associações correspondentes a cada Estado ("*associação de associações*"). Embora a divergência tenha sido aberta pelo Ministro Sepúlveda Pertence (ADI 3.153-AgR/DF, rel. p/ acórdão Min. Sepúlveda Pertence, *DJ* 09.09.2005), o Ministro Gilmar Mendes fez questão de antecipar o seu voto a fim de

que, embora nunca tenha sido admitido para a ADI, acabou legalmente consagrado para a ADPF (Lei 9.882/99, art. 1º, parágrafo único, I);[79] III) a possibilidade de o STF atuar, em certos contextos, como *legislador positivo*,[80] a exemplo do ocorrido no julgamento dos Mandados de Injunção relativos ao direto de greve dos servidores públicos;[81] IV) a defesa de interpretação extensiva da *Reclamação*, a fim de permitir sua utilização como instrumento de controle incidental de constitucionalidade;[82] V) A extensão dos efeitos das ações de controle de constitucionalidade abstrato às de controle incidental.[83]

---

destacar a necessidade de superação da "opção de política judiciária desenvolvida pelo Tribunal naquele momento histórico que traduzia a prática" do que ele denominou de "jurisprudência defensiva" e que, em seu entendimento, teria sido impulsionada pelo temor de que a ADI se transformasse em uma espécie de "ação popular de inconstitucionalidade".

79. ADPF 33-MC/PA, Rel. Min. Gilmar Mendes (Julgamento: 29.10.2003): "Diante de todos esses argumentos e considerando a razoabilidade e o significado para a segurança jurídica da tese que recomenda a extensão do controle abstrato de normas também ao direito pré-constitucional, não se afiguraria despropositado cogitar da revisão da jurisprudência do STF sobre a matéria."

80. ADI 3.510/DF, Rel. Min. Carlos Ayres Britto (Julgamento: 29.05.2008). Voto do Ministro Gilmar Mendes: "[...] "é possível antever que o Supremo Tribunal Federal acabe por se livrar do vetusto dogma do legislador negativo e se alie à mais progressiva linha jurisprudencial das decisões interpretativas com eficácia aditiva, já adotadas pelas principais Cortes Constitucionais europeias...".

81. MI 708/DF, Rel. Min. Gilmar Mendes (Julgamento: 25.10.2007): "Mandado de injunção conhecido e, no mérito, deferido para, nos termos acima especificados, determinar a aplicação das Leis ns. 7.701/1988 e 7.783/1989 aos conflitos e às ações judiciais que envolvam a interpretação do direito de greve dos servidores públicos civis." No julgamento, ficaram vencidos, parcialmente, os Ministros Ricardo Lewandowski, Joaquim Barbosa e Marco Aurélio, "que limitavam a decisão à categoria representada pelo sindicato". No mesmo sentido: MI 712/PA, Rel. Min. Eros Grau (Julgamento: 25.10.2007); e MI 670/ES, Rel. Min. Maurício Corrêa; Rel. p/ Acórdão: Min. Gilmar Mendes (Julgamento: 25.10.2007).

82. Rcl 3.014/SP, Rel. Min. Ayres Britto (Julgamento: 10.03.2010). Voto do Ministro Gilmar Mendes**:** "[...] não tenho nenhuma dúvida de que, ainda que não se empreste *eficácia transcendente* (efeito vinculante dos fundamentos determinantes) à decisão, *o Tribunal, em sede de reclamação contra aplicação de lei idêntica àquela declarada inconstitucional, poderá declarar, incidentalmente, a inconstitucionalidade da lei ainda não atingida pelo juízo de inconstitucionalidade.*" (grifo no original).

83. ADI – 3.470/RJ, Rel. Min. Rosa Weber (Julgamento: 29.11.2017): "A partir da manifestação do ministro Gilmar Mendes, o Colegiado entendeu ser necessário, a fim de evitar anomias e fragmentação da unidade, equalizar a decisão que se toma tanto em sede de controle abstrato quanto em sede de controle incidental. O ministro Gilmar Mendes observou que o art. 535 do Código de Processo Civil reforça esse entendimento. Asseverou se estar fazendo uma releitura do disposto no art. 52, X, da CF, no sentido de que a Corte

Tendo como base notícias veiculadas em três importantes jornais de circulação nacional (*Folha de S. Paulo*, *O Estado de S. Paulo* e *Jornal do Brasil*), Fabiana Oliveira (2006) propôs uma classificação dos ministros (1988-1993), de acordo com suas "preferências formais", em três categorias: restritiva, moderada e ativista.[84] Na análise, foram considerados (I) de *perfil restritivo* (ou *conservador*): Moreira Alves (1975-2003)[85], Néri da Silveira (1981-2002)[86], Aldir Passarinho (1982-1991), Sidney Sanches (1984-2003)[87], Octávio Gallotti (1984-2000)[88], Carlos Madeira (1985-1990), Maurício Corrêa (1994-2004)[89], Ellen Gracie

---

comunica ao Senado a decisão de declaração de inconstitucionalidade, para que ele faça a publicação, intensifique a publicidade." (Informativo/STF 886).

84. Oliveira (2006, p. 79-80) adotou o seguinte critério: "Os ministros com perfil de atuação restritivo são aqueles que obedecem mais à letra da Constituição e se posicionam de forma mais restritiva quanto à possibilidade de atuação do Supremo Tribunal nas questões políticas. Esses ministros não costumam levar em conta em suas decisões fatores extraconstitucionais (ou seja, não costumam considerar as consequências políticas, econômicas e/ou sociais da decisão), votando num sentido mais técnico. Já os ministros com perfil ativista são os que não se prendem tanto à letra escrita da Constituição, podendo 'reformá-la' segundo suas próprias convicções e valores, e têm uma visão mais ampla da atuação do STF nas questões políticas. Os ministros com perfil ativista costumam considerar fatores extraconstitucionais em suas decisões (ou seja, costumam considerar as consequências políticas, econômicas e/ou sociais da decisão), votando num sentido mais político."

85. OLIVEIRA (2006, p. 93): "Ele foi identificado na linha ideológica dos 'duros e técnicos' (FSP, 24/05/1981). Segundo o jornal *O Estado de S. Paulo,* ele costumava votar com o governo (ESP, 08/07/1990). Ainda de acordo com esse jornal, o ministro às vezes cedia às pressões políticas do momento para garantir a unanimidade nos julgamentos do STF (ESP, 30/08/1992). O *Jornal do Brasil* caracterizou Alves como 'tecnocrata do direito, insensível politicamente' (JB, 16/08/1992). O ministro é tido no meio jurídico como um dos mais conservadores que já passaram pelo STF."

86. OLIVEIRA (2006, p. 100): "Considerado pelos jornais consultados um juiz de carreira, meticuloso, que dava seus votos com parcimônia (FSP, 05/10/1986). De acordo com o *Jornal do Brasil* o ministro conseguia embasar com rigor legal qualquer decisão política (JB, 16/08/1992)."

87. OLIVEIRA (2006, p. 97-98): "Sanches foi identificado pelos jornais como um juiz de postura conservadora, mas algumas vezes foi atribuída a ele uma postura mais liberal, devido especialmente a declarações em que afirmava admitir que além do ordenamento jurídico, o STF não pode deixar de considerar o momento político e econômico pelo qual o país passa na época dos julgamentos (ESP, 30/08/1992). Juiz de carreira, ligado às entidades dos magistrados, sempre foi um ferrenho defensor da autonomia do Poder Judiciário. De acordo com o *Jornal do Brasil* Sanches foi um ministro apolítico e conservador."

88. OLIVEIRA (2006, p. 101): "O jornal *Folha de* S. *Paulo* atribuiu a Gallotti uma postura ideológica conservadora. Já no jornal O *Estado de* S. *Paulo,* o ministro foi apontado como defensor de posições liberais (ESP, 08/08/1990). Foi considerado um juiz extremamente conservador pelo *Jornal do Brasil* (JB, 16/08/1992)."

89. OLIVEIRA (2006, p. 94): "Os jornais *Folha de* S. *Paulo* e *O Estado de* S. *Paulo* classificaram o ministro como técnico, tendo a *Folha* classificado o ministro como conservador e o *Estado* algumas vezes o apontou como liberal."

PARTE II – FATORES ENDÓGENOS

(2000-2011)[90]; (II) de *perfil moderado*: Célio Borja (1986-1992), Paulo Brossard (1989-1994)[91], Ilmar Galvão (1991-2003)[92]; e (III) de *perfil ativista*: Sepúlveda Pertence (1989-2007)[93], Celso de Mello (1989-)[94], Francisco Rezek (1983-1990; 1992-1997)[95], Nelson Jobim (1997-2006)[96], Carlos Velloso (1990-2006)[97], Marco Aurélio (1990-)[98].

90. OLIVEIRA (2006, p. 98): "Eleita vice-presidente do STF em maio de 2004, Ellen Gracie assumiu a presidência do tribunal em 2006. Em notícia publicada no jornal *Folha de* S. *Paulo* à época da nomeação da ministra afirmou-se que 'a juíza tem tendência de votar sempre com o governo' (FSP, 21/11/2000). Os jornais atribuíram à ministra uma postura ideológica conservadora."
91. OLIVEIRA (2006, p. 106-107): "Considerado pelos jornais consultados como um ministro liberal e de oposição, Brossard muitas vezes foi voto isolado na defesa de seus pontos de vista, especialmente em questões envolvendo trabalhadores. Frequentemente esses jornais apontaram sua atuação como sendo contra os interesses do governo."
92. Embora tenha sido classificado por Oliveira (2006, p. 101) como um Ministro de *perfil moderado*, segundo a própria autora Galvão "foi classificado pelos jornais como um juiz de postura ideológica conservadora."
93. OLIVEIRA (2006, p. 105-106): "Segundo os jornais consultados, o ministro tem postura ideológica liberal e procura orientar suas decisões sem se prender aos aspectos técnicos da questão. Episódio que repercutiu bastante na mídia durante sua presidência no Supremo foi sua recusa em receber o presidente Fujimori, como manifestação de sua oposição ao governo antidemocrático."
94. OLIVEIRA (2006, p. 102): "Quando presidente do STF gerou algumas polêmicas em decorrência de suas posições. O ministro defendia o controle externo da magistratura, era contra a súmula vinculante, e posicionou-se contra a aposentadoria especial dos juízes defendendo a possibilidade de impeachment. O ministro também defendia temas considerados polêmicos, como a ampliação da possibilidade do aborto e o casamento homossexual. Em decorrência dessas posições e da sua atuação no tribunal, os jornais consultados classificaram o ministro como defensor de posições liberais."
95. OLIVEIRA (2006, p. 103-104): "O ministro foi identificado pelos jornais consultados como um juiz com postura ideológica liberal."
96. OLIVEIRA (2006, p. 95): "Os jornais consultados identificaram Jobim como um ministro político, tendo sido apontado muitas vezes como 'líder do governo FHC no tribunal', acusado de sempre pedir vistas aos processos para evitar votações que desagradavam ao governo do presidente que o nomeou. Essa mesma atitude de apoio ao governo foi atribuída ao ministro durante o governo Lula. Grande parte da imprensa noticiou declarações de Jobim em defesa do governo Lula em decorrência dos escândalos políticos de corrupção, no escândalo do 'Mensalão' e do 'caixa dois'. O ministro causou polêmica ao revelar que quando deputado constituinte incluiu artigos na Constituição de 1988 sem tê-los submetido à votação do parlamento."
97. OLIVEIRA (2006, p. 107-108): "O ministro foi tido pelos jornais pesquisados como um juiz de postura ideológica liberal."
98. OLIVEIRA (2006, p. 108): "Marco Aurélio foi considerado pelos jornais consultados o mais polêmico dos ministros, com postura ideológica liberal e com uma atuação classificada como política e independente. Ainda segundo esses jornais, o ministro costumava gerar polêmicas em suas discussões com os ministros mais antigos do tribunal."

Como se pode notar, todos os Ministros considerados de perfil ativista foram nomeados pós-Constituição de 1988, com exceção de Francisco Rezek, único ministro na história a ser nomeado por duas vezes para o Tribunal, sendo a primeira pelo Presidente João Figueiredo, ainda durante o regime militar, e a segunda por Fernando Collor de Melo, que o convidou para ser Ministro das Relações Exteriores em 1990 e, dois anos mais tarde, o indicou para o Supremo. Curioso observar, ainda, que Gilmar Mendes (2002-)[99], então recém chegado, foi considerado como sendo de perfil restritivo, o que, por óbvio, não corresponde à postura adotada nos anos subsequentes.[100] Nesse caso, a divergência pode ser atribuída tanto ao "período de aclimatação" no Tribunal, quanto à não diferenciação entre "preferências substanciais" mais conservadoras[101] e "preferências formais" mais ativistas.

À guisa de conclusão, cumpre-se destacar que a análise comparativa das posturas adotadas por Moreira Alves e Gilmar Mendes demonstra a importância e a capacidade de influência de "preferências formais" sobre o comportamento de voto e, por conseguinte, sobre a jurisprudência. Embora o material jurídico convencional fosse essencialmente o mesmo, as teses diametralmente opostas sustentadas pelos dois ministros em virtude de preferências antagônicas (autocontenção x ativismo) foram suficientemente fortes para conformar a jurisprudência do STF em sentidos diversos. Especialmente em judiciários de países de *civil law*, nos quais se espera que a grande maioria dos juízes sejam perseguidores de objetivos jurídicos, não parece despropositado supor que, de um modo geral, "preferências formais" tenham um potencial de influência sobre o comportamento judicial ainda maior do que "preferências substanciais".

99. OLIVEIRA (2006, p. 96-97): "A indicação de Gilmar Mendes criou grande polêmica no meio jurídico. A Associação dos Magistrados Brasileiros manifestou-se contrariamente a essa indicação, pela proximidade do ministro com o governo e pela afirmação do indicado de que havia no Brasil um 'manicômio judiciário', devido a uma sucessão de sentenças desfavoráveis ao governo. Na ocasião de sua nomeação o jornal *O Estado de* S. *Paulo* publicou notícia em que afirmava: 'de perfil contestador e ligado ao governo, Mendes deve ter constantes discussões com o presidente do STF, Marco Aurélio Mello, que, frequentemente, vota contra os interesses do Executivo' (ESP, 23/04/2002). Os jornais *Folha de* S. *Paulo* e O *Estado de* S. *Paulo* atribuíram ao ministro uma postura ideológica conservadora."

100. Como assinalado por Arguelhes, Oliveira e Ribeiro (2012, p. 48), nos anos de 2008 a 2010, quando era o então presidente do STF, Gilmar Mendes foi classificado como *ativista* em diversas reportagens do jornal Folha de S. Paulo.

101. A Revista *Economist* também classificou Mendes como um Ministro de "visão mais conservadora" (SÁ, 2009).

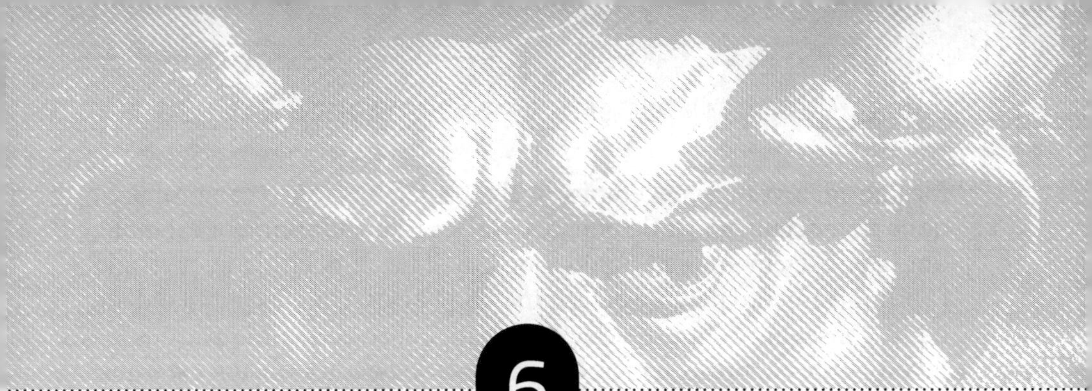

6

FATORES DE INTERESSE: A INFLUÊNCIA DE EXPECTATIVAS BASEADAS EM INTERESSES PESSOAIS

Os juízes perseguem propósitos gerais (*objetivos jurídicos* e/ou *políticos*), mas, assim como qualquer indivíduo, também possuem interesses específicos potencialmente capazes de motivar suas escolhas e condutas. A expectativa de obter algo (tempo livre, promoção, poder, prestígio, estima...) pode fornecer incentivos suficientemente fortes a ponto de influenciar o comportamento judicial.

Quais tipos de interesses motivam os juízes? O que eles desejam maximizar ou minimizar? Quais pessoas ou grupos são potencialmente relevantes para os juízes a ponto de influenciar, direta ou indiretamente, o seu comportamento? Tais questões, imprescindíveis para uma ampla compreensão do modo como os juízes tendem a atuar e decidir, não devem ser desprezadas em uma análise descritiva do comportamento judicial.

As investigações sobre como interesses podem motivar determinadas escolhas pelos juízes, embora tenham crescido nos últimos anos, ainda estão aquém de seus potenciais benefícios para a compreensão do tema.[1] Estudos positivos desenvolvidos nesse sentido podem ajudar a entender o que motiva os juízes a adotar certos comportamentos e, por conseguinte, a revelar aspectos importantes sobre o desenho das instituições judiciais (SCHAUER, 2000, p. 636). Embora essas questões permitam a formulação de hipóteses, há grande dificuldade para testá-las.

---

1. No âmbito jurídico, a ausência de interesse na investigação daquilo que os juízes desejam maximizar ou minimizar é atribuída por Schauer (2000, p. 615-617) à relutância dos estudiosos do direito em admitir que os juízes são atores políticos autointeressados e potencialmente ambiciosos, bem como à perspectiva interna adotada pelas faculdades de direito, nas quais o estudante geralmente é identificado com o juiz.

Mesmo em investigações empíricas sigilosas, feitas com o compromisso de confidencialidade, dificilmente os juízes iriam admitir, por exemplo, um interesse em ampliar o poder ou em obter popularidade, prestígio e reconhecimento perante determinadas plateias. Diante da dificuldade de se conseguir a autorrevelação sincera sobre certas motivações, as investigações sobre o tema costumam se valer de indícios externos. De qualquer forma, sendo a preocupação com a autoimagem algo inerente ao comportamento humano, o ônus argumentativo deveria caber a quem considera irrelevante a influência de *fatores de interesse* no comportamento judicial.

O *tipo de interesse* a ser fomentado e o *grau de probabilidade* de sua influência dependem de variáveis subjetivas (atributos judiciais) e objetivas (contexto decisório e institucional).

Com relação ao contexto decisório, a probabilidade de certos interesses influenciarem o comportamento judicial tende a ser maior em áreas abertas do direito. Em casos de maior complexidade, marcados pela obscuridade em relação aos fatos ou pela indeterminação do material jurídico convencional, interesses podem interferir na avaliação de aspectos faticamente controversos e/ou na interpretação de enunciados normativos vagos e imprecisos, de modo a influenciar o *comportamento judicial em sentido estrito*. Por outro lado, a ausência de norma processual ou procedimental específica ou, ainda, a falta de sanção efetiva para o caso de descumprimento das normas existentes, abre espaço para que determinados interesses orientem condutas judiciais (*comportamento judicial em sentido amplo*) referentes, por exemplo, à escolha do processo a ser prioritariamente julgado,[2] à celeridade para elaborar votos ou proferir decisões, à adoção de medidas acautelatórias com o objetivo de evitar críticas ou receber elogios, à adoção de critérios mais ou menos rígidos para agradar a opinião pública ou outras plateias relevantes.

A configuração do contexto decisório tende a interferir, ainda, no tipo de interesse: enquanto o desejo de evitar divergências intracorte ("convergência do colegiado" e "aversão à divergência") ou de maximizar o tempo livre tende a influenciar o comportamento judicial apenas em contextos decisórios de baixa saliência, o interesse de maximizar

2. Em comarcas de maior rotatividade de magistrados, não é incomum, por exemplo, que os casos mais complexos e difíceis de serem resolvidos tenham as decisões postergadas ao máximo para que sejam proferidas pelo próximo juiz. O estabelecimento de metas quantitativas a serem cumpridas, inclusive para fins de promoção por merecimento, tende a aumentar ainda mais a probabilidade deste tipo de comportamento.

o poder e a reputação positiva tende a atuar com maior intensidade em casos de alta saliência.

As variáveis objetivas relacionadas ao contexto institucional também atuam nesses dois sentidos. Em ambientes institucionais nos quais os riscos de punição ou de perda do cargo são baixos, bem como naqueles em que a reversão da decisão por instâncias judiciais superiores ou sua superação pelo legislativo são hipóteses altamente improváveis, a influência dos *fatores de interesse* tende a ser maior. Por seu turno, o tipo de interesse costuma variar de acordo com o órgão de atuação do juiz. Em regra, os interesses típicos de juízes que atuam no primeiro grau - como, *e.g.*, o desejo de ser promovido -, não são os mesmos que motivam os membros de Supremas Cortes ou de Tribunais Constitucionais.

Por fim, vale registrar que os *fatores de interesse* podem ter uma *atuação convergente*, quando mais de um interesse fornece razões contributivas para o mesmo tipo de comportamento; ou *conflitante*, quando os diferentes interesses envolvidos fornecem razões para comportamentos em sentidos opostos.[3]

6.1. INTERESSES PECUNIÁRIOS E NÃO PECUNIÁRIOS

Na magistratura, assim como em qualquer outra profissão, as escolhas podem ser motivadas, de modo mais ou menos consciente, por vários tipos de interesses. No entanto, enquanto em grande parte das atividades profissionais os interesses de *natureza pecuniária* fornecem fortes incentivos para o comportamento, na magistratura existem garantias e limitações funcionais e institucionais impostas com o objetivo de evitar interferências desta espécie.[4] Tais mecanis-

3. EPSTEIN; LANDES; POSNER (2013, p. 43): "Quando o texto [legal] e o precedente não determinam uma decisão, o juiz tem a oportunidade de implementar sua visão de política pública desejável, como se ele fosse um legislador, e as decisões afetam o comportamento no mundo fora do tribunal – precedentes operam assim como faz uma lei, restringindo o comportamento. Os juízes sopesam [*trade off*] o poder contra o tempo livre e contra outras influências sobre a reputação. Um juiz pode ter um forte sentimento sobre uma questão política; todavia, o medo de ser criticado por 'ativismo judicial,' ou o medo de reversão por um tribunal superior, pela legislação ou, em um caso extremo, por uma emenda constitucional, pode convencê-lo de que não pode alcançar o seu objetivo político no caso em questão."

4. A Constituição brasileira de 1988 estabelece *garantias* (Art. 95) e impõe *vedações* (Art. 95, parágrafo único) aos juízes, além de assegurar a *autonomia administrativa e financeira* ao Poder Judiciário (Art. 99).

mos, embora incapazes de blindar totalmente os juízes contra pressões externas advindas dos outros poderes,[5] protegem satisfatoriamente as decisões judiciais contra preocupações ou estímulos desta natureza, assegurando a autonomia judicial desejável.[6]

Em regra, os benefícios gerados por um potencial aumento de renda decorrente de decisões favoráveis a classes ou grupos amplos aos quais pertence o juiz (*e.g.*, uma decisão judicial suspendendo um aumento de imposto do qual o juiz é contribuinte), não são capazes de superar os custos advindos das potenciais sanções, por mais moderadas que possam ser, decorrentes de decisões pouco racionais ou claramente tendenciosas (*e.g.*, a crítica profissional ou a revogação da decisão por um tribunal superior ou pelo plenário).[7] Não se pode menosprezar, entretanto, o poder financeiro nas sociedades contemporâneas e, por conseguinte, a possibilidade de que interesses pecuniários eventualmente estimulem a adoção deliberada de comportamentos não republicanos por parte de alguns juízes. Ou mesmo que, em casos mais complexos, acabem influenciando certas escolhas judiciais, ainda que de um modo não plenamente consciente.

Não obstante, partindo da premissa de que o Poder Judiciário é composto, em sua grande maioria, por indivíduos honestos e bem-intencionados, bem como tendo em consideração as garantias e vedações judiciais, além dos potenciais custos advindos da interferência de interesses pecuniários, é plausível supor que interesses de outra natureza

---

5. Embora não possa haver redução dos valores da remuneração percebida pelos juízes – salvo nos casos previstos expressamente no inciso III do art. 95 da CRFB/88 – os demais poderes podem criar obstáculos orçamentários para os reajustes.
6. POSNER (1993, p. 4-5; 1995, p. 111): "Um juiz federal pode ser preguiçoso, desprovido de temperamento judicial, maltratar sua equipe, repreender sem razão os advogados que comparecem perante ele, ser repreendido por lapsos éticos, estar na beira ou mesmo deslizar para a senilidade, ser continuamente revertido por erros jurídicos elementares, manter sob deliberação durante anos casos que poderiam ser decididos perfeitamente em dias ou semanas, vazar informações confidenciais para a imprensa, perseguir uma agenda abertamente política, e portar-se mal de outras maneiras que poderiam até mesmo levar um servidor público ou um professor universitário com estabilidade a ser demitido; ele manterá o seu cargo. Seu salário também não pode ser reduzido- e nem o salário de um bom juiz pode ser aumentado. Todos os juízes de mesmo grau recebem exatamente o mesmo, e assim a cenoura é retirada juntamente com a vara. Outra razão para não haver cenoura é que um juiz está proibido, naturalmente, de aceitar subornos dos litigantes, embolsar taxas judiciárias ou outras taxas incidentes sobre os litigantes ou receber direitos autorais de pessoas que citam suas decisões. Ele recebe um salário fixo, ponto final."
7. Isso explicaria, segundo Posner (2007, p. 821), por que as investigações que tentaram estabelecer uma conexão entre decisões judiciais e interesses econômicos dos juízes não foram exitosas e praticamente desapareceram nos dias de hoje.

tenham maior probabilidade de influenciar o comportamento judicial. A ampliação do tempo livre para exercer outras atividades[8], o poder de interferir nos rumos da política jurídica, além de outros *interesses não pecuniários* relacionados à reputação (prestígio, respeito, estima, renome, fama, popularidade...) são alguns dos *fatores de interesse* com maior probabilidade de influenciar o comportamento judicial.

No âmbito das Cortes Supremas, os nomeados advindos da iniciativa privada, em especial os advogados, geralmente passam a ter restrições muito mais rígidas em sua atividade profissional, bem como uma diminuição significativa da renda auferida.[9] Outrossim, mesmo sendo assegurados proventos integrais de aposentadoria e havendo grande possibilidade de auferir uma renda expressiva na iniciativa privada por qualquer um que tenha o *status* de ex-juiz de uma Corte Suprema, é de se notar que raramente ocorrem aposentadorias voluntárias.[10] Essas constatações ilustram que, além da satisfação pessoal obtida com a tomada de decisões, os membros destes tribunais tendem a atribuir um peso maior aos benefícios gerados por incentivos não pecuniários do que aos custos advindos da diminuição da renda auferida.[11]

---

8. Considerando que os juízes possuem vitaliciedade e recebem um valor fixo independentemente de seu desempenho profissional, Epstein, Landes e Posner (2013, p. 36-38) acreditam que a preferência pelo tempo livre desempenha um papel mais relevante na função judicial do que em outras atividades profissionais. Os autores citam como exemplo da preferência pelo tempo livre a crescente atividade extrajudicial dos membros da Suprema Corte. Segundo os autores, "[o] aumento nas atividades extrajudiciais dos *Justices* coincidiu com uma diminuição da sua carga de trabalho, como resultado de uma redução no número de casos em que é concedida a revisão pelo plenário e do crescimento do tamanho e da qualidade das equipes dos *Justices*."
9. CASS (1995, p. 970-971): "Os juízes, em geral, abrem mão de uma quantidade substancial de renda monetária quando ascendem ao tribunal. É lógico que essas pessoas são motivadas por fortes interesses não monetários."
10. No caso do Brasil, a EC 88/2015 ampliou o limite máximo de idade para a aposentadoria compulsória de setenta para setenta e cinco anos (CRFB/88, art. 93, VI c/c art. 40, §1º, II, ADCT, art. 100 e Lei Complementar 152/2015). Na história recente do Supremo, os únicos ministros que se aposentaram antes do limite constitucionalmente imposto foram Célio Borja, Francisco Rezek, Nelson Jobim, Ellen Gracie e Joaquim Barbosa. Vale registrar, ainda, que os dois pedidos de aposentadoria voluntária feitos em 1969, pelos Ministros Antônio Gonçalves de Oliveira e Lafayette de Andrada, foram em caráter de protesto contra as consequências da edição do Ato Institucional 5, de 13 de dezembro de 1968. Dentre as principais medidas que motivaram o pedido de aposentadoria, estavam a suspensão das garantias funcionais atribuídas aos juízes e a aposentadoria compulsória dos Ministros Victor Nunes Leal, Evandro Lins e Silva e Hermes Lima.
11. DEVINS; FEDERSPIEL (2010, p. 92): "[O] próprio processo pelo qual nós selecionamos os juízes tende 'a favorecer aqueles com um interesse especialmente forte na estima de

Ademais, o maior impacto e visibilidade das decisões, assim como o processo de recrutamento – o qual favorece a escolha de pessoas gregárias, que sabem atuar de forma eficaz em ambientes sociais e políticos –, reforçam ainda mais a tendência de nomeação de indivíduos que conferem importância a interesses relacionados à *reputação positiva* ou à *maximização do poder*. É provável que estas espécies de interesses não pecuniários forneçam incentivos mais fortes para os membros de Cortes Supremas do que para os de outros órgãos do Judiciário, nos quais provavelmente será atribuído um peso maior a interesses diversos como, *e.g.*, ser promovido, evitar a reversão de suas decisões ou maximizar o tempo livre.

6.2. A MAXIMIZAÇÃO DA REPUTAÇÃO POSITIVA

O desejo de ter uma reputação positiva está entre os interesses não pecuniários com maior potencial para afetar as escolhas de qualquer ser humano. A *reputação* pode ser definida como o conceito de que um indivíduo ou algo goza perante outros indivíduos ou grupos e, em um sentido amplo, abrange aspectos como a popularidade, a fama, o prestígio,[12] a admiração, o renome, a estima e o respeito. O desejo de

---

outras pessoas' (...). Aceitar um cargo na magistratura implica aceitar restrições relativamente significativas sobre as atividades e comportamentos pessoais, bem como uma redução significativa na compensação monetária. O incentivo para aceitar essas perdas é um aumento no prestígio (e um aumento no poder potencial). Como resultado, os tipos de pessoas que acabam em cargos judiciais tendem a ser aqueles que se importam muito com a estima dos outros." (Nota do autor: Deve-se lembrar de que nos EUA, o processo de seleção de magistrados não é feito por concurso público, mas por escolha do Chefe do Executivo ou, em alguns Estados, pelo voto popular.)

12. POSNER (1993, p. 37-38; 1995, p. 142): "Juízes muito fracos devem trabalhar duro para atingir o limiar acima do qual o prestígio judicial não varia muito com o *output*; juízes muito fortes têm um incentivo para trabalhar duro, porque o trabalho duro pode vir a ter um multiplicativo em vez de apenas um efeito aditivo sobre a capacidade. Pode parecer que os juízes fortes seriam menos propensos do que os fracos para aderir ao precedente porque não querem se sentir vinculados às decisões dos juízes anteriores, que eram, em média, mais fracos do que eles. Mas isso não é claro, e não apenas porque esses juízes fortes querem que os precedentes que *eles* criam sejam seguidos. Se o abandono ou a erosão do *stare decisis* aumentasse a carga de trabalho judicial, o que, recordamos, é plausível, embora não certo, mais juízes seriam nomeados, e a influência de cada juiz seria diluída. Além disso, devemos lembrar o ponto anterior de que os juízes, tanto fortes como fracos, gostam de jogar o 'jogo' judicial, um jogo que tem certas regras das quais uma (no sistema jurídico anglo-americano) é que os juízes devem atribuir um peso grande, ainda que não controlado, à autoridade dos precedentes.

maximizar esses interesses pode fornecer fortes incentivos na escolha das preferências ou do comportamento judicial a ser adotado.

A reputação pode se referir à visão que pessoas ou grupos têm do próprio juiz (*reputação individual*) ou do Poder Judiciário e de seus órgãos (*reputação institucional*). No caso específico das Cortes Supremas, os principais responsáveis pela criação da reputação de seus membros são, além da mídia em geral, os juristas que escrevem sobre decisões do tribunal, os professores de direito e os historiadores, em especial, os responsáveis por biografias judiciais, algo bastante comum nos EUA (SCHAUER, 2000, p. 629). Garoupa e Ginsburg (2009, p. 452-453) observam que a boa reputação na mídia confere ao juiz maior oportunidade de exposição. A reputação positiva perante advogados, juristas, historiadores e professores de direito possibilita deixar um legado mais duradouro. O respeito e a admiração dentro do sistema político podem permitir ao Judiciário obter mais recursos orçamentários e aumentar sua influência política e social, o que beneficia juízes individualmente.

Em determinados contextos decisórios, a conduta judicial pode ser tendente a maximizar, simultaneamente, a reputação individual e a institucional, hipótese em que ambos os interesses terão uma *atuação convergente*. Em outros, o interesse em fomentar a reputação individual perante determinados grupos pode afetar a reputação institucional em face de outras plateias, hipótese em que tais interesses terão uma *atuação conflitante*.

6.2.1. Interesse instrumental e pessoal

Os esforços empreendidos para fomentar impressões positivas podem ser pautados por interesses de natureza instrumental ou pessoal.

A boa reputação é um ativo social importante, um poderoso instrumento que permite ao juiz alcançar determinados fins, razão pela qual o interesse em manter uma imagem positiva perante determinadas plateias pode ser motivada pela possibilidade de obtenção de algum outro ganho concreto (*interesse instrumental* ou *estratégico*). A reputação positiva pode ser útil, por exemplo, para ampliar a

---

Dois dos juízes mais fortes de nossa história, Oliver Wendell Holmes e Learned Hand, foram muito respeitosos para com os precedentes." (citação omitida)

legitimidade institucional e, por conseguinte, facilitar a realização de objetivos políticos ou maximizar o poder[13].

A busca por uma reputação positiva pode, igualmente, ser resultante de um *interesse pessoal* em obter popularidade, fama, prestígio ou conquistar a estima e o respeito de pessoas ou grupos como fins em si mesmos. Este tipo de interesse visa, em última instância, à construção de um *autoconceito positivo*, uma vez que a percepção de ter alcançado uma imagem favorável perante outras pessoas tende a aumentar a autoestima individual. Os juízes, assim como qualquer indivíduo, também se interessam pelo modo como são vistos, pelo que pensam a seu respeito. Querem ser admirados e respeitados por pessoas que consideram importantes, o que pode, em alguma medida, afetar suas ações. Embora o interesse dos juízes em serem vistos de forma positiva, por si só, seja insuficiente para explicar as questões mais básicas relacionadas ao comportamento judicial, tê-lo em consideração pode contribuir para a melhor compreensão das verdadeiras bases motivacionais subjacentes a determinadas escolhas que não são captadas pelos modelos dominantes (BAUM, 2008, p. 22-23).

Em muitos dos casos, esses interesses estão interligados e se reforçam mutuamente, o que dificulta a identificação do impacto e do peso de cada um deles. Embora desprezada pelos modelos dominantes, esta distinção conceitual se mostra necessária em razão da significativa influência que interesses pessoais ou de terceiros podem ter sobre o comportamento judicial, especialmente, em contextos culturais como o brasileiro.[14]

O interesse dos juízes em construir uma reputação positiva pode fornecer uma forte base motivacional para a autoapresentação perante determinadas plateias, razão pela qual tê-lo em consideração pode ampliar a capacidade de compreender e explicar o comportamento judicial.

13. TYLER (2006, p. 376): "[A] legitimidade é uma forma adicional de poder que permite às autoridades moldar o comportamento dos outros diversamente de seu controle por meio de incentivos ou sanções (...)."
14. Sobre o tema, ver *item 8.2* (O papel das tradições comuns e culturais).

PARTE III

FATORES EXÓGENOS: A INFLUÊNCIA DAS ESTRUTURAS SOCIAIS, CULTURAIS E INSTITUCIONAIS

Uma explicação abrangente do comportamento judicial deve ter em conta o papel desempenhado por fatores extrajurídicos exógenos tanto na conformação dos atributos dos juízes, quanto no estímulo à adoção de certos tipos de comportamentos.

As estruturas sociais, culturais e institucionais influenciam indiretamente o comportamento judicial ao atuarem na constituição e estruturação de predisposições, preferências e interesses pessoais. Dessa forma, são responsáveis por estimular hábitos característicos do pensamento e por fornecer fundamentos essenciais para a conduta, conferindo forma, direção e sentido ao comportamento humano. Como observado por Gillman e Clayton (1999, p. 4-5), os "indivíduos que estão associados a determinadas instituições frequentemente acreditam que sua posição lhes impõe a obrigação de agir de acordo com determinadas expectativas e responsabilidades." O comportamento dos membros de uma instituição judicial tende a ser influenciado, portanto, pelo sentimento de dever com o direito existente e pelo compromisso de atuar como juízes e não como membros do Legislativo ou Executivo. Em outras palavras, o fato de pertencerem ao Judiciário também contribui para conformar preferências e interesses judiciais. Nesse sentido, as características distintivas do Judiciário enquanto instituição e sua relação com as demais instituições do sistema político contribuem para moldar os valores e as atitudes judiciais.

É certo que a atuação conformadora dos fatores exógenos não opera de maneira exclusiva e nem homogênea. Não é exclusiva, por existir uma gama imensa de fatores, inclusive de natureza biológica, que também influenciam os comportamentos individuais, contribuindo para sua diversidade. Não é homogênea, em virtude de variar entre um mínimo e um máximo, de acordo com a reação de cada indivíduo à pressão modeladora do meio. As prescrições dos códigos sociais nunca são integralmente aceitas e nem uniformemente acatadas; as tradições culturais mostram-se incapazes de absorver o indivíduo e de aniquilar a diversidade humana: "*dentro da sua cultura, o homem existe e revela-se com a sua personalidade*" (VIANNA, 1987, p. 43); o fato de pertencerem a uma mesma instituição não é suficiente para inculcar nos indivíduos um idêntico senso de dever profissional nem para fazê-los agir de acordo com as expectativas e responsabilidades impostas pela posição que ocupam. Os desvios dos padrões usuais de comportamento são naturais e inevitáveis, pois decorrem da própria natureza humana. Apesar de a capacidade de conformação dos fatores sociais, culturais e institucionais ser limitada e variar de um indivíduo para outro, tê-los em conta contribui para a melhor compreensão e explicação do comportamento judicial, sobretudo no que se refere às diferenças de padrões comportamentais verificadas entre membros de órgãos judiciais localizados em sistemas, sociedades e instâncias distintas.

Os diversos contextos sociais, culturais e institucionais podem atuar, ainda, no sentido de incentivar ou restringir determinados comportamentos específicos por parte dos juízes. A realização de objetivos jurídicos e/ou políticos depende, em grande medida, da configuração dos arranjos institucionais em que a decisão está inserida. Mesmo quando o material jurídico não é capaz de impedir que os juízes decidam de acordo com suas preferências e interesses pessoais, as expectativas relacionadas a preferências, interesses ou a possíveis reações de outros atores podem fornecer razões contributivas no sentido de restringir a influência de fatores extrajurídicos.[1] Se as expectativas, as preferências e os interesses são conformados e estimulados pelo contexto no qual os juízes encontram-se inseridos, qualquer abordagem que não o leve em consideração ficará inevitavelmente incompleta e imprecisa.

A terceira e última parte deste trabalho dedica-se à abordagem de três *fatores extrajurídicos exógenos*. No Capítulo 7, serão analisados fatores sociais relacionados ao *background* dos juízes, ou seja, à formação social e profissional. O Capítulo 8 tratará do papel desempenhado pelas tradições culturais, a partir de uma análise comparativa de alguns dos aspectos marcantes das sociedades brasileira e estadunidense. Características sociais e culturais distintas podem ter influência decisiva na conformação dos fatores endógenos e no peso atribuído a cada um deles. Por fim, o Capítulo 9 terá como objeto de análise as normas internas e externas relativas ao âmbito de atuação das Cortes Supremas do Brasil e dos EUA. Diferentes contextos normativo-institucionais podem estimular ou restringir, de maneiras diversas, a influência de fatores jurídicos e extrajurídicos sobre o comportamento judicial.

---

1. FRIEDMAN (2005, p. 330): "Mesmo que os juízes levem o direito a sério, isso não os impede de votar seus próprios valores, pelo menos em alguns casos críticos. Quando os juízes enfrentam uma restrição, essa frequentemente vem na forma de pressão de outras instituições. As decisões dos tribunais são influenciadas pela estrutura institucional em que estão inseridas. Direito e política estão, assim, integrados, ainda que muitas vezes de maneiras complicadas e ainda não completamente compreendidas."

7

FATORES SOCIAIS: A INFLUÊNCIA DO "BACKGROUND" SOCIAL DOS JUÍZES

Um juiz é um homo sapiens de toga preta. Como tal, ele está sujeito às mesmas forças em geral que condicionam e influenciam os outros homens e seu comportamento. Ou seja, os juízes, como os outros homens, nascem, desenvolvem-se, amadurecem e se tornam socializados.

S. Sidney Ulmer

As experiências sociais e profissionais vivenciadas por um juiz podem desempenhar papel relevante na formação de sua visão de mundo e, por conseguinte, na conformação de suas predisposições, preferências e interesses. Para algumas teorias, o *background* social infunde no juiz uma predisposição latente para responder de forma padronizada a uma classe consistente de estímulos e, por isso, é potencialmente capaz de explicar os resultados de determinados casos.[1]

Os modelos comportamentais baseados no *background* social dos juízes começaram a desenvolver-se no final da década de 1950, com o intuito de demonstrar a existência de correlações entre as experiências sociais do passado (em sentido amplo) e as decisões tomadas em determinados contextos decisórios.[2] Na década de 1980, surgiram modelos mais amplos, baseados em atributos pessoais e que utilizam, ao lado das variáveis de *background* extraídas do nascimento, da família e da

---

1. GOLDMAN (1975, p. 496): "Algumas teorias sobre *backgrounds* e o processo de tomada de decisão judicial tratam as variáveis de *background* como precursoras de atitudes e valores políticos [...]".
2. A primeira tentativa de estabelecer uma correlação entre o *background* político e social e as tendências de votação dos membros da Suprema Corte foi empreendida por John R. Schmidhauser (1959). Nos anos seguintes, novos estudos foram produzidos, dentre eles: Schmidhauser (1962), Ulmer (1970; 1986) e Eisenberg e Johnson (1991).

educação do juiz, outras categorias de variáveis explicativas, tais como a carreira, o alinhamento político e as experiências de socialização.[3] Embora esses modelos tenham encontrado algumas correlações estatisticamente significativas,[4] nenhum deles conseguiu demonstrar, de forma satisfatória, que atributos pessoais ou características de *background* social podem ser usados como indicadores confiáveis do comportamento judicial.

A principal limitação desses modelos é o fato de terem uma aplicação limitada no tempo (*time-bound*),[5] uma vez que, em toda sociedade, as estruturas e processos sociais e políticos estão sujeitos a mudanças periódicas. Assim, uma abordagem que identifica satisfatoriamente determinado padrão de comportamento em um período de tempo específico pode não funcionar bem em outros, a menos que seja modificada para refletir as diferenças nas principais estruturas e processos sociais e políticos.[6] Como ressaltado por Songer e Johnson

3. Um dos estudos mais ambiciosos (*Personal attribute models of the voting behavior of U.S. Supreme Court justices*) foi elaborado por Neal C. Tate (1981) que analisou as decisões não unânimes proferidas pela Suprema Corte dos EUA, entre 1946 e 1978, relacionadas a direitos e liberdades civis e a questões econômicas. Os modelos de atributos relatados por Tate (1981, p. 355) representaram de 70% a 90% da variação na votação dos membros da Suprema Corte durante o período de 30 anos e utilizou sete variáveis: partido político do juiz, presidente responsável pela nomeação, prestígio da educação pré-jurídica, nomeação para cargo eletivo, região de nomeação, experiência judicial e no Ministério Público. O estudo realizado por Tate e Sittiwong (1989), no qual este modelo foi aplicado à Suprema Corte do Canadá, também encontrou evidências empíricas de que algumas dessas variáveis atuaram conjuntamente na forma como as decisões foram tomadas no período de 1949 a 1985. Não obstante, ao testar o modelo em outros períodos, Songer e Johnson (2007) concluíram que os modelos de atributos pessoais parecem estar vinculados no tempo, pois atributos que forneceram uma previsão robusta de resultados judiciais em determinados períodos perderam o seu potencial preditivo em outros.
4. A expressão "estatisticamente significativa" é utilizada para se referir a correlações que apresentam padrões suficientemente consistentes para afastar as hipóteses de aleatoriedade, mas não significa que tenham sido encontrados, necessariamente, percentuais elevados nessas correlações.
5. ULMER (1986, p. 965): "Embora nossos resultados não tratem diretamente de aplicações anteriores de modelos de *background* social, nossas análises sugerem a possibilidade de que todas essas aplicações na área judicial tenham sido limitadas no tempo, ou seja, elas trabalham apenas para conjuntos específicos de juízes em determinados pontos no tempo."
6. TATE; HANDBERG (1991, p. 462): "Para utilizar, talvez, o exemplo mais óbvio, a identificação do partido político Democrata no pós-Depressão dos Estados Unidos é geralmente associada com o liberalismo sobre os direitos civis e questões de liberdades para todos os tipos de atores políticos, inclusive os juízes (...). No entanto, nos anos anteriores e posteriores à Guerra Civil, este dificilmente teria sido o caso (...)."

(2007, p. 915-916), a importância política ou social de um atributo pode ser alterada com o passar do tempo, assim como a agenda de determinado tribunal pode mudar drasticamente de uma época para outra, e a mudança da natureza das questões decididas pode transformar também o modo como as atitudes são traduzidas em votos.

7.1. A INFLUÊNCIA DA FORMAÇÃO SOCIAL

A formação social é uma das principais fontes dos valores políticos, filosóficos, morais e religiosos de um indivíduo e, portanto, um elemento importante na constituição e estruturação de predisposições, preferências e interesses pessoais. A correlação entre o *background* social e o comportamento dos juízes ao votar tem sido objeto de inúmeras análises empíricas, algumas delas com resultados estáveis e persistentes, embora restritos a determinados contextos sociais.

7.1.1. A filiação político-partidária

A *filiação político-partidária* é apontada como o principal indicador de comportamentos futuros dos juízes nos EUA.[7] A forte correlação entre essa variável de *background* e o comportamento judicial, todavia, parece ser uma característica bem peculiar à realidade estadunidense, na qual a polarização partidária (Partido Republicano x Partido Democrata), marcado por posições ideológicas bem definidas (conservadores x liberais), facilita a identificação da influência das preferências políticas dos juízes sobre suas decisões.

No judiciário canadense, por exemplo, a filiação partidária não é considerada uma boa variável para identificar a influência de fatores ideológicos. Songer e Johnson (2007, p. 930-931) constataram que o *regionalismo* desempenha um papel muito mais relevante em relação ao grau de conservadorismo, tendo sido observado que os juízes da região de Quebec são mais conservadores em matéria de direitos individuais, embora mais liberais em áreas econômicas.

No Brasil, embora não se tenha conhecimento de estudos empíricos específicos sobre a influência político-partidária, vários fatores indicam

7. Nesse sentido, dentre outros: Nagel (1962; 1974), Goldman (1975), Tate (1981), Tate e Handberg (1991).

que essa variável de *background* não seria um bom indicador do comportamento judicial, por vários motivos, dentre eles, a predominância do personalismo (e não de uma filosofia política abstrata), o alto grau de fragmentação partidária, a ausência de posições político-partidárias claramente definidas e a falta de identificação ideológica dos cidadãos (inclusive os juízes) com partidos políticos específicos.[8]

7.1.2. A filiação religiosa

A *filiação religiosa* é outra variável de *background* relevante e que tem sido objeto de investigação por parte dos pesquisadores do comportamento judicial. Estudos empíricos realizados nos EUA encontraram algumas correlações entre a religião e certos padrões de voto dos juízes. No âmbito da Suprema Corte, Schmidhauser (1962) constatou maior tendência à divergência entre *justices* de origem católica do que entre os de origem protestante. Ao analisar decisões proferidas por cortes de apelação, Goldman (1975) verificou que, em questões fiscais, juízes católicos tendem a ser menos favoráveis ao governo e que, em matérias relacionadas a danos pessoais e liberalismo econômico, seus votos tendem a ser mais favoráveis aos economicamente oprimidos do que os de juízes de origem protestante.[9] A orientação religiosa também é apontada como um importante indicador das propensões decisórias em matéria criminal (NAGEL, 1974). Estudos envolvendo juízes de diferentes órgãos do judiciário

---

8. Levantamento feito pelo jornal O Estado de São Paulo junto ao Tribunal Superior Eleitoral revela que mais da metade dos partidos políticos do país se diz de centro, enquanto sete se dizem de esquerda e apenas um se declara de direita (ESTADÃO, 2019). Nas eleições de 2018, as pesquisas de intenção de voto explicitaram a falta de identificação da população com os partidos políticos, bem como o personalismo existente na política brasileira. Segundo a pesquisa CNT/MDT, simulando um cenário em que Lula, candidato abertamente de esquerda, concorreria à Presidência da República e outro em que não – como terminou acontecendo –, metade de seus eleitores disse que votaria nos demais candidatos, com o percentual de 6,2% migrando para Jair Bolsonaro, candidato declaradamente de direita (BBC, 2018).
9. GOLDMAN (1975, p. 498): "A suposição é que aqueles de religiões minoritárias, principalmente as religiões católica e judaica, não apenas são mais susceptíveis de serem filiados ao partido Democrata do que aqueles das várias denominações protestantes, mas também que os membros de grupos religiosos minoritários são ou foram *outsiders* na sociedade americana, nunca tendo recebido plena aceitabilidade social, econômica e política. Por causa das experiências históricas e, talvez, até mesmo de suas experiências pessoais como membros de grupos minoritários estes juízes podem ter sido socializados para favorecer o oprimido."

estadunidense sugerem maior tendência a apoiar a pretensão punitiva do Estado entre juízes protestantes do que entre os católicos, embora essa propensão seja muito mais significativa entre os protestantes de "alta renda".[10] Ao analisar casos envolvendo liberdade religiosa, Sisk, Heise e Morriss (2004) observaram que a religião foi a única variável a apresentar uma forte correlação com os padrões de voto. Não obstante, os próprios autores advertem que, por se tratar de um estudo focado nos casos em que a religião era fundamental para a disputa, a forte influência dessa variável – na qual foram incluídos a filiação religiosa do juiz, a do autor da ação e os dados demográficos da comunidade – não poder ser projetada para qualquer outro contexto, sem que haja um estudo mais aprofundado.

No Canadá, as investigações sobre a influência da religião também têm revelado diferenças significativas no padrão de voto. Em geral, os estudos indicam que juízes católicos tendem a ser mais liberais do que os colegas protestantes.[11]

No Brasil, embora este seja um campo bastante fértil a ser explorado, especialmente em casos complexos envolvendo temas moralmente carregados, não se tem notícia de estudos empíricos específicos sobre a matéria.

7.1.3. A classe social

Outra variável potencialmente relevante na conformação dos atributos judiciais é a *classe social*. Os juízes são seres sociais e, como tal, suas predisposições, preferências e interesses tendem a ser conformados pelos mesmos estímulos culturais, midiáticos e políticos que afetam os demais membros de seu grupo social. Por participarem do mesmo contexto sociocultural, por lerem jornais, livros e revistas semelhantes e por assistirem ao mesmo tipo de noticiário, é natural que os juízes compartilhem certos valores em comum com os demais componentes das classes nas quais estão inseridos. Afinal, observam Mendonça e Barroso (2013), "os magistrados, assim como as pessoas em geral, não são seres desenraizados, imunes ao processo social de formação das opiniões individuais."

10. Para Ulmer (1973, p. 627-628), a constatação de que os protestantes de "alta renda" são mais propensos a apoiar o governo em matéria penal do que os de "de baixa renda" parece sugerir que a influência, a rigor, decorre dos padrões diversos de socialização das diferentes classes socioeconômicas, e não propriamente da religião.

11. Nesse sentido: Tate e Sittiwong (1989) e Songer e Johnson (2007).

Os membros da Suprema Corte dos EUA, além de possuírem semelhantes origens sociais e educacionais,[12] pertencem a uma elite intelectual e econômica. Para os estudiosos que sustentam a *tese da socialização política*, a tendência de convergência entre as decisões da Corte e as opiniões de "grupos de elite" resultaria não de respostas sistemáticas às preferências e interesses daqueles que compõem essas plateias relevantes, mas sim da conformação de valores sociais pelos mesmos eventos e forças que atuam sobre os demais membros do grupo (MISHLER; SHEEHAN, 1993, p. 89).

No Supremo Tribunal Federal, embora as razões subjacentes sejam suficientemente semelhantes para sugerir o mesmo tipo de sintonia, a escassez de estudos empíricos não permite afirmações conclusivas sobre a existência de um alinhamento consistente entre as opiniões dos ministros e as de grupos de elite.[13] Não se pode ignorar, todavia, que, nos últimos anos, as decisões do Tribunal sobre temas moralmente carregados e de alta saliência têm se caracterizado por uma forte tendência liberal[14] e mais à esquerda em relação às instâncias representativas,[15] posicionamento mais próximo da ideologia da elite intelectual brasileira do que do público em geral, que, em sua maioria,

---

12. Em estudo relacionado aos atributos judiciais dos membros da Suprema Corte, Tate e Handberg (1991, p. 476) ressaltam a variedade limitada no *status* dos *justices*, quase todos de padrão social elevado e altíssimo nível de educação pré-jurídica.
13. Para uma análise do perfil social e da trajetória de carreira dos ministros do STF, *cfr.* OLIVEIRA (2012b, p. 45 e ss.). Para uma análise das origens familiares dos magistrados brasileiros em geral, *cfr.* VIANNA *et al.* (1997, p. 88 e ss.).
14. Podem ser citadas, como exemplo, as decisões sobre a constitucionalidade da "Lei de Biossegurança" (ADI 3.510/DF, j. 29.05.2008), a não recepção integral da "Lei de imprensa" (ADPF 130/DF, j. 30.04.2009), a não recepção do dispositivo que exigia diploma de curso superior para o exercício da profissão de jornalista (RE 511.961/SP, j. 17.06.2009), a suspensão da eficácia de dispositivos legais que vedavam a utilização de trucagem, montagem ou outros recursos envolvendo candidato, partido ou coligação nos meses anteriores às eleições (ADI 4.451-MC-REF, j. 02.09.2010), o reconhecimento das "uniões homoafetivas" como entidade familiar para fins de proteção jurídica (ADPF 132/RJ e ADI 4.277/DF, j. 05.05.2011), a legalidade da "Marcha da Maconha" (ADI 4.274/DF, j. 23.11.2011), a não criminalização do "aborto de fetos anencéfalos" (ADPF 54/DF, j. 12.04.2012) e a declaração de o entendimento pela inconstitucionalidade das contribuições de pessoas jurídicas a campanhas eleitorais (ADI 4.650/DF, j. 17.09.2015).
15. BARROSO; MENDONÇA (2012): "No campo dos direitos sociais, em particular, é possível dizer que a Corte tem se posicionado à esquerda das instâncias representativas. Após inúmeras decisões relacionadas ao direito de cada indivíduo a exigir tratamentos médicos do Poder Público, o STF começa a sinalizar que está disposto a estender seu controle também a outros tipos de políticas públicas."

é conservador e situado mais à direita.[16] Um dos casos que permite a comparação direta de pontos de vista é o do reconhecimento das uniões homoafetivas como entidade familiar para fins de equiparação à união estável.[17] Pesquisa de opinião pública revelou que, embora apenas 45% do total de entrevistados fosse favorável ao reconhecimento da união estável entre pessoas do mesmo gênero, esse percentual subia para 60% entre as pessoas com ensino superior. A maior sintonia com o entendimento adotado pelo STF foi verificada também nas classes sociais mais altas e entre pessoas com maior nível de renda.[18]

Em síntese, pode-se afirmar que as constatações empíricas de certas correlações entre as variáveis de *background* dos juízes e o seu padrão de voto, embora não sejam intercambiáveis entre diferentes contextos, demonstram a capacidade de conformação das predisposições, preferências e interesses por fatores sociais. O desenvolvimento

---

16. O *Datafolha* realizou, em 2010, pesquisa a respeito do posicionamento político do brasileiro. O questionário pedia para que o entrevistado identificasse sua posição política, em gradação que variava de 1 a 7, sendo 1 mais à esquerda e 7 mais à direita. Dos entrevistados em 2010, *17% se consideram de centro* (apontando o n. 4), *20% mais próximos da esquerda* (7% extrema esquerda, 5% esquerda e 3% centro-esquerda) e *37% mais à direita* (13% centro-direita, 10% direita e 14% extrema direita). Um quarto dos eleitores brasileiros (25%) não soube se identificar no espectro político. Ainda de acordo com a pesquisa, quanto mais alto o grau de escolaridade do entrevistado, maior a tendência de posicionamento político em torno do centro e em direção à esquerda: com *ensino fundamental* (5% de centro-esquerda, 12% de centro e 12% de centro-direita); com *ensino médio* (10% de centro-esquerda, 21% de centro e 12% de centro-direita; com grau de *escolaridade superior* (15% de centro-esquerda, 23% de centro e 17% de centro-direita). Como se pode notar, o percentual de entrevistados com ensino superior que se dizem de centro-esquerda é três vezes maior em comparação com os que possuem apenas o ensino fundamental (DATAFOLHA, 2010). Mais recentemente, em 2017, a pesquisa foi repetida, apresentando variação no sentido de que haveria uma equivalência entre direita e esquerda no país, mas mantida uma tendência à esquerda entre os mais escolarizados (DATAFOLHA, 2017). Em 2019 e 2020, duas pesquisas de institutos diferentes sugerem que a maioria da população se alinha à direita do espectro político, mas não abordam a questão da escolaridade. As pesquisas referidas foram realizadas pela Vanderbilt University, em parceria com IBOPE e FGV (IBOPE/FGV, 2019), e pela Revista Fórum (FÓRUM, 2020).
17. ADPF 132/RJ e ADI 4.277/DF, Rel. Min. Ayres Britto (Julgamento: 05.05.2011).
18. *Escolaridade* até 4ª série do ensino fundamental: 32% a favor e 68% contra; 5ª a 8ª série: 44% a favor e 56% contra; Ensino Médio: 48% a favor e 52% contra; Ensino Superior: 60% a favor e 40% contra. *Classe social* A/B: 49% a favor e 51% contra; Classe C: 44% a favor e 56% contra; Classe D/E: 38% a favor e 62 % contra. *Renda* até 1 salário mínimo (SM): 45% a favor e 55% contra; mais de 1 a 2 SM: 41% a favor e 59% contra; de 2 a 5 SM: 47% a favor e 53% contra; de 5 a 10 SM: 52% a favor e 48% contra; mais de 10 SM: 55% a favor e 45% contra (IBOPE, 2011).

de estudos específicos sobre a interferência dessas variáveis no contexto judicial brasileiro pode, portanto, trazer relevantes contribuições para a compreensão de *como* nossos juízes decidem e, sobretudo, de *por que* decidem de determinadas maneiras.

7.2. A INFLUÊNCIA DE EXPERIÊNCIAS PESSOAIS E PROFISSIONAIS

As experiências pessoais e profissionais vivenciadas por um juiz podem interferir direta ou indiretamente em sua atuação judicante. Em contextos decisórios de incerteza fática, quando não existem outros elementos mais confiáveis nos quais se apoiar, é natural que os juízes recorram a conhecimentos adquiridos em situações vividas anteriormente. Além de conformarem os atributos judiciais de maneiras distintas, as experiências pessoais e profissionais fornecem diferentes perspectivas e, por conseguinte, contribuem para criar horizontes interpretativos diversos.

A experiência adquirida durante a atuação como advogado, como membro do Ministério Público ou mesmo na própria magistratura pode ter reflexos importantes não apenas na interpretação de enunciados normativos,[19] mas também na análise de depoimentos e fatos juridicamente relevantes,[20] na forma de condução dos processos, no tratamento conferido às partes e a seus advogados[21] e até na definição dos critérios que devem orientar as decisões judiciais.[22]

---

19. Os resultados de um estudo empírico envolvendo as cortes de apelação dos EUA revelaram, por exemplo, maior tendência à divergência entre os juízes *sem* experiência judicial prévia do que entre aqueles *com* esse tipo de experiência. Segundo o autor do estudo, verificou-se, ainda, uma propensão dos juízes com experiência anterior na magistratura a serem mais conservadores em matérias trabalhistas e uma tendência maior dos juízes sem experiência política anterior a apoiar o governo em questões fiscais quando comparados com outros que já haviam se candidatado a um cargo eletivo (GOLDMAN, 1975).
20. As ilações feitas por um juiz vindo de uma carreira no Ministério Público ou na Polícia tendem a ser diferentes daquelas feitas por ex-advogados ou ex-defensores públicos.
21. Juízes sem experiência na advocacia privada geralmente têm menor compreensão das pressões dos clientes e das limitações inerentes à profissão e, por isso, tendem a ser mais rigorosos com os advogados do que os juízes que já a exerceram (POSNER, 2008, p. 74).
22. Pesquisa realizada pela AMB constatou que o *tempo de exercício da função jurisdicional* é uma variável relevante para a diferença na resposta de juízes indagados sobre os critérios que devem orientar suas decisões. Entre os juízes com maior tempo de magistratura, houve pequena redução no número dos que consideravam que suas decisões deveriam ser orientadas por *parâmetros legais* (até 5 anos: 88,6%; mais de 20 anos: 85,0%). Não

A potencial contribuição oferecida pela diversidade de experiências profissionais não foi desprezada pela Constituição brasileira de 1988, conforme se depreende da consagração do *quinto constitucional* no âmbito dos tribunais (CRFB/88, art. 94).[23]

7.2.1. A influência das experiências profissionais anteriores no comportamento dos Ministros do STF

As abordagens de Fabiana Luci de Oliveira (2006; 2012a; 2012b) sobre experiências profissionais dos ministros do STF são bastante reveladoras. Após analisar 4.353 ADIs distribuídas no STF entre 1988 e 2009, Oliveira (2012a, p. 95) concluiu que os dados sobre a trajetória profissional são determinantes para a explicação do comportamento de voto dos ministros.

Uma das variáveis estatisticamente significativas na conformação das preferências formais dos ministros foi a experiência anterior na *magistratura*. Os resultados revelaram que "quanto maior a proporção de magistrados na composição do tribunal, mais contido e restritivo ele tende a ser quanto a sua atuação" e que "quanto maior a proporção de ministros magistrados em uma decisão, menor a chance de a ação ser deferida no mérito" (OLIVEIRA, 2012a, p. 110-112).[24]

---

obstante, a principal diferença foi encontrada no percentual dos que consideravam que suas decisões deveriam ser orientadas pelas *consequências sociais* (de 90,2% para 64,9%) e *econômicas* (de 48,1% para 27,2%). Um dos dados que mais chama a atenção é o fato de que, entre os entrevistados com até 5 anos de magistratura, o compromisso com as consequências sociais (90,2%) da decisão contou com maior adesão do que a observância de parâmetros legais (88,6%) (SADEK, 2006, p. 48).

23. Nas palavras de Paulo Brossard, ex-ministro do STF, "o quinto não foi criado como homenagem à Ordem dos Advogados, não foi instituído como obséquio ao Ministério Público, mas para melhorar a qualidade dos tribunais, por entender o constituinte que a presença de pessoas estranhas à magistratura de carreira é útil e benéfica a eles. [...] A educação legal será a mesma. As experiências serão distintas. Gostaria de acentuar que o juiz que foi advogado, que viveu o drama do advogado, que ouviu coisas que só o advogado pode ouvir, jamais esquece a experiência adquirida enquanto advogado. Isto o que a lei quis, que no seio de um tribunal 4/5 dos seus membros fossem oriundos da magistratura, fossem juízes de carreira, mas que houvesse também juízes de outra origem, na medida de 1/5, capazes de dar uma contribuição que não se aprende nos livros, mas na vida. Isto o que quis a lei." (ADI 27/PR, Rel. Min. Célio Borja, Julgamento: 21.02.1990).

24. O mesmo resultado já havia sido encontrado anteriormente pela autora na pesquisa realizada para sua tese de doutoramento. Na ocasião, Oliveira (2006, p. 131) afirmara que "[a] presença de ministros com carreira na magistratura faz com que seja menos

A passagem pelo *Ministério Público* também se revelou uma variável estatisticamente significativa, tendo sido constatada uma tendência maior de utilização de argumentos consequencialistas ("votos políticos")[25] por parte dos ministros do STF que atuaram como membros do *Parquet* (OLIVEIRA, 2006, p. 189). Em matéria penal, Barroso (2011, p. 257) aponta a tendência de serem adotados comportamentos mais rígidos por ministros com essa origem funcional – como Joaquim Barbosa e Ellen Gracie –, quando comparados com outros que atuaram na advocacia privada ou advindos da academia – como Ayres Britto e Eros Grau. Essa tendência a adotar comportamentos mais rígidos, de fato, parece ser a regra, embora existam exceções como, por exemplo, a do Ministro Gilmar Mendes, que, apesar de ser egresso dos quadros do Ministério Público Federal, costuma adotar posturas mais garantistas.

A *experiência internacional* (graduação ou pós-graduação no exterior) dos ministros do STF foi outra variável positivamente relacionada à tendência de utilização de argumentos consequencialistas ("votos políticos"). Para Oliveira (2006, p. 191-192), esse era um resultado esperado, uma vez que o contato "com a *expertise* dominante" contribui para tornar os ministros "mais progressistas" e "politizados".

A experiência anterior na *política* apresentou um resultado, de certo modo, surpreendente.[26] Quando comparados aos demais colegas, os ministros com esse tipo de experiência mostraram-se mais propensos a proferir "votos técnicos". Uma das possíveis razões para

provável uma decisão pela inconstitucionalidade das leis. Esse resultado reforça o argumento de que ministros com carreira na magistratura tendem a ter uma postura mais conservadora do que ministros com um *background* de carreira diferente."

25. O critério adotado por Oliveira (2006, p. 131), como recurso analítico para classificar uma decisão como "política", é a utilização, pelos ministros, de argumentos que levem em conta as consequências políticas, econômicas e/ou sociais da decisão. A decisão "técnica", por sua vez, é aquela na qual os argumentos não fazem referência a essas consequências.

26. OLIVEIRA (2006, p. 120): "Acreditávamos que a experiência na política levaria os ministros a votarem de forma menos restritiva, aumentando as chances de uma decisão pela inconstitucionalidade, uma vez que os ministros que tiveram socialização anterior no mundo político trariam um pouco dos valores desse mundo para o tribunal. Mas os dados discutidos no capítulo anterior sugerem o contrário, ou seja, que a experiência anterior na política torna os ministros mais restritivos. Magalhães e Araújo (1998: 26) observaram esse mesmo efeito da experiência política sobre os juízes do Tribunal Constitucional Português, o que levou os autores a concluir que a experiência política pode ser, ela própria, um fator inibidor do comportamento de voto político ou ativista ao dotar os ministros de uma maior sofisticação política e assim de uma mais correta apreensão da extensão e dos limites da política em seu voto."

que a experiência política atue como um atributo inibidor do uso de argumentos consequencialistas seria a preocupação com a reputação (*fator de interesse*), haja vista que o fato de terem exercido funções de natureza política acaba por deixá-los mais expostos à crítica de que suas decisões são politicamente orientadas (OLIVEIRA, 2006, p. 145-146).

À guisa de conclusão, vale ressaltar que a influência do *background* social, seja diretamente no comportamento dos juízes, seja na conformação de suas predisposições, preferências e interesses, sempre dependerá do contexto no qual estão inseridos. Por isso, uma mesma variável pode moldar os atributos judiciais de maneiras distintas ou induzir à adoção de comportamentos em sentidos diversos, conforme a época e a sociedade. Por tais razões, embora a interferência direta e indireta dos fatores sociais seja algo amplamente comprovado, a identificação de *como* e *em que medida* as diferentes variáveis influenciam o comportamento judicial só se mostrará possível através de investigações específicas, limitadas no tempo e no espaço.

8

FATORES CULTURAIS: O PAPEL CONFORMADOR DAS TRADIÇÕES CULTURAIS

A relação entre as tradições culturais de uma sociedade e os padrões de comportamento de seus membros é uma via de mão dupla. Toda coletividade possui traços psicossociais e hábitos fundamentais que lhe conferem uma identidade cultural e formam o seu *éthos*. Não obstante, ao mesmo tempo em que a cultura é formada por um conjunto de padrões psicossoais e comportamentais que distinguem um determinado grupo, esses mesmos padrões também são influenciados por fatores culturais.

Os elementos objetivos (fatos, coisas, signos, tradições) e subjetivos (sentimentos, ideias, emoções, julgamentos de valor etc.) que compõem os *complexos culturais* conferem ao indivíduo uma "representação coletiva" (Durkheim) das coisas e do mundo e, nesse sentido, atuam na conformação de seus quadros mentais (VIANNA, 1987, p. 62-63). Isso não significa que o indivíduo seja produto exclusivo da cultura ou que esta possa explicar todos os padrões de comportamento em uma sociedade. Por certo, a cultura não absorve nem aniquila o indivíduo. Existe uma variada gama de causas e condições que influenciam os comportamentos individuais e que contribuem para sua diversidade. Todavia, embora incapazes de moldarem comportamentos individuais de uma maneira integral e uniforme, os fatores culturais desempenham um papel conformador relevante, mesmo que limitado e variável de acordo com a reação de cada indivíduo à pressão modeladora do meio.

Em relação ao comportamento judicial, como a influência de alguns dos fatores culturais é considerada indevida e opera abaixo do nível da plena consciência, a melhor forma de tentar minimizar interferências causadas por preconceitos inautênticos herdados culturalmente é reconhecer suas raízes históricas e conferir a devida atenção ao papel que desempenham na vida política e social. Nesse sentido, a identificação dos traços culturais característicos de uma sociedade pode contribuir para a melhor compreensão de *por que* certos fatores extrajurídicos tendem a influenciar o comportamento judicial com maior intensidade em determinados contextos sociais.

8.1. ASPECTOS CULTURAIS MARCANTES DA SOCIEDADE BRASILEIRA

A identificação do modo como os indivíduos se posicionam diante de questões relevantes permite descobrir a maneira de ser de uma sociedade, vale dizer, sua *cultura*. A sociedade brasileira possui alguns traços característicos importantes para a análise do grau de influência que determinados fatores tendem a exercer sobre o comportamento judicial. Isso não significa, no entanto, que ela deva ser tratada como um bloco monolítico. Em razão de sua extrema complexidade e heterogeneidade, não se pode tentar compreendê-la de "modo unitário", a partir de "uma só causa ou de um só princípio social". A melhor maneira de interpretá-la, segundo Roberto DaMatta (2004, p. 69), é destacando as "esferas, domínios e espaços sociais demarcadores de sua sociabilidade".[1] Essa análise encontra suporte empírico em uma pesquisa (PESB)[2] realizada pela Universidade Federal Fluminense (DATAUFF) na qual se constatou a existência de dois grupos sociais no Brasil, cuja mentalidade e visão de mundo são bastante distintas.[3]

Feita a ressalva, serão destacadas quatro características especialmente marcantes de nossa identidade cultural.

---

1. DAMATTA (2004, p. 69-70): "Tom Jobim dizia, com justa razão, que 'o Brasil não era para principiantes', justamente porque os ingênuos acham que ele pode ser reduzido a apenas uma de suas dimensões quando, de fato, nossa sociedade é muito mais complexa, requerendo uma orquestração de muitos domínios para ser melhor entendida."
2. A Pesquisa Social Brasileira (PESB) aplicou diversos questionários com o objetivo de medir quantitativamente as interpretações de Roberto DaMatta sobre as relações sociais no Brasil.
3. De acordo com Almeida (2007, p. 25), há um "verdadeiro *apartheid* cultural" na sociedade brasileira: "É a educação que comanda a mentalidade. Quem passou pelos bancos escolares de uma universidade e obteve diploma tende a ser uma pessoa moderna: impessoal; contra o jeitinho brasileiro; contra punições ilegais, como linchamentos e o estupro, na cadeia, de criminosos condenados pelo mesmo crime; refratária à crença de que o destino está completamente nas mãos de Deus; e a favor de confiar mais nos amigos."

- ***Enunciado dos fatores culturais (1)****: Quanto mais arraigados o jeitinho, a mentalidade hierárquica, o personalismo e o patrimonialismo, maior a probabilidade de decisões casuísticas e personalistas.*

8.1.1. Dualismo *versus* intermediação: A valorização do intermediário e o "jeitinho brasileiro"

Uma das diferenças culturais marcantes entre a sociedade brasileira e a estadunidense é a forma como se valora o "meio-termo". Nos Estados Unidos, vê-se o intermediário como algo indesejável, que deve ser excluído da realidade social. Adota-se um padrão dicotômico de moralidade, no qual a nítida distinção entre o certo e o errado é condição de possibilidade para o pleno desenvolvimento da cidadania.[4] Como é próprio das sociedades liberais e igualitárias, as relações entre grupos sociais são avessas à intermediação, vista como "a negação do indivíduo que é o centro legal e moral do sistema", do mesmo modo que os comandos legais "não admitem o 'jeitinho' ou o 'mais ou menos'" (DAMATTA, 2004, p. 25-26).[5] O dualismo das concepções, marcadas por posições nitidamente antagônicas, é um traço distintivo dessa tradição e que se encontra refletida, não por acaso, na divisão ideológico-partidária entre liberais e conservadores.

A sociedade brasileira, por seu turno, parece ter grande dificuldade em lidar com dualismos de caráter exclusivo, isto é, em operar somente com uma lógica dual. Existe um conjunto infinito e variado de categorias intermediárias que, por permitirem a associação entre os

---

4. ALMEIDA (2007, p. 47): "É certo que as leis sejam cumpridas e errado que elas sejam infringidas em favor de grupos ou pessoas. Isso é verdade, por mais especial e delicada que seja a situação daquele que se beneficiaria por seu não-cumprimento."
5. DAMATTA (2004, p. 46-47): "Nos Estados Unidos, na França e na Inglaterra, somente para citar três bons exemplos, as regras ou são obedecidas ou não existem. Nessas sociedades, não há nenhum prazer em escrever normas que aviltam o bom-senso e as práticas sociais estabelecidas, abrindo caminho para a corrupção burocrática e ampliando a desconfiança no poder público. Em face da expectativa de coerências entre as regras jurídicas e as práticas da vida diária, o inglês, o francês e o norte-americano param diante de uma placa de trânsito que diz 'parar', o que – para nós – parece um absurdo mágico. Ficamos sempre confundidos e fascinados com a chamada disciplina existente nesses países. Aliás, é curioso que a nossa percepção dessa obediência às leis universais seja traduzida em termos de 'civilização' e 'adiantamento'', educação e ordem, quando na realidade ela é decorrente de uma simples e direta adequação entre a prática social e o mundo jurídico."

extremos, assim como a negação de suas tendências e características antagônicas, são vistas por aqui como algo positivo. Como dito por Roberto DaMatta (2004, p. 48; 1986, p. 41-42), "escolhemos, de modo chocantemente antilógico, mas singularmente brasileiro, os 'mais ou menos' e as zonas intermediárias".

A valorização do intermediário parece ter ligações com a própria formação da sociedade brasileira, marcada por um "processo de equilíbrio de antagonismos".[6] A capacidade e o desejo de misturar as coisas é uma característica comportamental tão presente na sociedade brasileira que, para Roberto DaMatta (1986, p. 20), "o que faz o Brasil é uma imensa, uma inesgotável criatividade acasaladora."

O símbolo maior de nossa forte ligação com as categorias intermediárias é o famoso "jeitinho brasileiro" que, situado entre o "pode" e o "não pode", permite harmonizar interesses aparentemente opostos, na tentativa de resolver os problemas de um modo pacífico e socialmente legítimo. Na definição de Charles Morazé, cientista social francês, o jeito é "uma engenhosa operação que torna o impossível, possível; o injusto, justo; e o ilegal, legal." (ROSENN, 1998, p. 13).

Alberto Carlos Almeida (2007, p. 47-48) explica que classificar uma situação como "jeitinho" significa que, dependendo das circunstâncias, ela pode passar de errada a certa. Na maior parte das vezes, o jeito é utilizado diante de situações ocorridas em zonas morais cinzentas com o objetivo de afastar uma regra geral. Assim, no lugar da regra universal e superior aplicável independentemente das circunstâncias específicas, o que se verifica são julgamentos casuísticos nos quais, dependendo do contexto, algo é considerado como certo ou errado. Os dados obtidos pela PESB indicam que, embora a sociedade brasileira esteja dividida quanto à reprovabilidade desse tipo de comportamento, em grande medida, o recurso ao jeitinho é reconhecido e aceito como padrão moral, tendo sido usado por aproximadamente dois terços da população brasileira (ALMEIDA, 2007, p. 48).[7]

---

6. FREYRE (2006, p. 116): "Considerada de modo geral, a formação brasileira tem sido, na verdade, [...] um processo de equilíbrio de antagonismos. Antagonismos de economia e de cultura. A cultura europeia e a indígena. A europeia e a africana. A africana e a indígena. A economia agrária e a pastoril. A agrária e a mineira. O católico e o herege. O jesuíta e o fazendeiro. O bandeirante e o senhor de engenho. O paulista e o emboaba. O pernambucano e o mascate. O grande proprietário e o pária. O bacharel e o analfabeto. Mas predominando sobre todos os antagonismos, o mais geral e o mais profundo: o senhor e o escravo."

7. ALMEIDA (2007, p. 66): "Ao perguntar se o jeitinho é certo ou errado, a PESB obteve resultados impressionantes. A questão divide a opinião dos brasileiros: exatamente metade da

Na cultura jurídica brasileira, o "jeito" é uma espécie de *instituição paralegal*, cujas raízes podem ser encontradas no passado ibérico.[8] Em um dos mais relevantes estudos sobre o tema, Keith Rosenn (1998, p. 48) constata que "a história do Brasil é repleta de exemplos de questões resolvidas por apelo ao bom-senso e à conciliação, em vez de estrita aderência à lei ou à doutrina filosófica abstrata". O autor menciona a "coroação de D. Pedro II, em 1840, aos 14 (quatorze) anos, que jurou cumprir a Constituição, ao mesmo tempo em que a estava violentando porque, pela mesma Constituição, o monarca do Brasil tinha que ter pelo menos 18 anos de idade."

Exemplo mais recente foi o "fatiamento" da sanção imposta à Presidente Dilma Rousseff no processo de *impeachment*. Nos termos do artigo 52, parágrafo único, da Constituição Brasileira de 1988, a condenação deve se limitar "à perda do cargo, ***com*** inabilitação, por oito anos, para o exercício de função pública" (g.n.). A despeito da literalidade do texto constitucional, após um arranjo político, a ex-Presidente foi condenada à perda do cargo, mas ***sem*** inabilitação para exercer funções públicas.

Dentre os fatores apontados como responsáveis por fomentar a utilização do "jeito" está a *tradição legalista brasileira*[9] que, de um lado, seria responsável por uma regulamentação legislativa exaustiva e abundante[10] e, de outro, restringiria a flexibilidade necessária à re-

---

população acha correto ao passo que a outra metade considera errado. Ou seja, vivemos em um país moralmente dividido e ambíguo. [...] As pessoas de escolaridade mais elevada se tornam moralmente mais tolerantes em relação a essas situações [passíveis de serem enquadradas como *favor*, *jeito* ou *corrupção*]. Trata-se de uma clara indicação de que o fenômeno do jeitinho – que é essa zona cinzenta moral entre o certo e o errado – não será combatido com a elevação do nível de escolaridade da população brasileira."

8. ROSENN (1998, p. 17): "Atitudes brasileiras relativas à aplicação do direito foram também moldadas pelo peculiar caráter da regra colonial portuguesa, bem como por cinco características culturais legadas pelos portugueses: (1) alta tolerância da corrupção, (2) falta de responsabilidade cívica, (3) profunda desigualdade socioeconômica, (4) sentimentalismo e (5) disposição de chegar a um acordo. O jeito está profundamente arraigado a todas essas heranças."

9. ROSENN (1998, p. 53-54): "A cultura jurídica brasileira é altamente legalista, ou seja, na tradição do positivismo jurídico, valoriza-se excessivamente a norma legal escrita e formal como crivo de experiência humana. A sociedade faz questão de que todas as relações sociais sejam reguladas por legislação adequada. Acha-se que novas instituições ou práticas não devem ser adotadas, sem prévia autorização legal. Parece que o Brasil, como a Alemanha, tem 'horror a um vácuo jurídico'."

10. Segundo um levantamento feito pela Casa Civil da Presidência, o Brasil possui mais de 180 mil leis, sendo incerta a quantidade de normas efetivamente recepcionadas pela

solução de certas situações por estabelecer formalidades em excesso. Nesse contexto, o jeito aparece como solução para ambos os problemas. Uma das facetas da mentalidade legalista é a crença, inspirada pelos ideais da Revolução Francesa, de que a perfeição dos povos e dos governos depende da sabedoria e, sobretudo, da coerência das leis.[11] Temos uma tendência a acreditar que todos os problemas podem ser resolvidos com a mera promulgação de normas legais, sem levar em consideração sua eficácia social e, tampouco, a capacidade ou disposição da sociedade de arcar com os custos necessários à sua execução (ROSENN, 1998, p. 54-55).

Outro fator que costuma ser associado à expansão do "jeito" na cultura jurídica brasileira é a importação de normas legais, muitas vezes deslocadas de nossa realidade.[12] Keith Rosenn (1998, p. 61) chega a afirmar que, "em geral, as leis brasileiras nunca foram autóctones. A maioria delas foi transplantada em massa da Europa ou dos Estados Unidos, infelizmente com pouca preocupação com sua adaptabilidade às necessidades do Brasil." A discrepância entre as leis e as necessidades e problemas tipicamente nacionais encontra causas variadas, dentre as quais pode ser destacada a ausência de pesquisas empíricas destinadas

---

Constituição de 1988. Um grupo especial havia sido designado para avaliar todas essas leis, com o objetivo de racionalizar e sistematizar as normas que permanecem em vigor. A ideia, de acordo com reportagem da *Revista IstoÉ*, era expurgar "as leis efetivamente revogadas, extinguir aquelas que a modernidade tornou caducas, unir as que se repetem e eliminar as que colidem entre si." A expectativa era a manutenção de não mais do que mil leis no País, as quais seriam publicadas em 18 volumes de acordo com o tema. Designado para presidir o grupo em 2007, o Deputado Federal Cândido Vaccarezza afirmara à época: "Será um grande avanço. O excesso de normas é um dos maiores problemas do Brasil." (LAGO, 2007). Até o momento, o esperado "avanço" ainda não se concretizou.

11. Nas palavras de Sérgio Buarque de Holanda (1995, p. 178): "A rigidez, a impermeabilidade, a perfeita homogeneidade da legislação parecem-nos constituir o único requisito obrigatório da boa ordem social. Não conhecemos outro recurso. Escapa-nos esta verdade de que não são as leis escritas, fabricadas pelos jurisconsultos, as mais legítimas garantias da felicidade para os povos e de estabilidade para as nações. Costumamos julgar, ao contrário, que os bons regulamentos e a obediência aos preceitos abstratos representam a floração ideal de uma apurada educação política, da alfabetização, da aquisição de hábitos civilizados e de outras condições igualmente excelentes."

12. FAORO (2008, p. 833): "A legalidade teórica apresenta, ressalvada a elegância da frase, conteúdo diferente dos costumes, da tradição e das necessidades dos destinatários da norma. Um sarcástico historiador pedia, para remediar o desacerto, que se promulgasse uma lei para tornar as outras obrigatórias. [...] Edifica-se nas nuvens, sem contar com a reação dos fatos, para que da lei ou do plano saia o homem tal como no laboratório de Fausto, o qual, apesar de seu artificialismo, atende à modernização e ao desenvolvimento do país."

a fornecer as informações necessárias ao processo legislativo. A maior parte dos anteprojetos de leis mais importantes (Constituição e Códigos) costuma ser elaborada por renomados juristas, não raro com o "empréstimo" de soluções adotadas em outros países e que, embora teoricamente ofereçam boas soluções, nem sempre são capazes de produzir os resultados esperados por estarem descolados dos costumes e práticas cotidianas ou dos verdadeiros problemas nacionais (econômicos, sociais, políticos...).

O "empréstimo" de regimes políticos estrangeiros, consistente na imitação de determinados conjuntos de normas com a esperança de que serão alcançados os mesmos resultados obtidos em outras realidades, não é exclusividade do Brasil, mostrando-se comum também em outros países da América Latina, da África e da Ásia. O problema dos "empréstimos" é que acabam ocorrendo divergências entre normas e comportamentos, porque a substituição de um comportamento social decorrente da tradição ou da cultura de um grupo por outro estranho aos modos habituais de espírito e de educação do indivíduo não é algo fácil de ser realizado. O resultado é conhecido por todos: leis modernas e avançadas no papel, mas que, na prática, apresentam dificuldades de implementação e produção dos efeitos desejados, ou seja, sem eficácia social adequada.[13] Diante dessa conturbada relação dos brasileiros com as leis, nada mais natural, segundo DaMatta (1997, p. 237), do que adotar um "estilo de navegação social que passa sempre pelas entrelinhas desses peremptórios e autoritários 'não pode'."

A atuação desta instituição paralegal na conformação dos atributos dos juízes torna o seu estudo tão importante quanto o das instituições jurídicas formais, por ajudar a explicar aspectos bastante característicos da cultura jurídica brasileira como, *e.g.*, o sincretismo metodológico.

Exemplo emblemático foi o da controvérsia envolvendo a legitimidade do pagamento de auxílio-moradia aos magistrados, a qual foi justificada abertamente e sem qualquer constrangimento, pela ausência de recomposição inflacionária dos subsídios. Quase 4 anos após a vigência da liminar deferida monocraticamente assegurando

13. ROSENN (1998, p. 60): "Os brasileiros comumente se referem às leis da mesma maneira que uma pessoa se refere a vacinas: tem aquelas que pegam e aquelas que não pegam. Francisco Campos, Ministro da Justiça no Governo Getúlio Vargas, respondeu à crítica de que uma nova lei era idêntica àquela que ele próprio havia redigido um ano antes, dizendo: 'Não há prejuízo, meu filho. Nós vamos publicar esta agora porque a outra não pegou.'"

o pagamento de tal verba, às vésperas do julgamento pelo Plenário, as ações que versavam sobre o tema[14] foram retiradas de pauta pelo Relator que, acolhendo pedido formulado pela Associação dos Magistrados Brasileiros (AMB) remeteu a questão à Câmara de Conciliação e Arbitragem da Administração Federal. Concluiu-se, na ocasião, pela impossibilidade de acordo. O julgamento do processo, no entanto, só ocorreu após ter sido assegurado o reajuste dos subsídios mediante tratativas com o Chefe do Executivo, quando só então o Relator reconsiderou a decisão para revogar a liminar concedida. [15]

8.1.2. Igualdade *versus* hierarquia: a mentalidade hierárquica do brasileiro

Na contraposição entre a *igualdade* que caracteriza a sociedade estadunidense e a *hierarquia* presente em nossas relações sociais está a chave analítica utilizada por Roberto DaMatta para interpretar a sociedade brasileira.[16]

Na *visão igualitária* característica dos EUA, não há papéis sociais predefinidos. As desigualdades e diferenças existentes decorrem

14. STF – AO 1.946, AO 1.773, AO 1.776, AO 1.975, ACO 2.511 e ADI 5.645.

15. STF – AO 1.773/DF, Rel. Min. Luiz Fux (Decisão: 26.11.2018): "*Ex positis*, e especialmente diante das recentes leis de revisão do subsídio de Ministro do STF e do Procurador-Geral da República que purgaram, ainda que parcialmente, a mora constitucional (art. 37, X, da CRFB), REVOGO, com efeitos prospectivos (*ex nunc*), *ex vi* do art. 296 do NCPC, as tutelas antecipadas exaradas nestes autos e nos que lhes são correlatos, afastando qualquer pretensão de ressarcimento pretérito ao Erário, para: i) Reconhecer, com efeitos prospectivos nos termos do item II abaixo, a impossibilidade do recebimento do auxílio-moradia por qualquer membro do Poder Judiciário, do Ministério Público, das Defensorias Públicas, das Procuradorias, dos Tribunais de Contas ou de qualquer outra carreira jurídica que esteja sendo pago: i) com base na simetria com a Magistratura; ii) com fundamento nas liminares deferidas nesta ação e nas que lhe são correlatas, ou iii) com amparo em atos normativos locais (leis, resoluções ou de qualquer outra espécie). ii) Determinar que a cessação do pagamento do auxílio-moradia só ocorra quando do implemento financeiro no contracheque do subsídio majorado pelas Leis n.º 13.752/2018 e n.º 13.753/2018...".

16. Como apontado por Daniel Sarmento (2009a, p. 314-315), "nossa linguagem comum bem desvela os traços hierárquicos presentes na cultura brasileira. Se nos Estados Unidos todos são tratados uniformemente, através do *you,* e em línguas como o francês, o alemão, o italiano e o espanhol, os pronomes formais e informais são empregados em contextos de reciprocidade, afora os casos de marcante diferença entre idades, no português falado no Brasil o 'você' e o 'senhor' mantêm uma distinção quase estamental, que hierarquiza as pessoas e muito 'significa' na economia das trocas simbólicas."

de relações contratuais estabelecidas entre as partes e não de valores socialmente predominantes. Esta visão de mundo possui uma importante relação com a estrutura social, já que a sociedade estadunidense surgiu a partir de uma matriz social e econômica profundamente igualitária, sem nobreza ou coroa, com imigrantes pertencentes a um mesmo grupo social e com uma divisão de terras que evitou grandes diferenças econômicas (ALMEIDA, 2007, p. 76-79).

No Brasil, a *mentalidade hierárquica* é algo que deve ser visto como uma "forma socialmente estabelecida", e não apenas como um "modismo passageiro, fruto de uma época ou camada social", afirma Roberto DaMatta (1997, p. 187). Nos dois livros centrais de sua obra (*Carnavais, malandros e heróis* e *A casa & a rua*), o antropólogo destaca o caráter hierárquico das relações sociais no Brasil, um país em que "a posição e a origem social são fundamentais para definir o que se pode e o que não se pode fazer; para saber se a pessoa está acima da lei ou se terá de cumpri-la. É assim que a herança escravista se manifesta no Brasil: os brasileiros lidam mal com a igualdade." (ALMEIDA, 2007, p. 16).

A principal consequência da mentalidade hierárquica é o descumprimento das normas gerais com o consequente enfraquecimento dos princípios liberais, republicanos e do próprio Estado de Direito.[17] Nas relações sociais hierarquizadas, há uma separação entre a norma geral e a pessoa que, por se considerar especial, pensa ser merecedora de um tratamento distinto e personalizado, em detrimento do igual tratamento perante a lei. Há uma prevalência dos papéis desempenhados dentro da sociedade sobre a identidade geral de cidadão, cuja característica dominante é a igual submissão de todos às normas gerais e impessoais (DAMATTA, 1997, p. 198 e p. 217).

Um dos símbolos do caráter hierárquico de nossa sociedade é a expressão "você sabe com quem está falando?", que costuma ser usada em situações de conflito, por pessoas que tentam se diferenciar de seu interlocutor, colocando-se acima dele. Embora utilizada para enfrentar situações semelhantes, essa expressão é a negação do "jeitinho", pois apela para o conflito, em vez de ir pelo caminho da harmonia, da paciência e da conciliação (DAMATTA, 2004, p. 50). Em ambos

17. ROSENFELD (2001, p. 2): "Em termos mais amplos, o estado de direito exige que o cidadão se submeta apenas às leis promulgadas e publicadas, que a função legislativa se mantenha em alguma medida separada da função judicante, e que ninguém dentro da classe política esteja acima da lei."

os casos, no entanto, a vítima é sempre a mesma: o tratamento geral, impessoal e universal.

É curioso notar que, nos Estados Unidos, a pergunta aparece em um sentido inverso: "Quem você pensa que é?" ("*Who do you think you are?*"). O intuito da expressão é situar o indivíduo como igual e não como superior, trazendo para o mundo real aquele que exterioriza uma pretensão de superioridade – isto é, que pensa ter algum direito a mais do que os outros –, e indicando que sua pretensão se situa apenas no plano da fantasia (DAMATTA 1997, p. 197). Em uma sociedade verdadeiramente igualitária, ninguém é tão especial a ponto de se situar acima das normas gerais e universais, ou seja, todos são realmente iguais perante a lei.

A noção de que o brasileiro médio tem uma visão predominantemente hierárquica encontra suporte empírico. A PESB comprova que, "na média, a população brasileira é mais hierárquica do que a norte-americana", embora revele também que a sociedade brasileira não pode ser tratada como um bloco monolítico, por haver uma nítida divisão quanto a certos pontos de vista hierárquicos, cuja aceitação diminui à medida que aumenta o nível de escolaridade.[18] Segundo Almeida (2007, p. 80), os dados obtidos sugerem que "a concepção hierarquizante da sociedade tende mais a ser uma variável sociológica que um atributo antropológico da população brasileira."

8.1.3. Impessoalidade *versus* personalismo: o "homem cordial"

Os ideais liberais e republicanos nunca se realizaram plenamente por aqui. As relações impessoais soam estranhas ao nosso padrão pessoal e afetivo de comportamento e, mesmo nos dias de hoje, encontram dificuldades para serem incorporadas por nossa sociedade formada nos quadros da estrutura familiar e que ainda carrega o peso das "relações de simpatia".

Em *Raízes do Brasil*, Sérgio Buarque de Holanda (1995) observa que prevalece, em nossa sociedade, uma ética personalista, intimista

18. ALMEIDA (2007, p. 85-86): "[É] possível perceber que o Brasil está dividido entre, de um lado, as pessoas que moram em capitais, são mais jovens, têm escolaridade mais elevada e fazem parte da população economicamente ativa (PEA); e, de outro, os que moram em cidades que não são capitais, no Nordeste, são mais velhos, têm escolaridade mais baixa e não fazem parte da PEA. [...] As mulheres são mais hierárquicas que os homens."

e afetiva sobre a ética característica da visão liberal, marcada pela impessoalidade e racionalidade.[19] Na visão de Holanda (1995, p. 146), a parcialidade favorecida pelo ambiente doméstico afeta inclusive as instituições democráticas que deveriam ser baseadas em princípios neutros e abstratos. Ainda segundo esse autor, a conduta cotidiana do brasileiro frequentemente denuncia "um apego singular aos valores da personalidade configurada pelo recinto doméstico", revelando atenção àquilo que o distingue dos demais indivíduos e indiferença à norma geral que contraria suas afinidades emotivas. Seguindo a tradição de crítica às "ideias fora do lugar", Holanda (1995, p. 160) considera que algumas fórmulas estrangeiras não se ajustaram bem às condições brasileiras, dentre elas a ideologia impessoal do liberalismo democrático, a qual "jamais se naturalizou entre nós." O agir baseado em sentimentos, pautado pelos imperativos do coração e avesso às normas impessoais, é característico do "homem cordial".[20]

Laços de família ou de amizade, não raro, costumam ser invocados na tentativa de obter vantagens ou tratamentos preferenciais, como espelha nosso velho e conhecido ditado: "Para os amigos tudo, para os inimigos os rigores da lei". Como bem observa DaMatta (1997, p. 217), a lógica desta sociedade formada por "panelinhas" reside na "possibilidade de se ter um código duplo relacionado aos valores da igualdade e da hierarquia", segundo o qual, para os amigos, tudo é possível, enquanto, para os adversários, basta aplicar a lei de forma impessoal, sem qualquer distinção ou consideração.

Diversamente da sociedade estadunidense, formada preponderantemente por *indivíduos*, a unidade primordial de nossa sociedade é a

---

19. HOLANDA (1995, p. 183-184): "Ninguém ignora, porém, que o aparente triunfo de um princípio jamais significou no Brasil – como no resto da America Latina – mais do que o triunfo de um personalismo sobre o outro. [...] A ideia de uma espécie de entidade imaterial e impessoal, pairando sobre os indivíduos e presidindo os seus destinos, é dificilmente inteligível para os povos da América Latina. É frequente imaginarmos prezar os princípios democráticos e liberais quando, em realidade, lutamos por um personalismo ou contra o outro."

20. HOLANDA (1995, p. 146-147): "Já se disse, numa expressão feliz [formulada pelo escritor Ribeiro Couto], que a contribuição brasileira para a civilização será de cordialidade – daremos ao mundo o 'homem cordial'. A lhaneza no trato, a hospitalidade, a generosidade, virtudes tão gabadas por estrangeiros que nos visitam, representam, com efeito, um traço distintivo do caráter brasileiro, na medida, ao menos, em que permanece ativa e fecunda a influência ancestral dos padrões de convívio humano, informados no meio rural e patriarcal. Seria engano supor que essas virtudes possam significar 'boas maneiras', civilidade. São antes de tudo expressões legítimas de um fundo emotivo extremamente rico e transbordante."

pessoa.[21] Embora essas unidades sociais (indivíduo e pessoa) coexistam dentro dos dois sistemas, elas são balanceadas de modo diverso. As oposições entre pessoal e impessoal, público e privado, revelam que a distinção entre indivíduo e pessoa é algo básico no sistema social brasileiro, onde "*as leis só se aplicam aos indivíduos e nunca às pessoas*".[22]

Tais considerações evidenciam o peso atribuído às relações pessoais na sociedade brasileira e, por conseguinte, a forte influência que tendem a exercer sobre o comportamento de seus membros.

8.1.4. O público e o privado: A força do patrimonialismo na tradição cultural brasileira

Uma última característica cultural marcante da sociedade brasileira que também merece destaque é o *patrimonialismo*, caracterizado pela tênue diferenciação entre as esferas pública e privada.[23] O patrimonialismo, nos termos da sociologia Weberiana, é um subtipo da dominação tradicional, alternativo ao feudalismo, no qual estão

---

21. As noções de *indivíduo* e de *pessoa* são fundamentais na análise sociológica. De acordo com Roberto DaMatta (1997, p. 220-223), desenvolveu-se no Ocidente a ideia de indivíduo como unidade isolada e autocontida, ao passo que, nas sociedades holísticas, hierarquizantes e tradicionais, predomina a noção de pessoa, "caracterizada como uma vertente coletiva da individualidade, uma máscara colocada em cima do indivíduo ou entidade individualizada (linhagem, clã, família, metade, clube, associação etc.) que desse modo se transforma em ser social."
22. Nas palavras de Roberto DaMatta (1997, p. 218), "é como se tivéssemos duas bases por meio das quais pensássemos o nosso sistema. No caso das leis gerais e da repressão, seguimos sempre o código burocrático ou a vertente impessoal e universalizante, igualitária do sistema. Mas, no caso das situações concretas, daquelas que a 'vida' nos apresenta, seguimos sempre o código das relações e da moralidade pessoal, tomando a vertente do 'jeitinho', da 'malandragem' e da solidariedade como eixo de ação. Na primeira escolha, nossa unidade é o *indivíduo*; na segunda, a *pessoa*. A pessoa merece solidariedade e um tratamento diferencial. O indivíduo, ao contrário, é o sujeito da lei, foco abstrato para quem, as regras e a repressão foram feitas."
23. O patrimonialismo, nos termos da definição dada por Keith Rosenn (1998, p. 26-27), "é uma forma clássica de sistema político no qual um soberano tradicional, um rei ou semelhante, determina todas as decisões políticas e administrativas, pessoalmente, ou por meio de seus assistentes administrativos. O soberano, contudo, abre mão de uma parte desse poder absoluto, cedendo para certos funcionários ou indivíduos particulares direitos especiais ou privilégios, em troca de mercadorias ou serviços, criando, assim, uma hierarquia. [...] Os administradores estavam ligados ao rei por razões de lealdade pessoal e de lucros, não pelo senso de dever oficial." O patrimonialismo "produziu alastrante corrupção, uma incrível propensão à burocracia e um sistema jurídico altamente personalístico e imprevisível."

incluídos o patriarcalismo e a gerontocracia.[24] Na tradição brasileira, suas origens remontam ao sistema colonial ibérico, em especial, ao legado português de "um tênue senso de lealdade e obrigação com respeito à sociedade na qual viviam, e um forte senso de lealdade e obrigação em relação à família e aos amigos." (ROSENN, 1998, p. 43).

Em *Casa-grande e senzala*, publicada em 1933, Gilberto Freyre (2006) aponta a presença da família patriarcal como característica marcante da história brasileira e sugere que, em nosso Estado, sequer chegou a se formar uma estrutura patrimonial. Na ordem social e política do tipo *patriarcal*, o liberalismo político não passa de uma fachada, de uma ficção.[25]

Para Sérgio Buarque de Holanda (1995, p. 145-146), "a invasão do público pelo privado" na sociedade brasileira seria um dos efeitos da supremacia incontestável e absorvente do núcleo familiar, cujas relações teriam fornecido, desde sempre, o modelo obrigatório de qualquer composição social no Brasil. Entre nós, foi ele quem primeiro utilizou a palavra *patrimonial*.[26]

---

24. FAORO (1993, p. 17): "O patrimonialismo não se mede apenas pela extensão. Tem a profundidade coincidente com a história brasileira, nesta incluída sua origem ibérica. Ela vai desde a monarquia patrimonial, que encontra, na dinastia de Avis (século XVI), sua vocação marítima, até os planos financeiros das décadas de 80 e 90 deste século. Em todos os momentos, o poder público dispõe da riqueza, da propriedade e dos bens particulares, como se não pertencessem aos particulares, mas a eles estivessem revogavelmente confiados."

25. Esta concepção é contestada por Raymundo Faoro (1993, p. 18), para quem estamos longe do patriarcalismo, "em que o senhor de tudo dispõe, porque tudo está sob seu poder."

26. Em sua clássica obra *Raízes do Brasil*, publicada em 1936, Holanda (1995, p. 145-146) afirma que "não era fácil aos detentores das posições públicas de responsabilidades, formados por tal ambiente, compreenderem a distinção fundamental entre os domínios do privado e do público. Assim eles se caracterizam justamente pelo que separa o funcionário 'patrimonial' do puro burocrata conforme a definição de Max Weber. Para o funcionário 'patrimonial', a própria gestão política apresenta-se como assunto do seu interesse particular; as funções, os empregos relacionam-se a direitos pessoais do funcionário e não a interesses objetivos, como sucede no verdadeiro Estado burocrático, em que prevalecem a especialização das funções e o esforço para se assegurarem garantias jurídicas aos cidadãos. A escolha dos homens que irão exercer funções públicas faz-se de acordo com a confiança pessoal que mereçam os candidatos, e muito menos de acordo com suas capacidades próprias. Falta a tudo uma ordenação impessoal que caracteriza a vida do Estado burocrático. O funcionalismo patrimonial pode, com a progressiva divisão das funções e com a racionalização, adquirir traços burocráticos. Mas em sua essência ele é tanto mais diferente do burocrático, quanto mais caracterizado estejam os dois tipos."

A análise do Estado brasileiro sob o prisma do patrimonialismo começa, no entanto, com a obra *Os donos do poder*, editada em 1957. Raymundo Faoro (2008) sustenta que a chave da excepcionalidade brasileira estaria na transição quase direta do patriarcalismo para o patrimonialismo, sem passar pelo feudalismo. Para ele, o dominante no Brasil não é o ambiente doméstico no qual se desenvolve o patriarcalismo, mas sim a esfera estatal, relacionada com o patrimonialismo. Faoro (1993, p. 21) explica que naquele o liberalismo não passa de uma fachada, ao passo que neste os ideais liberais, embora incongruentes com a base, conseguem penetrar na economia, ainda que de forma descontínua e desfigurada, e são capazes de atuar, ainda que "mascarando a racionalidade material numa racionalidade institucionalmente formal."[27] No modelo patrimonialista, os recursos econômicos e administrativos (em sentido amplo) são dependentes do poder soberano ou do poder público, que atua por meio das concessões, estímulos, subsídios e autorizações.[28] Os tipos patrimonialistas "impõem à sociedade uma orientação de cima e do alto, não admitindo que ela se determine de dentro para fora, de baixo para cima." (FAORO, 1993, p. 17).

As obras mencionadas foram produzidas nos meados do século passado, mas o patrimonialismo é algo tão arraigado na formação da sociedade brasileira que, ainda hoje, pode-se observar resquícios dessa forma de dominação que insiste em se perpetuar.[29] Com base nos dados obtidos pela PESB,[30] Almeida (2007, p. 101-102) argumenta que, embora se verifique uma divisão na opinião dos brasileiros em relação às práticas patrimonialistas, é possível observar que sua aceitação social ainda é bastante elevada e que "há uma tendência maior de tolerância a

27. FAORO (1993, p. 17): "Herdeiro do patrimonialismo português, [o Brasil] recebeu, com a independência, o impacto do mundo inglês, já moderno, adotando a máscara capitalista e liberal, sem negar, ou, como se diria com mais propriedade, sem superar o patrimonialismo."

28. FAORO (2008, p. 837): "O poder – a soberania nominalmente popular – tem donos, que não emanam da nação, da sociedade, da plebe ignara e pobre. O chefe não é um delegado, mas um gestor de negócios e não mandatário."

29. Vide, dentre tantos outros exemplos, as denúncias de nepotismo cruzado, o uso privado de aviões e helicópteros do governo, a polêmica envolvendo a concessão de passaportes diplomáticos com base em laços afetivos ou familiares.

30. Entre os entrevistados pela pesquisa, três quartos concordaram com a afirmação de que o que é público não merece ser cuidado por todos. No caso mais extremo constante do questionário, 17% dos entrevistados concordaram que "se alguém é eleito para um cargo público, deve usá-lo em benefício próprio, como se fosse sua propriedade."

práticas clientelistas quando elas nos favorecem (estão mais próximas) do que quando estão mais distantes e favorecem outras pessoas".[31]

Em pesquisa realizada pela Associação dos Magistrados Brasileiros (AMB) em 2005 – ou seja, antes da edição da Súmula Vinculante 13/STF –, solicitou-se aos juízes entrevistados que se manifestassem acerca da proibição de contratar parentes, em quaisquer circunstâncias, para cargos em comissão. O nepotismo foi rejeitado pela maioria dos magistrados, sendo que 67,9% se pronunciaram favoravelmente a sua proibição. Sob o ângulo oposto, 6,4% dos juízes entrevistados se disseram indiferentes e 23,8% afirmaram serem contrários à proibição do nepotismo, percentual surpreendentemente elevado em se tratando dessa categoria profissional. A pesquisa revelou, ainda, diferenças bastante significativas entre os entrevistados favoráveis à proibição, quando divididos de acordo com a *instância* de atuação (71% no 1º grau *versus* 58,4% nos tribunais), com o *tempo de magistratura* (74,8% dos juízes com até 5 anos *versus* 59,6% dos juízes com mais de 20 anos) e com a *região* (72% no Sul; 69,4% no Norte; 67,1% no Nordeste e Sudeste; e 56,9% no Centro-Oeste). As diferenças entre juízes em atividade e aposentados, assim como entre homens e mulheres, não se mostraram significativas (SADEK, 2006, p. 68-69).

31. ALMEIDA (2007, p. 25): "A Pesquisa Social Brasileira mostrou que Roberto DaMatta está certo em muitas de suas afirmações: o Brasil é hierárquico, familista, patrimonialista e se encaixa em vários outros adjetivos que significam arcaísmo, atraso."

9

FATORES INTERPESSOAIS: A INFLUÊNCIA DAS PLATEIAS RELEVANTES PARA OS JUÍZES

O *tipo de interesse* a ser fomentado e o *grau de probabilidade* de sua influência dependem de variáveis subjetivas (atributos judiciais) e objetivas (contexto decisório e institucional).

A probabilidade de o comportamento humano ser afetado pela preocupação com a imagem pessoal perante terceiros varia de acordo com o autocontrole individual (*variável subjetiva*). Pessoas com "autocontrole elevado" são capazes de supervisionar, com maior frequência, a forma como se apresentam, conseguem ajustar melhor sua imagem conforme o que consideram ser mais apropriado. Pessoas com "autocontrole baixo" conferem menos atenção às impressões que causam em terceiros e, por conseguinte, são mais constantes nas imagens que apresentam. De qualquer modo, poucos indivíduos são capazes de se manter totalmente alheios ao ambiente social, sem qualquer tipo de preocupação com a estima das demais pessoas (BAUM, 2008, p. 28 e p. 32). Isso não significa, obviamente, que as decisões judiciais sejam constantemente pautadas por preferências de plateias relevantes, mas apenas que, em determinados contextos, o interesse do juiz na visão que as pessoas possuem a seu respeito pode influenciar, de modo consciente ou não, o seu comportamento.

O comportamento judicial pode ser influenciado por um conjunto de pessoas perante as quais os juízes consideram importante manter uma reputação positiva. As abordagens baseadas no relacionamento dos juízes com suas plateias devem considerar tanto a importância estratégica da função de alguns atores para a realização e manutenção das preferências políticas dos juízes, como o interesse destes em serem respeitados e admirados como um fim em si mesmo. É em atenção a determinadas plateias que os juízes se envolvem no "gerenciamento de imagem" ("*impression management*"), isto é, em um processo de tentativa de controle do modo como são percebidos por outras pessoas (DEVINS; FEDERSPIEL, 2010, p. 89). Embora a ideia de que os juízes se importam com aquilo que as pessoas pensam a seu respeito não seja objeto de preocupação por parte dos modelos dominantes, ela está presente no senso comum e encontra apoio em pesquisas empíricas desenvolvidas no âmbito da psicologia social.

No livro em que aborda a interação entre os "juízes e suas plateias" (*Judges and their audiences*), Lawrence Baum (2008) desenvolve uma análise com foco nas pessoas e grupos que tendem a ser mais importantes para os juízes e em como o interesse na aprovação dessas "plateias" (*audiences*) pode afetar o comportamento judicial. Para examinar a relação entre as escolhas judiciais e o interesse em ter uma reputação positiva perante pessoas ou grupos, Baum (2008, p. 23-31) utiliza o conceito de "*autoapresentação*" (*self-presentation*), o qual atua como um elo entre o contexto social e o comportamento do indivíduo. A autoapresentação compreende os esforços individuais resultantes de ações intencionais ou semiconscientes e habituais, no sentido de criar impressões favoráveis com o intuito de obter popularidade, prestígio, estima, admiração e respeito de pessoas consideradas importantes para a construção da identidade social. Embora a maior parte das pesquisas tenha por objeto pessoas comuns em situações cotidianas, o conceito de *autoapresentação* se enquadra bem na análise do comportamento de determinados grupos de juízes, sobretudo, no âmbito das Cortes Supremas.[1] Aqueles que buscam e aceitam funções públicas submetidas à intensa exposição, em geral, estão especialmente interessados na estima que recebem e na manutenção de sua posição de prestígio.

O desejo de maximizar interesses relacionados à reputação positiva (popularidade, fama, prestígio, admiração, renome, estima e respeito) pode influenciar o comportamento judicial em diferentes sentidos. A direção na qual o comportamento tende a ser influenciado depende de algumas variáveis principais, dentre elas, as espécies de *plateias especialmente interessadas*. Alguns temas que têm grande importância

1. DEVINS; FEDERSPIEL (2010, p. 92): "[O] julgamento na [Suprema] Corte é em muitos aspectos um exercício de autoapresentação e o comportamento dos *justices* é moldado em aspectos importantes pelas opiniões de grupos externos com os quais os *justices* se preocupam."

para certos grupos ou atores são irrelevantes para outros.[2] Não havendo interesse significativo de determinadas plateias, por óbvio, não se deve esperar sua influência sobre o comportamento judicial. Quanto maior o interesse de determinadas plateias em um caso específico, maior a probabilidade de serem exercidas pressões externas e maiores as chances de serem criadas impressões positivas (ou não) perante os grupos interessados. A expressiva maioria das decisões, mesmo quando proferidas por Cortes Supremas, são inacessíveis ao público em geral e não despertam grande interesse da mídia. No caso de tribunais que adotam deliberações internas secretas, que não divulgam o conteúdo dos votos dissidentes ou que não estão frequentemente expostos na mídia, há uma tendência em conferir um peso maior às *plateias intracorte*. É o que ocorre, *e.g.*, no Reino Unido, onde, apesar dos altos níveis de prestígio desfrutados pela Câmara dos Lordes, os incentivos fornecidos por plateias localizadas dentro do Judiciário tendem a ser mais fortes.[3] Não obstante, o exemplo mais contundente de prevalência da influência de plateias intracorte é, sem dúvida, o Poder Judiciário japonês do segundo pós-guerra. Além de características socioculturais bastante peculiares, o Japão possui um rígido sistema de carreira judiciária que fornece um forte incentivo para os juízes se preocuparem essencialmente com estas plateias.[4]

---

2. Neste sentido, por exemplo, questões relacionadas a categorias específicas – como advocacia, Ministério Público ou magistratura – tendem a mobilizar fortemente as respectivas classes e quase nunca despertam o mesmo interesse de outros atores.
3. GAROUPA; GINSBURG (2008-2009, p. 461-462): "O público em geral não sabe os nomes das 12 pessoas que se sentam no ápice do poder judiciário britânico (ou até mesmo o seu número), exceto em raros momentos, quando casos controversos chamam a atenção significativa da mídia (como o Caso Pinochet no fim dos anos 1990). Muitos juízes seniores são apenas seriamente expostos ao público externo quando encabeçam questionamentos específicos sobre as práticas e decisões do governo. Aparentemente, os mecanismos internos são mais fortes no Reino Unido, mesmo que partilhe de uma tradição de *common law* com os Estados Unidos." (citações omitidas)
4. GAROUPA; GINSBURG (2008-2009, p. 485): "Atuando em uma clássica 'carreira' Judiciária, os juízes japoneses são nomeados em uma idade jovem e passam toda a sua carreira como juízes. Na verdade, mesmo antes de entrar no Judiciário eles começam a socialização pelos tribunais, nos quais executam pesquisas jurídicas e Instituto de Formação através do qual todos os nomeáveis [*admittees*] para o tribunal devem passar. Como juiz júnior, um nomeado japonês vai sentar-se em órgãos colegiados com juízes mais antigos, que monitoram sua tomada de decisão. Eles serão avaliados e seu desempenho classificado. Eles vão passar suas carreiras em movimento em todo o país em uma série de dois e três anos de tarefas, um processo gerenciado inteiramente pela Secretaria do Supremo Tribunal japonês. Porque alguns locais são mais desejáveis do que outros, as decisões de atribuição da Secretaria fornecem o maior conjunto de incentivos que

A segunda variável a ser destacada é o *tipo de imagem* que o juiz pretende exteriorizar, a qual está diretamente relacionada às plateias consideradas especialmente relevantes. Os juízes com perfil mais "acadêmico" tendem a conferir especial atenção à plateia formada por membros da comunidade jurídica e, por conseguinte, têm maior propensão a serem motivados pelo interesse em demonstrar imparcialidade e capacidade técnico-jurídica, sem se deixar influenciar pela opinião pública dominante. Um juiz de perfil mais "popular", por sua vez, tende a conferir um peso maior aos pontos de vista do público em geral do que a alguns tipos de considerações puramente dogmáticas, ainda que isso não seja exposto de forma deliberada ou assumido publicamente. Uma escolha influenciada por uma determinada plateia pode gerar reações negativas por parte de outros grupos ou pessoas. Ao decidir um caso incentivado pela opinião pública, o juiz pode maximizar sua reputação com o público em geral, mas, em contrapartida, pode ser alvo de críticas na comunidade jurídica. Ao proferir uma decisão pautada estritamente por fatores jurídicos e que seja prejudicial aos interesses do grupo ou classe com o qual tem afinidade, o juiz pode desagradar pessoas mais próximas, mas, em contrapartida, ser elogiado pela mídia ou por profissionais da área jurídica. Por isso, a direção na qual o interesse em maximizar a reputação positiva irá influenciar o comportamento judicial depende, sobretudo, das plateias consideradas especialmente relevantes pelo juiz.

Para a análise de como *fatores interpessoais* podem afetar o comportamento judicial, as plateias potencialmente mais relevantes serão divididas em dois grandes grupos: as *plateias internas*, compostas por atores jurídicos (membros da comunidade jurídica), tais como os advogados, os membros do Ministério Público e da magistratura, os professores de direito, os doutrinadores, entre outros; e, as *plateias externas*, formadas por conjuntos de pessoas ou grupos potencialmente relevantes e que estão situados fora da comunidade jurídica, dentre eles, os atores políticos (membros do Executivo e do Legislativo), os atores sociais (grupos de interesse, familiares e amigos), a mídia e a opinião pública. O peso conferido às plateias externas tende a ser maior à medida que aumenta o nível de exposição pública dos juízes e de suas decisões.

---

estruturam o comportamento dos juízes. De fato, estudos recentes têm demonstrado como essas decisões de atribuição são utilizadas para punir juízes cujas decisões são consideradas indesejáveis pelos principais tomadores de decisão no Judiciário."

Tendo em conta a influência exercida pelos diferentes tipos de plateias relevantes para os juízes, é possível formular os seguintes enunciados probabilísticos:

- ***Enunciado dos fatores de interesse (1):*** *Quanto maior o interesse de plateias relevantes no resultado da decisão, maior a probabilidade de influência de fatores de interesse.*
- ***Enunciado dos fatores de interesse (2):*** *Quanto maior a preocupação com a reputação positiva perante plateias internas (atores jurídicos), menor a probabilidade de influência de fatores extrajurídicos.*
- ***Enunciado dos fatores de interesse (3):*** *Quanto maior a preocupação com a reputação positiva perante plateias externas (atores não jurídicos), maior a probabilidade de influência de fatores extrajurídicos.*
- ***Enunciado dos fatores de interesse (4):*** *Quanto menor o tempo de posse no tribunal, maior a probabilidade de "aversão à divergência".*

9.1. AS PLATEIAS INTERNAS

Os atores jurídicos que formam as plateias internas podem fornecer fortes incentivos para determinados comportamentos judiciais. Membros da advocacia, do Ministério Público e da magistratura, assim como acadêmicos, bacharéis, professores, pesquisadores e escritores do Direito, em geral, são plateias especialmente relevantes para os juízes. Além de serem os responsáveis por formular as críticas mais frequentes e tecnicamente mais qualificadas, alguns desses atores interagem diretamente com os juízes em atividades judiciais (como a participação em audiências) e extrajudiciais (como palestras, aulas, festas e solenidades em geral).

A adesão às normas profissionais é um dos principais aspectos que os atores jurídicos têm em conta na avaliação do desempenho dos juízes. Quanto maior a distância entre o comportamento do juiz e as determinações aparentemente contidas no material jurídico convencional, maior a probabilidade de suas decisões serem alvo de críticas frequentes e intensas. Devido a sua socialização e formação profissional, os atores jurídicos apreciam a habilidade na interpretação dos dispositivos legais, o raciocínio jurídico coerente e construído com ideias bem concatenadas e, sobretudo, a atuação pautada pelo direito. Ademais, a capacidade de prever o funcionamento do sistema jurídico é essencial para o sucesso de alguns profissionais do direito, em especial, os advogados.[5] Por essas razões, os juristas tendem a respeitar o comportamento judicial previsível e que se enquadra no modelo jurídico.

A observância das restrições impostas pelo direito protege os juízes contra certos tipos de crítica ("Eu apenas cumpri o que a lei determinou"). A crítica, geralmente desagradável para quem a recebe, tende a ser menos frequente e intensa por parte dos atores jurídicos à medida que o comportamento judicial se aproxima do modelo teoricamente aceito. Provavelmente, nenhum mecanismo de aprovação seja capaz de fornecer um incentivo tão forte para uma atuação dentro do modelo jurídico quanto os mecanismos de desaprovação, sobretudo, as críticas profissionais.

9.1.1. A comunidade jurídica

Há vários motivos para que boa parte dos magistrados tenha interesse em manter uma reputação positiva perante os membros da comunidade jurídica. Assim como ocorre em qualquer atividade profissional, os juízes também têm um apreço especial pelo respeito e admiração dos colegas de profissão, sem dúvida, seus críticos mais frequentes e capacitados. Por isso, muitos admitem se preocupar mais com a avaliação de seu trabalho feita por membros da comunidade jurídica do que pelo público em geral.[6]

A publicação de livros e de artigos em revistas especializadas, o magistério em cursos de graduação e pós-graduação, a participação em eventos jurídicos (conferências, seminários e palestras) e a presença em bancas de mestrado e doutorado revelam que, apesar da excessiva carga de trabalho à qual geralmente estão submetidos, muitos dos juízes fazem questão de manter os laços com o meio acadêmico e se importam com o modo como são vistos por seus pares. Os doutrinadores

---

5. Neste caso, a previsibilidade mais relevante, adverte Ronald Cass (1995, p. 971), não é a de *resultado* – como, *e.g.*, a que surge de padrões comportamentais liberais ou conservadores de determinados juízes-, mas a *principiológica*, a qual permite que o advogado possa advertir seu cliente sobre as possíveis alternativas de ação a serem tomadas e os seus respectivos riscos.
6. Baum (2008, p. 98) cita uma pesquisa realizada com juízes de tribunais federais de apelação dos EUA na qual afirmaram, em sua maioria, serem os advogados e demais juízes os atores cuja aprovação lhes dava "maior satisfação pessoal".

são eminentes avaliadores da atividade judicial e, pelo prestígio de que desfrutam, suas avaliações têm um peso considerável para os juízes interessados em sua reputação acadêmica.

No caso específico das Cortes Supremas, são vários os motivos para conferir especial relevância às plateias internas. Os atores jurídicos são os principais interessados no inteiro teor de suas decisões, independentemente de atuarem ou terem interesse direto no processo. O conhecimento das posições adotadas pelo tribunal é de extrema relevância para os juízes respeitarem os precedentes, para os advogados fazerem uma estimativa da probabilidade de êxito, para os doutrinadores fazerem referências e críticas em suas abordagens, para os professores ministrarem suas aulas, para os bacharéis obterem aprovação em concursos públicos e até para os acadêmicos terem um bom desempenho em determinadas provas e trabalhos de faculdade. Por essas e outras razões, muitos dos casos decididos por Cortes Supremas, embora não despertem grande interesse de plateias externas, recebem a atenção de membros da comunidade jurídica.

Em regra, a preocupação com plateias internas motiva os juízes a operar dentro do modelo jurídico. A observância das normas legais e o respeito aos precedentes judiciais faz parte das expectativas da comunidade jurídica e, em muitos aspectos, interessa às pessoas ou grupos que atuam neste meio. O interesse em obter o respeito e a admiração desta plateia, por um lado, restringe o desejo dos juízes de maximizar preferências políticas pessoais e, por outro, incentiva a adoção de um comportamento pautado pelo direito, o qual é aceito, respeitado e mais valorizado. A preocupação com a imagem perante os atores jurídicos, embora não garanta a prevalência das considerações jurídicas sobre as preferências políticas pessoais, contribui para que seja conferido um peso maior ao material jurídico convencional do que eventualmente poderia ser atribuído se o juiz estivesse mais preocupado com a estima de plateias externas.

Apesar de a avaliação de decisões judiciais por atores jurídicos, em regra, fornecer incentivos a favor da adesão ao material jurídico convencional, para os que conferem especial relevância à academia, esta plateia pode motivar a ampliação dos limites jurídicos impostos à decisão por meio da recompensa a desvios modestos do padrão decisório convencional. Isso porque a adoção de resultados menos previsíveis, mas que se situam dentro de uma faixa de construções judiciais aceitáveis, será atraente para os juízes que valorizam a frequência com que são citados no meio acadêmico, tendo em vista que os doutrinadores são muito mais propensos a notar novas abordagens do que a comentar decisões bem elaboradas, mas completamente previsíveis. Não obstante, em regra, este incentivo tende a não ser tão forte quanto o incentivo para permanecer dentro dos limites tradicionais do modelo jurídico[7] e, por isso, não deve ser superestimado.[8]

No caso dos membros das Cortes Supremas, a "criatividade judicial" exercida dentro de limites aceitáveis tende a ser mais valorizada do que a capacidade para se manter fiel a dispositivos legais claros e precisos ou a precedentes anteriores. Epstein, Landes e Posner (2013, p. 29) avaliam que quanto mais elevado o grau de jurisdição, maior o peso conferido à criatividade na reputação judicial.

No Supremo Tribunal Federal brasileiro, Gilmar Mendes é um dos ministros com o perfil acadêmico mais acentuado.[9] Em diversas oportunidades, Mendes proferiu votos inovadores em relação à jurisprudência sedimentada do Tribunal, sobretudo, em matéria de

---

7. Ao abordar as *heurísticas de organização do pensamento*, responsáveis por simplificar processos de tomada de decisão, Fernando Leal (2012, p. 43) observa que "para as situações caracterizadas pelo elevado número de soluções possíveis e pela inexistência de um mecanismo de maximização disponível, os processos humanos de tomada de decisão diante de situações complexas costumam recorrer a heurísticas satisfatórias. De acordo com essas regras, o tomador de decisão rejeita de antemão a busca pela melhor solução possível e se satisfaz com uma solução "boa o suficiente" de acordo com um dado critério. Nesses casos, um conjunto pequeno de alternativas de decisão é aleatoriamente selecionado e uma solução para o problema é escolhida em função da inexistência de outra estritamente melhor nesse mesmo conjunto. A possível existência de outras soluções melhores não frustra o tomador de decisão, já que o papel decisivo das heurísticas satisfatórias é promover antes da decisão, ajustes nas suas expectativas."
8. Como observa Cass (1995, p. 974), "poucos juízes realisticamente vão esperar celebridade mais do que temer a provável crítica por participar de um esforço de criatividade."
9. A frequente participação em atividades acadêmicas e as copiosas citações doutrinárias – em especial de juristas alemães e do Tribunal Constitucional Federal daquele país – revelam nitidamente a forte atenção conferida por Mendes a este tipo de plateia. Além de lecionar em três instituições (Professor Assistente da UNB, Docente Permanente do IDP e Professor Visitante da PUC/RS), atualmente integra um projeto de pesquisa ("Reconstrução histórica da Constituinte"), é membro do corpo editorial de quatro periódicos (Direito Público, Observatório da Jurisdição Constitucional, série ADB/ Saraiva e Revista Forense). Após sua posse como Ministro do STF (20/06/2002), Mendes já escreveu cerca de 30 artigos, participou da publicação/organização de 38 obras, participou de 35 capítulos de livros, publicou 8 textos em jornais/revistas, elaborou 46 pareceres para a Revista de Direito Público, proferiu mais de 90 palestras, participou de mais de 45 Congressos e de 40 bancas de mestrado/doutorado e orientou mais de 27 trabalhos entre monografias, dissertações e teses. Dados disponíveis em: http://buscatextual.cnpq.br/buscatextual/visualizacv.do?metodo=apresentar&id=K4781851J9. Acesso em: 13/06/2013.

controle de constitucionalidade, tema com o qual possui extrema afinidade. Em alguns casos, no entanto, o grau de criatividade de suas decisões ultrapassou os limites considerados aceitáveis, sendo alvo de severas críticas por parte da comunidade jurídica, como, por exemplo, no caso da proposta de mutação constitucional em relação à norma contida no artigo 52, X, da Constituição Brasileira (Rcl 4.335/AC),[10] e na decisão monocrática suspensiva da tramitação de projeto de lei restritivo do acesso ao fundo partidário e aos veículos de comunicação por partidos recém-criados (MS 32.033/DF).[11]

9.1.2. Os colegas de tribunal

Há quem aponte os colegas de tribunal como sendo o principal alvo de autoapresentação para a maior parte dos magistrados.[12] Baum (2008, p. 55-56) postula que muitos juízes desejam ser vistos pelos colegas como

10. Neste sentido, dentre outros, STRECK; OLIVEIRA; LIMA (2008, p. 59): "[...] em determinadas situações, mutação constitucional pode significar, equivocadamente, *a substituição do poder constituinte pelo Poder Judiciário*. E, com isso, soçobra a democracia. E este nos parece ser o ponto principal da discussão acerca dos votos proferidos na aludida Reclamação 4335-5. Numa palavra, o processo histórico não pode, desse modo, delegar para o Judiciário a tarefa de alterar, por mutação ou ultrapassagem, a Constituição do País (veja-se, nesse sentido, só para exemplificar e esse é o ponto da presente discussão -, o 'destino' dado, em ambos os votos, ao art. 52,X, da Constituição do Brasil)."

11. Neste sentido, dentre outros, SILVA (2013): "Gilmar Mendes simplesmente decidiu que o Senado não poderia deliberar sobre um projeto de lei porque ele, Gilmar Mendes, não concorda com o teor do projeto. Em termos muito simples, foi isso o que aconteceu. Embora em sua decisão ele procure mostrar que o STF tem o dever de zelar pelo 'devido processo legislativo', sua decisão não tem nada a ver com essa questão. Os precedentes do STF e as obras de autores brasileiros e estrangeiros que o ministro cita não têm relação com o que ele de fato decidiu. Sua decisão foi, na verdade, sobre a questão de fundo, não sobre o procedimento. Gilmar Mendes não conseguiu apontar absolutamente nenhum problema procedimental, nenhum desrespeito ao processo legislativo por parte do Senado. O máximo que ele conseguiu foi afirmar que o processo teria sido muito rápido e aparentemente casuístico. Mas, desde que respeitadas as regras do processo legislativo, o quão rápido um projeto é analisado é uma questão política, não jurídica. Não cabe ao STF ditar o ritmo do processo legislativo. (...) Uma decisão nesse sentido, de impedir o próprio debate, é simplesmente autoritária e sem paralelos na história do STF e de tribunais semelhantes em países democráticos."

12. BAUM (2008, p. 103): "Entre os segmentos da profissão jurídica é quase certo que o mais relevante para a maioria dos juízes são os juízes do próprio tribunal. Juízes de outros tribunais ocupam o segundo lugar em importância porque eles também são do grupo de pares. Advogados e juristas têm muito em comum com os juízes, mas não estão na mesma posição: falta-lhes o status especial de juízes e eles não exercem o trabalho destes. Por estas razões, a estima dos outros juízes possui um peso especial."

bons indivíduos – agradáveis para interagir e acessíveis para trabalhar –, *bons profissionais* – capazes de fazer bem o seu trabalho, de respeitar as normas profissionais e de atuar como bons jogadores de uma equipe – e como *vencedores* – vitórias e derrotas afetam a posição perante os colegas e, por conseguinte, a imagem do juiz.[13] Tais características reforçam a reputação positiva perante os colegas, ainda que não lhes traga qualquer ganho tangível em relação ao conteúdo das decisões.

Toda regra, no entanto, tem suas exceções. No STF, já se tornou lendária a posição sistematicamente divergente e minoritária do Ministro Marco Aurélio, cujas decisões costumam se destacar pela independência e isolamento.[14] O fato de restar vencido em inúmeros casos, muitas vezes isoladamente, não parece incomodar o Ministro que certa feita afirmou: "de algo estou seguro – implemento o ofício de acordo com o convencimento formado, sem preocupar-me com o grau de acatamento exterior." Como bem sintetizado por Sérgio Bermudes, ao prefaciar a obra que reúne alguns dos principais pronunciamentos de Marco Aurélio, este não procura agradar "aos seus colegas de toga. [...] A divergência não o assusta, nem combale a sua determinação, ainda quando o deixe em posição solitária." (MELLO, 2006, p. vii-viii).[15]

A preocupação em ser visto de forma positiva pelos demais colegas tende a ser especialmente relevante para juízes recém-nomeados. Ao investigar o comportamento dos membros do STF, Pedro Ferreira (2013, p. 71) encontrou maior tendência ao consenso entre ministros com pouco tempo de tribunal. Especialmente durante o período inicial de adaptação, o desejo de ter uma reputação positiva perante os colegas,

---

13. BAUM (2008, p. 161): "[...] o elemento de competição envolvido na construção de maiorias e na conformação da jurisprudência do tribunal motiva os juízes a agir estrategicamente em relação aos seus colegas. Juízes preferem se perceber e serem percebidos pelos outros como vencedores e não como perdedores."

14. DESPOSATO; INGRAM; LANNES (2012, p. 19): "O Ministro [Marco] Aurélio é conhecido pela independência errática e por ser um 'obstrucionista' no tribunal [...]. Anedotas de assessores judiciais falam de casos em que Aurélio argumentou eloquentemente contra uma lei, mas quando seus argumentos conseguiram balançar a corte, ele mudou de posição para que pudesse permanecer no grupo minoritário!"; LEONI; RAMOS (2006, p. 11): "De fato, nos últimos anos, o Ministro Marco Aurélio é, com frequência, o único a votar contra as preferências do Executivo."

15. Para se ter ideia, em apenas 5% dos acórdãos proferidos pelo STF em Recursos Extraordinários envolvendo matéria tributária o relator não foi acompanhado pela maioria, sendo que destes, o Ministro Marco Aurélio foi o relator vencido em 77,8% das vezes (LOPES, 2013, p. 39).

aparentemente motiva os novos membros a adotar um comportamento estratégico intracorte no sentido de evitar posicionamentos divergentes ("*aversão à divergência*").

Em síntese, a preocupação em ter uma reputação positiva perante atores jurídicos fornece um forte incentivo para comportamentos judiciais orientados pelo direito, pois a formação e socialização dos juristas fazem com que tenham uma crença compartilhada acerca do valor de uma boa interpretação, o que os incentiva a demonstrar suas qualidades como intérpretes. Os juízes tendem a obter maior respeito da comunidade jurídica em geral, e de seus colegas de tribunal em particular, quando são capazes de fazer valer seus argumentos, os quais têm maior capacidade de persuasão quando são juridicamente fortes e consistentes.

9.1.2.1. Fatores cognitivos grupais: os efeitos do colegiado

As influências recíprocas entre membros de órgãos colegiados podem amplificar ou atenuar *predisposições*, *preferências* e *interesses* pessoais dos juízes. Os diferentes fenômenos constatados por estudos empíricos específicos sobre o comportamento judicial são conhecidos como os "efeitos do colegiado" ("*panel effects*").[16] Tais efeitos têm sido atribuídos a causas variadas, tais como, o processo de deliberação interna, o receio de reversão da decisão, a adoção de um comportamento estratégico,[17] o desejo de preservar ou ampliar o poder do tribunal ou de conferir maior legitimidade simbólica à decisão. Embora as explicações apontadas para as razões subjacentes à influência de fatores cognitivos grupais ainda sejam inconclusivas, é razoável supor que nem sempre serão necessariamente as mesmas, podendo variar de acordo com os atributos pessoais de cada juiz (variáveis subjetivas) e com o contexto decisório e institucional (variáveis objetivas).

16. O termo "*panel*", a rigor, é utilizado para designar a câmara de um tribunal. Neste estudo, optamos por traduzir a expressão "panel effects" como "*efeitos do colegiado*", em razão da dualidade de denominações utilizadas no Brasil para designar os órgãos fracionários dos tribunais (turmas ou câmaras), bem como por entender que os efeitos estudados se aplicam aos órgãos colegiados em geral.

17. Em trabalho no qual constata os *efeitos do colegiado* ("*panel effects*") em casos de discriminação sexual, Pauline Kim (2008) sustenta que os testes empíricos realizados sugerem fortemente que, neste tipo de caso, os *efeitos do colegiado* seriam decorrentes não do processo de deliberação interna, mas do *comportamento estratégico* dos juízes que, em órgãos ideologicamente heterogêneos, diferem no seu comportamento de voto, conforme as preferências do circuito estão alinhadas em relação a eles.

Os efeitos produzidos por fatores cognitivos grupais podem influenciar o resultado da decisão em sentidos opostos, de acordo com a composição do órgão colegiado. Quando formado por juízes com valores e convicções semelhantes, a tendência é que ocorra uma *amplificação ideológica*, ou seja, um deslocamento das predisposições e preferências políticas pessoais para as extremidades. De forma inversa, em órgãos judiciais heterogêneos, a presença de pelo menos um juiz com valores e convicções diferentes dos demais tende a produzir uma *atenuação ideológica*. Um terceiro fenômeno característico de decisões em grupo é a *convergência do colegiado*, situação na qual o juiz, apesar da predisposição para votar em um determinado sentido, acaba por votar em sentido diverso com o intuito de se juntar aos demais colegas e, assim, evitar uma divergência pública.

Os "efeitos do colegiado" foram testados por Sunstein *et al.* (2006, p. 63) no âmbito do judiciário federal estadunidense. O estudo constatou que a interferência destes fatores cognitivos grupais é tão forte – e, em alguns casos, até maior que – quanto a dos fatores ideológicos.[18] Foram encontradas diferenças substancialmente significativas entre os padrões de votação de órgãos ideologicamente heterogêneos, compostos por juízes nomeados por presidentes democratas e republicanos, e homogêneos, formados apenas por juízes nomeados por presidentes de um único partido. Dentre todas as áreas pesquisadas, as únicas imunes aos efeitos do colegiado foram os casos de *aborto* e de *pena de morte*. Nessas áreas temáticas específicas, os valores e convicções pessoais parecem ser tão intensos e fortemente arraigados que são capazes de criar uma blindagem impenetrável por outras influências. Ocorre uma espécie de *entrincheiramento ideológico* que impede os pontos de vista divergentes de atenuar a visão originalmente acolhida pelo juiz. Em outras palavras: casos desta natureza são tão carregados moralmente que, quando apresentam alguma complexidade, a influência dos fatores ideológicos tem um peso maior que a de qualquer outro fator extrajurídico.[19] Sobre o tema é possível formular o seguinte enunciado probabilístico:

---

18. SUNSTEIN *et al.* (2006, p. 15-16): "A partir do momento em que os efeitos do colegiado são, em geral, tão grandes quanto os efeitos do partido, e às vezes ainda maiores, o modelo atitudinal perde um fator crucial por trás dos votos judiciais."

19. SUNSTEIN *et al.* (2006, p. 69): "A firmeza dessas decisões é aparentemente suficiente para compensar quaisquer que sejam as pressões impostas por decisões contrárias de membros do colegiado. Note-se aqui que quando os julgamentos são firmes, isso ocorre somente em certos subconjuntos desses casos. Mesmo em áreas nas quais as visões são

- ***Enunciado dos fatores cognitivos (3):*** *Quanto mais fortes e arraigados os valores e convicções pessoais de um juiz sobre o tema (entrincheiramento ideológico), maior a probabilidade de que a influência de fatores ideológicos se sobreponha à de outros fatores extrajurídicos.*

Serão analisadas, a seguir, as três situações típicas nas quais o comportamento judicial é influenciado pelos demais membros do órgão colegiado: (I) a *polarização grupal*, (II) o *efeito informador* e (III) a *convergência do colegiado.*

I) A polarização grupal

A *polarização grupal* consiste na tendência a serem adotadas posições ideológicas mais extremadas, em relação às médias das decisões individuais pré-deliberativas, quando os grupos são formados exclusivamente por indivíduos que compartilham opiniões e pensamentos similares. Neste sentido, pode ser formulado o seguinte enunciado probabilístico:

- ***Enunciado dos fatores cognitivos (4):*** *Quanto maior a homogeneidade de pontos de vista dos membros de um órgão colegiado, maior a probabilidade de serem adotadas posições grupais mais extremas que a média das decisões tomadas individualmente.*

O trabalho seminal sobre o fenômeno da "polarização" foi desenvolvido por James Stoner (1961), pesquisador do *Massachusetts Institute of Technology*. Com o intuito de comparar o grau de risco assumido em decisões individuais e grupais, Stoner fez um experimento com cento e um estudantes do MIT e concluiu que, quando eles tomavam decisões como membros de um grupo, havia uma tendência a defender cursos de ação significativamente mais arriscados que os escolhidos nas decisões tomadas de forma individual. Posteriormente, centenas de estudos demonstraram que esta tendência não estava relacionada diretamente à opção de tomar decisões mais arriscadas, mas com o fato de que, ao fazer parte de um grupo, as pessoas tendem a exacerbar

intensamente mantidas, não é como se os nomeados por Democratas votassem 100% das vezes em uma direção liberal e nomeados por Republicanos em 0% das vezes; tanto no aborto quanto na pena de morte, a sobreposição de pontos de vista é significativa."

suas opiniões e a tomar decisões mais extremas do que as que seriam tomadas individualmente. O fenômeno de *polarização grupal* pode se manifestar em diferentes contextos e, em certos casos, produzir efeitos preocupantes: um grupo de pessoas com forte preconceito em relação a certas etnias tende a tomar decisões mais extremas em questões de cunho racial; um grupo de torcedores agressivos tende a ser mais violento quando reunidos em uma torcida "organizada"; um grupo de pessoas com fortes convicções políticas ou religiosas tende a ter pontos de vista mais radicais que, por vezes, são exteriorizados por meio de comportamentos violentos.

Uma das explicações para a tendência de amplificação ideológica em grupos homogêneos se apoia no "papel da corroboração". Especula-se que a reunião de pessoas que compartilham a mesma opinião reforce as convicções individuais, trazendo à tona certas ideias e concepções mais radicais que, em outros contextos, seriam reprimidas. A incerteza sobre um determinado ponto de vista faz com que se tenha menos confiança, sendo que indivíduos pouco confiantes tendem a ser mais moderados em suas opiniões. Assim, indivíduos inseguros sobre determinada questão têm maior propensão a optar por um ponto médio entre os extremos. A corroboração de uma opinião individual pelos demais membros do grupo gera maior confiança e pessoas mais confiantes são propensas a se tornar mais radicais em suas convicções. Quando um órgão colegiado é composto por juízes que pensam da mesma forma sobre determinados temas, a corroboração das opiniões individuais leva a uma visão mais extremada, fazendo com que a deliberação do grupo conduza a uma amplificação ideológica. Sunstein *et al.* (2006, p. 75-76) mencionam, ainda, duas outras explicações que também têm sido amplamente estudadas. Uma leva em consideração o papel de "argumentos persuasivos" para sugerir que a posição individual sobre certos assuntos é parcialmente determinada pelos argumentos coletivos mais convincentes, o que faz com que o julgamento das pessoas se mova em direção à posição mais persuasiva defendida pelo grupo; a outra, partindo da premissa de que as pessoas querem se autoperceber e serem percebidas de forma positiva, postula que a "comparação social" faz com que o indivíduo, ao tomar conhecimento daquilo que é considerado correto por outras pessoas, tenda a ajustar sua posições na direção do ponto de vista dominante.

A *amplificação ideológica* resultante da polarização grupal tem sido encontrada em estudos específicos envolvendo órgãos judiciais colegiados. Uma pesquisa envolvendo o judiciário federal estadunidense constatou que os padrões de voto em órgãos compostos apenas por juízes nomeados por presidentes do mesmo partido político apresentaram um viés ideológico mais forte.[20] Estes órgãos ideologicamente homogêneos apresentaram resultados estatisticamente mais significativos e consistentes do que órgãos ideologicamente heterogêneos – i.e., compostos por dois juízes nomeados por presidentes republicanos e um juiz nomeado por presidente democrata, ou vice-versa.[21]

II) O efeito informador

O *efeito informador* ("*whistleblower effect*") consiste na tendência de redução de erros sistemáticos e de atenuação da ideologia predominante em um grupo, devido às informações e pontos de vista trazidos por membros com concepções divergentes da maioria. Acerca deste efeito, pode ser formulado o seguinte enunciado probabilístico:

- ***Enunciado dos fatores cognitivos (5):*** *Quanto maior a pluralidade de informações e pontos de vista nos órgãos colegiados, maior a probabilidade de se evitar erros sistemáticos e decisões ideologicamente extremadas.*

Estudos desenvolvidos no âmbito da psicologia cognitiva sugerem que quando o indivíduo desenvolve um raciocínio decisório isoladamente ou ao lado de pessoas com opiniões semelhantes, há uma tendência de que os argumentos não sejam avaliados com a intensidade crítica necessária. Quando a avaliação dos argumentos ocorre em um ambiente formado por pessoas com opiniões divergentes, mas que têm o interesse comum na busca da verdade, o "viés de confirmação" de cada indivíduo pode contribuir para uma melhor decisão, uma vez que estes estarão em melhor posição para procurar e encontrar argumentos

20. SUNSTEIN *et al.* (2006, p. 86): "Nossa mais drástica descoberta é a amplificação ideológica, pela qual os nomeados por [presidentes] republicanos e democratas mostram tendências ideológicas relativamente extremas em órgãos colegiados unificados. Explicamos esta descoberta com referência à polarização grupal- processo penetrante que leva pessoas de mesma opinião a ir aos extremos. Aqui, também, os juízes federais agem de uma forma que está de acordo com experimentos de ciências sociais sobre o comportamento humano."
21. SUNSTEIN *et al.* (2006, p. 22): "O ponto mais claro é um diferencial forte entre o resultado médio de uma turma só de Republicanos e de uma turma só de Democratas. Com efeito, a probabilidade de um resultado liberal é aproximadamente duas vezes mais elevada na última em relação a primeira."

a favor de sua solução preferida. Ao mesmo tempo, as discussões em grupos heterogêneos se mostram eficientes para manter o "viés de confirmação" sob controle recíproco (MERCIER; SPERBER, 2011, p. 65).

Em casos complexos, o membro do colegiado com opiniões e pontos de vista diferentes pode despertar a atenção dos demais colegas para fatos e argumentos juridicamente relevantes e merecedores de uma avaliação mais refletida e cuidadosa. O melhor antídoto contra a amplificação ideológica é semear a dúvida. A presença de "*dissenters*", ou seja, de pessoas com opiniões divergentes, que sejam questionadoras das ideias consensuais e respeitadas pelos membros do grupo, é um elemento fundamental para a moderação e o aprimoramento das respostas obtidas coletivamente. A introdução de visões diferentes em deliberações coletivas, por trazer reflexões que normalmente seriam ignoradas por juízes com convicções e valores opostos, tem um forte potencial não apenas para evitar e corrigir eventuais erros, mas também para produzir uma espécie de "efeito nivelador"[22] sobre as decisões colegiadas ao reduzir a tendência de que juízes ideologicamente homogêneos cheguem a conclusões mais extremas.

Diversos estudos empíricos realizados no âmbito do judiciário federal dos EUA reforçam a relevância do papel desempenhado pelo *efeito informador* sobre o resultado de decisões colegiadas. Ao analisarem decisões relativas à revisão de interpretações feitas por agências de governo, Sunstein *et al.* (2006, p. 79) destacaram a importância deste efeito no sentido de contribuir para que os juízes "seguissem o direito" e de fomentar uma maior neutralidade política do órgão judicial, minimizando a influência de fatores ideológicos. Os dados revelaram duas situações distintas: enquanto nos órgãos ideologicamente *homogêneos* foram encontradas fortes correlações entre as decisões e a composição do órgão, nos *heterogêneos* não foram constatadas diferenças relevantes

---

22. SUNSTEIN *et al.* (2006, p. 10): "De fato, encontramos muitos casos extremos de atenuação ideológica, os quais poderíamos chamar de 'efeitos niveladores', nos quais as diferenças partidárias são eliminadas pela influência da composição do órgão colegiado. Nos casos em que os efeitos niveladores estão presentes, [juízes] nomeados por [presidentes] democratas, quando sentados ao lado de dois nomeados por republicanos, são ao menos mais propensos a votar de forma estereotipicamente conservadora como ocorre com nomeados por republicanos quando sentados ao lado de dois nomeados por democratas. De fato, encontramos muitas áreas nas quais os nomeados por democratas sentados ao lado de dois [nomeados por] republicanos mostraram padrões de voto *mais* conservadores do que o de republicanos sentados com dois nomeados por democratas. A mesma mudança pode ser demonstrada também para os nomeados por republicanos."

no padrão básico de voto.[23] A atenuação ideológica resultante de pontos de vista heterogêneos, ao fomentar uma maior neutralidade política do órgão judicial e minimizar a influência de fatores ideológicos, contribuiu para que os juízes "seguissem o direito". No mesmo sentido, Cross e Tiller (1998, p. 2.175-2.176) constataram que a presença de um juiz "informante" ("*whistleblower*") - ou seja, de um membro da minoria pronto para expor qualquer engano cometido pela maioria - aumenta significativamente as chances de que a maioria tribunal respeite a doutrina e a jurisprudência.[24]

O efeito informador constatado em órgãos colegiados heterogêneos pode contribuir também para a qualidade das deliberações e, por conseguinte, para que sejam alcançados melhores resultados.[25] Boyd, Epstein e Martin (2010, p. 406-407) argumentam que algumas das evidências encontradas em suas investigações fornecem base empírica para as teorias normativas favoráveis à pluralidade no âmbito dos tribunais, pois quanto maior a participação de juízes com atributos e experiências diferentes, maior a diversidade de ideias e informações contributivas para o processo institucional e para a qualidade das deliberações.[26] Não obstante, as deliberações tendem a ser mais

---

23. Os juízes nomeados por Presidentes Republicanos sentados ao lado de juízes nomeados por Democratas produziram 46% de votos liberais, sendo que os juízes nomeados por Democratas sentados ao lado de juízes nomeados por Republicanos produziram 44% de votos liberais (SUNSTEIN *et al.*, 2006, p. 79).
24. CROSS; TILLER (1998, p. 2.156): "Embora haja, sem dúvida, mais do que uma explicação válida para a adesão aos princípios da dogmática jurídica, sugerimos que a perspectiva de um 'informante' no tribunal – ou seja, a presença de um juiz cujas preferências políticas diferem da maioria e que irá expor a manipulação ou desconsideração pela maioria da dogmática jurídica aplicável (se for necessário tal manipulação ou desrespeito para alcançar o resultado preferido da maioria) – é um fator importante para que os juízes desempenhem o seu papel de tomadores de decisões judiciais baseadas em princípios."
25. Epstein, Landes e Posner (2013, p. 62) fazem a seguinte ressalva: "[a] deliberação judicial pode ser produtiva quando as questões discutidas são de caráter técnico, no sentido de ideologicamente e emocionalmente indiferentes, em contraste com as questões que trazem uma carga moral ou ideológica; a franca discussão de tais questões é produtiva de animosidade. Mas os casos que levantam questões sobre as quais todos os juízes concordam e que são meramente técnicos tendem a não ser nos casos que conformam o direito de forma relevante."
26. BOYD; EPSTEIN; MARTIN (2010, p. 406-407): "Os resultados deste exercício são agora razoavelmente claros: a presença de mulheres na magistratura federal de apelação *raramente* tem um efeito empírico significativo sobre os resultados judiciais. Raramente, porém, não é nunca. Com base em um relato que isola a análise à observação do voto do juiz com um encontro do vizinho mais próximo, observamos consistentes e estatisticamente significativos efeitos individuais e de colegiado em lides de discri-

produtivas nas questões de caráter técnico do que em temas de forte carga moral ou política, nos quais a franca discussão é mais propensa a produzir animosidades entre os participantes (EPSTEIN; LANDES; POSNER, 2013, p. 62).

Os fenômenos de atenuação e amplificação ideológicas parecem sugerir que a influência de fatores ideológicos resulta, principalmente, de tendências e inclinações que atuam abaixo do nível da consciência e não de uma vontade consciente e deliberada de impor valores e convicções pessoais. Se o modelo atitudinal estivesse correto ao postular que a intenção dos juízes é aproximar o resultado das decisões, na maior medida possível, de suas preferências políticas pessoais, não faria muito sentido que em um órgão colegiado de três juízes, os dois que compartilham da mesma opinião – ou seja, a maioria – se distanciassem de seu resultado preferido e adotassem posições mais moderadas devido à presença de um terceiro juiz com pontos de vista distintos. Do mesmo modo, caso se admita que a influência da ideologia opera de forma consciente e deliberada, fica difícil encontrar uma explicação plausível para que convicções e valores pessoais sejam potencializados em órgãos ideologicamente homogêneos.

III) A convergência do colegiado

Quando as pessoas são confrontadas com opiniões unânimes elas tendem a ceder à opinião dos demais. Este fenômeno, conhecido como *efeito conformador*, tem sido amplamente constatado em julgamentos de natureza moral e política envolvendo questões como liberdades civis, ética e punição por crimes.[27] Os motivos para a conformidade

---

minação sexual: não só homens e mulheres trazem abordagens distintas para estes casos, mas a presença de uma mulher em um órgão realmente faz com que os juízes do sexo masculino votem de uma maneira que de outra forma não o fariam – em favor dos demandantes. Caracterizado dessa forma, nossos resultados são consistentes com um relato informacional de julgamento de gênero; eles também servem para reforçar outros estudos que identificaram efeitos de gênero na área do emprego."

27. Sunstein *et al.* (2006, p. 67) mencionam um experimento no qual as pessoas que, antes de darem suas respostas, eram informadas de um (fictício) entendimento unânime sobre o tema, mostravam maior tendência a compartilhar da mesma opinião. A saber: "Considere a seguinte afirmação: A 'liberdade de expressão é um privilégio e não um direito, [portanto] é apropriado para uma sociedade suspender a liberdade de expressão quando se sente ameaçada.' Instados a avaliar esta questão individualmente, apenas 19 por cento do grupo concordou. Mas, confrontados com a concordância unânime de outros quatro, 58 por cento das pessoas concordaram!"

costumam ser relacionados a duas hipóteses. A primeira é no sentido de que a *informação* oferecida pela opinião unânime dos demais induz ao raciocínio de que, se todos adotaram uma determinada posição ou compartilharam certo ponto de vista, provavelmente eles estão corretos. A segunda envolve a potencial ameaça à *reputação*, fator que pressiona o indivíduo a optar por certos posicionamentos majoritários com receio de ser criticado e sofrer a reprovação dos demais (SUNSTEIN *et al.*, 2006, p. 69).

Sobre este fenômeno, pode ser formulado o seguinte enunciado probabilístico:

- ***Enunciado dos fatores cognitivos (6)**: Quanto maior a incerteza individual e a conformidade do grupo sobre determinadas questões, maior a probabilidade de influência da opinião majoritária intracorte.*

No âmbito do Poder Judiciário, esta tendência de conformação inerente ao ser humano é responsável por um fenômeno conhecido como "convergência do colegiado" ("*collegial concurrence*"), verificado em contextos decisórios nos quais um juiz, apesar de ter uma predisposição para votar em sentido diverso ou de acreditar que o entendimento majoritário não é o melhor, acaba optando por se unir aos demais colegas a fim de evitar uma divergência pública. Isso não significa que o *efeito conformador* seja o único – ou mesmo o principal – fator responsável por decisões judiciais unânimes. Na expressiva maioria dos casos judiciais é provável que a unanimidade seja decorrente do alto grau de determinação do material jurídico convencional. Em alguns, a "convergência do colegiado" pode ser resultante de *fatores extrajurídicos*, tais como, a aversão ao dissenso[28], a carga de trabalho elevada, a aversão ao esforço (abrir uma divergência costuma ser muito mais oneroso do que acompanhar o relator), da confiança na autoridade dos colegas que endossam o argumento, de informações relevantes contidas nos votos dos colegas, da deferência em relação a

28. EPSTEIN; LANDES; POSNER (2013, p. 12): "Ressaltamos a existência e importância de certa relutância por parte de alguns juízes de discordar publicamente, mesmo quando eles não concordam com a decisão de seus colegas. Aversão ao dissenso é um exemplo de um comportamento que nem legalismo nem realismo jurídico no seu sentido jurisprudencial podem explicar, mas que um modelo mais rico de incentivos e restrições judiciais – nosso modelo, enfatizando a aversão ao esforço – pode. Nós encontramos acentuada aversão ao dissenso nos tribunais de apelação, mas não na Suprema Corte."

estes, da combinação desencorajadora da inutilidade e onerosidade de se produzir uma opinião divergente[29] ou, ainda, de uma negociação estratégica implícita do tipo "eu não irei discordar da sua opinião se você não discordar da minha, a menos que a discordância seja muito grande." (SUNSTEIN *et al.*, 2006, p. 66). Parece razoável supor que as razões contributivas fornecidas pelo *efeito conformador* sejam mais fortes em casos nos quais o juiz não tenha fortes convicções ou valores pessoais em relação ao tema e se sinta inseguro sobre a resposta juridicamente mais correta.

Evidências de *convergência do colegiado* se mostraram bastante significativas em estudos específicos envolvendo tribunais federais dos EUA, mas não foram encontradas em pesquisas sobre a Suprema Corte.[30] Entre os principais motivos apontados para a ausência do fenômeno neste Tribunal, especula-se que estejam o alto grau de saliência dos casos, a carga de trabalho mais reduzida, a maior visibilidade das decisões pelo público em geral e a ausência de uma instância revisora de suas decisões (POSNER, 2008, p. 50-51). Esta diversidade de resultados parece sugerir que, em casos complexos, as razões contributivas fornecidas pelo *efeito conformador* tendem a ser mais fracas que as fornecidas por fatores ideológicos e de interesse.

9.2. AS PLATEIAS EXTERNAS

Nos países de *civil law*, a tradição de juízes pouco conhecidos pelo público e de decisões raramente divulgadas na mídia[31] vem se

29. O consenso pode ser resultante de um cálculo simples: "a visão da maioria pode estar correta, e de qualquer modo, uma opinião divergente não vai fazer qualquer bem mesmo se a maioria estiver errada." (SUNSTEIN *et al.*, 2006, p. 64-65)."

30. Nesse sentido, dentre outros, SUNSTEIN *et al.* (2006) e EPSTEIN; LANDES; POSNER (2013, p. 9): "[N]ós não encontramos qualquer efeito de conformidade, comum em muitos locais de trabalho, onde um trabalhador que se opõe a um consenso no trabalho pode ficar no ostracismo. Nós atribuímos a sua ausência à falta de uma forte aversão à dissidência no Tribunal, bem como à garantia da vitaliciedade e (com exceções, nenhuma recente) à falta de ambição para cargos mais altos, o que incentiva uma maior independência do que em um ambiente de trabalho comum."

31. GAROUPA; GINSBURG (2008-2009, p. 462): "Tradicionalmente, em França, no Japão e na Alemanha, os mecanismos internos prevaleciam. Juízes superiores simplesmente não eram visíveis para o público em geral; jornais muito raramente mencionavam suas decisões; juízes geralmente evitavam a exposição e o contato com a opinião pública em geral, e pouquíssimos juízes tinham nomes que sobreviviam após o seu mandato. Por outro lado, o desenvolvimento de fortes hierarquias judiciais e mais tarde a influência

modificando gradativamente e, por conseguinte, alterando também a importância atribuída a determinadas plateias.[32] Desde o fim da Segunda Guerra Mundial, fenômenos como a crescente importância dos meios de comunicação nos países democráticos e a tendência de "judicialização da política" têm contribuído decisivamente para a expansão e maior visibilidade do Judiciário e de seus membros, fazendo com que os juízes confiram um peso cada vez maior aos incentivos fornecidos pelas plateias externas. Na análise de Garoupa e Ginsburg (2008-2009, p. 463), a partir do momento em que as decisões judiciais passam a ter maior impacto em questões econômicas, políticas e sociais relevantes, é natural que aumente também o interesse e a fiscalização sobre a atuação do Judiciário.

As *plateias externas* dos juízes são formadas por pessoas ou grupos relevantes situados, por exclusão, fora da comunidade jurídica. É possível apontar uma série de considerações de caráter pessoal que, em tese, podem afetar o comportamento dos juízes, tais como: a amizade ou a simpatia por um advogado ou por uma das partes do processo; a gratidão à autoridade responsável por sua nomeação; o receio de ser criticado; a relutância em ofender ou contrariar parentes, amigos ou pessoas pelas quais tem apreço; a identidade com determinados grupos ou classes; e o desejo de ser promovido. Embora reconheça que tais considerações impróprias são, de fato, capazes de influenciar as decisões judiciais, Posner (1993, p. 27-28; 1995, p. 130-131) argumenta que isso tende a ocorrer com uma frequência menor do que um leigo desconfiado poderia supor. Segundo o célebre juiz norte-americano,

---

de poderosos conselhos judiciais enfatizavam mecanismos internos. Na tradição da *civil law*, os juízes são anônimos e esmagadoramente respondem mais às plateias internas do que externas."

32. Um bom exemplo é o caso da Itália, mencionado por Garoupa e Ginsburg (2008-2009, p. 464-465): ""[...] o nosso sentimento é de que estamos em uma era em que os mecanismos externos ganharam importância no que diz respeito aos incentivos internos. De um modo geral, esta tendência parece ter interrompido as estruturas tradicionais mais profundamente no *civil law*, e não em jurisdições de *common law*. [...] o papel político influente da magistratura italiana na década de 1990 foi o resultado de um longo processo de reforma institucional, que resultou, em nossa opinião, na mudança de um mecanismo interno mais tradicional de incentivos e de reputação para um Judiciário mais orientado para a [plateia] externa. Vários juízes italianos que lutaram contra a corrupção e o crime organizado tornaram-se conhecidas figuras públicas, incluindo Rocco Chinnici, Giovanni Falcone e Paolo Borsellino (juízes anti-máfia) e Antonio Di Pietro, Francesco Saverio Borrelli, Ilda Boccassini, Gherardo Colombo ou Piercamillo Davigo (juízes anticorrupção)."

isso ocorre porque a utilidade derivada do julgamento influenciado por considerações desta natureza tem um custo maior do que os benefícios obtidos ao ceder às suas tentações. O prazer de julgar está ligado ao cumprimento de determinadas regras de autorrestrição definidoras do "jogo" judicial.[33] De toda sorte, ainda que a interferência de interesses baseados em considerações de caráter pessoal seja ocasional, não se pode desprezar sua influência, sobretudo, em tradições socioculturais onde o personalismo e o patrimonialismo ainda não foram satisfatoriamente superados, como no caso do Brasil.

As plateias externas serão divididas em quatro grupos formados por atores sociais, atores políticos, mídia e opinião pública.

9.2.1. Os atores sociais

Os *atores sociais* compreendem os grupos e pessoas que em razão de algum tipo de parentesco, amizade, afinidade[34] ou afeição são considerados especialmente relevantes para os juízes. O interesse em agradar ou em fomentar a estima e a admiração de determinados atores pode fornecer incentivos potencialmente capazes de influenciar o comportamento judicial, motivando o juiz a optar por determinadas condutas ou resultados em detrimento de outros.[35]

Os grupos sociais podem afetar as escolhas dos juízes de maneiras diversas, conforme o tipo de imagem que o juiz pretende passar, fornecendo incentivos ou restrições em diferentes sentidos. Se um juiz

---

33. POSNER (1995, p. 130-131): "É uma fonte de satisfação para um juiz votar *a favor* do litigante que o irrita, do advogado que não consegue exibir a deferência apropriada a ele, do lado que representa uma classe social diferente da sua; pois é fazendo tais coisas que você sabe que está desempenhando o papel juiz, e não algum outro papel..."..

34. O termo "afinidade" é aqui empregado no sentido de semelhança de interesses, valores, gostos, sentimentos etc.

35. BAUM (2008, p. 88-89): "As pessoas com quem as autoridades têm laços pessoais são geralmente muito importantes para as suas identidades sociais. Por serem os grupos sociais tão essencial para o sentido que as pessoas têm de si mesmas, elas têm fortes incentivos para agradar os membros desses grupos e evitar se indispor com eles. Os grupos sociais são também os mais bem situados para moldar os valores e as crenças das pessoas. Por causa da intensa interação e de alta credibilidade, família, amigos e conhecidos têm ampla oportunidade de influenciar os modos de uma pessoa pensar sobre o mundo, incluindo a política e as políticas públicas. Essa influência tem sido bem documentada para o público de massa, mas isso, sem dúvida, também funciona para as pessoas do governo."

tem o desejo de ser visto por familiares e amigos como alguém que encarna a virtude da imparcialidade, por exemplo, este interesse motivará comportamentos pautados preponderantemente por *fatores jurídicos*. Se, no entanto, seu desejo é transmitir a imagem de que compartilha os mesmos valores (políticos, morais, religiosos...) predominantes em seus círculos sociais, este interesse tende a favorecer a influência de *fatores extrajurídicos*. Para alguns magistrados, ser considerado um *juiz bom* por determinados atores sociais tende a ser muito mais importante para a sua imagem e, por conseguinte, a ter um peso maior sobre suas escolhas, do que ser visto simplesmente como um *bom juiz*.

São bastante variados os tipos de situações nas quais o interesse em agradar plateias formadas por atores sociais ou em obter uma reputação positiva perante elas, pode influenciar o comportamento judicial. As motivações podem ser baseadas por considerações com diferentes graus de aceitabilidade social, que vão desde as absolutamente impróprias até as socialmente aceitáveis, dependendo das tradições e valores sociais e culturais de cada comunidade. A influência pode operar de modo plenamente consciente, incentivando condutas mal-intencionadas, inequivocamente indevidas e deliberadas no sentido de favorecer determinados atores sociais; ou, dependendo do contexto decisório, a interferência dos *fatores de interesse* pode operar abaixo do nível da consciência, motivando comportamentos supostamente bem-intencionados, baseados na convicção de que a solução encontrada é a socialmente mais "justa" – ao menos na perspectiva do juiz que a adotou –, embora não seja a contemplada pelo material jurídico convencional.

Uma situação na qual não é rara a influência de *fatores de interesse* sobre o comportamento judicial é em relação à tramitação de processos. Quando não há normas eficazes fixando prazos judiciais e a ordem de julgamento dos processos, os juízes ficam livres para definir, a seu gosto, o ritmo de tramitação e o momento mais adequado para julgá-los. Este controle da agenda em relação ao "tempo do processo" permite a adoção de comportamentos estratégicos, seja para priorizar questões consideradas mais relevantes ou urgentes, seja para aguardar o tempo necessário ao amadurecimento do processo ou o ambiente mais propício para julgá-lo. Embora tais escolhas, muitas das vezes, sejam baseadas em considerações estratégicas sobre o melhor momento para a realização de objetivos jurídicos e/ou políticos, em certos casos, condutas judiciais relacionadas à celeridade na tramitação são motivadas por interesses nada republicanos como, *e.g.*, agradar um advogado amigo ou uma das partes interessadas.

O "tráfico de influências" se encontra presente em vários setores da vida pública brasileira e o Judiciário, infelizmente, não é uma exceção. Em episódio de grande repercussão, os estreitos laços pessoais entre juízes e advogados foram alvo de duras críticas por parte do então Presidente do STF, Ministro Joaquim Barbosa. Durante sessão realizada no Conselho Nacional de Justiça, na qual se discutia a aposentadoria compulsória de juiz acusado de beneficiar advogados, o Relator do processo, Desembargador Federal Tourinho Neto, na tentativa de demonstrar que os motivos suscitados não eram suficientes para justificar a punição afirmou: "Tem juiz que viaja para o exterior para festa de casamento de advogado e não acontece nada." Diante da assertiva, que se referia nitidamente a um dos ministros do STF,[36] Barbosa rebateu: "Há muitos (juízes) para colocar para fora. Esse conluio entre juízes e advogados é o que há de mais pernicioso. Nós sabemos que há decisões graciosas, condescendentes, absolutamente fora das regras."[37]

---

36. TERRA (2011): "O ministro do Supremo Tribunal Federal (STF) José Antonio Dias Toffoli faltou a um julgamento para ir ao casamento do advogado Roberto Podval na ilha de Capri, no sul da Itália. Os noivos ofereceram aos convidados dois dias no Capri Palace Hotel, cinco estrelas cujas diárias variam de cerca de R$ 1,4 mil a R$ 13,3 mil. As informações são do jornal Folha de S.Paulo. Procurado pelo jornal, Toffoli não teria esclarecido se os gastos com a viagem foram cortesias de Podval, que também não quis falar. Toffoli é relator de dois processos nos quais Podval atua como defensor e atuou em pelo menos outros dois casos de clientes de Podval, que defende Sérgio Gomes da Silva, acusado de matar o prefeito petista Celso Daniel; o petista Marcelo Sereno; e o casal Nardoni, condenado por matar a filha. 'É importante esclarecer que a viagem do ministro foi de caráter estritamente particular. Diante desse fato, ele se reserva o direito de não fazer qualquer comentário sobre seus compromissos privados', disse a assessoria de Toffoli." (Notícia veiculada em 22/07/2011). Disponível em: http://noticias.terra.com.br/brasil/politica/stf-ministro-troca-sessao-por-casamento-de-advogado-dos-nardoni,e02bcc00a90ea310VgnCLD200000bbcceb0aRCRD.html.
37. CONJUR (2013): "Em sua última sessão como conselheiro do CNJ, Tourinho Neto foi o único a votar contra a aposentadoria compulsória do juiz de Picos (PI) João Borges de Sousa Filho. Tourinho afirmou que tem amizade com advogados, mas que isso nunca influenciou suas decisões. O conselheiro disse que existe juiz que instala câmera no gabinete para se precaver e posteriormente não ser acusado de beneficiar determinada parte de um processo. 'Isso é terrível. Na próxima Loman (Lei Orgânica da Magistratura) vai estar que juiz não pode estar com advogado nem com Ministério Público', opinou. Pouco depois, Tourinho comentou sobre a possibilidade de clientes escolherem advogados que são próximos a juízes. 'O advogado é amigo do juiz, a parte contratada achando que vai receber benesse', disse. 'E às vezes recebe um tratamentozinho privilegiado', rebateu Barbosa. Tourinho reagiu e afirmou: 'Mas Vossa Excelência é dura como diabo'."

Curiosamente, dias depois do inusitado diálogo, o jornal *O Estado de S. Paulo* publicou reportagem mencionando um *e-mail* enviado acidentalmente para a lista da AJUFE (Associação dos Juízes Federais) no qual Tourinho Neto pedia a outro Conselheiro do CNJ "celeridade" na tramitação do processo referente à remoção de sua filha, uma juíza federal.[38]

A ética personalista, intimista e afetiva prevalecente na sociedade brasileira (HOLANDA, 1995, p. 183) é um fator social que potencializa a influência dos atores sociais, aos quais tende a ser atribuído um peso bastante para a construção de uma imagem pessoal positiva.

9.2.2. Os atores políticos

O comportamento judicial pode ser influenciado, ainda, por interesses relacionados à atuação de *atores políticos*. Um dos motivos para uma possível influência é o interesse de alguns juízes em serem *promovidos*[39] ou *nomeados* para os tribunais superiores. Embora

---

38. PORTAL G1 (2013): "De acordo com o jornal [*O Estado de S. Paulo*], Tourinho Neto pediu ao conselheiro Jorge Hélio, ocupante da vaga destinada à advocacia no CNJ, que desse celeridade à análise de um pedido da juíza Lilian Tourinho. Ela queria transferência do Pará para Salvador. O caso se tornou público porque o desembargador mandou por engano para a Associação dos Juízes Federais (Ajufe) um e-mail destinado à filha. Um dia depois do pedido, Jorge Hélio concedeu liminar (decisão provisória), mas depois voltou atrás e revogou a decisão. Jorge Hélio negou que tenha agido para favorecer a filha de Tourinho, afirmou que deu a liminar porque estava convicto, mas que as argumentações da juíza o induziram a erro, posteriormente corrigido (...). Tourinho negou que tenha pedido ao conselheiro para favorecer a filha. 'Não tem conluio. E eu não sou advogado. Estava fazendo pedido de pai, não como conselheiro. Queria que julgasse logo. De maneira alguma houve intenção de pedir que deferisse', afirmou Tourinho Neto ao G1." (Notícia veiculada em 21/03/2013). Disponível em: http://g1.globo.com/politica/noticia/2013/03/e-mail-aponta-suposta-tentativa-de-favorecimento-filha-de-magistrado.html.

39. No Brasil, para fins de *promoção* por merecimento, o Chefe do Executivo tem discricionariedade para escolher um dos magistrados indicados em lista tríplice elaborada pelo respectivo tribunal, salvo quando um dos nomes já tiver constado da lista de merecimento por três vezes consecutivas ou cinco alternadas (CRFB/88, art. 93, II, *a*). Nos EUA, o Executivo e o Legislativo têm um impacto considerável nas carreiras dos juízes. Baum (2008, p. 81) explica que "[e]m vários estados, o governador, o legislativo ou os dois em conjunto, determinam se os juízes terão mandatos adicionais. Na maioria dos estados e do sistema federal, os outros poderes têm controle total ou parcial sobre as promoções judiciais. Portanto, tal como o eleitorado na maioria dos estados, os outros poderes podem afetar as decisões judiciais através de seu impacto sobre a realização dos objetivos profissionais dos juízes."

o impacto de uma decisão sobre as perspectivas de promoção ou nomeação geralmente seja reduzido e incerto,[40] não se pode ignorar que se trata de um fator potencialmente capaz de motivar determinados comportamentos judiciais. No caso dos membros de Cortes Supremas, por estarem situados no topo da carreira e raramente terem a pretensão de ocupar outros cargos fora do tribunal, este tipo de incentivo é ainda mais improvável, embora não seja impossível.

Em casos de alta saliência para determinados atores políticos, os laços pessoais e sociais com o juiz também podem, em tese, motivar determinados tipos de comportamentos.[41] A rigor, influências desta natureza não refletem propriamente uma posição especial por pertencer a outros poderes, mas o mesmo tipo de impacto causado por atores sociais nas percepções e escolhas dos juízes (BAUM, 2008, p. 85). Tornar mais ágil a tramitação de determinados processos ou postergar a decisão a ser proferida em outros, são algumas das condutas que costumam ser adotadas para atender a determinados interesses e agradar certos atores.

Por fim, não se pode ignorar que a consideração de preferências dos atores políticos ou a formulação de expectativas baseadas em suas possíveis reações, pode ser motivada também por *fatores de interesse*. Neste sentido, Lawrence Baum (2008, p. 77 e p. 86) argumenta que ataques pessoais feitos por membros de outros poderes podem tornar a vida menos agradável para o juiz, assim como o enfraquecimento institucional do tribunal pode reduzir o prestígio de seus membros, valor sociocultural importante para a autoestima de muitos dos

40. BAUM (2008, p. 82): "[...] as probabilidades de promoção para um tribunal de apelações são razoavelmente remotas, as probabilidades de promoção para a Suprema Corte são muito remotas, e as chances de ambas as promoções são praticamente zero quando o partido errado detém a presidência. Nestas circunstâncias, pode fazer pouco sentido para os juízes modificar suas posições políticas, a fim de melhorar a sua candidatura para promoção. Juízes querem ser promovidos, assim como querem que o legislativo mantenha suas decisões de pé. Ainda assim, os benefícios de maximizar as chances de um resultado favorável (promoção), assim como os benefícios de minimizar a chance de um desfecho desfavorável (superação de uma decisão), podem ser insuficientes para justificar o abandono das posições preferidas pelo juiz."

41. Robert Scigliano argumenta que "se um juiz da Suprema Corte valoriza os laços sociais com o presidente, esses laços podem ter um impacto sutil na avaliação pelo *justice* de casos com os quais o presidente se preocupa. Mesmo que um *justice* não ganhe algo tangível de um relacionamento com o presidente, os benefícios intangíveis de uma relação importante poderiam ser suficientes para exercer um impacto marginal sobre o comportamento decisório do juiz." (*Apud* BAUM, 2008, p. 84).

juízes. A fim de evitar o conflito ou a redução de poder e prestígio, os juízes podem optar por comportamentos de menor risco como, *e.g.*, recuar em face do perigo real de adoção de medidas retaliatórias por parte dos demais poderes. Embora o conhecimento sobre o real impacto de preocupações desta natureza sobre o comportamento dos juízes ainda seja limitado, o grau de sua influência parece ser eminentemente contextual, ou seja, as preocupações com possíveis retaliações do Executivo ou do Legislativo tendem a ser mais fortes em períodos de grave crise institucional entre os poderes do que em tempos de normalidade.

9.2.3. A mídia

Nas últimas décadas, a crescente midiatização de questões decididas no âmbito do Poder Judiciário tem deslocado o foco de preocupação das plateias internas em direção a plateias externas, sobretudo nas Supremas Cortes e Tribunais Constitucionais.[42] A mídia, aqui compreendida como o conjunto dos meios de comunicação social de massa (televisão, rádio, imprensa escrita, meios eletrônicos e telemáticos de comunicação), é um ator especialmente importante na análise do comportamento judicial dentro do contexto contemporâneo.

A interferência da mídia pode operar em dois momentos distintos: *antes da decisão*, ao retratar a opinião pública sobre determinado tema de forma tendenciosa; e, *após a decisão*, ao expor o conteúdo desta de forma positiva ou negativa.

Os juízes se mantêm cientes dos anseios populares, não apenas por meio de um contato direto, mas principalmente através da mídia, que pode se valer de divulgações tendenciosas para influenciar o comportamento judicial de acordo com suas preferências e interesses. Publicações de matérias contendo distorções, omissões ou superexposições com o intuito de promover determinado tema ou de favorecer/prejudicar grupos ou pessoas não são incomuns. Neste sentido, ao proferir uma decisão,

42. LOPEZ (2008, p. 141): "No que respeita ao fenômeno da midiatização da justiça, profusamente tratado por vários autores, assume-se hoje como um desafio fundamental ao exercício da função judiciária. A partir do momento em que os tribunais deixaram o seu recatado mundo, pela abertura dos seus protagonistas e das suas decisões à opinião pública, expandiu-se o direito à publicidade e o escrutínio das decisões judiciais tornando mais transparente o que se faz nos tribunais."

a percepção do juiz sobre a opinião pública pode ser influenciada pela forma como esta é retratada pelos meios de comunicação.

Por outro lado, a percepção do público acerca das decisões judiciais também é fortemente afetada pela forma como estas são divulgadas na imprensa,[43] sendo que divulgações com um viés positivo ou negativo costumam depender da sintonia entre o resultado da decisão e as preferências dos meios de comunicação. Por isso, dependendo do contexto decisório, é natural que os juízes se preocupem com a forma como sua decisão será divulgada, preocupação esta potencialmente capaz de influenciar não apenas na definição do resultado (*comportamento judicial em sentido estrito*), mas também na escolha de condutas a serem praticadas durante o processo (*comportamento judicial em sentido amplo*). Em outras palavras: se os juízes se preocupam com a forma como são vistos pela sociedade e se essa visão depende, em grande medida, do modo como são retratados pela imprensa, esta desempenha um papel potencialmente relevante para o estudo do comportamento judicial. Neste sentido, a influência dos meios de comunicação se diferencia da exercida pelas demais plateias por ser baseada, não na identificação com os repórteres ou organizações jornalísticas, mas na importância do papel que estes desempenham para a construção da *autoimagem* dos juízes, bem como de sua *imagem perante outras plateias* relevantes.

A probabilidade de influência dos meios de comunicação é potencializada pela presença de variáveis subjetivas e objetivas. Sob a *perspectiva subjetiva*, a influência dos pontos de vista acolhidos pela mídia tende a ser maior em juízes moderados do que em juízes ideologicamente extremados. Como já referido anteriormente, em juízes com pontos de vista e convicções mais extremos, os fatores ideológicos tendem a ter um peso maior na influência do comportamento judicial do que qualquer outro fator extrajurídico.

---

43. FONTE (2013): "No Brasil, assim como na maior parte do mundo, o acesso à jurisdição, como regra geral, somente pode ser realizado por intermédio de um advogado. A justificativa mais comum para tal restrição é o uso da linguagem técnica atribuída aos juristas. Tradicionalmente, portanto, o cidadão comum é tido por incapaz de compreender as decisões judiciais e verter as pretensões que formula em termos técnicos. Quanto às decisões que afetam o grande público, a responsabilidade por traduzi-las recai sobre a imprensa, que normalmente o faz por meio de profissionais especializados em assuntos jurídicos. Isso significa que a interface entre o cidadão e as decisões judiciais possui quase sempre um filtro, ora a mídia, ora os advogados, ressalvadas as pouquíssimas exceções em que se reconhece a capacidade postulatória no cidadão."

Sob a *perspectiva objetiva*, dois contextos típicos tendem a favorecer a influência dos meios de comunicação. Os juízes que atuam em *contextos institucionais* nos quais são expostos na mídia com frequência, como costuma ocorrer com os membros das Cortes Supremas, naturalmente terão uma preocupação maior com aquilo que os meios de comunicação dirão a seu respeito. As notícias que são veiculadas na imprensa sobre os juízes contêm descrições e avaliações concretas sobre o seu trabalho, assumindo uma vida própria e desempenhando um papel importante para a autoimagem do juiz. Como qualquer ser humano, os juízes preferem ver comentários positivos a respeito de seu trabalho, independentemente de afetarem ou não sua imagem perante determinadas plateias. Por outro lado, a exposição midiática excessiva pode incentivar os juízes a investir maior quantidade de tempo e esforço na construção de uma reputação positiva perante o público em geral. Como as impressões positivas ou negativas da opinião pública geralmente são baseadas naquilo que é divulgado na imprensa, os juízes interessados na aprovação deste tipo de plateia tendem a ter especial preocupação com o tipo de cobertura feita pelos veículos de comunicação.

A segunda variável objetiva fundamental envolve o *contexto decisório*. Além de casos relativos a interesses específicos dos próprios meios de comunicação – *e.g.*, envolvendo a liberdade de imprensa –, a interferência da mídia tende a ocorrer em casos de alta saliência, especialmente naqueles de grande comoção ou repercussão social. Por despertarem o interesse do público e, por conseguinte, da imprensa em divulgá-los, casos com tais características costumam ser abordados e discutidos com destaque pelos meios de comunicação social (jornais, revistas, rádio e televisão). Como destacado por Jane Pereira (2012), "quando a opinião pública (ou a publicada, ou ambas) posiciona-se de forma muito consistente e severa em favor de um dos lados da questão, o ambiente torna-se inóspito para um julgamento regular."[44] Neste tipo

44. A autora cita como exemplo a decisão do STF envolvendo os poderes de investigação do Conselho Nacional de Justiça: "A gigantesca cobertura do tema e a cobrança exercida sobre o STF inviabilizava adiar o julgamento até o arrefecimento dos ânimos, naquele momento exaltados pelo embate travado na imprensa entre integrantes do CNJ. Por outro lado, o entendimento (pela subsidiariedade da ação do Conselho) que o STF já houvera adotado anteriormente em casos singulares sofreu forte oposição na mídia e, a prevalecer, geraria um severo desgaste na imagem popular – ou pelo menos na imagem midiática – da Corte. A decisão, seguindo o clamor da imprensa, conferiu poderes amplos e discricionários ao órgão de controle. Esse episódio foi

de ambiente, é natural que os juízes tenham certa preocupação com as possíveis reações do público ao conteúdo de sua decisão, as quais, por sua vez, geralmente são induzidas pelo modo com que os meios de comunicação divulgam o caso.[45]

Tendo em vista que a relevância atribuída pelos juízes aos meios de comunicação decorre, essencialmente, de seu papel intermediador entre as decisões judiciais e o público em geral, as mesmas variáveis subjetivas e objetivas que tendem a favorecer a interferência dos pontos de vista acolhidos pela mídia se aplicam também à opinião pública, cuja análise específica será desenvolvida no próximo item. Com base nas considerações acima, podem ser formulados os seguintes enunciados probabilísticos em relação à influência exercida por essas duas plateias externas:

- ***Enunciado dos fatores de interesse (5):*** *Quanto mais moderada a ideologia do juiz, maior a probabilidade de serem levados em consideração os pontos de vista acolhidos pela mídia e/ou opinião pública.*

---

emblemático, na medida em que induz à reflexão sobre se o Tribunal efetivamente decidiria daquela forma em condições normais, o que coloca em questão o quão eficiente uma ofensiva midiática pode se apresentar quando estão em pauta temas controvertidos."

45. No julgamento envolvendo a "Lei da Ficha Limpa" (RE 633.703/MG), a forma como a questão foi veiculada pela mídia e a preocupação com a repercussão negativa que a decisão contrária às expectativas da sociedade poderia causar, foi externada pelo Relator do processo, Ministro Gilmar Mendes, nos seguintes termos: "O fato é apresentado pelos diversos meios de comunicação como representativo de uma pujante vontade popular de retirar do processo eleitoral cidadãos que tenham vida pregressa não condizente com a probidade e a moralidade necessárias para o exercício dos cargos políticos. Dessa forma, acabou-se construindo e estimulando um sentimento popular extremamente negativo em torno do julgamento da constitucionalidade dessa lei no Supremo Tribunal Federal. Toda a população passa a acreditar que se esta Corte, ao se aprofundar no exame da Lei da Ficha Limpa, decide pela não aplicação dessa lei às eleições de 2010 ou encontra em um ou outro dispositivo específico da lei problemas de constitucionalidade, é porque ela é a favor ou pelo menos compactua com a corrupção na política. O fato de a lei estar sob o crivo da Suprema Corte do Brasil é levado ao público em geral como uma ameaça à Lei da Ficha Limpa e à moralidade nas eleições. É dever desta Corte esclarecer, por meio deste julgamento, o papel que cumpre na defesa da Constituição. Por isso, acredito que nós estamos, hoje, cumprindo bem a missão, o *ethos* para o qual esta Corte se destina."

- ***Enunciado dos fatores de interesse (6):*** *Quanto maior a exposição midiática do juiz, maior a probabilidade de interferência da mídia e/ou opinião pública sobre o comportamento judicial.*
- ***Enunciado dos fatores de interesse (7):*** *Quanto maior a saliência social e/ou midiática do caso, maior a probabilidade de influência da mídia e/ou opinião pública sobre o comportamento judicial.*

9.2.3.1. O STF e a mídia

A midiatização dos casos julgados pelo Supremo Tribunal brasileiro, embora ainda seja um fenômeno relativamente recente, tem se mostrado cada vez mais intensa. Um conjunto de fatores tem contribuído para a crescente visibilidade do STF. Dentre eles, a inédita sequência de casos de *alta saliência* julgados na última década, cujo ápice foi o denominado "julgamento do mensalão" (AP 470/DF). O caso despertou grande interesse do público e foi objeto de uma cobertura jamais vista no país, com matérias e reportagens veiculadas diariamente em jornais, revistas, rádios e emissoras de televisão. No ano de 2012 ("ano pop" do STF), o Tribunal foi citado 91.839 vezes nos veículos de comunicação, um aumento de 170% em relação ao mesmo período de 2011.[46] A exposição midiática foi de tal monta que alguns dos ministros se tornaram personagens conhecidos de grande parte dos cidadãos brasileiros.[47]

46. FERREIRA (2013, p. A10): "Em 2012, ano do julgamento do mensalão e de outros casos de grande repercussão, a exposição do Supremo Tribunal Federal (STF) em 1.424 veículos de mídia escrita do país cresceu 116%, na comparação com 2011. O pico no número de citações ao tribunal em jornais, revistas, portais e blogs da internet verificados por empresas de mídia contratadas pelo STF ocorreu em agosto, primeiro mês do mensalão, quando as referências à corte mais que quadruplicaram. O 'ano pop' do STF também foi percebido nas redes sociais. Em janeiro de 2012 o tribunal tinha cerca de 180 mil seguidores no Twitter. Esse número subiu para 316 mil em dezembro."
47. Em uma pesquisa de opinião pública realizada no final de 2012, o Ministro Joaquim Barbosa – Relator do processo e um de seus principais protagonistas – chegou a ter 10% das intenções de voto para a Presidência da República, aparecendo em terceiro lugar entre os potenciais candidatos. A pesquisa apontou, ainda, que o Ministro ganha destaque entre os mais escolarizados (21%) e entre aqueles com renda mensal familiar de 5 a 10 mínimos (20%) (DATAFOLHA, 2012). No final de 2013, após mais um ano de "julgamento do mensalão" com intensa cobertura da imprensa, o nome de Joaquim

Por outro lado, as normas institucionais internas, em especial as que estabelecem o modelo agregativo de deliberação e o televisionamento das sessões plenárias, também criam fortes incentivos para que os ministros tenham especial preocupação em criar uma reputação positiva perante o grande público, a qual está diretamente relacionada à forma como são retratados pela imprensa. Por vezes, manifestações relacionadas à divulgação de informações potencialmente ofensivas à imagem *individual*[48] ou *institucional*[49] chegam a ser exteriorizadas até mesmo durante as votações ocorridas no plenário do Tribunal.

O elogio por parte da mídia, por ser fundamental tanto para a *autoimagem* como para a criação de uma *imagem positiva perante o público em geral*, pode atuar como valioso incentivo para a adoção de comportamentos em sintonia com os meios de comunicação de

---

Barbosa passou a ter a segunda maior intenção de votos (15%) entre os eleitores, um aumento de 50% em relação o ano anterior, ficando atrás apenas do Presidente da República em exercício (DATAFOLHA, 2013a). O fenômeno se repetiu em 2018, 6 anos depois, quando as pesquisas de intenção de voto o colocaram à frente de nomes tradicionais da política (O GLOBO, 2018).

48. FONTE (2013): "Um exemplo de que o Supremo dialoga diretamente com o corpo de jurisdicionados está nas constantes réplicas à imprensa que os ministros fazem, registradas nos votos por ele proferidos. No julgamento da ADI 3.510 – o maior acórdão da história das ações diretas –, o ministro Cezar Peluso afirmou que a imprensa havia interpretado incorretamente o voto que proferira em assentada anterior. Disse ele: 'Eu li – entre envergonhado e, de certo modo, entristecido –, nos jornais da minha terra, dos quais sou assinante há muitos anos, notícias sobre o julgamento e, em particular, sobre o meu voto, as quais me justificaram fundado temor de haverem induzido a opinião pública em erro grave. Decerto, nenhuma de ambas as notícias foi inspirada por propósito menos nobre – porque evidentemente não o posso supor a nenhum jornalista –, mas, sem dúvida alguma, decorreu de equívoco – eu diria – quase inescusável. Os que fizeram referências ao teor do meu voto ou não me ouviram ou, se me ouviram, não me entenderam. (...) De modo que, sr. presidente, gostaria ficasse constando esse registro por não subsistir dúvida a respeito do conteúdo e da extensão de meu voto'."

49. Ao analisar as ADIs julgadas pelo STF entre 1988 e 2003, Oliveira (2006, p. 174-176) observou uma nítida preocupação "com a imagem do tribunal na mídia, demonstrando que a opinião pública exerce sim alguma influência no processo de decisão judicial." A autora cita, como exemplos, as manifestações dos Ministros Marco Aurélio na ADI 234/RJ ("Amanhã, julgada improcedente esta ação, os veículos de comunicação noticiarão que o Supremo Tribunal Federal é contra a privatização, porque, repito, provimento no sentido da improcedência do que requerido na inicial, implicará peias muito fortes à privatização.") e Moreira Alves na ADI 830/RO ("Espero, Senhor Presidente, que os nossos meios de comunicação divulguem esses fatos como o fizeram com as críticas infundadas a este Tribunal.").

massa. Em sua passagem pelo STF, Ayres Britto fez questão de destacar em seus votos[50] e declarações públicas[51] a relevância do papel desempenhado pelos meios de comunicação de massa que, por sua vez, costumavam retribuir com generosos comentários sobre o ex-ministro, contribuindo para reforçar sua imagem positiva perante a opinião pública.[52] Não se está sugerindo, com isso, que as posições adotadas por Britto tenham sido precipuamente motivadas pelo desejo de aplausos, mas que suas preferências políticas de viés fortemente

---

50. O *caráter absoluto e supremo da liberdade de imprensa* foi sustentado pelo Ministro em alguns de seus votos: RE 511.961/SP (j. 17.06.2009): "Em verdade, esses bens jurídicos que dão conteúdo à liberdade de imprensa são superiores bens de personalidade. Verdadeiros sobredireitos, que servem mais que os outros à dignidade da pessoa humana e à própria democracia. [...] Mas eu persisti na minha ideia central de que, naquilo que é elementarmente de imprensa, a liberdade é absoluta."; ADI 4.451-MC/DF (j. 26.08.2010) "[...] pontuo, de saída, não caber ao Estado, por qualquer dos seus órgãos, definir previamente o que pode ou o que não pode ser dito por indivíduos e jornalistas. Dever de omissão que inclui a própria atividade legislativa, pois é vedado à lei dispor sobre o núcleo duro das atividades jornalísticas, assim entendidas as coordenadas de tempo e de conteúdo da manifestação do pensamento, da informação e da criação *lato sensu*. Vale dizer: não há liberdade de imprensa pela metade ou sob as tenazes da censura prévia, pouco importando o Poder estatal de que ela provenha."; ADPF 130/DF (j. 30.04.2009): "EMENTA: [...] A 'PLENA' LIBERDADE DE IMPRENSA COMO CATEGORIA JURÍDICA PROIBITIVA DE QUALQUER TIPO DE CENSURA PRÉVIA. A PLENITUDE DA LIBERDADE DE IMPRENSA COMO REFORÇO OU SOBRETUTELA DAS LIBERDADES DE MANIFESTAÇÃO DO PENSAMENTO, DE INFORMAÇÃO E DE EXPRESSÃO ARTÍSTICA, CIENTÍFICA, INTELECTUAL E COMUNICACIONAL [...]."
51. Em seu discurso de posse como Presidente do STF, Ayres Britto destacou: "Democracia, enfim, que se enlaça tão intimamente à liberdade de imprensa que romper esse cordão umbilical é matar as duas: a imprensa e a democracia. [...] Democracia, enfim, repito, que mantém com a 'plena liberdade de informação jornalística' uma relação de unha e carne, de olho e pálpebra, de veias e sangue." Dias antes de sua posse, em entrevista concedida à Revista Veja, o Ministro já havia afirmado: "A imprensa, a meu ver, é a grande novidade transformadora do Brasil." (RANGEL, 2012, p. 21).
52. MENEZES (2012, p. 24-25): "Aos 69 anos, o sergipano de Propriá é seguramente o mais popular ministro dos solenes tribunais superiores, abrigo de vetustos magistrados que, geralmente, têm urticária ao contato com o cidadão comum. A princípio visto com reservas, classificado como mais um jurista 'afinado' ao ex-presidente Lula, que o indicou ao cargo em 2003, Ayres Britto revelou-se ao longo dos anos um grande frasista e um progressista de argumentos bem fundamentados. Destacou-se como relator de causas polêmicas, como a que liberou a pesquisa com células-tronco embrionárias no País, em 2008. No ano passado, virou ídolo dos gays com seu voto em favor da união civil homossexual. [...] Nos bastidores do serpentário jurídico da Capital, Ayres Britto é mais admirado pelas posições políticas e habilidade com a língua do que por ser um profundo constitucionalista."

liberal podem ter sido potencializadas pelo interesse em criar uma reputação positiva perante plateias externas.

Em sentido oposto, a crítica pode atuar como um poderoso mecanismo de pressão fornecendo estímulos para que os juízes evitem comportamentos contrários às expectativas ou às posições fortemente defendidas pela imprensa. No caso de crimes de grande comoção social, por exemplo, a intensa cobertura midiática tende a influenciar o comportamento judicial no sentido de pressionar os juízes a tomar decisões com maior celeridade, a adotar posturas menos garantistas e a serem mais rigorosos na definição de crimes e fixação de penas.

Na percepção de alguns analistas, estas tendências comportamentais se manifestaram nitidamente durante o "julgamento do mensalão".[53] Para Mendonça e Barroso (2013), a postura mais rígida adotada pelo STF teria sido um "ponto fora da curva", uma vez que as demais decisões proferidas no mesmo ano contrariam a suposta tendência de endurecimento em matéria penal.[54] A possível mudança

53. Nesse sentido, *e.g.*, a opinião manifestada por Breno Altman (2012, p. A3): "Os monopólios da comunicação exercem pressão para que a corte endosse sua versão e condene a qualquer custo. Mais que preocupação eleitoral imediata, a batalha se trava para legitimar a velha mídia, verdadeiro partido das elites, como senhora da opinião pública, além de impor gravame ético ao PT e ao governo Lula. Apesar da resistência de alguns juízes, vem à baila comportamento que remonta a práticas inquisitoriais. Jurisprudências estão sendo alteradas por novas interpretações. Magistrados que absolveram o ex-presidente Fernando Collor da denúncia de corrupção passiva, inexistindo ato de ofício, agora apregoam que essa já não é a exigência seminal. Fala-se abertamente em 'flexibilização de provas', eufemismo para que condenações possam ser emitidas a despeito da materialidade dos fatos, ampliando de forma quase ilimitada a subjetividade de opinião dos que têm o dever de julgar. Também apela-se à tese de 'domínio funcional do fato'. Por esse conceito, pode-se condenar sem provas cabais de autoria, bastando que o cargo do réu, mais evidências *latu sensu*, corrobore ilação de responsabilidade, na prática eliminando a presunção de inocência."

54. MENDONÇA; BARROSO (2013): "A verdade é que jamais houve um julgamento sob clamor público tão intenso, assim como sob mobilização tão implacável dos meios de comunicação. E é fora de dúvida que o STF aceitou e apreciou o papel de atender à demanda social pela condenação de certas práticas atávicas, que não devem ser aceitas como traço inerente ao sistema político brasileiro ou à identidade nacional. Desempenhou, assim, o papel representativo de agente da mudança. É inegável, todavia, que a superação de linhas jurisprudenciais anteriores, a dureza das penas e o tom por vezes panfletário de alguns votos surpreenderam boa parte da comunidade jurídica. [...] A visibilidade pública, a cobrança da mídia e as paixões da plateia criaram, na sociedade, um ambiente mais próprio à catarse do que à compreensão objetiva dos fatos. Divergências maiores ou menores quanto à prova e suas implicações jurídicas eram tratadas pelo público com a exaltação das torcidas futebolísticas. De lado a lado. Esse misto de

jurisprudencial também foi criticada com base no argumento de que o STF teria se distanciado de sua tradição garantista, flexibilizando a interpretação e os critérios de admissibilidade de determinadas provas. Não faltaram penalistas para sustentar que a "teoria do domínio do fato", adotada como fundamento de parte das condenações, teria sido erroneamente aplicada.[55] Os críticos pareciam sugerir que a teoria fora utilizada, não para se chegar ao resultado da decisão, mas sim para legitimar e fundamentar uma escolha prévia influenciada, em grande medida, pela pressão da mídia e da opinião pública.

A forte pressão externa gerou reações e manifestações em sentidos opostos.[56] De um lado, ministros mais afinados com o discurso da imprensa e com o desejo punitivo da maioria da população[57] sugeriam que a celeridade do julgamento seria desejável para oferecer uma pronta resposta à sociedade.[58] De outro, ministros com pontos de vista

---

incompreensão e intolerância levou a episódios de incivilidade como o que foi vivido pelo ministro Lewandowski em uma seção eleitoral em São Paulo. O mesmo ministro, aliás, que havia recebido inúmeras manifestações de apoio popular por seu papel de destaque na condução das Eleições de 2010 e no julgamento que confirmou a validade da Lei da Ficha Limpa. A lição é inequívoca: o reconhecimento popular pode ser efêmero e mutável, e o bom juiz não pode e não deve agir para obtê-lo."

55. TÓRTIMA (2012): "Não se pode deixar de lamentar que aparentemente se tenha recorrido ao seu uso de forma equivocada em um julgamento de tamanha repercussão. [...] A adoção de teorias aparentemente herméticas, e, de toda sorte, conhecidas por uma parcela pequena da população e mesmo da comunidade jurídica, costuma servir de álibi para drásticas alterações de orientação de entendimento jurídico."

56. O Ministro Celso de Mello, responsável pelo voto de desempate a favor da admissibilidade dos embargos infringentes, afirmou: "Há alguns que ainda insistem em dizer que não fui exposto a uma brutal pressão midiática. Basta ler, no entanto, os artigos e editoriais publicados em diversos meios de comunicação social (os 'mass media') para se concluir diversamente! É de registrar-se que essa pressão, além de inadequada e insólita, resultou absolutamente inútil. [...] Essa tentativa de subjugação midiática da consciência crítica do juiz mostra-se extremamente grave e por isso mesmo insólita." (BERGAMO, 2013, p. E2).

57. Pouco antes do início do "julgamento do mensalão", o jornal *Folha de S. Paulo* publicou, pesquisa de opinião pública na qual cerca de 70% dos brasileiros eram favoráveis à condenação dos réus.

58. O então Presidente do STF, Ministro Ayres Britto, chegou a enviar um ofício ao revisor alertando sobre os prazos regimentais, o que causou indignação nos advogados dos réus e em alguns membros do Partido dos Trabalhadores (PT) que consideraram a ação como "atípica". Ao defenderem a atitude de Britto, alguns Ministros chegaram a afirmar que o revisor estaria agindo "contra o colegiado" ao protelar a liberação do voto (MAGALHÃES, 2012, p. A4). Em outra oportunidade, o Ministro Joaquim Barbosa demonstrou irritação com a possibilidade de que o "julgamento do mensalão" se prolongasse até 2013. "A nação não aguenta mais este julgamento"; "está na hora de acabar", afirmou o Relator no final de 2012 (SELIGMAN; COUTINHO; FALCÃO, 2012, p. A4).

divergentes ressaltavam, a todo instante, a necessidade de assegurar aos réus o direito à ampla defesa, demonstrando grande desconforto com as pressões externas e tentativas de tornar a tramitação do processo mais célere.[59] Antes mesmo do início do julgamento no plenário, após ter sido criticado pela demora, Lewandowski antecipou a liberação de seu voto e desabafou: "É o voto-revisor mais curto da história do Supremo Tribunal Federal. A média para um réu é de seis meses. Eu fiz das tripas coração para respeitar o que foi estabelecido pela Suprema Corte." (SELIGMAN, 2012, p. A4).[60]

Não obstante as divergências serem usuais no meio jurídico, diante das ásperas discussões e da defesa contundente de posições diametralmente opostas durante o julgamento, houve quem sugerisse que a alta saliência política, social e midiática do caso teria criado um contexto decisório favorável à interferência, não apenas da mídia e da opinião pública, mas também de outros fatores extrajurídicos. Um verdadeiro embate doutrinário e ideológico foi travado entre os ministros. De um lado, Barbosa afirmou que algumas das penas impostas foram demasiadamente baixas em decorrência de uma "leitura errônea" do dispositivo do Código Penal;[61] de outro, Toffoli criticou a

---

59. Na sessão do dia 15.08.2013, o Ministro Ricardo Lewandowski sugeriu que a sessão fosse interrompida para ser retomada na semana seguinte e, diante da negativa de Joaquim Barbosa, afirmou: "Presidente, nós estamos com pressa de quê? Nós queremos fazer justiça." Barbosa, por sua vez, respondeu: "Nós queremos fazer nosso trabalho. Fazer nosso trabalho e não chicana." Diante da dura discussão travada entre os ministros, o decano da Corte, Ministro Celso de Mello, fez uma intervenção para sugerir que a sessão fosse suspensa.

60. Em reportagem publicada pelo Jornal *Folha de S. Paulo*, no ano de 2007, a jornalista Vera Magalhães (2007, p. A4) afirmou ter presenciado conversa telefônica na qual o Ministro teria manifestado seu desconforto com a pressão externa exercida pela imprensa. A notícia foi veiculada nos seguintes termos: "Em conversa telefônica na noite de anteontem, o ministro Ricardo Lewandowski, do STF (Supremo Tribunal Federal), reclamou de suposta interferência da imprensa no resultado do julgamento que decidiu pela abertura de ação penal contra os 40 acusados de envolvimento no mensalão. 'A imprensa acuou o Supremo', avaliou Lewandowski para um interlocutor de nome 'Marcelo'. 'Todo mundo votou com a faca no pescoço." Ainda segundo ele, 'a tendência era amaciar para o Dirceu'. Lewandowski foi o único a divergir do relator, Joaquim Barbosa, quanto à imputação do crime de formação de quadrilha para o ex-ministro da Casa Civil e deputado cassado José Dirceu, descrito na denúncia do procurador-geral da República, Antonio Fernando de Souza, como o 'chefe da organização criminosa' de 40 pessoas envolvidas de alguma forma no escândalo."

61. O Ministro afirmou: "Eu chamei a atenção no Plenário para uma discrepância que ocorria durante o julgamento. Disse, naquela oportunidade, que o Plenário vinha fazendo uma leitura errônea do artigo do Código Penal relativo à corrupção passiva, que me parecia

"dureza" das penas aplicadas aos réus e chegou a defender a imposição de penas alternativas para este tipo de crime, alegando que se tratava de "pessoas que não são violentas, que não agridem o ser humano do ponto de vista real."[62] O julgamento foi marcado, ainda, por acalorados debates e contundentes discordâncias sobre a interpretação de textos normativos e a valoração de fatos, principalmente, entre o relator e o revisor, Ministro Ricardo Lewandowski. Segundo o levantamento feito pelo jornal *O Globo*, os dois Ministros tiveram uma visão diferente em 46% das 71 decisões que trataram sobre a prática ou não de um determinado crime (GÓES, 2012).

Devido à constância com que decidem casos de alta saliência é natural que as Cortes Supremas acabem ficando mais expostas e submetidas a pressões externas com maior frequência. Não se pode ignorar, todavia, que muitos dos casos que causam grande comoção na sociedade - como os que envolvem crimes bárbaros e brutais - são julgados juízes de outras instâncias judiciais, cujo comportamento pode ser fortemente influenciado pela opinião pública veiculada nos meios de comunicação, sobretudo, por não estarem tão acostumados a lidar com este tipo de pressão externa e/ou, na visão de alguns, por ser um dos raros momentos nos quais poderá obter popularidade e prestígio com os poucos minutos de fama. A preocupação com pressões da opinião pública e da mídia em questões criminais de grande repercussão foi exteriorizada por Gilmar Mendes em mais de uma oportunidade. O Ministro do STF qualificou como uma situação típica de "covardia institucional" os casos de recebimento de denúncias ineptas por juízes e tribunais supostamente norteados pelos anseios da opinião pública.[63]

---

uma leitura errônea e, em consequência dessa leitura errônea, algumas penas, sobretudo as fixadas após a saída do ministro Carlos Britto, estavam muito baixas, muito discrepantes. Eu cumpri o meu dever, alertei para o fato. O Plenário, que é soberano, achou por bem não considerar as consequências daquele fenômeno que eu havia apontado. Não insisti mais no pleito." (BALIARDO, 2012).

62. Durante o julgamento, o Ministro Dias Toffoli chegou a afirmar que "prisão combina com período medieval" e que "a filosofia daquele que comete um delito está em debate na sociedade contemporânea há muito tempo. Esse parâmetro do julgamento em 2012 não é o parâmetro da época de Torquemada, da época da condenação fácil à fogueira." (Agência Brasil, 2012).

63. Nas palavras do Mendes, "trata-se de situações marcadamente deturpadas nas quais o juízo de acolhimento de denúncias ineptas é norteado pela satisfação de um determinado anseio identificável na opinião pública. É evidente a erronia dessa orientação e a ameaça que a sua adoção pode trazer para a credibilidade do Judiciário e para o fortalecimento das instituições democráticas. Como se vê, a questão é extremamente séria e implica o

9.2.4. A opinião pública

A influência da "opinião pública"[64] sobre as decisões judiciais é uma das questões mais inquietantes para os estudiosos do comportamento judicial.[65] Sob a perspectiva *normativa*, a discussão tem como foco central a legitimidade da influência popular sobre as decisões, especialmente em face da independência judicial e do papel contramajoritário atribuído às Cortes Supremas.[66] Não obstante, mesmo os defensores da tese de que o Judiciário deve ser sensível aos anseios do povo costumam distinguir as paixões momentâneas da vontade popular em seu sentido mais profundo e estável (FRIEDMAN, 2009, p. 382).

Sob a perspectiva *descritiva*, a mais relevante para a presente abordagem, a análise é centrada na verificação da potencial influência exercida pela opinião pública sobre o comportamento judicial.[67] A *alta saliência social e/ou midiática* do caso, condição necessária para a influência direta da opinião pública sobre o comportamento judicial, é uma característica que, certamente, não se faz presente no cotidiano do Judiciário. Por isso, mesmo em se tratando de Cortes Supremas, não se

---

uso indevido do processo criminal para finalidades outras, as quais não são compatíveis com os elementos basilares do Estado de Direito." (HC 86.395/SP, j. 12.9.2006).

64. Na Ciência política, a "opinião pública" é apresentada com sentidos diversos. Como observa Paulo Bonavides (1988, p. 562), o termo é utilizado "ora como a opinião de uma classe, ora de toda a nação (opinião de todos), ora simplesmente da maioria dominante ou ainda das classes instruídas, em contraste com as massas analfabetas." Neste trabalho, o termo será utilizado para designar os *pontos de vista predominantes*, envolvendo assuntos de naturezas diversas (política, econômica, social, moral, religiosa...), não apenas do público em geral (*opinião pública em sentido estrito*), mas também de determinados segmentos específicos da sociedade (*opinião pública em sentido amplo*).
65. Parte do texto contido neste item foi utilizada em artigo escrito por este autor no qual aborda *"A influência da opinião pública no comportamento judicial dos membros do STF"* (NOVELINO, 2013b).
66. Na visão de Barroso e Mendonça (2012), "[o] Judiciário deve ser permeável à opinião pública, o que não significa que deva ser subserviente. O diálogo de que se falou não pode se converter em um monólogo à moda de sermão, em que magistrados iluminados revelam ao povo a verdade do Direito. Por outro lado, tampouco se espera que eles decidam pensando nas manchetes do dia seguinte ou reagindo às do dia anterior, o que os transformaria em oficiais de justiça das redações de jornal."
67. BARROSO (2011, p. 267): "A opinião pública é *um* fator extrajurídico relevante no processo de tomada de decisões por juízes e tribunais. Mas não é o único e, mais que isso, nem sempre é singela a tarefa de captá-la com fidelidade."

deve esperar este tipo de interferência na maior parte dos casos.[68] Esta tende a ser apenas pontual e restrita a este tipo de contexto decisório específico, embora possa ser fomentada por algumas das variáveis mencionadas no item anterior. Como já destacado, as influências exercidas pela opinião pública e pela mídia são inter-relacionadas e, por isso, muito do que se disse sobre os meios de comunicação vale também para a influência da opinião pública.

Tendo em vista a abundância de investigações empíricas sobre a influência da opinião pública nas decisões da Suprema Corte dos EUA, a análise será baseada em dados estatísticos e hipóteses explicativas referentes a este Tribunal, a fim de verificar sua pertinência ao contexto decisório e institucional de atuação do STF.

9.2.4.1. A Suprema Corte dos EUA e a opinião pública

Nos Estados Unidos, numerosas investigações empíricas têm constatado a existência de uma reveladora e inegável sintonia entre a opinião pública e as decisões da Suprema Corte ao longo do tempo.[69] No estudo mais ambicioso e abrangente sobre o tema, Thomas Marshall (1989) comparou decisões do Tribunal com pesquisas nacionais de opinião pública no período de aproximadamente cinquenta anos (1930-1980) e, ao final, concluiu que o Tribunal tem sido uma "instituição essencialmente majoritária". Das 130 decisões do Tribunal que permitiram uma comparação com as pesquisas de opinião pública, 82 (63%) foram consistentes com as pluralidades pesquisadas. Apesar de verificar que o nível de congruência variava de acordo com a área política, Marshall conclui que, de um modo geral, a Suprema Corte foi tão sensível à opinião pública quanto as demais instituições responsáveis pela formulação de políticas. As análises demonstraram ainda que, quando há divergência, a tendência é de que a visão judicial se alinhe à vontade popular. Existem exceções famosas,[70] como no

68. FRIEDMAN (2009, p. 377): "A Corte também tem uma melhor chance de seguir seu próprio caminho em casos que são de baixa relevância pública. A Corte decide muitos casos, e apenas uma parte deles pode chegar até a consciência pública. Em outros, o Tribunal pode voar sob o radar, sem ser notado."

69. MISHLER; SHEEHAN (1993, p. 87): "Análises de séries temporais para o período de 1956 a 1989 indicam a existência de uma relação recíproca e positiva entre tendências de longo prazo na opinião pública agregada e decisões coletivas do Tribunal."

70. FRIEDMAN (2009, p. 378): "Os casos em que a Suprema Corte parece se desviar da opinião pública, na maioria das vezes, são aqueles que envolvem a Primeira Emenda, o

caso das decisões que proibiram orações em escolas públicas (*Engel v. Vitale*, 1962 e *Abington School Dist. v. Schempp*, 1963),[71] apontadas como uma clara intervenção contramajoritária da Suprema Corte no processo de formulação de políticas. Estas, no entanto, servem apenas para confirmar a regra.

Considerando que a mera correlação entre a vontade da maioria e o conteúdo das decisões não significa, necessariamente, uma influência direta da opinião pública, alguns estudos foram direcionados para a análise específica da sintonia entre as decisões da Suprema Corte e as variações de "humor do público" (*public mood*). Após analisarem as decisões da Suprema Corte no período de 1953 a 1996, McGuire e Stimson (2004, p. 1.018) concluíram que os resultados sugerem que os *justices*, além de motivados por suas próprias preferências políticas, também são altamente sensíveis ao humor do público.

No mesmo sentido, Epstein e Martin (2010, p. 263-264) afirmam que o aspecto mais surpreendente do estudo realizado sobre o tema foi constatar que, mesmo após ter em conta a influência da ideologia judicial, o humor do público continuou a ser um indicador significativo, e aparentemente não trivial, de resultados.[72] A conclusão dos autores foi de que os dados encontrados são consistentes com duas hipóteses distintas: a defendida por Barry Friedman (2009, p. 14) no sentido de que, devido à preocupação com o apoio do público para a manutenção da legitimidade e do poder, as decisões da Suprema Corte em questões altamente controversas se alinham com a aprovação

---

que pode ser explicado porque a Primeira Emenda tem seu próprio eleitorado especial, a imprensa. Jornalistas amam a Primeira Emenda, por razões óbvias (protege a liberdade de imprensa). Os *justices* são mais propensos a serem atacados (ou elogiados) na imprensa por suas decisões em casos envolvendo a Primeira Emenda do que em qualquer outro. Mas os jornalistas também podem fornecer aos *justices* uma visão distorcida da opinião pública. A afeição dos meios de comunicação pode explicar a disposição especial do Tribunal de se manter resistente em certos direitos da Primeira Emenda- como para com a pornografia e contra a oração nas escolas- mesmo quando o país geralmente expressa pontos de vista contrários."

71. BARNUM (1985, p. 659): "Na questão da oração em escolas públicas, a Corte estava claramente disposta a desafiar as preferências da maioria dos americanos. Apesar do apoio contínuo para a oração nas escolas, nunca a Corte recuou de suas originais decisões antioração."

72. EPSTEIN; MARTIN (2010, p. 12): "Começando com a principal variável de interesse, Humor do Público (trimestral), encontramos apoio para a afirmação básica de Friedman. O coeficiente é estatisticamente significativo e positivamente firmado, indicando que quanto mais liberal o estado de espírito público, maior a probabilidade de uma decisão liberal."

popular e a compreensão do público sobre a Constituição; e, a suscitada por Roy Flemming e Dan Wood (1997, p. 482), segundo a qual os *justices* estão inseridos na sociedade e, como tal, são seres sociais sujeitos aos mesmos estímulos culturais, midiáticos e políticos que afetam os demais membros.[73]

Poucos teóricos positivos contestam a existência de uma correlação significativa entre a opinião pública e a Suprema Corte, embora haja divergências em relação ao *timming*[74] e às explicações fornecidas para justificar tal correlação. Alguns sustentam que a influência é apenas indireta, sendo decorrente, a rigor, de fatores ideológicos.[75] Argumentam não haver justificativa plausível para que as decisões da

73. EPSTEIN; MARTIN (2010, p. 1): "Com base em nossa análise, estamos preparados para dizer que o professor Friedman está certo sobre algo. Quando o 'humor do público' está liberal (conservador), a Corte é significativamente mais propensa a proferir decisões liberais (conservadoras). Mas o porquê é uma incógnita. Postula o professor Friedman que os *justices* se curvam à vontade do povo, porque a Corte requer o apoio do público para permanecer um ramo eficaz do governo. Nossa análise pode ser lida para apoiar este ponto de vista, mas é igualmente consistente com outro mecanismo: que 'o povo' inclui os juízes. Por conta disso, os juízes não respondem à opinião pública, diretamente, mas sim aos mesmos eventos ou forças que afetam a opinião de outros membros do público."

74. A correlação entre os resultados de uma determinada pesquisa de opinião pública e as decisões judiciais da Suprema Corte nem sempre é imediata. A probabilidade, de acordo com alguns cientistas políticos, é de que o padrão geral das decisões e, portanto, o centro de gravidade ideológico do Tribunal, reflita essas tendências em longo prazo. Ao investigar o impacto da opinião pública nas decisões da Suprema Corte norte-americana, Mishler e Sheehan (1993, p. 92) concluíram que as atitudes e crenças dos *justices* se adaptam, de forma consciente ou não, às grandes tendências ideológicas do público com um atraso de aproximadamente cinco anos. Este lapso temporal, no entanto, é questionado por Norpoth e Segal (1994, p. 712) que apontam duas contradições: "Primeiro, se o Tribunal só age sobre as mudanças que tenham resistido, suas decisões devem ser influenciadas tanto pela opinião pública contemporânea, como pela defasada. Mishler e Sheehan, todavia, não encontram apoio para a opinião contemporânea. Em segundo lugar, uma vez que leva longos períodos de tempo para os *justices* aprenderem sobre as mudanças de humor do público (uma suposição duvidosa em si), os *justices* nunca saberiam se alguma mudança de cinco anos de idade havia permanecido até o presente."

75. EPSTEIN; MARTIN (2010, p. 6-7): "[...] praticamente todos os estudos demonstram um efeito indireto da opinião pública através do processo de nomeações. Ou seja, eles tendem a mostrar que as mudanças na composição do Tribunal podem levar a uma porcentagem maior ou menor de decisões liberais a cada período. Cientistas políticos consideram 'indireta', porque o público não afeta diretamente o percentual de decisões liberais; seu papel vem na eleição do Presidente e do Senado, que designará juízes refletindo as preferências do público. Assim, a 'orientação ideológica do Tribunal [irá] geralmente corresponder às atitudes do eleitorado' e do regime dominante." (citação omitida).

Suprema Corte sejam diretamente influenciadas pela opinião pública, pois, além de não dependerem da população para alcançarem o cargo ou para se manter nele, são asseguradas garantias funcionais capazes de propiciar um ambiente no qual possam atuar com independência e imparcialidade, sem os incentivos de agentes políticos eleitos pelo voto popular.[76]

Duas hipóteses distintas são levantadas para explicar esta *influência indireta*: I) a convergência de opiniões seria decorrente do modelo de nomeação dos membros da Suprema Corte pelo "regime dominante", como sugerido por Robert Dahl (1957) e confirmado por Richard Funston (1975) ("*hipótese da nomeação*"). Neste sentido, o Presidente e os parlamentares, por serem eleitos pelo voto popular, estariam em sintonia com as preferências políticas majoritárias e, ao selecionar candidatos com os quais têm uma afinidade ideológica, contribuiriam para que as preferências do eleitorado fossem refletidas nas decisões da Corte; e II) a suscetibilidade dos juízes às mesmas influências decorrentes da evolução das normas e valores sociais, fazendo com que as alterações na jurisprudência da Suprema Corte ocorram em sintonia com a opinião pública ("*hipótese da socialização política*").[77]

Há, no entanto, os que sustentam haver motivos suficientemente fortes para os membros da Suprema Corte se importarem com a reação do público às suas decisões.[78] Duas hipóteses são suscitadas

76. SEGAL; SPAETH (1993, p. 329): "As decisões da Suprema Corte, em geral, correspondem à opinião pública. Isso não deveria ser surpreendente, pois os juízes da Suprema Corte são escolhidos pelo Presidente que, por sua vez, é escolhido pelo voto do povo. Mais uma vez, o que interessa é saber se a opinião pública – uma vez definida- *influencia* o Tribunal. Teoricamente, não há motivo para pensar assim. Institucionalmente, os juízes estão imunes a pressões majoritárias. O público não os elege, nem os retira do cargo. Além disso, do ponto de vista normativo, os *justices* não devem representar interesses majoritários. [...] Não conhecemos nenhum estudo empírico que demonstre sistematicamente que a opinião pública tem qualquer influência sobre as decisões dos *justices*."

77. Baum (2008, p. 95) menciona a guinada na jurisprudência da Suprema Corte a respeito da discriminação baseada no gênero e diz que a adoção de uma postura mais liberal em questões relacionadas aos direitos das mulheres não poderia ser explicada pela mudança na composição do Tribunal, uma vez que este havia se tornado mais conservador com a chegada dos novos membros. Uma das explicações possíveis seriam as mudanças no pensamento social que acompanharam a ascensão do movimento de mulheres durante e após a década de 1960.

78. MISHLER; SHEEHAN (1994, p. 717): "De modo geral, o ataque à plausibilidade teórica dos efeitos da opinião pública parece mal colocado. O que se passa nesta seara dos dois lados da questão é pouco mais que uma mistura de especulação com doses substanciais de pensamento positivo e de racionalização *post-hoc*."

para justificar esta *influência direta*: I) a preocupação com a *reputação institucional*, tendo em vista que o apoio do público é necessário para a legitimidade e manutenção do poder da Corte ("*hipótese da legitimidade institucional*");[79] e II) a preocupação com a *reputação individual*, uma vez que a popularidade, o prestígio e a admiração das pessoas costumam ser considerados relevantes para a autoestima e autoimagem pela maioria dos seres humanos, inclusive os juízes ("*hipótese do interesse*").

A *hipótese do interesse* parte da premissa de que os juízes possuem características, tendências e desejos inerentes a qualquer ser humano e que faz parte da natureza humana gostar de ser respeitado, admirado e aplaudido. Neste sentido, Friedman (2009, p. 374-375) argumenta que os juízes não são menos vaidosos que as demais pessoas e que o fato de serem humanos pode dizer muito acerca dos motivos pelos quais ocorre uma resposta à opinião pública. Diversamente da maioria das decisões judiciais, que quase sempre desapontam uma das partes envolvidas, no caso da Suprema Corte a situação é um pouco diferente, pois embora também decida controvérsias individuais, suas decisões são regularmente destacadas pelos meios de comunicação, o que fornece fortes incentivos para os seus membros "jogarem para a plateia". Assim, o interesse em ter uma reputação individual positiva seria o fundamento para a sintonia com a opinião pública em determinados contextos decisórios.

Por considerar que os *justices* têm poucas razões para temer o enfraquecimento institucional e a perda de poder da Suprema Corte em decorrência de decisões impopulares, Baum (2008, p. 65) sustenta que o interesse pessoal na aprovação do público fornece um incentivo muito mais forte do que a preocupação com o impacto negativo que este tipo de decisão pode ter sobre a legitimidade da Corte. Por isso, o professor da Universidade de Ohio argumenta que a motivação mais provável para os esforços no sentido de conquistar o apoio do público é o interesse na própria popularidade, apontado como a base primária potencialmente mais forte para a influência exercida pela opinião pública.

79. FRIEDMAN (2009, p. 375): "A razão mais significativa pela qual os *justices* poderiam se preocupar com a opinião pública, no entanto, é simplesmente o fato de não ter muita escolha. Pelo menos, caso eles se preocupem com a preservação do poder institucional da Corte, com a execução de suas decisões e em não ser a Corte disciplinada pela política."

Na visão de alguns estudiosos, a importância atribuída a *grupos de elite* é ainda mais forte que a conferida ao público em geral.[80] Nesse sentido, Baum (2008, p. 71-72) argumenta que os *justices* são mais propensos a buscar a aprovação de segmentos específicos do público, o que pode resultar na divergência entre os pontos de vista do público em geral e o resultado da decisão, dificultando a aferição do real impacto exercido pela opinião pública (*em sentido amplo*) sobre as escolhas judiciais.[81] Os *justices* costumam frequentar os mesmos círculos sociais e profissionais da elite intelectual e econômica, com a qual interagem no trabalho, no lazer, em viagens e em eventos e compromissos profissionais ou sociais.[82] Por isso, teriam fortes incentivos para se preocupar com sua reputação perante esta plateia específica.

Esta tese foi retomada por Baum em trabalho posterior elaborado em conjunto com Neal Devins, no qual sustentam que a preocupação dos membros da Suprema Corte com sua imagem perante as "plateias de elite" seria resultante da necessidade humana de receber a aprovação de indivíduos e grupos considerados relevantes. Como, no caso dos *justices*, esta plateia é formada esmagadoramente por segmentos da elite da sociedade norte-americana, são os valores e opiniões dessas

80. FRIEDMAN (2009, p. 378): "Este também é o caso de que os juízes ouvem a voz da elite, ao invés da de uma pessoa comum. Esta é uma queixa frequente contra o Tribunal, e pode muito bem explicar as decisões sobre orações nas escolas e queima da bandeira. Dizer que os juízes gostam de ser populares é deixar de perguntar: 'Com quem?' Se o *justice* está em sintonia com o seu grupo de pares, e seus colegas têm uma visão de elite não compartilhada por grande parte do país, o *justice* aparentemente vai estar seguindo seu próprio caminho. Assim, até mesmo os *justices* que parecem não dar a mínima importância para o que o público pensa podem, na verdade, apenas ter um público específico para o qual ele joga. Antonin Scalia se deleita em ser controverso; como uma questão de teoria constitucional e de personalidade, ganhar aplausos da imprensa diária claramente não é o que ele pensa supostamente estar fazendo. Mas Scalia é muito popular com seus colegas da Sociedade Federalista. Pode-se inferir que satisfazer esta 'base' específica o sustenta suficientemente bem."

81. BAUM (2008, p. 66): "Por outro lado, não há evidências de que a maioria dos *justices* se preocupa demasiadamente com a visão do público sobre eles. Devido às suas experiências pré-Corte, os juízes da Suprema Corte são mais susceptíveis de se orientar no sentido dos grupos de elite do que do público em geral."

82. SCHAUER (2000, p. 628): "Os próprios *Justices* têm algum conhecimento do que aparece nas revistas jurídicas, têm um grande conhecimento do que aparece nos jornais e na imprensa popular em geral, viajam nos mesmos círculos sociais da elite intelectual do país, e também viajam nos mesmos círculos profissionais em que os acadêmicos jurídicos muitas vezes viajam."

elites que teriam o maior impacto sobre suas decisões.[83] Para Baum e Devins (2010, p. 1.580), "[e]sta é uma razão importante pela qual as decisões da Corte normalmente estão em harmonia com os pontos de vista das pessoas mais educadas do que com as opiniões do público como um todo.".

9.2.4.2. O STF e a opinião pública

No STF, a preocupação com a opinião pública, embora não seja exteriorizada com frequência, pode ser claramente percebida na postura adotada por alguns ministros mais sintonizados com os anseios populares como, por exemplo, dois Presidentes da Corte: Ayres Britto[84] (2012) e Joaquim Barbosa[85] (2012-2014). Ao contrário das críticas dirigidas às pressões externas que, em geral, são feitas de forma contundente,[86] as raras manifestações no sentido de que os juízes devem

---

83. BAUM; DEVINS (2010, p. 1.580): "Mesmo que alguns *Justices* tenham a opinião pública em conta (em parte porque exageram a necessidade de proteger a posição do Tribunal com o público), a [Suprema] Corte como um todo tem demonstrado uma independência considerável em relação à opinião pública. Em contraste, os *Justices* têm fortes incentivos para manter a sua posição com as plateias de elite que são salientes para eles. Fundamentalmente, esses incentivos não derivam da preocupação com o apoio para o Tribunal, como instituição, mas da necessidade humana de aprovação de indivíduos e grupos que são importantes para eles. Porque os indivíduos e os grupos mais relevantes para os *Justices* são esmagadoramente dos segmentos da elite da sociedade norte-americana, são os valores e opiniões das elites que têm o maior impacto sobre os *Justices*. Esta é uma razão importante pela qual as decisões da Corte normalmente estão em harmonia com os pontos de vista das pessoas mais educadas do que com as opiniões do público como um todo."

84. Em mais de uma oportunidade, o ex-ministro chegou a ser acusado de tomar decisões populistas. "Não quero ser popular, muito menos populista. [...] não quero ser popular em termos de cortejar a opinião pública, ser vassalo da imprensa", afirmou Ayres Brito em entrevista concedida à Revista Carta Capital (MENEZES, 2012, p. 25). Questionado sobre "até que ponto a Justiça pode ser suscetível às questões sociais", Britto afirmou que o juiz não deve "ser refém da sociedade, vassalo da opinião pública", mas "deve, sim, auscultar os anseios populares, coletivos, para ver se é possível formatá-los em decisões técnicas." Em sua concepção, "quando isso acontece, o juiz concilia a Justiça com a vida." (RANGEL, 2012, p. 21).

85. A visível sintonia de Joaquim Barbosa com a opinião pública é constantemente mencionada pela imprensa, chegando a ser destacada, inclusive, pela Revista inglesa "The Economist" (SÁ, 2009).

86. Durante o "julgamento do mensalão", o Ministro Roberto Barroso afirmou: "Se o que eu considerar certo e justo não coincidir com o que sai no jornal no outro dia, cumpro o meu dever contra a opinião pública. Esse é o papel de uma corte constitucional. Sou um juiz constitucional. Não julgamos para a multidão, julgamos pessoas. [...] Não estou

ser sensíveis aos anseios populares favoráveis costumam ser feitas com cautela e de modo eufemístico.[87] Há, por evidente, exceções, como no caso da acalorada discussão envolvendo os Ministros Roberto Barroso e Marco Aurélio, quando do julgamento de um dos recursos da AP 470 ("Mensalão"), em que este afirmou textualmente que se importava com a opinião pública por não ser indiferente ao seu semelhante e dever contas aos contribuintes.

A ausência de "pronunciamentos oficiais", no entanto, não significa muito em termos descritivos. A referência à opinião pública pode ser deliberadamente omitida tanto por ser considerada indevida, como para evitar que o tribunal seja visto como uma instituição política semelhante às demais.[88] É possível, ainda, que em alguns casos esta

---

subordinado à multidão, estou subordinado à Constituição." No STF, o Ministro Gilmar Mendes é um dos que costuma adotar, com maior frequência, uma postura crítica em relação à influência da opinião pública. Por suas manifestações e votos é possível constatar nitidamente que outras plateias – como, e.g., as plateias internas – têm maior relevância para o Ministro. Quando do julgamento da "Lei da Ficha Limpa" (RE 633.703/MG, j. 23.3.2011), diante da pressão popular para que o STF admitisse a incidência imediata das novas regras, Mendes destacou que a missão da Corte seria aplicar a Constituição, independentemente da opinião pública, sendo que o princípio da anterioridade eleitoral (CRFB/88, art. 16), enquanto *garantia da minoria*, deveria atuar como "uma barreira contra a atuação sempre ameaçadora da maioria."

87. Em clara referência às críticas feitas, inclusive por Cezar Peluso, acerca da tendência do STF de julgar de acordo com a opinião pública, o Ministro Ayres Britto afirmou que "os julgamentos feitos pelo Poder Judiciário devem promover a abertura das janelas dos autos para o mundo circundante, a fim de conhecer a particularizada realidade dos seus jurisdicionados e as expectativas sociais sobre a decisão objetivamente justa para aquele tipo de demanda. Juiz não é traça de processo, não é ácaro de gabinete, e por isso, sem fugir das provas dos autos nem se tornar refém da opinião pública, tem que levar os pertinentes dispositivos jurídicos ao cumprimento de sua, pouco percebida, mediata ou macro-função de conciliar o Direito com a vida." (BRITTO, 2012). Por sua vez, o Ministro Luiz Fux, embora tenha ressalvado que a opinião pública não pode interferir na "avaliação das provas" e na "aplicação do direito" em ações individuais, admitiu que "as vozes sociais têm que ser ouvidas" em determinadas questões e citou, como exemplo, os casos envolvendo a "união homoafetiva" e a "marcha da maconha" (BASILE, 2012).

88. Nesse sentido, Fabiana Oliveira (2012, p. 100) argumenta que "a baixa incidência da variável *Politização da justiça* no discurso [dos Ministros do STF] se deve sobretudo à necessidade que os ministros têm de se diferenciarem das outras elites políticas. Isso porque eles são constantemente atacados por essas elites e pela mídia a partir do argumento da consequente politização de suas decisões, tendo em vista o fato de as nomeações seguirem o critério político. Esse argumento visava emplacar a necessidade do controle externo ao Poder Judiciário. E seria por esse mesmo motivo que o Supremo 'lutou' na constituinte para não se tornar totalmente uma corte constitucional, pois

influência opere abaixo do nível da plena consciência, sem que o juiz perceba esta interferência relevante em seu comportamento.

Mesmo na Suprema Corte dos EUA, onde o alinhamento com a opinião pública tem comprovação empírica e é amplamente admitido, as referências não são usuais. De acordo com o levantamento feito por Thomas Marshall (1989, p. 35-39), a opinião pública é mencionada em menos de 2% dos votos majoritários desta Corte, sendo que somente em cerca de um quinto desses casos os *justices* sugerem que o direito deve refleti-la em alguma medida. Portanto, o fato de raramente ser mencionada na fundamentação das decisões tem pouca relevância na aferição da real influência por ela exercida, até porque seria bastante improvável que um juiz, em sua decisão, reconhecesse estar cedendo à pressão popular. A rigor, tais referências não passam de enunciados normativos no sentido de que a opinião pública *deve* ou *não deve* influenciar as decisões judiciais.

Em que pese a inexistência de dados estatísticos impedir a verificação do *grau de influência* exercido pela opinião pública sobre as decisões do STF, é possível analisar a pertinência de algumas hipóteses. Estas não são necessariamente excludentes ou incompatíveis entre si, embora algumas tenham maior capacidade explicativa de certas situações ocorridas dentro de determinados contextos. As hipóteses de *influência indireta* ("hipótese da nomeação" e "hipótese da socialização política") se mostram mais pertinentes para explicar alinhamentos relativamente constantes e duradouros entre o órgão judicial e a opinião pública, ao passo que as hipóteses de *influência direta* ("hipótese da legitimidade institucional" e "hipótese do interesse") parecem mais apropriadas para explicar as convergências pontuais de opiniões, ocorridas em contextos decisórios e institucionais específicos.

Das quatro principais, a única sobre a qual há dados empíricos que permitem afastar sua pertinência em relação ao STF é a *hipótese da nomeação*. Ao contrário da Suprema Corte dos EUA, para a qual esta hipótese é amplamente admitida, na Corte brasileira não foram encontradas evidências significativas de alinhamento entre os Presidentes e os ministros escolhidos por eles.[89] Logo, ainda que exista uma sintonia do STF com a opinião pública, esta não poderia ser creditada ao fato de que o Chefe do Executivo, ao nomear ministros com os quais tem

---

a partir do momento em que perdesse a posição de cúpula do Judiciário, perderia a distinção, transformando-se em elite política como as outras."

89. Sobre o tema, ver *item 10.2.3.2.2* (A postura do STF perante o Governo).

afinidade ideológica, estaria contribuindo para que as preferências do eleitorado fossem refletidas nas decisões do Tribunal.

A *hipótese da socialização política* pressupõe, assim como a anterior, a interferência direta da ideologia nas decisões judiciais. Embora seja difícil negar que os juízes são seres sociais e que, como tal, suas preferências políticas tendem a ser constituídas, estruturadas e modificadas pelos mesmos estímulos culturais, midiáticos e políticos que afetam os demais membros da comunidade (ou de parte dela), algumas questões envolvendo a comprovação da hipótese permanecem em aberto. Em que medida a ideologia dos ministros afeta as decisões do Supremo? As preferências políticas dos ministros se alinham com os pontos de vista do público em geral ou apenas de segmentos específicos da comunidade? Como bem observado por Jane Pereira (2012) se for constatado que o STF costuma ser influenciado precipuamente pela elite econômica e intelectual,[90] será forçoso concluir que "a tese de que a reverência às pressões sociais amplia a legitimação da Corte é equivocada e falaciosa", pois o efeito produzido pelas pressões externas será no sentido oposto, qual seja, "de reforçar o caráter contramajoritário e aristocrático da jurisdição constitucional." Além de não haver investigações específicas sobre a influência da opinião pública no comportamento dos membros do STF, os poucos estudos empíricos referentes aos fatores ideológicos ainda são inconclusivos e carentes de pesquisas complementares.

A *hipótese da legitimidade institucional* pode ser útil para explicar algumas decisões proferidas pelo STF em contextos específicos, marcados por uma grave crise institucional entre os poderes ou por sérios riscos ao seu prestígio institucional junto à opinião pública.[91] As diferenças de configuração institucional em relação à Suprema Corte, especialmente a competência constitucional expressa para o exercício do controle de constitucionalidade, faz com que as preocupações relacionadas à legitimidade da *judicial review* pelo STF tenham um peso menor, limitando-se à extensão do controle. Por isso, em períodos de normalidade e estabilidade democrática, não parece haver razões suficientemente fortes para justificar uma influência da opinião pública

90. Sobre a influência da *classe social* dos juízes na conformação de suas predisposições, preferências e interesses, ver *item 8.1.1* (Os atributos judiciais).

91. Esta hipótese está relacionada ao contexto institucional e não a fatores de interesse, razão pela qual será analisada no item *10.2.5* (As normas informais: O apoio do público).

decorrente do receio de perda de poder ou de enfraquecimento da legitimidade institucional.

A *hipótese do interesse* parece ser a mais plausível para explicar a influência da opinião pública sobre o comportamento de determinados ministros do STF nos casos de alta saliência social e/ou midiática. Os juízes, independentemente do sistema jurídico (*common law* ou *civil law*) ou do órgão judicial no qual atuam, possuem características que são inerentes à natureza humana. Em qualquer lugar do mundo, o desejo de obter popularidade, prestígio, admiração, estima e respeito dos membros da comunidade é um fator potencialmente capaz de fornecer fortes incentivos para o comportamento humano, embora a intensidade deste tipo motivação seja variável de acordo com as concepções e prioridades de cada indivíduo.

Por fim, vale registrar que o alinhamento entre os pontos de vista da sociedade e as decisões dos tribunais não exige que todos os seus membros sejam igualmente sensíveis à opinião pública durante todo o tempo.[92] Em questões sobre as quais o colegiado está fortemente dividido, a influência da opinião pública sobre um dos juízes pode ter um impacto decisivo sobre o resultado final.

92. MISHLER; SHEEHAN (1994, p. 721): "Desde que o Tribunal seja razoavelmente equilibrado, o impacto da opinião pública mesmo que seja sobre um único *justice* pode ser suficiente para alterar as decisões da Corte nas margens. Mas quando a ideologia da Corte se converte de tal forma que uma mudança no voto de um ou dois *justices* é insuficiente para alterar os resultados da maioria, então, é provável que a opinião pública tenha pouca influência direta sobre as decisões da Corte."

10

FATORES INSTITUCIONAIS: A INFLUÊNCIA DO CONTEXTO NORMATIVO-INSTITUCIONAL

Os *fatores institucionais* influenciam o comportamento judicial sob duas perspectivas distintas. Por um lado, atuam juntamente com os *fatores sociais* e *culturais* na constituição e estruturação dos atributos dos juízes, aspecto enfatizado nas abordagens teóricas realizadas nos dois capítulos anteriores. Por outro, podem fornecer estímulos potencialmente capazes de fomentar ou restringir a influência de determinados fatores jurídicos ou extrajurídicos, de acordo com o contexto normativo-institucional.

As normas configuradoras do contexto institucional de atuação dos juízes não só influenciam a escolha de *objetivos* a serem perseguidos, mas também fornecem informações relevantes para a formulação de expectativas relacionadas à maximização de *preferências* e *interesses*.[1] Dito de outro modo: A definição e a realização de objetivos, preferências e interesses são, em certa medida, institucionalmente dependentes.

Configurações institucionais distintas criam diferentes formas de produção do direito e expectativas diversas com relação à possível resposta de outros atores localizados dentro e fora do Judiciário. Como os juízes atuam em um sistema político no qual suas decisões são relativamente

---

1. BRENNER; WHITMEYER (2009, p. 139-140): "Os ministros, no entanto, também têm objetivos compartilhados. Eles querem que a Corte decida os casos de forma eficiente. Eles procuram relações harmoniosas com os outros, e eles querem que o Tribunal seja autônomo, influente e respeitado. Esses objetivos compartilhados são objetivos secundários. É duvidoso, por exemplo, que o objetivo principal de qualquer *justice* seja ter relações sociais harmoniosas na Corte, ou mesmo maximizar a influência da Corte. Esses objetivos compartilhados quase certamente não são os objetivos finais dos *justices*. No entanto, a consecução desses objetivos secundários, muitas vezes, facilita ou melhora os objetivos primários, que provavelmente são atitudinais ou jurídicos."

dependentes desses atores, mesmo quando mantidas todas as demais condições inalteradas, o comportamento judicial tende a ser diferente em contextos institucionais diferentes.[2]

Com o intuito de identificar *padrões de correspondência* entre certas características institucionais específicas e determinadas tendências de comportamento judicial, a abordagem desenvolvida no presente capítulo terá como foco central a análise comparativa das principais normas internas e externas que configuram o contexto institucional de atuação das Cortes Supremas do Brasil e dos EUA.

10.1. AS NORMAS INTERNAS

O comportamento judicial é restringido não apenas pelo material jurídico convencional, mas também por instituições formais e informais que fornecem informações sobre possíveis escolhas e reações por parte de outros atores e sinalizam para as potenciais sanções, dependendo do curso de ação adotado. As normas internas regem o funcionamento dos órgãos judiciais durante o processo e julgamento e, apesar de nem sempre receberem a devida atenção de teóricos normativos, tendem a motivar determinados tipos de influência e, por conseguinte, a interferir na conformação do próprio direito.

A discricionariedade no controle da agenda do tribunal, a carga de trabalho, o modo de escolha do presidente do tribunal e do relator dos processos, a ordem de votação e a forma de deliberação interna são aspectos institucionais potencialmente capazes de afetar o comportamento judicial, estimulando ou restringindo a interferência de fatores extrajurídicos.

---

2. Ao destacarem a necessidade de se reconhecer a complexidade das *interações institucionais*, Clayton e May (1999, p. 250) fazem a seguinte observação: "Os pesquisadores que empregam métodos positivistas também devem reconhecer a complexidade das interações institucionais. Muitos esforços anteriores para analisar constrangimentos institucionais na Corte, por exemplo, têm tentado isolar determinados atores institucionais e/ou estrutura, como o Congresso, o Advogado-Geral, grupos de interesse ou o *stare decisis*, mas se os pesquisadores querem entender como as decisões judiciais são estruturadas por contextos institucionais reais, é importante considerar como diferentes estruturas institucionais também influenciam umas nas outras. Tais interações não podem ser capturadas em modelos de variáveis individuais simples, sendo extremamente necessárias investigações multivariadas mais complexas."

10.1.1. O controle sobre a própria agenda

O grau de controle de sua própria agenda pelo tribunal é uma das variáveis institucionais de maior relevância em relação à influência de fatores extrajurídicos. A inexistência de regras impositivas para a definição da pauta de julgamento tende a favorecer a interferência de considerações estranhas ao direito, baseadas em preferências, interesses ou expectativas relacionadas às consequências sistêmicas da decisão e/ou às possíveis reações de outros atores.

A discricionariedade para selecionar os casos a serem julgados tende a favorecer a escolhas dos *mais complexos* e de *alta saliência pessoal, social e/ou midiática*. Os casos de maior saliência pessoal tendem a ser moral e/ou politicamente carregados e, por conseguinte, mais susceptíveis à influência de *fatores cognitivos* e *ideológicos*. Os casos complexos de alta saliência social e/ou midiática despertam grande interesse de plateias relevantes, o que tende a favorecer a influência de *fatores de interesse* e de *considerações de natureza estratégica* baseadas em expectativas relacionadas ao alcance do fim pretendido. Por tais razões, quanto ao controle da agenda, pode ser formulado o seguinte enunciado probabilístico:

- ***Enunciado dos fatores institucionais (1):*** *Quanto maior o grau de discricionariedade para definir a própria agenda, maior a probabilidade de influência de fatores extrajurídicos e de serem adotados comportamentos estratégicos.*

10.1.1.1. A definição da agenda na Suprema Corte dos EUA

A Suprema Corte estadunidense possui elevado grau de controle sobre sua agenda, por ter discricionariedade na escolha dos processos a serem julgados.[3] A grande maioria dos casos chega a este Tribunal

3. EPP (1999, p. 255): "Desde a Lei Judiciária de 1925, os *justices* têm construído a sua agenda em grande parte aprovando ou negando pedidos de *certiorari*, sobre os quais eles têm total discrição. Nos últimos anos, a Corte tem recebido milhares de petições de *certiorari* anualmente, apresentando um vasto leque de questões, das quais o Tribunal normalmente concede *certiorari* para bem menos do que duzentos. Como o mecanismo de seleção é discricionário e as opções disponíveis são bastante numerosas, os defensores do modelo atitudinal têm ponderado que as mudanças na composição atitudinal da Corte têm sido a principal influência sobre o desenvolvimento da sua agenda."

através de recurso, sendo o meio mais usual de acesso o *certiorari*.[4] O Presidente da Corte, com o auxílio dos assessores jurídicos (*law clercks*), prepara uma lista de casos a serem analisados, a qual pode ser acrescida por outros casos selecionados por qualquer membro do Tribunal. A não colocação de um caso na lista de discussão significa a negação automática do *cert*. Após elaborada a *lista de discussão*, os *justices* se reúnem em uma conferência secreta para decidir se admitem ou não as petições dos casos nela contidos. A votação, que é iniciada com o voto do *Chief Justice*, segue o critério da antiguidade em relação à posse no tribunal, ou seja, o segundo a votar é o *justice* associado sênior, e assim sucessivamente. A admissibilidade do caso para processo e julgamento depende, em regra, de pelo menos quatro votos (*Rule of Four*) favoráveis à concessão do *certiorari* (*grants cert*).[5] Os *justices* têm total discricionariedade tanto para escolher os casos da lista de discussão, quanto para conceder ou negar as petições de *cert*.

A escolha dos casos a serem julgados tende a recair sobre aqueles de maior complexidade e relevância individual, política, econômica ou social, os quais são mais susceptíveis à influência de fatores extrajurídicos. Estudos empíricos sugerem, ainda, uma tendência dos ministros votarem a favor da concessão do *certiorari*, com maior frequência, em três situações: quando não concordam com a decisão do tribunal recorrido; quando há forte probabilidade de seu resultado preferido prevalecer na decisão final; ou quando fazem parte da coalizão ideológica majoritária na Corte.

Esta tendência revela que os votos relacionados à definição de agenda da Corte são fortemente guiados por *considerações estratégicas* baseadas nas *preferências políticas pessoais* dos ministros.[6] Não

---

4. Os pedidos de revisão de decisões judiciais podem ser feitos, perante a Suprema Corte dos EUA, por meio de instrumentos diversos. O mecanismo mais comum é a petição para o *writ of certiorari*, a qual geralmente é interposta por litigantes derrotados nas Cortes de Apelação ou nas Cortes Supremas estaduais. Brenner e Whitmeyer (2009, p. 168-169) observam que a "Suprema Corte também recebe pedidos de revisão por petições para um recurso de apelação (*writ of appeal*). Embora estas petições sejam chamadas de 'obrigatórias', os ministros, a rigor, também têm total discricionariedade para admiti-las ou não."

5. O número de votos necessários para a concessão do *cert* depende do número de ministros presentes na votação: quando votam oito ou nove ministros, são necessários quatro votos, mas quando votam apenas seis ou sete ministros, o quórum para a concessão cai para três votos.

6. EPP (1999, p. 259): "[P]esquisa recente de Caldeira, Wright, e Zorn (1996) mostra que as decisões dos ministros de colocar casos na lista de discussão e seus votos em casos na

é raro um *justice* votar estrategicamente pela concessão do *certiorari* quando acredita que a maioria irá adotar um resultado que reflita suas preferências jurídico-políticas pessoais; ou, por sua negação, quando a expectativa é no sentido contrário.[7] Esta predisposição para votar a favor ou contra a concessão do *cert* com base em expectativas sobre o resultado da decisão de mérito é conhecida como "estratégia de previsão de resultados" (*outcome-prediction strategy*).[8]

10.1.1.2. A definição da agenda no STF

O Supremo Tribunal Federal, por sua vez, embora não possua o mesmo grau de discricionariedade no controle sobre sua agenda, pode utilizar mecanismos informais para controlar o "tempo do processo", para lidar com a excessiva carga de trabalho e até para influenciar na formulação de políticas públicas.[9]

---

lista de discussão exibem padrões que são consistentes com a atribuição de um papel significativo para as preferências políticas e, concomitantemente, para a tomada de decisão estratégica. Decisões de definição de agenda, então, claramente são influenciadas por estratégias baseadas na preferência."

7. Nesse sentido, um dos Ministros da "Corte Burger", certa feita declarou à *Revista Time* (1972): "Se eu suspeitasse que uma boa decisão em primeira instância seria confirmada, ampliando sua aplicação para todo o país, provavelmente eu votaria para conceder. [Por outro lado,] a decisão poderia parecer escandalosamente errada para mim, mas se eu achasse que o Tribunal iria afirmá-la, então votaria para negar. Eu prefiro que um direito ruim permaneça no âmbito do Oitavo Circuito ou do Estado de Michigan, a se tornar um direito nacional." (BRENNER; WHITMEYER, 2009, p. 41).
8. Brenner e Whitmeyer (2009, p. 47-48) argumentam que, embora existam evidências da utilização da "estratégia de previsão de resultados" na Suprema Corte, os dados empíricos lhe conferem um apoio bem menor do que se costuma afirmar. Para os autores, se os *justices* têm dificuldades até para prever o seu próprio voto no mérito, haja vista que alguns acabam mudando de posicionamento entre a conferência de votação e a decisão final, quem dirá para profetizar o voto dos demais colegas. Dentre as razões possíveis para a mudança de ideia sobre o resultado preferido, Brenner e Whitmeyer (2009, p. 62) apontam também possíveis razões de natureza estratégica, mas consideram que a mudança no voto dos *justices* decorre quase sempre de razões não estratégicas, tais como o desejo de estar ao lado dos vencedores ou de serem vistos por seus colegas como "bons jogadores de equipe"; a intenção de economizar o tempo e o esforço necessários para elaborar um voto divergente persuasivo; ou, ainda, a crença no valor do consenso.
9. TAYLOR (2007, p. 243): "[O] Judiciário pode influenciar os resultados das políticas públicas tanto no momento da deliberação quanto na hora da implementação com uma variedade de possíveis estratégias: sinalizando as fronteiras permitidas para a alteração da política pública, sustentando-a e legitimando-a diante da possível oposição, atrasando uma decisão sobre uma determinada política e, assim, controlando a agenda de

Quando não existem normas internas impondo a observância de prazos rígidos ou uma ordem para o julgamento de casos submetidos ao tribunal, abrem-se espaços para a interferência de preferências e interesses pessoais, bem como para comportamentos estratégicos (em sentido amplo) utilizados com o intuito de influir na celeridade de tramitação dos processos.[10]

No STF, a pauta de julgamento é elaborada com relativa discricionariedade, seja pelo Presidente do Tribunal, no caso das sessões plenárias, seja pelos Presidentes das Turmas, nos julgamentos de competência destes órgãos fracionários.[11] A inclusão do processo na pauta depende, no entanto, da solicitação do relator, que não está obrigado a elaborar o voto e nem a pedir data para julgamento dentro de determinado prazo.[12] A decisão do Tribunal pode ser obstada, ainda, pela demora do revisor em determinados processos[13] ou pelo pedido de vista de quaisquer dos ministros que, em muitos casos, não observam a norma interna que determina a retomada do julgamento até a segunda sessão ordinária subsequente. Em todas essas situações, os ministros têm o poder para decidir qual o melhor momento de submeter o processo a julgamento, o que lhes permite adotar considerações de

deliberação da política pública ou, até mesmo, alterando ou rejeitando a proposta após sua implementação."

10. TAYLOR (2007, p. 242): "[N]o caso brasileiro, é melhor enfocar duas características que dão alguma margem de manobra aos juízes: os instrumentos de decisão e o *timing* do uso deles. [...] [M]esmo no caso da Adin, existe uma grande margem para mudar o *timing* do impacto judicial na implementação, seja acelerando uma decisão através de liminar, seja protelando o processo por meio de pedidos de vista."

11. A ausência de critérios objetivos na definição da agenda do STF é objeto de crítica por parte da doutrina. Neste sentido, Vieira (2010) afirma que "um segundo desafio será reformular o modo pelo qual se constrói a agenda do tribunal. Hoje é difícil compreender a lógica. Alguns processos são julgados em 24 horas e outros permanecem sem decisão por anos. Como justificar isso? [...] Por que o pedido de intervenção federal em Rondônia, em razão de graves violações de direitos humanos, jamais foi apreciado, enquanto alguns habeas corpus são concedidos instantaneamente? É urgente que o STF seja capaz de estabelecer uma agenda mais transparente e criteriosa dos casos que serão apreciados ao longo do semestre ou do ano judiciário. Ele não pode ser tratado como um tribunal de pequenas causas, obrigado a responder imediatamente a tudo o que lá chega."

12. RISTF, art. 21. São atribuições do Relator: [...] X – pedir dia para julgamento dos feitos nos quais estiver habilitado a proferir voto, ou passá-los ao Revisor, com o relatório, se for o caso.

13. A revisão ocorre apenas em alguns processos, tais como, ação rescisória, revisão criminal, ação penal originária e recurso ordinário criminal (RISTF, art. 23).

natureza estratégica baseadas em expectativas sobre a melhor forma de maximizar preferências e interesses pessoais ou institucionais.[14] Na análise de Diana Kapiszewski, o STF tira proveito da ausência de normas impositivas de prazos rígidos, escolhendo o momento político mais adequado para proferir decisões sobre questões controversas.[15]

Em um sentido amplo, a *atuação estratégica intracorte* pode ser exteriorizada não apenas através do voto ou de negociações internas, mas também por meio de atitudes e comportamentos adotados no curso do julgamento com o intuito de pressionar e persuadir os demais colegas de tribunal a votarem em determinado sentido.

Quando do julgamento dos embargos de declaração da AP 470/DF, por exemplo, os "arroubos verbais" do Ministro Joaquim Barbosa parecem ter sido decorrentes de uma "estratégia calculada", voltada a atrair novamente a atenção da mídia e da opinião pública para o caso e, assim, criar um ambiente de maior pressão externa sobre os ministros indecisos a fim de desencorajá-los a admitir o cabimento de embargos infringentes.[16] Na mesma ocasião, cogitou-se ainda que a demora dos Ministros Gilmar Mendes e Marco Aurélio na leitura de seus votos faria parte de uma estratégia utilizada para que o voto de Celso de Mello fosse adiado para a sessão da semana seguinte, expondo-o a uma intensa pressão popular e midiática para não admitir o cabimento do recurso. Para alguns, esta mesma estratégia teria orientado a opção do Presidente da Corte, Ministro Joaquim Barbosa, por encerrar a sessão de julgamento mesmo após ser avisado por Celso de Mello de

14. VALE (2013, p. 335-336): "O voto vista, idealmente construído para permitir uma maior reflexão em torno das questões constitucionais enfrentadas, pode ser facilmente utilizado como mecanismo de obstrução de julgamentos e, na hipótese de trocas constantes na composição do Tribunal, também poderá servir (admitida a atual prática da permanência da vista dos autos por longos prazos) para a construção estratégica de votações conforme as diversas composições."

15. KAPISZEWSKI; TAYLOR (2008, p. 750): "E como documentado por Kapiszewski (2007), tanto a Suprema Corte argentina como a brasileira tiram proveito do fato de ter o controle exclusivo sobre o *timing* de suas decisões para 'escolher o momento político' no qual proferir decisões controversas. Em suma, tribunais que enfrentam restrições jurídicas, institucionais e políticas menores ou ambiguamente definidas têm maior discricionariedade, e, portanto, maior poder em potencial."

16. MAGALHÃES (2013, p. A4): "Ministros do STF acreditam que os arroubos verbais de Joaquim Barbosa, intensificados na retomada do julgamento do mensalão, são fruto de uma estratégia calculada. Diante da divisão do colegiado quanto à admissibilidade dos embargos infringentes, que poderiam alterar as penas de vários condenados, o presidente-relator estaria agindo deliberadamente para atrair os holofotes de volta para o Supremo e desencorajar os indecisos a acatar os recursos."

que este estaria disposto a concluir o seu voto em inacreditáveis cinco minutos.[17] De fato, foram fortes as pressões sobre o Ministro,[18] mas a expectativa de mudança no entendimento não foi concretizada.

Estratégias informais podem ser utilizadas, ainda, com o objetivo de reduzir a carga de trabalho ou de evitar a manifestação do Tribunal sobre temas indesejados ou em momentos vistos como inapropriados. Verissimo (2008, p. 416) sugere "a possível existência de uma espécie de *certiorari à brasileira*, isto é, de um filtro de cunho processual que pode estar permitindo ao tribunal gerir, de forma eventualmente informal, sua expressiva carga de trabalho."[19] Para ganhar tempo a fim de formar um melhor entendimento sobre o tema ou evitar um pronunciamento sobre questões polêmicas em momentos políticos, econômicos e/ou sociais delicados, o STF pode simplesmente protelar o julgamento do mérito de determinados processos até a acomodação da situação fática ou a perda do objeto. Este tipo de comportamento estratégico permite a resolução de casos complexos sem comprometer a unidade da ordem jurídica e a coerência jurisprudencial da Corte (VOJVODIC *et al.*, 2009, p. 35).

Como se pode notar, embora não possua discricionariedade para escolher livremente todos os casos a serem julgados, o STF pode utilizar – e frequentemente utiliza – mecanismos informais para manter um

---

17. Em entrevista ao Jornal *O Estado de S. Paulo*, Celso de Mello disse não se sentir pressionado pela circunstância de ser o responsável pelo desempate da votação pela admissibilidade dos Embargos Infringentes: "O fato de o presidente do STF, Joaquim Barbosa, ter encerrado a sessão na quinta-feira passada quando o placar estava empatado em 5 a 5, submetendo o decano a uma espera de quase uma semana para a revelação do voto, também não o abalou: 'O adiamento da sessão, longe de significar qualquer possibilidade de pressão externa, aprofundou ainda mais minha convicção', afirmou o ministro. Na quinta-feira, Barbosa encerrou a sessão mesmo depois de ter recebido de Celso de Mello um aviso de que estava pronto para votar e de que sua manifestação demoraria apenas cinco minutos." (GALLUCCI, 2013). Na sessão realizada na semana seguinte, como era esperado, o Ministro Celso de Mello votou pelo cabimento dos Embargos Infringentes. A leitura do voto demorou exatamente duas horas e cinco minutos.

18. Em entrevista exclusiva sobre o "caso do mensalão", Celso de Mello desabafou: "Foi algo incomum. Eu honestamente, em 45 anos de atuação na área jurídica, como membro do Ministério Público e juiz do STF, nunca presenciei um comportamento tão ostensivo dos meios de comunicação sociais buscando, na verdade, pressionar e virtualmente subjugar a consciência de um juiz." (BERGAMO, 2013, p. E2).

19. No mesmo sentido, OLIVEIRA (2012a, p. 95): "Note-se que 52% das ADIns não conhecidas (1.826) foram justificadas pela ilegitimidade ativa do proponente. Taylor afirma que muitas vezes os juízes se utilizam de soluções discricionárias para evitar decidir sobre questões politicamente delicadas, e que esta tática não é exclusividade dos juízes brasileiros, sendo comum também entre americanos e europeus."

relativo controle sobre sua agenda decisória, adotando considerações estratégicas relacionadas ao "tempo dos processos" a fim de gerenciar os trabalhos do Tribunal.

10.1.2. A carga de trabalho

O volume de processos julgados por um órgão judicial é outra variável relevante para a análise da probabilidade de influência de fatores extrajurídicos. Preocupações relacionadas à carga de trabalho tendem a incentivar a adoção de comportamentos direcionados a reduzir o volume de processos e dinamizar o trâmite processual, seja para *otimizar a atuação judicial*, seja para *maximizar o tempo livre* para exercer atividades extrajudiciais como, *e.g.*, desfrutar de maior período de lazer e descanso, dedicar mais tempo a atividades acadêmicas, escrever livros e artigos, participar de congressos, seminários ou bancas de mestrado e doutorado.[20]

Quanto maior o volume de processos, maior a probabilidade de comportamentos que exijam menor quantidade de tempo e esforço, tais como, *acompanhar o voto do relator*,[21] adotar *teorias jurídicas de menor complexidade*[22] ou simplesmente *aderir ao precedente*. As decisões judiciais baseadas em precedentes, além de desestimularem a propositura de novas demandas, são menos trabalhosas, haja vista que a superação de um entendimento jurisprudencial consolidado exige um ônus argumentativo maior e, portanto, mais tempo e esforço.

---

20. A intensa "atividade extrajudicial" dos membros da Suprema Corte estadunidense é destacada por Jeff Shesol (2011, p. A2) nos seguintes termos: "Há realmente apenas nove juízes da Suprema Corte? Parece que para todo lugar que se olha, se vê um deles aparecer: dando palestras, autografando livros, dirigindo *workshops*, posando para fotos em eventos de caridade. Isto é o que professores de direito chamam de 'atividade extrajudicial,' e temos visto uma enxurrada desta ultimamente, não só durante o recesso de verão da Corte, quando juízes voam da gaiola de mármore, mas durante todo o período que começou no mês de outubro passado e terminou esta semana."

21. BARTELS (2010, p. 46): "Quanto mais tempo e recursos alguém tem, maior a probabilidade de se envolver em um processo deliberativo."

22. A dificuldade de conciliar a elevada carga de trabalho com o tempo e o esforço exigidos por algumas das teorias jurídicas contemporâneas é destacada por Daniel Sarmento (2009b, p. 56-57): "Esta idealização da figura do juiz não se compadece com algumas notórias deficiências que o Judiciário brasileiro enfrenta. Dentre elas, pode-se destacar a sobrecarga de trabalho, que compromete a capacidade dos magistrados de dedicarem a cada processo o tempo e a energia necessários para que façam tudo o que demandam as principais teorias da argumentação defendidas pelo neoconstitucionalismo."

Por outro lado, quanto maior o volume de processos, menor será a probabilidade de serem adotadas *atuações estratégicas em sentido estrito*, as quais exigem cálculos extremamente complexos, envolvendo um "jogo de múltiplos estágios", a fim de se encontrar o resultado mais próximo possível do ponto considerado ideal e que, ao mesmo tempo em que seja capaz de conquistar a adesão da maioria dos colegas de tribunal, não provoque uma possível reação do Parlamento (atual e futuro) no sentido de superá-lo. Nesse sentido, Baum (2008, p. 16-18) argumenta que se a carga de trabalho for levada em consideração, os modelos estratégicos parecem ser menos realistas que seus concorrentes, já que a adoção deste tipo de postura, além de consumir mais tempo e esforço, é mais suscetível a frustrações. Assim, os juízes podem preferir adotar um comportamento sincero, não por serem ingênuos, mas para poderem desfrutar de uma vida razoavelmente relaxada.[23]

Com isso não se quer afirmar que os juízes que atuam em órgãos judiciais sobrecarregados deixarão de empreender o tempo e o esforço necessários para superar um precedente, ou para aplicar teorias complexas ou, ainda, para elaborar cálculos estratégicos mais sofisticados, mas apenas que, provavelmente, estes serão economizados em boa parte dos processos para serem empregados nos casos de maior saliência.

Quanto à carga de trabalho, podem ser formulados os seguintes enunciados probabilísticos:

- ***Enunciado dos fatores institucionais (2):*** *Quanto maior a carga de trabalho, maior a probabilidade de influência do relator.*
- ***Enunciado dos fatores institucionais (3):*** *Quanto maior a carga de trabalho, maior a probabilidade de adesão aos precedentes.*
- ***Enunciado dos fatores institucionais (4):*** *Quanto maior a carga de trabalho, menor a frequência de atuações estratégicas em sentido estrito.*

10.1.2.1. A sobrecarga de trabalho no STF

Em se tratando do número de processos julgados anualmente, a Suprema Corte dos EUA e o STF vivenciam realidades completamente

23. BAUM (2008, p. 160): "[...] agir estrategicamente é mais difícil e mais demorado do que agir com sinceridade. Por estas razões o comportamento estratégico é melhor entendido como uma possibilidade, em vez de uma certeza."

antagônicas.[24] A Corte estadunidense recebe anualmente cerca de 7 mil casos e costuma julgar menos de 100 processos/ano, enquanto a média de julgamentos realizados pelo STF na última década foi superior a 100.000 processos/ano.

A criação de alguns filtros – como a "Repercussão Geral" (CRFB/88, Art. 102, § 3º) e a "Súmula Vinculante" (CRFB/88, Art. 103-A) - contribuiu para que o número total de processos recebidos pelo STF fosse reduzido em mais de dois terços - de mais de 110.000 em 2007, para cerca de 30.000 em 2010 – e para que, pela primeira vez em onze anos, o número de processos em tramitação ficasse abaixo dos 90.000 (FGV DIREITO RIO, 2011).[25] As medidas introduzidas pela EC 45/2004, embora tenham contribuído para a redução da sobrecarga de processos, ainda não se revelaram suficientes para se alcançar um número minimamente aceitável. Por maiores que sejam os percentuais de casos repetitivos e decisões monocráticas, a quantidade de tempo disponível para a análise e reflexão sobre cada processo é absurdamente menor na Corte brasileira.[26]

Preocupações relacionadas ao tempo e à carga de trabalho frequentemente são exteriorizadas por ministros do STF em debates[27] e

---

24. Houve tempo em que a diferença no número de processos julgados pelos dois Tribunais era menos abissal. Em 1960, foram protocolados 6.000 processos no STF e proferidas cerca de 5.700 decisões, enquanto a Suprema Corte dos EUA recebeu, no mesmo período, aproximadamente 2.300 ações.
25. SETTI (2011): "O Supremo Tribunal Federal chegou ao final de 2010 com seus ministros comemorando um feito: depois de 11 anos, conseguiram baixar de 90 mil o número de processos em tramitação. O Supremo entrou em 2011 com 'apenas' 88.701 ações em andamento, o que representa uma queda de 9,6% em relação ao chamado 'estoque processual' do ano anterior, 2009. Se quisessem hipoteticamente zerar o passivo, cada um dos 11 ministros deveria ler, digerir, relatar e votar 8.063 processos em 2011- uma média de 22 por dia, incluindo sábados, domingos e feriados."
26. MENDONÇA; BARROSO (2013): "De acordo com a página eletrônica do STF, foi proferido em 2012 o número assombroso de 90.048 decisões, das quais 12.089 foram colegiadas (Plenário e Turmas) e 77.743 monocráticas. Dividindo-se linearmente o número de decisões pelos 10 ministros aos quais são distribuídos processos (o presidente não recebe novos feitos) tem-se o resultado de cerca de 9.000 processos por ano, por ministro. Como são dez meses de trabalho anual, a média é de 900 processos ao mês para cada ministro. Considerando uma jornada de 8 horas diárias, e sem descontar fins de semana e feriados, os ministros dedicariam menos de 4 minutos a cada processo. Os números são tão eloquentes que dispensam comentários, mesmo considerando as questões processuais simples e a repetição de alguns temas recorrentes."
27. Em outubro de 2010, ao analisar a constitucionalidade da chamada "Lei da Ficha Limpa" (LC 135/2010), durante o debate sobre qual procedimento adotar diante do novo

manifestações extraprocessuais.[28] O desejo de limitar a carga de trabalho tende a estimular a opção por posições que reduzam a necessidade de decidir casos futuros ou que permitam poupar tempo e esforço, reservando-os para os casos de maior saliência.

Um dos comportamentos mais usuais nesse sentido consiste em simplesmente *acompanhar o voto do relator*, já que abrir uma divergência, em geral, consome maior quantidade de tempo e esforço argumentativo. Uma investigação das ADIs definitivamente julgadas pelo STF entre janeiro de 1999 e dezembro de 2006 constatou que em 99% dos casos houve correspondência entre o voto do relator e a decisão final do Tribunal.[29] Ainda que outros fatores certamente tenham influenciado este resultado – *e.g.*, o elevado grau de determinação do direito em casos simples e repetitivos conjugado com o senso de dever profissional –, sem dúvida, o número obsceno de processos a serem julgados também contribuiu para criar um ambiente decisório desfavorável à abertura

---

empate em 5 a 5, houve um desentendimento entre os Ministros Marco Aurélio Mello e Ellen Gracie quando, após passadas mais de cinco horas de julgamento, a Ministra solicitou ao colega que resumisse seu raciocínio e que deixasse claro se defendia a suspensão do julgamento ou a conclusão do caso ainda naquele dia. Marco Aurélio não gostou da intervenção da Ministra e questionou ironicamente: "Vossa Excelência está na Presidência? Ministra, não me cobre uma posição. Se há alguém que se posiciona, e se posiciona com coerência, sou eu. Ou Vossa Excelência tem viagem marcada?" Ellen Gracie rebateu: "Poderia ser que tivesse. E o respeito pelo tempo alheio é uma cortesia que se impõe". Marco Aurélio Mello contemporizou: "Sim, reciprocamente". Quando a discussão parecia ter se encerrado, o Ministro Ayres Britto fez nova intervenção e, ao pedir concisão ao colega, ouviu de Marco Aurélio a seguinte resposta: "Não aceito fórceps". A réplica de Ayres Britto foi no mesmo tom: "Ninguém aqui é obstetra. Nós somos juízes" (CASTRO, 2010).

28. A preocupação com o volume de processos e com a racionalização dos trabalhos do Tribunal pode ser claramente identificada em manifestações do ex-ministro Moreira Alves que, por diversas vezes, optou por interpretações restritivas envolvendo a admissibilidade de ações de controle abstrato de constitucionalidade. Em artigo doutrinário, Alves (1982, p. 42) afirmou ser "o Supremo Tribunal Federal a Corte mais sobrecarregada deste país, não só pela complexidade das questões que lhe chegam para julgar, mas também pela massa material de encargos que lhe é atribuída."

29. OLIVEIRA (2012a, p. 109-110): "Eliminando as ADINs com decisão monocrática (585 ações) e inserindo o voto do relator como uma das variáveis preditivas, temos que sozinho o voto do relator dá conta de explicar a quase totalidade da variação no resultado da decisão. O voto do relator varia quase perfeitamente com a variável alvo – o coeficiente de correlação entre voto do relator e resultado final do mérito é de 0,987. Em apenas 6 das 692 ações julgadas no período considerado, o voto do relator foi diferente do resultado final da decisão, ou seja, em 99% dos casos o voto do relator é igual à decisão final da corte. E como o relator é o primeiro a votar, isso implica em que conhecer a direção desse voto é saber o resultado final em 99% das vezes."

de divergências que, em geral, exigem maior quantidade de tempo e esforço, artigos extremamente valiosos e escassos no Tribunal.[30] Se for considerado que a ADI, além de ser julgada pelo Plenário, é uma das espécies de ação que mais trata de temas de alta saliência política, social, econômica e midiática e que, portanto, tende a receber maior atenção por parte dos ministros, é razoável supor que em outras classes de ação o percentual de correspondência entre o voto do relator e o resultado final também seja extremamente elevado.

No que se refere à menor probabilidade de membros de órgãos judiciais com elevado volume de processos – como é o caso do STF – adotarem *comportamentos estratégicos em sentido estrito*, esta tendência deve ser esperada apenas em termos quantitativos, ou seja, em proporção ao total de casos julgados, já que a expressiva maioria destes tende a envolver temas de baixa saliência. Ademais, à medida em que aumenta o número de processos, tende a aumentar também o rigor na definição dos temas merecedores de receber maior atenção. Em questões de alta saliência pessoal, social ou midiática é provável que sejam investidos todo o tempo e esforço necessários para maximizar preferências (jurídicas e/ou políticas) e interesses. Um exemplo que parece revelar uma *atuação estratégica em sentido estrito* é o voto proferido pelo saudoso Ministro Menezes Direito no julgamento da ADI 3.510/DF, na qual se discutia a constitucionalidade da Lei 11.105/2005 ("Lei de Biossegurança") que autoriza pesquisas com células-tronco embrionárias e que havia sido aprovada por ampla maioria no Congresso Nacional. O Ministro, reconhecidamente ligado à Igreja Católica,[31] cuja posição era contrária à autorização de investigações científicas desta natureza,

---

30. Esta última hipótese também está entre as possíveis explicações apontadas por Oliveira (2012a, p. 111) para o alto percentual de correspondência: "O relator é escolhido aleatoriamente e não há padrão de maior ou menor sucesso do relator de acordo com tema, data, partes etc. Outra possível explicação, além da barganha e negociação de 'bastidores', seria a elevada carga de trabalho, o que faz com que os ministros adiram ao voto do relator com maior frequência."

31. STUDART (2007): "*Grãos-mestres da maçonaria, dirigentes do Rotary Club, bispos da Igreja Católica, todos se mobilizaram por Direito. O cardeal Eugênio Salles, ex-arcebispo do Rio, deixou seu retiro espiritual e, pessoalmente, comandou a cruzada por um de seus mais diletos discípulos.* Direito foi sabatinado no dia seguinte, em tempo recorde. Foi aprovado por 22 votos contra um em branco. Na sequência, seu nome foi aprovado pelo plenário por 61 votos contra dois. 'Tenho muito orgulho e honra da minha fé', disse Direito aos senadores. 'Mas o juiz tem que obedecer rigorosamente o que determinam as leis.' O católico que sempre vota contra o aborto, paradoxalmente, já votou no STJ favoravelmente pelo casamento entre homossexuais."

adotou a técnica da declaração parcial de nulidade sem redução de texto e fixou a interpretação de dispositivos da lei em um sentido que, embora não refletisse sua preferência política pessoal sobre o tema, em tese, tinha alguma chance de conquistar a adesão da maioria dos ministros da Corte e de não ser futuramente superado pelo Congresso.

Outro comportamento esperado em órgãos judiciais sobrecarregados de trabalho é a tendência a adotar procedimentos capazes de otimizar os julgamentos e interpretações mais restritivas em relação à sua competência ou a requisitos de admissibilidade de ações e recursos. No julgamento do MI 795-1/DF pelo STF, ao analisar questão de ordem na qual o Ministro Joaquim Barbosa alertava para a existência de dezenas de processos de mesma natureza, a maioria dos ministros decidiu autorizar o *julgamento monocrático* e *definitivo* de todos os mandados de injunção que tratassem de casos idênticos.[32] Na Rcl 1.073/SP, o receio de aumento do número de processos foi determinante para que o STF não admitisse o cabimento de reclamação contra decisão judicial contrária a decisão proferida em recurso extraordinário com repercussão geral, ainda que esta seja considerada vinculante para os demais órgãos do Judiciário. Durante os debates, o principal argumento utilizado por Ellen Gracie para convencer Luiz Fux a mudar sua posição inicial foi no sentido de que a admissibilidade de reclamaçao *per saltum* causaria um aumento significativo do número de processos a serem julgados pelo STF, contrariando o escopo da EC 45/2004 e da Lei 11.418/2006.[33]

Vale notar, no entanto, que nos casos de conflito de interesses entre a redução da carga de trabalho e a manutenção do poder do Tribunal, este parece ter um peso mais forte, como sugere o elevado número de casos nos quais o STF tem reconhecido a existência de Repercussão Geral (RG) para fins de admissibilidade de Recursos Extraordinários (RE). Com o objetivo de restringir a principal via de acesso ao Supremo,[34]

32. MI 795/DF, Rel. Min. Cármen Lúcia (Julgamento: 15.04.2009). A única manifestação contrária à solução proposta foi do Ministro Marco Aurélio que alegou não ser "possível simplesmente, no calor de um julgamento, assentar-se autorização linear aos Ministros para decidirem, não trazendo o processo ao Colegiado."

33. Rcl 1.073/SP, Rel. Min. Ellen Gracie (julgamento: 13.04.2011). Prevaleceu o entendimento de que cabe ao tribunal de origem revisar a decisão proferida, restando ao STF apenas uma atuação subsidiária quando o Tribunal *a quo* se negar a observar o *leading case* da repercussão geral.

34. MENDONÇA; BARROSO (2013): "De acordo com o relatório *Supremo em Números*, [...] 0,51% dos processos distribuídos ao STF envolvem sua atuação como Corte Constitucional; 7,80% como Corte Ordinária; e 91,69% como Corte recursal. Os dados revelam, nitidamente, que o congestionamento se encontra, sobretudo, na competência recursal

a EC 45/2004 passou a exigir este novo requisito de admissibilidade.[35] A verificação da existência de relevância social, política, econômica ou jurídica que transcenda os interesses subjetivos da causa,[36] sem dúvida, contém um considerável grau de discricionariedade. A julgar pelo número de casos em que foi admitida a sua existência – dos 1.103 casos em que foi suscitada, a RG foi reconhecida em 748, ou seja, em 67,81% dos casos –, a impressão que se tem é a de que os ministros não têm sido tão rigorosos quanto se poderia esperar em face do volume de processos aguardando o julgamento do Tribunal, sobretudo quando se constata que das matérias com RG reconhecida até 13 de agosto de 2020, apenas 490 haviam sido definitivamente julgadas.[37]

Em síntese, a elevada carga de trabalho a que estão submetidos os ministros do STF cria um contexto institucional altamente favorável à influência do relator, à observância e manutenção de precedentes e no qual a utilização de "comportamentos estratégicos em sentido estrito" tende a ficar limitada a um número reduzido de casos com maior saliência.

10.1.3. A forma de escolha do presidente do tribunal e do relator

As normas relacionadas à forma de escolha do presidente do tribunal, à duração de seu mandato e à designação do relator podem criar um ambiente institucional mais ou menos favorável a interferências de caráter pessoal no conteúdo das decisões. Ao presidente de um tribunal são atribuídas diversas competências potencialmente capazes de interferir nos rumos dos processos e até mesmo nos resultados dos julgamentos.[38] O relator, por sua vez, é o senhor do tempo do processo

---

da Corte, isto é, essencialmente nos recursos extraordinários (ou agravos de instrumento contra a denegação de seu seguimento)."

35. CRFB/88, Art. 102, § 3º. No recurso extraordinário o recorrente deverá demonstrar a repercussão geral das questões constitucionais discutidas no caso, nos termos da lei, a fim de que o Tribunal examine a admissão do recurso, somente podendo recusá-lo pela manifestação de dois terços de seus membros.

36. CPC, Art. 543-A, § 1º. Para efeito da repercussão geral, será considerada a existência, ou não, de questões relevantes do ponto de vista econômico, político, social ou jurídico, que ultrapassem os interesses subjetivos da causa.

37. Dados atualizados até 13/08/2020, disponíveis em http://www.stf.jus.br/portal/cms/verTexto.asp?servico=jurisprudenciaRepercussaoGeral&pagina=listas_rg .

38. MOREIRA (1994, p. 9): "Observe-se, *a latere*, que em alguns casos tão marcada é a ascendência do presidente sobre os outros membros do colegiado, que no funcionamento deste, e não menos que alhures no teor de suas deliberações, se torna fácil discernir

e quem mais exerce influência sobre o voto dos demais membros do colegiado.[39] Ademais, o poder de influenciar os rumos do direito é muito maior quando se elabora os fundamentos da decisão do que quando apenas se concorda com o seu conteúdo.[40]

Tendo em conta a potencial influência exercida por esses dois atores, o tipo de critério adotado para a escolha se mostra especialmente relevante para a análise da atuação de qualquer tribunal. A adoção de critérios essencialmente subjetivos e discricionários favorece escolhas baseadas em preferências, interesses e expectativas de caráter pessoal e, por conseguinte, tornam o ambiente decisório mais propício à interferência de fatores extrajurídicos e à utilização de comportamentos estratégicos.

Com base em tais considerações, pode ser formulado o seguinte enunciado probabilístico:

- ***Enunciado dos fatores institucionais (5):*** *Quanto maior a subjetividade do critério adotado para a escolha do presidente ou para a designação do relator, maior a probabilidade de comportamentos judiciais influenciados por fatores extrajurídicos e/ou baseados em considerações estratégicas.*

---

traços típicos, por assim dizer, da personalidade daquele. Quando uma presidência desse calibre dura o bastante, o órgão tende a revestir-se, como um todo, de características diversas das que provavelmente apresentaria sob outra liderança: adotará, p. ex., orientação mais progressista ou mais conservadora em questões de índole política ou social. Basta lembrar, *v.g.*,o que foi a Corte Suprema norte-americana sob a presidência de Earl Warren."

39. FRIEDMAN (2005, p. 291-292): "Trabalhos empíricos sugerem que o destinatário do voto inicial, muitas vezes acaba redigindo o voto da Corte, e que a maioria dos membros da coalizão majoritária adere a ele sem pedir qualquer mudança, fazendo com que a atribuição inicial seja extremamente importante para a direção que o direito irá tomar."

40. MOREIRA (1994, p. 9-10): "A importância do voto do relator varia em função de inúmeros fatores, além do mais óbvio, que é a solidez ou a fragilidade de sua fundamentação. Há relatores que gozam de maior confiança do que outros; isso sem dúvida se reflete na probabilidade de que o voto respectivo venha a ser acompanhado pelos demais julgadores, sobretudo- mas não exclusivamente!- se se trata de juízes desatentos, inseguros ou momentaneamente impossibilitados, por esta ou aquela circunstância, de formar convicção pessoal a respeito do problema em foco. [...] Até as relações afetivas entre cada um dos outros votantes e o relator podem assumir aqui relevo considerável. Juiz ligado ao relator por laços de amizade muito fortes talvez hesite em discordar de voto em que ele tenha posto grande ênfase, mormente se se cuida de questão de particular relevância, acerca da qual o relator tem posição firme e escassa tolerância para com opiniões diferentes. A hesitação aumentará caso o votante já haja divergido do relator noutro julgamento da mesma sessão: *a fortiori*,no julgamento imediatamente anterior."

10.1.3.1. Os procedimentos adotados na Suprema Corte dos EUA

O presidente da Suprema Corte estadunidense é indicado pelo Presidente da República e permanece na função em caráter vitalício, até o momento da aposentadoria ou do óbito. Ao permanecer por um longo período no exercício da função, o *Chief Justice*[41] tem a possibilidade de imprimir sua "marca registrada" na jurisprudência da Corte. A influência tende a ser de tal monta que a história da Suprema Corte dos EUA costuma ser contada em períodos correspondentes ao mandato de seus presidentes.[42]

No tocante à escolha do relator, a atribuição de elaborar o voto (*opinion*) da maioria depende da posição adotada pelo *Chief Justice*. Quando este adota a posição majoritária, cabe-lhe indicar o relator ou, se preferir, autoatribuir-se a elaboração do voto. Quando adota uma posição minoritária, a elaboração do voto é atribuída pelo membro mais antigo (*senior justice*) da coalizão majoritária.[43] Estas regras de designação do relator conferem ao presidente da Corte significativa capacidade de aproximar o direito de suas preferências pessoais, permitindo-lhe atuar estrategicamente, a partir de suas expectativas em relação ao voto dos demais membros, para alcançar seus objetivos. Ele pode optar por fazer parte da coalizão majoritária com o intuito de atribuir a elaboração do voto (*opinion assignment*) a algum membro com maior afinidade ideológica ou mesmo atribuí-la a si próprio,

41. A Suprema Corte dos EUA é formada por nove ministros, sendo o seu Presidente denominado de *Chief Justice* e os demais de *Associate Justices*.

42. Desde sua criação até os dias atuais, os estudos sobre a Suprema Corte dos EUA costumam ser divididos em dez períodos: I) *The Jay, Rutledge, and Ellsworth Courts* (1789-1801); II) *The Marshall Court* (1801-1835); III) *The Taney Court* (1836-1864); IV) *The Chase, Waite, and Fuller Courts* (1864-1910); V) *The White and Taft Courts* (1910-1930); VI) *The Hughes, Stone, and Vinson Courts* (1930-1953); VII) *The Warren Court* (1953-1969); VIII) *The Burger Court* (1969–1986); IX) *The Rehnquist Court* (1986–2005); X) *The Roberts Court* (2005–).

43. EPSTEIN; KNIGHT (1998, p. 128): "Dos pontos de vista teóricos e empíricos, então, a instituição que rege atribuição de opinião garante que o poder resida quase exclusivamente no Chief Justice e no colaborador sênior. A partir desta informação, os justices mais novos podem fazer a seguinte inferência: se desejarem influenciar o processo de tomada de decisão, eles devem considerar outros mecanismos que não o poder de atribuir opiniões. Talvez por isso alguns estudiosos tenham observado que membros mais novos no Tribunal tendem a alinhar 'as suas preferências políticas com o centro de gravidade ideológico do Tribunal. Ao fazer isso, eles podem compensar sua incapacidade de atribuir opiniões com o poder de servir como pivôs."

dependendo da relevância do tema, de modo a evitar que a decisão da Corte se afaste demasiadamente do ponto que considera ideal.

As normas internas de atribuição da elaboração do voto na Suprema Corte dos EUA criam, portanto, um ambiente decisório favorável ao comportamento estratégico do *Chief Justice* que deseja aproximar o resultado decisório final de suas preferências pessoais. Não são poucos os estudos cujos dados empíricos sugerem que, com frequência, o presidente da Corte se baseia em considerações estratégicas para atribuir a elaboração do voto majoritário.[44] Tendo em conta a importância da fundamentação (*opinion*), não é de se estranhar que seja assim, principalmente, quando se trata de juízes politicamente orientados. As fundamentações contêm normas (*holding*) que servem como referência para comportamentos futuros e que, por isso, transcendem o caso concreto. Ao tentar moldar as normas potencialmente capazes de afetar as futuras relações sociais, econômicas e políticas, por vezes, os *justices* utilizam uma "mistura de apelos, ameaças e ofertas de compromisso" (MURPHY 1964, p. 42) para incentivar o autor do voto a formular normas capazes de refletir suas preferências políticas (MALTZMAN; SPRIGGS II; WAHLBECK, 1999, p. 55).

---

44. MALTZMAN; SPRIGGS II; WAHLBECK (1999, p. 54): "Por exemplo, Slotnick (1978,1979), Oavis (1990), Brenner (1982), e Maltzman e Wahlbeck (1995, 1996a) supõem que o *Chief Justice* tem maior probabilidade de atribuir casos importantes para si mesmo, uma vez que ao fazê-lo, aumenta a probabilidade de que o voto final seja de acordo com suas preferências políticas. Outros estudiosos sugerem que o *Chief Justice* estrategicamente atribui a fundamentação dos votos, especialmente em casos com maioria mínima, para *crossovers* ideológicos que não podem escrever uma fundamentação que reflita perfeitamente as suas opiniões políticas (Maltzman e Wahlbeck 1995, 1996a; Oanelski 1960; McLauchlan 1972; Murphy 1964; Rohde 1972c; Rohde e Spaeth 1976; Ulmer 1970b, mas ver Brenner 1982; Brenner e Spaeth 1988; Rathjen 1974). Embora alguns estudiosos especulem que tal atribuição pode decorrer de uma tentativa de preservar uma maioria frágil e o resultado preferido pelo Presidente da Corte (Murphy 1964, Rohde 1972c; Rohde e Spaeth 1976; Oavis 1990; Maltzman e Wahlbeck 1995,1996 a), outros afirmam que ele atribui por razões diferentes, mas ainda assim estratégicas. Por exemplo, McLauchlan (1972) argumenta que o caso é atribuído para o *justice* central por causa do objetivo do *Chief* de longo prazo de promover a harmonia na Corte; Brenner, Hagle, e Spaeth (1990) argumentam que o *Chief Justice* tem maior probabilidade de atribuir fundamentações altamente contestadas ao *justice* central para evitar o colapso da coalizão majoritária original e, portanto, a necessidade de transferir a opinião majoritária."

10.1.3.2. Os procedimentos adotados no STF

As normas que regem a escolha do presidente do STF e do relator nos processos de sua competência são substancialmente distintas das adotadas na Suprema Corte estadunidense.

O presidente do STF é escolhido por seus pares para exercer um mandato de apenas dois anos, sem possibilidade de recondução imediata. De acordo com a tradição observada na Corte, a votação é apenas simbólica, sendo realizado um rodízio interno no qual se escolhe o membro mais antigo dentre aqueles que ainda não exerceram a função até que a escolha recaia novamente no decano do Tribunal e assim sucessivamente. Esta sistemática de escolha automática por períodos curtos, embora sujeita a incovenientes de natureza administrativa e gerencial, tem a vantagem de impedir uma personificação exagerada do órgão judicial.

Isso não significa, no entanto, que o presidente seja incapaz de exercer uma influência significativa durante o período de seu mandato.[45] O Ministro Gilmar Mendes, por exemplo, quando de sua passagem pela Presidência do Tribunal promoveu de forma decisiva a expansão institucional do STF e a verticalização da jurisdição constitucional, aproximando a jurisprudência do Tribunal de suas *preferências formais* (ou *preferências de segunda ordem*). Dentre as medidas exitosas empreendidas nesta direção, pode ser destacada a publicação de 28 dos 58 enunciados de súmula com efeito vinculante editados até 2020. Vale dizer: em um período mais de dez anos de existência das "Súmulas Vinculantes", quase a metade foi publicada no biênio em que Gilmar Mendes foi presidente do STF (de 23/04/2008 a 22/04/2010) e, em grande medida, por força de sua influência.

---

45. MOREIRA (1994, p. 9): "[...] há maneiras menos formalizadas e mais sutis pelas quais se mostra possível à presidência influir na sorte de um processo. Se está a exercê-la, *v.g.*, juiz de autoridade intelectual incomum, que a respeito do assunto em foco tem posição doutrinária bem conhecida, não é acadêmica a hipótese de que um (ou mais de um) votante sinta constrangimento em pronunciar-se no sentido contrário. Esse tipo de influência naturalmente comporta variadíssimos graus de intensidade, dependente, entre outras coisas, da atitude do presidente mesmo durante a deliberação: concebe-se, com efeito, que ele tome a liberdade de manifestar, direta ou indiretamente, por expressões fisionômicas, quando não por palavras, aprovação ou desaprovação; ou, ao contrário, que mantenha total impassibilidade. Certo é, porém, que às vezes sua influência se torna sensível ainda que ele nenhum esforço, ao menos consciente e voluntário, faça para exercê-la."

No Supremo, a distribuição dos processos é feita por sorteio ou prevenção, através de um sistema automático e aleatório.[46] A designação do relator ocorre, portanto, com base em critérios objetivos, dotados de maior transparência e insusceptíveis à influência pessoal do presidente do Tribunal. E é bom que seja assim, pois a capacidade de influência do relator sobre as decisões finais proferidas pelo STF é extremamente elevada, como visto anteriormente. Além de ter o poder de antecipar ou adiar o momento em que o processo será pautado, é o relator quem primeiro se manifesta durante o julgamento e quem, em regra, analisa o processo de forma mais pormenorizada, aspectos que lhe conferem uma posição privilegiada para influenciar o comportamento dos demais colegas.

Em termos comparativos, pode-se dizer que os critérios adotados no STF são bem mais objetivos que os da Suprema Corte dos EUA, o que reduz consideravelmente o grau de influência pessoal de determinados atores.

10.1.4. A ordem de votação

A ordem de votação pode ampliar ou reduzir a capacidade de influência exercida por determinados membros do colegiado sobre os demais colegas, bem como a eficácia de comportamentos estratégicos intracorte. Se, por um lado, os que votam primeiro têm maior capacidade de influenciar os votos dos demais membros;[47] por outro, os que votam por último possuem maiores informações sobre as preferências

---

46. RISTF, Art. 66. A distribuição será feita por sorteio ou prevenção, mediante sistema informatizado, acionado automaticamente, em cada classe de processo. § 1º O sistema informatizado de distribuição automática e aleatória de processos é público, e seus dados são acessíveis aos interessados.

47. MOREIRA (1994, p. 8): "É fora de dúvida que os primeiros votos proferidos – independentemente, em certa medida, da solidez dos argumentos em que se apoiem – costumam exercer maior influência sobre o sentido da deliberação do que os proferidos mais para o fim. Isso se acentua notavelmente quando a marcha da votação desde logo revela tendência nítida ao prevalecimento de qualquer das teses em jogo; mais ainda, quando se atinge determinada altura sem divergência alguma. Não poucos juízes inclinam-se de hábito a aderir à corrente predominante, e são em número ainda maior os que hesitam em adotar posição totalmente isolada. Variadíssimas as razões: timidez; insegurança; comodismo; desejo de não retardar o desfecho do julgamento; convicção sincera de que, na dúvida, o melhor é ficar com a maioria, cujo entendimento se presume digno de confiança; sentimento da inutilidade prática da discordância; escassa disposição para redigir voto vencido, por estar o votante sobrecarregado de trabalho, ou por motivo menos sério... Alguém que, noutras circunstâncias, provavelmente votaria em certo

dos colegas e, portanto, estão em uma posição mais favorável para adotar determinados comportamentos estratégicos.[48]

Um dos principais motivos do maior potencial de influência dos que votam primeiro é a assimetria entre a formulação e a avaliação de argumentos. A *formulação de argumentos* envolve um viés intrínseco a favor das opiniões ou decisões do argumentador, independentemente de serem consistentes ou não. Segundo Kahneman (2012, p. 60), quando se acredita que uma conclusão é verdadeira, também há maior propensão em acreditar nos argumentos que parecem sustentá-la, mesmo que estes não sejam confiáveis. Estudos empíricos demonstram que o raciocínio fica mais tendencioso quando as pessoas buscam razões para justificar determinadas respostas ou opiniões pessoais já declaradas.[49] A partir do momento que o argumentador emite sua opinião, aumenta a pressão para justificá-la ao invés de se afastar dela. Em contextos envolvendo a formulação de argumentos e caracterizados pela presença do "viés de confirmação", na tentativa de convencer os demais interlocutores, o argumentador tende a procurar evidências que confirmem sua própria afirmação e a ignorar aquelas que a negam, salvo quando já as tenha antecipado com o objetivo de refutá-las.

Na *avaliação de argumentos* se busca primordialmente diferenciar os bons argumentos dos ruins e, assim, distinguir a informação verdadeira da desinformação. Neste procedimento, os argumentos são analisados com maior neutralidade, sendo também maior a abertura às diferentes razões apresentadas, o que enfraquece a tendência de confirmação das opiniões pessoais do avaliador. Não obstante, um fenômeno que tem sido amplamente constatado tanto na formulação, como avaliação de argumentos é a "polarização da atitude" ("*attitude polarization*"). Em certos casos, a avaliação de um argumento é tendenciosa no ponto em que tem um efeito oposto ao pretendido pelo

---

sentido talvez prefira acompanhar os diversos pronunciamentos já emitidos em sentido contrário, se parece selada, em virtude deles, a sorte do processo."

48. BRENNER; WHITMEYER (2009, p. 55): "Quanto mais tarde um determinado *justice* vota na conferência, mais facilmente ele pode proferir um voto majoritário insincero. Um *justice* que vota por último sempre saberá qual lado vai ganhar na conferência de votação, ao passo que um *justice* que vota primeiro, segundo, terceiro, ou quarto nunca saberá, embora ele possa ser capaz de prever com base em outras informações obtidas a partir do comportamento de votação no passado dos demais ministros da Corte."

49. Mercier e Sperber (2011, p. 66-67) observam, ainda, que quando os participantes de um experimento apenas pensam em uma resposta para uma dada questão, mesmo sem manifestá-la, espontaneamente eles são tentados a formular razões que fundamentem essa resposta.

argumentador. Por isso, explicam Mercier e Sperber (2011, p. 67), "na leitura de um argumento com uma conclusão contra-atitudinal (aquela que vai contra suas próprias crenças ou preferências), os interlocutores podem encontrar muitas falhas e contra-argumentos que, de fato, reforcem sua atitude inicialmente adversa.". É interessante destacar que, no domínio da política, a "polarização da atitude" tem sido constatada com maior frequência nos participantes mais bem informados, haja vista que quanto maior o conhecimento, maior a possibilidade de serem encontrados mais contra-argumentos e, portanto, de tornar as avaliações ainda mais tendenciosas. A assimetria entre a avaliação e a formulação de argumentos, por vezes, é obscurecida em uma situação de debate, pois quando as pessoas têm uma opinião a defender, em vez de avaliar os argumentos de interlocutores com o intuito de buscar a informação verdadeira, estes são considerados, desde o início, como contra-argumentos a serem rebatidos (MERCIER; SPERBER, 2011, p. 72).

Um interessante experimento sobre o uso do "raciocínio motivado" selecionou participantes favoráveis e contrários à pena de morte, solicitando-lhes que avaliassem a eficiência desta espécie de penalidade. Foram entregues aos participantes dois estudos com conclusões diferentes: enquanto um parecia mostrar que a pena de morte teve um significativo efeito preventivo, o outro apresentava o resultado oposto. Embora as metodologias utilizadas nos dois estudos fossem quase idênticas, os estudos que apresentavam uma conclusão contrária à opinião dos participantes foram avaliados como tendo sido conduzidos de forma menos eficiente. Isso ocorreu porque os participantes não utilizaram o raciocínio para avaliar os estudos objetivamente, mas para confirmar seus pontos de vista iniciais, encontrando pontos fortes ou fracos de acordo com a conclusão favorável ou contrária às suas opiniões anteriores.

Outro exemplo ilustrativo deste fenômeno, conhecido como "assimilação tendenciosa" ("*biased assimilation*") ou "avaliação tendenciosa" ("*biased evaluation*"),[50] pode ser encontrado em um experimento no qual foram apresentados quatro argumentos: dois favoráveis às opiniões

50. MERCIER; SPERBER (2011, p. 66-67): "Esta segunda qualificação ["*avaliação tendenciosa*"] é um pouco enganosa. Neste experimento – e nos vários experimentos correspondentes que se lhe seguiram – os participantes são, de fato, convidados para avaliar um argumento. Contudo, o que eles fazem é principalmente *formular* argumentos para apoiar ou refutar o argumento que eles estão avaliando, dependendo se concordam ou não com sua conclusão. Os participantes não estão tentando formar uma opinião: eles já

do participante e dois contrários, sendo que, em cada um dos lados, um dos argumentos era bastante plausível e o outro era quase inadmissível de tão absurdo. O estudo constatou uma nítida tendência no sentido de as pessoas lembrarem mais dos argumentos plausíveis que corroboravam seus pontos de vista e dos argumentos implausíveis que os contrariavam, o que revela uma tentativa de provar a correção da opinião adotada e a inconsistência da posição alternativa (WRIGHT, 1996, p. 242).

A partir dessas considerações é possível formular, quanto à ordem de votação dos membros de um tribunal, o seguinte enunciado probabilístico:

- ***Enunciado dos fatores institucionais (6):*** *Quanto antes uma opinião é manifestada, maior a probabilidade de influenciar os demais membros do colegiado.*

Na Suprema Corte dos EUA, durante um longo período, a votação foi dividida em dois estágios distintos. Inicialmente, o caso era debatido e os argumentos eram expostos em ordem de antiguidade, iniciando-se com a manifestação de seu presidente. Após os debates, a votação ocorria na ordem inversa, com o *Chief Justice* sendo o último a votar. Este procedimento lhe conferia a perspectiva ideal para no primeiro estágio dos debates tentar persuadir argumentativamente os demais membros e no segundo estágio da votação atuar estrategicamente, juntando-se à maioria a fim de designar o relator do voto majoritário.[51] No final da década de 1960, este procedimento foi alterado e os dois estágios reunidos em apenas um, no qual os *justices* discutem o caso e apresentam seus votos de acordo com a ordem de antiguidade. O presidente da Corte argumenta e vota antes de todos os demais, seguido pelo voto dos ministros mais antigos (*senior justices*).[52]

têm uma. Seu objetivo é argumentativo e não epistêmico, e termina por ser perseguido em detrimento da solidez epistêmica."

51. Embora a apresentação do voto no final, em tese, favoreça a adoção de um comportamento estratégico (em sentido estrito) mais eficaz, Brenner e Whitmeyer (2009, p. 56-57) mencionam um estudo produzido no âmbito da Suprema Corte estadunidense no qual não foi encontrada qualquer evidência de que a ordem de votação interfere no tipo de comportamento (sincero ou estratégico) dos ministros, ou seja, de que os *justices* que votam no final do processo teriam maior probabilidade de adotar um comportamento estratégico do que os que votaram anteriormente.
52. BRENNER; WHITMEYER (2009, p. 54): "O *Chief Justice* Warren Burger, que chegou à Corte em 1969, ficou amarrado com o novo procedimento. No entanto, ele quis

No Supremo Tribunal Federal, a votação plenária se inicia com o voto do ministro relator, desenvolve-se em ordem crescente de antiguidade e se encerra com o voto do presidente do Tribunal. Esta ordem de votação, no sentido inverso ao da Suprema Corte estadunidense, tende a favorecer a influência do relator e dos ministros mais novos (em termos de posse) no Tribunal. Se, por um lado, a ordem crescente de antiguidade tem a vantagem de criar um ambiente decisório mais aberto à influência de novas ideias e concepções, o que pode contribuir para o aprimoramento da jurisprudência do Tribunal; por outro, acaba desfavorecendo a influência de argumentos baseados na maior experiência intracorte do juiz. Nesse sentido, os ministros mais antigos e o presidente do STF, encontram-se em uma posição que teoricamente favorece a atuação estratégica intracorte, mas que reduz a capacidade de influência sobre os demais membros do Tribunal. Para terem maior probabilidade de influenciar os demais, precisarão antecipar o voto ou fazer algum tipo de intervenção durante os debates ocorridos nas votações, haja vista a maior dificuldade de convencer um ministro que já tenha exposto seus votos publicamente a mudar de posição durante o julgamento.

10.1.5. A forma de deliberação interna

No âmbito do Poder Judiciário, a lógica subjacente às decisões colegiadas na fase recursal é simples: a deliberação em conjunto tende a aumentar a probabilidade de se chegar a uma decisão mais correta. Ou seja: em tese, decisões em grupo reduzem as chances de reversão de uma decisão correta ou de confirmação de uma decisão equivocada (MARTINEK, 2010, p. 73).

---

atribuir a opinião da maioria com mais frequência e estava sobrecarregado com a votação em primeiro lugar. Para resolver este problema, *Chief Justice* Burger, às vezes, 'passava' o seu voto inicial na conferência e votava com a maioria depois de todos os outros ministros haverem votado. Presumivelmente, alguns dos votos de Burger nas conferências eram insinceros (i.e., contrários à sua posição ideológica ou legal) e foram proferidos para manter a atribuição do relatório e, assim, dar a Burger algum controle sobre o conteúdo da opinião da maioria (...). A melhor maneira de obter algum controle era Burger se autoatribuir a opinião da maioria ou atribuí-la a um aliado ideológico. Em que medida Burger foi capaz de obter a opinião da maioria como ele desejava com este método é incerto. O que é certo é que a ampla 'passagem' de Burger não era apreciada pelos seus colegas e manchou sua reputação. Em suma, o seu comportamento foi provavelmente percebido como ilegítimo pelos demais *justices*." (citação omitida).

De um modo geral, a abordagem dialógica conjunta é capaz de produzir melhores resultados do que a análise realizada de forma individual. Quando determinado problema é resolvido em grupo, a busca por argumentos de apoio a uma solução tende a ser mais eficiente do que nos casos em que cada indivíduo tem de examinar, por si só, todas as soluções possíveis.[53] Para que isso possa ocorrer, os debates são essenciais. O sucesso do raciocínio em grupo pode ser atribuído, sobretudo, à filtragem realizada a partir da avaliação de uma variedade de soluções. Ao considerar diferentes alternativas em conjunto, o indivíduo adquire uma capacidade maior de se distanciar da própria opinião e de tomar decisões mais objetivas. O melhor desempenho do grupo, quando comparado ao de seu melhor membro individual, é denominado "efeito do bônus da assembleia" ("*assembly bonus effect*").

Experimentos constataram que, quando os participantes compartilham o interesse em descobrir a resposta correta, a "verdade triunfa". Quando um participante do grupo compreende o problema apresentado, ele se torna capaz de convencer o restante de que sua solução está correta. Se o resultado obtido a partir de tarefas que têm soluções demonstravelmente válidas for generalizado para problemas em que esta demonstração não é possível, pode-se razoavelmente esperar que os bons argumentos prevaleçam, ainda que isso não assegure que a verdade necessariamente vencerá (MERCIER; SPERBER, 2011, p. 62-63).

No âmbito dos tribunais, podem ser diferenciados dois modelos básicos de deliberação intracorte. No *modelo agregativo*, as decisões colegiadas são essencialmente resultantes da soma dos pontos de vista individuais de cada membro. Por serem os votos elaborados antes da sessão plenária, há uma tendência de que nos debates cada juiz confira maior peso aos pontos de vista que corroboram suas opiniões prévias em detrimento dos que lhes são contrários. A formulação dos votos individuais antes de ocorridas as trocas de impressões e de argumentos sobre o caso reduz a permeabilidade à influência de argumentos contendo razões contrárias. A partir do momento em que o juiz formula e declara a sua opinião, aumenta a pressão para justificar os seus pontos de vista ("fenômeno de reforço") e para não se afastar deles, o que tende a tornar a análise dos demais argumentos

53. SCHWARTSMAN (2011, p. C5): "Trabalhos mostram que, quando submetidas a situações nas quais é preciso chegar a uma resposta correta (testes matemáticos ou conceituais), pessoas atuando sozinhas se saem mal, acertando em torno de 10% das respostas (...). Quando têm de solucionar os mesmos problemas em grupo, o índice de acerto vai para 80%." (citação omitida).

mais enviesada, menos neutra. Como já mencionado, a probabilidade de influenciar um membro cujo voto tenha sido elaborado antes da votação do colegiado tende a ser significativamente menor que em modelos nos quais a deliberação do colegiado é anterior à formulação dos argumentos, sobretudo, em se tratando de questões que não são relacionadas a concepções cognitivas já arraigadas.

O *modelo deliberativo* se caracteriza pela discussão conjunta, entre os membros do colegiado, dos pontos de vista individuais antes da elaboração da decisão do tribunal. O debate entre os membros possibilita que argumentos favoráveis e contrários a determinadas escolhas sejam analisados e considerados com maior neutralidade, o que, em tese, favorece a descoberta de melhores respostas. A interação entre os juízes possibilita a consideração recíproca de pontos de vista diversos, o que, em determinados contextos, pode fornecer relevantes informações para a tomada de decisão e para a produção de melhores resultados.[54] A concretização do ganho obtido com as decisões coletivas depende, no entanto, de uma deliberação genuína entre os membros do tribunal, o que, por sua vez, exige "disposição para duvidar de suas convicções iniciais, vontade de minimizar o desacordo e o reconhecimento da importância de uma opinião institucional coesa, fundada em razões claras." (MENDES, 2010, p. A3).

Quanto à forma de deliberação do colegiado, é possível formular o seguinte enunciado probabilístico:

- ***Enunciado dos fatores institucionais (7):*** *Quanto mais ampla e sincera a deliberação intracorte, maior a probabilidade de se alcançar melhores resultados.*

10.1.5.1. O modelo deliberativo da Suprema Corte dos EUA

A Suprema Corte, inicialmente, havia adotado um modelo agregativo denominado de "*seriatim*", no qual cada *justice* elaborava o seu próprio voto ao decidir sobre determinado tema. Após se tornar *Chief Justice* (1801), John Marshall conseguiu convencer os demais juízes a substituir os votos individuais pelos "votos da Corte" ("*opinions of the*

54. FRIEDMAN (2005, p. 284): "Nos modelos deliberativos, os juízes devem interagir de maneira a que cada um considere os pontos de vista do outro, produzindo-se, dessa forma, melhores decisões."

Court"), uma prática mais cooperativa na qual a decisão é o produto de um trabalho coletivo: quando o juiz concorda com o resultado e com as razões da decisão, simplesmente se junta à maioria (*join to the majority opinion*); quando concorda com o resultado, mas por razões diversas, pode elaborar um voto concorrente (*concurring opinion*); e, quando discorda do resultado, elabora um voto divergente (*dissenting opinion*). Este modelo permite extrair a *fundamentação da Corte* e não apenas de cada um de seus membros individualmente considerados.[55]

Os *justices* se comunicam regularmente fazendo sugestões, circulando o esboço de seus votos para obterem concessões do escritor do voto majoritário, respondendo às propostas deste, enviando sugestões para a alteração da linguagem utilizada na decisão e se dispondo a aderir ao voto caso as modificações sugeridas sejam feitas.[56] Os adeptos do modelo estratégico sustentam que os responsáveis pela elaboração do voto majoritário *frequentemente* alteram a fundamentação em resposta a essas estratégias de negociação.[57] Em sentido diverso, Friedman (2005,

55. GILLMAN (1999, p. 75): "Com relação à dinâmica intrajudicial, deve ser considerado que a nossa imagem de *justices* que insistem em ter os seus pontos de vista idiossincrático representados em quase todos os casos, tanto extraindo concessões de redatores da fundamentação da maioria, como redigindo fundamentações distintas concorrentes ou divergentes, é relativamente recente. A negociação entre os juízes era praticamente desnecessária antes da época de John Marshall, quando a prática era formular fundamentações sucessivamente [*seriatim*], em vez de uma fundamentação da Corte."

56. EPSTEIN; KNIGHT (1998, p. 113): "Uma vez finalizado o debate e conhecendo os ministros as preferências preliminares de seus colegas, eles iniciam o processo para chegar a uma resolução coletiva do caso. Este processo também é estruturado pelas normas da Corte. Um dos ministros tem que assumir a responsabilidade inicial para elaborar uma decisão na tentativa de conciliar as várias posições individuais. Uma norma fornece um método para a seleção deste ministro: o primeiro esboço é atribuído a alguém que tem a preferência da maioria dos ministros sobre o tema da disposição específica do caso. Se o *Chief Justice* está na maioria, ele atribui o caso; se ele não está na maioria, o *justice* sênior da maioria faz a atribuição."

57. MALTZMAN; SPRIGGS II; WAHLBECK (1999, p. 56-57): "Recentemente, nós (Wahlbeck, Maltzman e Spriggs 1996) tentamos testar sistematicamente um modelo estratégico do processo de formação da coalizão. Formulamos a hipótese e demonstramos empiricamente que o tempo que leva para um *justice* se juntar à maioria não depende apenas de suas preferências políticas. Tais escolhas também dependem de fatores estratégicos, tais como se o autor da fundamentação [*opinion*] majoritária já tem votos suficientes para vencer – um achado consistente com o argumento de que o poder de barganha de um indivíduo diminui à medida que se forma a coalizão vencedora (...) – e as táticas de negociação simultâneas com outros *justices*, como a circulação de sugestões ou opiniões convergentes. [...] Em particular, mostramos que, mesmo após o controle de preferências e outros fatores que podem influenciar a disposição dos *justices* para se juntar à

p. 285-286) afirma que, embora *eventualmente* ocorram alterações de voto entre a conferência inicial de votação e o resultado do caso, esta não é uma prática frequente. Segundo este autor, os estudos empíricos demonstram que, muitas das vezes, os *justices* simplesmente juntam seus votos da forma como foram redigidos e que isso ocorre com maior rapidez com aliados ideológicos.

10.1.5.2. O modelo agregativo do STF

O Supremo Tribunal Federal adota um modelo agregativo no qual os ministros se reúnem em sessão plenária com seus votos previamente elaborados. Este sistema dificulta a identificação das razões coletivas do Tribunal, já que as decisões costumam expressar as razões individuais dos ministros, comparados a "onze ilhas", por Conrado Hübner Mendes.[58] Barroso (2011) pondera, no entanto, que mesmo em um modelo agregativo como o do Supremo as decisões do colegiado não podem ser vistas como a mera soma de vontades individuais, seja por existirem casos de ministros que, ao verem seu ponto de vista derrotado, se curvam à posição da maioria;[59] seja por haver casos nos quais os ministros buscam

---

fundamentação da maioria, os *justices* se juntam às fundamentações majoritárias mais rapidamente se o autor tiver colaborado com eles no passado. Como eles são atores políticos envolvidos em um jogo repetido com seus correligionários, este resultado não é surpreendente (...). Em um artigo separado (Wahlbeck, Spriggs e Maltzman 1997), demonstramos, ainda, que quanto mais cooperativo o autor da opinião tenha sido com o *justice* no passado, menor a probabilidade de que o *justice* agora venha a concorrer ou discordar." (citação omitida).

58. MENDES (2010, p. A3): "Praticantes da deliberação escutam tanto quanto falam e não se importam em ser persuadidos. Formam um time que joga em conjunto, sem estrelismos individuais. São colegas, não adversários. Cooperam, não competem. Respeitam o direito ao voto vencido e concorrente, justificáveis se produtos do desacordo autêntico, não de vaidade ou preciosismo. [...] O aperfeiçoamento da deliberação colegiada do STF contribuiria para a qualidade do debate público. E o Supremo se apresentaria não somente como autoridade que toma decisões a serem obedecidas, mas também como fórum que oferece razões a serem debatidas. Criaria uma oportunidade de reforçar sua legitimidade."

59. Neste sentido, por exemplo, o voto do Ministro Carlos Velloso: "Quando do julgamento do RE l57.386-DF, nesta Turma, deixei claro o meu pensamento a respeito do tema. Não devo afrontar o decidido pelo Plenário, não obstante convencido do acerto do meu entendimento a respeito dos temas – IJRP/88 e URP/89. Ressalvo, por isso, o meu entendimento pessoal. Não estou convencido, ainda hoje, do desacerto do entendimento que sustentei, no Plenário, no RE l46.749-DF (IJRP/1988) e na ADIN 694-DF (URP/1989). Ajusto-me, entretanto, ao decidido nos citados RE l46.749-DF e ADIN 694-DF, com ressalva do meu entendimento pessoal a respeito do tema." (ADI 721/MG, Rel. Min.

produzir um resultado consensual, fazendo concessões em relação às suas convicções pessoais.[60] No mesmo sentido, Fabiana Luci Oliveira (2006, p. 154-164) afirma ser "comum a retificação de votos em razão da argumentação de outros ministros" e que isso, além de demonstrar certa flexibilidade por parte dos julgadores, comprova o peso da influência exercida pela instituição e pelo senso de dever profissional sobre a decisão dos ministros. À guisa de ilustração, Oliveira cita as mudanças de votos ocorridas durante o julgamento da ADIs 1.097/PE[61] e 512/PB[62].

Carlos Velloso, julgamento: 24.03.1996). Da mesma forma, manifestou-se o Ministro Sepúlveda Pertence, ao afirmar em seu voto: "vencido – e posto que não convencido – rendi-me à orientação da sólida maioria." (ADI 718/MA, Rel. Min. Sepúlveda Pertence, julgamento: 05.11.1998).

60. BARROSO (2011): "Alinhamentos internos, em função da liderança intelectual ou pessoal de um Ministro, podem afetar posições. Por vezes, até mesmo um desentendimento pessoal poderá produzir impacto sobre a votação. Ainda quando possa ocorrer em qualquer tribunal do mundo, seria menos aceitável, eticamente, a troca de apoios em casos diversos: um Ministro acompanhando o outro em determinada votação, em troca de reciprocidade – em típica apropriação da linguagem político-partidária."

61. ADI 1.097/PE, Rel. Min. Ilmar Galvão (Julgamento: 14.03.1996): "O SENHOR MINISTRO MOREIRA ALVES: Sr. Presidente, creio que, em casos como este, a solução será a de não se conhecer da ação, para não nos tomarmos legisladores positivos. O SENHOR MINISTRO ILMAR GALVÃO: Nós não estamos restringindo a competência da Assembléia Legislativa? O SENHOR MINISTRO MOREIRA ALVES: Não. Apenas não conhecemos por impossibilidade jurídica. Poderá ser proposta outra ação que nos permita uma apreciação integral, pois, caso contrário, o que se pretende é que nos transformemos em legisladores positivos. O SENHOR MINISTRO ILMAR GALVÃO: Rendendo-me aos argumentos expendidos pelo eminente Ministro Moreira Alves, também reconheço a inviabilidade jurídica da impugnação parcial da lei sob enfoque, pela via da ação direta de inconstitucionalidade. Modifico, em consequência, o meu voto em sua conclusão, para o fim de não conhecer do pedido."

62. ADI 512/PB, Rel. Min. Marco Aurélio (Julgamento: 03.03.1999): "O SENHOR MINISTRO SEPÚLVEDA PERTENCE – Sr. Presidente, retificando o meu voto, fico com a orientação tomada na ADIn l.907. Como ficou claro no voto que proferi, desatento a Emenda Constitucional n. 20, era-me fundamental, como padrão da verificação da constitucionalidade, o antigo art. 40, § 2° da Constituição, substancialmente alterado, no mínimo, pela série de parágrafos do novo art. 40, na redação da Emenda Constitucional n. 20. Ora, como decidimos em hipótese similar na ADIn l.907, Relator o Sr. Ministro Octávio Gallotti, julgada em 18 de fevereiro do corrente ano, julgo prejudicada a ação. O SENHOR MINISTRO NELSON JOBIM – Sr. Presidente, reconsidero o meu voto e acompanho o voto do Sr. Ministro Sepúlveda Pertence, deixando bem claro que sem me comprometer com o conteúdo do novo sistema. O SENHOR MINISTRO MAURÍCIO CORRÊA: Sr. Presidente, vou pedir vênia ao eminente Ministro Marco Aurélio, porque tinha acompanhado S.Exa., mas lembrado pelo Sr. Ministro Octavio Gallotti da existência do novo regime geral da Previdência Social – estamos sob o regime da Emenda Constitucional n. 20 – o meu voto é no sentido de entender que a ação está prejudicada. [...] O SENHOR MINISTRO

É inegável a existência de casos nos quais argumentos contrários suscitados durante os debates são capazes de alterar o voto dos ministros do STF, mas tais mudanças parecem ser apenas esporádicas, e não rotineiras.[63] O que se pode afirmar com segurança é que o fato de os ministros se dirigirem ao Plenário com os argumentos já devidamente formulados e fazerem a leitura do voto perante os demais membros do Tribunal faz com que se inclinem a não conferir o devido peso aos argumentos que contrariam a opinião já emitida ("fenômeno de reforço").[64] Se considerarmos que uma das principais finalidades das decisões colegiadas é possibilitar uma empreitada coletiva capaz de produzir resultados melhores que os individuais, chegaremos à conclusão de que o modelo agregativo não explora adequadamente as potencialidades do raciocínio em grupo, desperdiçando o seu potencial contributivo para se chegar às melhores respostas.[65]

MARCO AURÉLIO: Senhor Presidente, sensibilizou-me a referência feita por V. Exa. à circunstância de o preceito aludir a uma espécie de aposentadoria que já não está mais, com a extensão primitiva, contemplada na Carta de 88, considerada a Emenda Constitucional n. 20: aposentadoria proporcional. Por isso, evoluo e declaro prejudicada a ação direta de inconstitucionalidade, no particular. Na dicção do Tribunal, o caso é de revogação do preceito por incompatibilidade com o novo texto constitucional, não desafiando, por isso, o controle abstrato. É o meu voto."

63. A inexistência de investigações empíricas sobre o tema impede afirmações precisas sobre a frequência com que ocorrem mudanças de entendimento. A importância e a necessidade deste tipo de investigação sobre o tema são destacadas por Ribeiro e Arguelhes (2012, p. 24-25): "É preciso investigar quais são as práticas decisórias do STF para além do procedimento formalmente estabelecido, em especial no que diz respeito a como os Ministros se comunicam antes e durante a tomada de decisão e à existência de algum tipo de preocupação com sinalizações para seus colegas na elaboração dos votos individuais. Esse talvez seja um dos mais desafiadores *fronts* da pesquisa empírica sobre o processo decisório do STF. Os Ministros conversam entre si? Podem obter informações sobre as preferências uns dos outros? Conversam sobre a redação de seus votos? Embora a tradição no Supremo pareça ser de reduzido diálogo, fora das sessões, entre seus membros, essas são perguntas que precisam ser respondidas sistematicamente para que a construção de teorias explicativas de padrões decisórios do Supremo possa avançar."

64. VIEIRA (2010): "Um tribunal é, por definição, colegiado. Daí deriva grande parte de sua autoridade, que o excesso de decisões monocráticas põe em risco. Decidir coletivamente, no entanto, não pode se resumir a contar votos. O pressuposto básico de um tribunal que profere a última palavra sobre questões de tamanha relevância é que suas decisões sejam fruto de um robusto processo de deliberação entre os ministros, que aspire a refletir uma espécie de 'razão pública', na linguagem de Rawls. O que temos hoje, por causa da premência do tempo, é uma leitura sequencial de votos, que eventualmente gera discussões, mas que não resulta na adoção de uma posição da corte como um ente coletivo."

65. Para uma análise sobre como os modelos deliberativo e agregativo afetam o resultado das decisões proferidas por órgãos colegiados, *cfr.* KORNHAUSER; SAGER (1993).

Uma das principais dificuldades para a adoção do modelo deliberativo pelos tribunais brasileiros é conciliar o seu funcionamento com a publicidade dos julgamentos exigida pela Constituição, sendo que no caso do STF há um agravante: as transmissões pela televisão e pela internet das sessões plenárias.[66]

10.2. AS NORMAS EXTERNAS

As normas externas regem as relações entre órgãos judiciais e atores politicamente relevantes localizados fora do Judiciário, tais como os membros do Executivo, do Legislativo e o público em geral. A configuração do sistema de separação dos poderes, a amplitude das garantias funcionais e institucionais efetivamente asseguradas ao Judiciário, a forma de recrutamento de seus membros, assim como o nível de publicidade e de apoio do público às suas decisões são aspectos relacionados a normas externas formais e informais capazes de interferir na intensidade e no grau de influência de determinados fatores extrajurídicos.

10.2.1. O sistema de separação dos poderes

O Poder Judiciário integra, ao lado do Executivo e do Legislativo, um sistema de controle recíproco desenvolvido com o objetivo de impedir o abuso por parte daqueles que detêm o poder.[67] Os mecanismos

66. BARROSO (2011): "No caso do Supremo Tribunal Federal, em particular, a primeira característica distintiva relevante é que o tribunal delibera em sessão pública. Na maior parte dos países, sem embargo da existência de uma audiência pública, de um *hearing*, com a intervenção dos advogados, o processo de discussão e decisão é interno, em conferência reservada, na qual participam apenas os ministros ou juízes. A deliberação pública é uma singularidade brasileira. A transmissão ao vivo dos julgamentos, por uma televisão oficial, constitui traço distintivo ainda mais original, talvez sem outro precedente pelo mundo afora. Em parte como consequência desse modelo de votação pública, o sistema brasileiro segue um padrão agregativo e não propriamente deliberativo. Vale dizer: a decisão é produto da soma de votos individuais e não da construção argumentativa de pronunciamentos consensuais ou intermediários."

67. Um dos principais responsáveis pelo desenvolvimento da noção de separação dos poderes, Montesquieu (2009, p. 167) observa que todo aquele que é investido no poder tende a dele abusar até que encontre limites, e que esta limitação a um poder só é possível se houver outro poder capaz de limitá-lo. Nas conhecidas palavras do teórico francês, "é uma experiência eterna que todo homem que tem poder é levado a abusar

de freios e contrapesos consagrados pelas constituições tendem a restringir a influência de possíveis preferências e interesses pessoais, conforme as expectativas sobre a probabilidade de reação por parte de outros poderes.[68] Embora o Judiciário tenha competência para invalidar normas no exercício do controle de constitucionalidade, o Congresso pode superar esta decisão promulgando uma emenda constitucional ou mesmo criando uma nova lei, sendo que esta pode receber o veto do Presidente da República, o qual, por sua vez, pode ser derrubado pelo Congresso.[69]

As diferentes normas consagradas em cada constituição, relacionadas às competências e aos sistemas de controles recíprocos entre os poderes, podem fornecer informações importantes para a formulação de expectativas judiciais, conforme o tipo de matéria (*constitucional* ou *legal*) envolvida e o grau de dificuldade exigido para sua alteração, bem como a saliência do tema e as informações sobre as preferências de outros atores disponíveis a seu respeito. As diferentes expectativas formuladas em relação à possibilidade de superação de uma decisão, por seu turno, podem influenciar a interpretação judicial de maneiras diversas.

As abordagens neoinstitucionalistas sobre o sistema de separação dos poderes rompem com as tradições behavioristas, pois em vez de focarem no comportamento individual, tendem a tratar a Suprema Corte, o Congresso e o Presidente como uma unidade de análise (MALTZMAN; SPRIGGS II; WAHLBECK, 1999, p. 49). A partir da

---

dele. Vai até encontrar limites. Quem diria! A própria virtude precisa de limites. Para que não possam abusar do poder, precisa que, pela disposição das coisas, o poder freie o poder."

68. NEVES (2007, p. 81-82): "Também especificamente contra a possibilidade de desdiferenciação entre direito e política, as Constituições modernas institucionalizam a 'divisão dos poderes'. A influência da comunicação conforme o código do poder sobre a comunicação de acordo com o código jurídico é, dessa maneira, intermediada pelo próprio direito. Luhmann acrescenta: 'Através da divisão de poderes o código do poder é, em princípio, associado ao direito. Processos decisórios são conduzidos pela via do direito'. Assim sendo, a 'divisão de poderes' pode ser considerada como limitação do poder político por uma esfera jurídica autônoma."

69. FRIEDMAN (2005, p. 311): "[Q]uando o Congresso aprova um projeto de lei, obviamente, tem de considerar a possibilidade de veto presidencial e, provavelmente, também deve pensar sobre a probabilidade de a Suprema Corte invalidar a lei por razões constitucionais. Para o funcionamento desses modelos é central a noção de 'reação antecipada', que pode dificultar a observação de como se joga o 'jogo'."

metáfora da teoria dos jogos,[70] os adeptos da Teoria da Escolha Racional utilizam o *jogo da separação de poderes*[71] no qual a Suprema Corte é situada em uma ampla estrutura política e seus membros tratados como maximizadores de preferências individuais que competem contra outros maximizadores integrantes dos demais poderes.[72] Esses estudiosos, em geral, assumem explicitamente que para evitar a superação de uma decisão por lei ou emenda, os juízes estariam dispostos a escolher um resultado diverso daquele que corresponde às suas preferências pessoais.[73] Partindo da premissa de que as respostas judiciais ao legislador variam sistematicamente conforme os diferentes ambientes e estruturas institucionais, Hall e Brace (1999, p. 295) sustentam que esta teoria tem o mérito de contribuir para a melhor compreensão da interação entre os poderes, uma vez que o grau de autonomia do Judiciário é condicional.[74]

---

70. A teoria dos jogos é empregada em diversas áreas para o estudo de situações estratégicas nas quais os indivíduos escolhem, entre os cursos de ação existentes, o mais apto a maximizar seus benefícios com os menores custos possíveis (se eu adotar o comportamento A, qual será a possível reação dos outros atores?). Em ambientes nos quais os jogadores têm informações incompletas sobre as reações dos demais, a teoria costuma ser utilizada para tentar prever qual será o comportamento de um determinado indivíduo ao interagir com outros.

71. O "modelo da separação dos poderes" tem como objeto a análise do grau de deferência que os juízes devem ter, em relação às maiorias legislativas, para evitar superações que resultem em políticas públicas piores do que aquelas que o tribunal poderia ter alcançado se adotasse um comportamento mais sofisticado.

72. TAYLOR (2007, p. 235): "Vanberg (2001), utilizando um modelo baseado na teoria dos jogos para modelar as relações entre Legislativo e Judiciário, demonstra que – sob condições de transparência – quanto maior o apoio público dado à atuação do tribunal, menor será a deferência dele ao Legislativo. Caso a legislação questionada seja de suma importância para o Legislativo, no entanto, os tribunais serão menos hostis a ela."

73. BRENNER; WHITMEYER (2009, p. 120): "Notamos, no entanto, que, implicitamente, esses estudos assumem que os *justices* também estão ajustando o conteúdo da opinião da maioria, pois a Corte não pode votar por um resultado diferente, sem também alterar o conteúdo da opinião majoritária."

74. HALL; BRACE (1999, p. 294): "Estudiosos que trabalham no âmbito da escolha racional têm oferecido outra conceituação da relação entre a Suprema Corte e o Congresso que representa um sério desafio para o princípio amplamente aceito de autonomia judicial e votação puramente atitudinal. Teóricos positivos têm argumentado que, mesmo quando as preferências são conflitantes, a Suprema Corte frequentemente concorda com a maioria legislativa quando o Tribunal antecipa alguma possível represália ou sanção por suas ações (...). Uma represália particularmente importante é a posterior revisão legislativa. Dito de outra forma, os teóricos da escolha racional modelam as preferências do Congresso como uma restrição significativa na escolha judicial no mais alto tribunal da nação, e o poder do Congresso como um limite para a autonomia da Suprema Corte."

Determinadas configurações institucionais podem estimular o envolvimento dos juízes em *atuações estratégicas extracorte* nas quais optam por cursos de ação que, embora não sejam os preferidos, têm menor probabilidade de causar uma reação contrária por parte dos demais poderes. Os juízes estratégicos têm consciência de que se tomarem decisões fora de uma faixa aceitável a posição final do direito poderá ficar ainda mais distante do ponto considerado ideal e, por isso, preferem evitar decisões que se afastem demasiadamente das preferências do Presidente e do Congresso. A atenção necessária às preferências desses atores e às suas prováveis reações é considerada uma decorrência lógica da interdependência institucional entre os poderes (EPSTEIN; KNIGHT; MARTIN, 2004, p. 173-174).

Tendo em conta as normas institucionais relacionadas à atuação e interrelação dos poderes, bem como as características específicas do ambiente político no momento da decisão, podem ser formulados dois enunciados probabilísticos:

- ***Enunciado dos fatores institucionais (8):*** *Quanto mais fortes as expectativas sobre a possibilidade de superação ou de reação negativa pelos demais poderes, maior a probabilidade de atuações estratégicas extracorte.*

Serão especificamente analisados, nos dois próximos itens, alguns aspectos da jurisprudência das Cortes Supremas dos EUA e do Brasil relacionados às teses do modelo estratégico.

10.2.1.1. O comportamento estratégico na Suprema Corte dos EUA

Na visão de alguns teóricos positivos, o alinhamento ideológico entre as decisões da Suprema Corte estadunidense e o "regime dominante" seria resultante, em essência, do *comportamento estratégico* adotado com base em expectativas sobre as preferências e possíveis reações dos atores políticos.[75] O argumento central é o de que, para conseguirem implementar suas preferências políticas pessoais de

75. EPSTEIN; KNIGHT; MARTIN (2004, p. 174): *"A política nos Estados Unidos não emana de ações separadas dos ramos do governo, mas da interação entre elas.* Assim, segue-se que, para qualquer conjunto de atores fazer política oficial – sejam eles *justices*, legisladores ou executivos – devem ter em conta esta limitação institucional, formulando expectativas sobre as preferências dos outros atores relevantes e o que esperam que eles façam ao elaborar suas próprias escolhas."

forma eficaz e duradoura, os *justices* têm que levar em consideração as prováveis reações do Legislativo e do Executivo, o que manteria o resultado de suas decisões em um ponto próximo ao das preferências destes poderes. Isso explicaria por que a Suprema Corte quase nunca assume um papel contramajoritário.

A partir desta perspectiva, Epstein, Knight e Martin (2004, p. 186) sustentam que a "dificuldade contramajoritária" seria resolvida com fundamento em um "importante efeito do sistema da separação de poderes: um incentivo estratégico para antecipar e reagir às preferências dos agentes eleitos.". Nesse sentido, os membros da Suprema Corte interessados em influenciar o conteúdo final do direito devem ter em conta as preferências do "regime dominante", o que faz com que boa parte de suas decisões se mantenha próxima das preferências dos demais atores políticos.

Os adeptos do modelo estratégico sustentam haver evidências empíricas demonstrando que os membros da Suprema Corte tomam decisões sofisticadas, desviando-se de suas preferências pessoais quando estas não são compartilhadas pelo Congresso e pelo Presidente e que, nesse sentido, o sistema de separação dos poderes atua como importante restrição à tomada de decisão judicial, pois, na medida em que buscam maximizar suas preferências jurídico-políticas de forma eficaz e duradoura, os *justices* têm de fazer escolhas aceitáveis para os demais atores governamentais.

Para Epstein, Knight e Martin (2004, p. 176-177), os *benefícios políticos*[76] e os *custos institucionais*[77] da superação da decisão fazem com que os membros da Suprema Corte se sintam mais compelidos a ter

76. EPSTEIN; KNIGHT; MARTIN (2004, p. 176): "[D]evido à dificuldade de alteração tanto em curto como em longo prazo, as decisões constitucionais (pelo menos aquelas que não conseguem gerar uma resposta negativa dos atores relevantes) são menos permeáveis. Assim, elas têm maior valor político para os *justices*. Elas também têm benefícios normativos que as decisões legais não têm. Quando o Tribunal determina que uma lei é (ou não) constitucional, sua decisão não se limita a acolher a lei específica sob análise, mas é obrigatória para toda a ação futura. Decisões constitucionais definem os parâmetros que o Congresso e o Presidente atuais – bem como seus sucessores – devem respeitar."

77. EPSTEIN; KNIGHT; MARTIN (2004, p. 178): "Se um ataque for bem sucedido (e a Corte não voltar atrás), ele efetivamente remove o Tribunal do jogo político e pode seriamente, ou até mesmo de forma irrevogável, prejudicar a sua reputação, credibilidade e legitimidade, impondo um custo potencialmente ilimitado para a instituição. Mas mesmo se a tentativa de ataque não for bem sucedida, a integridade da Corte pode ser danificada, pois o ataque pode comprometer a sua capacidade de tomar futuras decisões de natureza constitucional e, portanto, de política mais duradoura."

em conta as preferências e prováveis reações do Congresso, mais até nas decisões constitucionais do que nas legais.[78] Isso porque, embora os *benefícios* advindos de decisões bem-sucedidas sejam aproximadamente os mesmos, em decisões envolvendo normas constitucionais, os *custos* do desafio aos membros do regime dominante tendem a ser muito maiores. Em que pese a maior dificuldade de superação das decisões constitucionais, os autores apontam dois motivos centrais para a restrição externa imposta pelo sistema da separação de poderes nesses casos: a possibilidade de o Legislativo e o Executivo se recusarem, implícita ou explicitamente, a implementar uma decisão constitucional; e as diversas "armas" fornecidas aos outros poderes, as quais podem ser utilizadas contra os membros da Suprema Corte, dentre elas:

> (1) o uso do poder do Senado de confirmação para selecionar certos tipos de juízes; (2) a promulgação de alterações constitucionais para superar decisões ou alterar a estrutura ou o procedimento da Corte; (3) o *impeachment*; (4) a retirada da jurisdição da Corte sobre determinados assuntos; (5) a alteração do processo de seleção e remoção; (6) a exigência de maiorias extraordinárias para a declaração de inconstitucionalidade; (7) a permissão de recurso da Suprema Corte para um tribunal mais 'representantivo'; (8) a remoção do poder de *judicial review*; (9) o corte no orçamento; e, (10) a alteração do tamanho da Corte.

Os críticos do modelo estratégico afirmam que, devido ao elevado grau de dificuldade estabelecido para o processo de elaboração de emendas à Constituição,[79] não existem razões suficientemente fortes para despertar a preocupação dos membros da Suprema Corte com a possibilidade de superação pelo Congresso em decisões envolvendo a *interpretação constitucional*.[80] Neste sentido, Whittington (2003, p. 449)

---

78. RIBEIRO; ARGUELHES (2012, p. 15): "Nos EUA, ao contrário do Brasil e de países como Índia e Alemanha, é consolidado o entendimento de que a Suprema Corte não tem o poder de controlar a constitucionalidade de emendas à constituição."
79. Constituição dos EUA/1787, Artigo V: "O Congresso, sempre que dois terços dos membros de ambas as Casas julgarem necessário, proporá Emendas a esta Constituição, ou, se as Legislaturas de dois terços dos Estados o pedirem, convocará uma Convenção para propor emendas, que, em ambos os casos, serão válidas para todos os efeitos como parte desta Constituição, se ratificadas pelas Legislaturas de três quartos dos Estados ou por Convenções reunidas para este fim em três quartos deles, podendo o Congresso propor uma ou outra dessas maneiras de ratificação;".
80. FRIEDMAN (2005, p. 316): "Há razões para acreditar que o jogo de separação de poderes, na verdade, é mais fácil de ser jogado no âmbito constitucional do que no legal. [...]

argumenta que a superação de decisões constitucionais é muito menos viável do que de decisões envolvendo matéria legal, sendo improvável que este tipo de preocupação seja significativo para o comportamento dos membros da Suprema Corte. O mesmo ponto de vista é adotado por Eskridge e Frickey (1994, p. 42) ao observarem que, no caso de leis declaradas inconstitucionais, a decisão geralmente só pode ser superada por uma emenda que, além de ter um alto custo político, é praticamente inviável por requerer supermaiorias no Congresso e entre os Estados. Sob esta perspectiva, a dificuldade para a elaboração de emendas e a pouca frequência de respostas dadas pelo Congresso às decisões envolvendo a interpretação de normas constitucionais são consideradas razões suficientemente fortes para que, em controvérsias desta natureza, as preferências e prováveis reações dos atores políticos não recebam grande atenção dos *justices*.

Em relação às decisões envolvendo a *interpretação de leis*, também há quem considere, embora em menor número, altamente improvável que os membros da Suprema Corte sejam influenciados pelo "modelo da separação dos poderes". Segal e Spaeth (2002, p. 106-110) apontam várias razões nesse sentido, dentre elas: I) a ausência de "informação perfeita e completa sobre as preferências do Congresso" como pressupõe o modelo; II) a possibilidade de os *justices* optarem por sair do "modo legal" e buscar uma base constitucional para suas decisões nos casos que vislumbrem uma possível aprovação, pelo Congresso, de "lei superadora" ("*overriding statute*"); III) a possibilidade de os *justices* manipularem a questão a fim de se protegerem de uma provável superação pelo Congresso; IV) os custos que a superação da decisão geraria para o Congresso; V) a dificuldade de aprovação de uma lei superadora tanto em relação aos membros do Congresso, quanto ao Presidente, que tem o poder de veto; e, VI) a possibilidade de surgir uma nova oportunidade para a Corte interpretar a nova lei e corrigir qualquer problema causado por ela.

Segal (1999, p. 242) afirma que uma adequada interpretação dos dados empíricos existentes não fornece suporte para a alegação de que os membros da Suprema Corte sejam restringidos pelos demais atores políticos, ao menos na grande maioria dos casos. No mesmo sentido, Brenner e Whitmeyer (2009, p. 161-165) alegam não haver evidências de uma tendência geral dos *justices* no sentido de decidir contra os

---

Na área constitucional as questões são muitas vezes bastante salientes, de modo que a Corte recebe muitas informações sobre quais reações antecipar."

seus resultados preferidos para evitar possíveis superações (*overrides*) pelo Congresso ou mesmo reações negativas por parte do público em geral. Os autores afirmam que a atuação estratégica extracorte, embora seja eventualmente adotada, ocorre com menos frequência do que os adeptos do modelo estratégico costumam sustentar. Com base nos variados resultados obtidos, concluem que seria um erro caracterizar os *justices* como atores estratégicos que tiram proveito de suas posições para alcançar objetivos jurídico-políticos.

Não é diferente o entendimento de Lawrence Baum (2008, p. 74-75) para quem o histórico da Suprema Corte sugere que, de um modo geral, seus membros estão dispostos a aceitar o risco de ataques dos outros poderes, sendo pouco provável que mesmo um *justice* altamente estratégico se envolva com frequência no "ajuste de rotina".[81] Baum considera que a difícil previsibilidade sobre a resposta do Congresso e a imprecisão da calibragem da decisão para minimizar as chances de superação reduzem consideravelmente o valor estratégico do "ajuste de rotina".

10.2.1.2. O comportamento estratégico no STF

O modelo estratégico tem recebido pouca atenção por parte dos estudiosos da política judicial no Brasil.[82] Matthew Taylor (2007, p. 244) observa que o fato de a corrente estratégica já ter sido amplamente

81. Os teóricos positivos que utilizam o modelo estratégico costumam sustentar que os membros da Suprema Corte dos EUA se engajam numa espécie de "ajuste de rotina" ("*routine adjustment*") ao proferir suas decisões no âmbito legal. Nesta estratégia politicamente orientada, os *justices* fariam uma análise, em cada caso, sobre a possibilidade de superação (*override*) da decisão da Corte por uma nova lei feita pelo Congresso. Caso esta possibilidade seja vislumbrada, eles modificam sua posição preferida para impedir uma superação (BAUM, 2008, p. 73).

82. Em um dos poucos estudos específicos sobre o tema no Brasil, após analisar o desempenho do STF durante o governo FHC (1995-2002), Cristina Pacheco (2005, p. 23) concluiu que o tribunal atuou estrategicamente, decidindo questões de baixa relevância nacional e de pouco impacto territorial. Segundo a autora, "[o]s julgamentos analisados sugerem uma estratégia comportamental tanto para as decisões de mérito baseadas na forma como para aquelas baseadas no pedido. No primeiro caso, a estratégia da Corte tem sido a da não decisão sistemática, visando garantir, através do *self restraint*, a manutenção da governabilidade. Nos casos em que decide o mérito, a Corte o faz em casos de baixa relevância nacional e pouco impacto territorial, apontando, ironicamente, para a mesma estratégia de funcionamento anterior." A escassez de dados estatísticos e de investigações empíricas não permitem, no entanto, qualquer tipo de conclusão definitiva sobre o tema.

aplicada não apenas nos EUA, mas também em outros países como México e Argentina, suscita dúvidas sobre a razão pela qual não conseguiu obter a mesma popularidade entre os estudiosos brasileiros. Na visão do autor, a resposta se dá, em parte, pelo caminho inverso ao tradicionalmente percorrido em outros países: "em vez de ter tido que conquistar seu poder, os tribunais receberam uma abundância de poderes na Constituição e somente depois tiveram que decidir como melhor os utilizar sem provocar reações dos poderes eleitos."[83]

Em termos comparativos, o contexto institucional de atuação do STF é consideravelmente menos propício para a adoção frequente de *comportamentos estratégicos em sentido estrito*, pelas razões já mencionadas (falta de discricionariedade para escolher os casos a serem julgados; elevada carga de trabalho; forma de designação do relator; forma de deliberação interna). Isso não significa, entretanto, que certos ministros não utilizem com alguma frequência *considerações estratégicas em sentido amplo* ou mesmo que, nos casos de maior saliência ou em momentos de grave crise institucional, não sejam investidos o tempo e o esforço necessários para realizar cálculos estratégicos mais complexos, baseados em expectativas sobre possíveis respostas de outros atores políticos.

Como exemplos de recuos por parte do STF podem ser mencionados os casos do afastamento de Renan Calheiros do cargo de Presidente do Senado (ADPF 402) e das medidas cautelares impostas ao senador Aécio Neves (ADI 5526). Em ambos, ante a prévia ameaça de descumprimento da decisão do STF pelo Senado, o Plenário optou por rever os posicionamentos adotados, respectivamente, em decisão monocrática e de turma, sendo que no último caso, inclusive, inovou em relação à jurisprudência do Tribunal.

No tocante a preocupações com possíveis *superações legislativas*, em regra, não parece plausível afirmar que estas exercem forte influência sobre o comportamento dos ministros do STF, mesmo em questões de alta saliência política, econômica e social. Tais superações, por sua vez, também não costumam ocorrer com frequência, exceto

83. Embora considere que, aparentemente, a abordagem institucionalista tenha sido "a mais útil e produtiva nesse primeiro momento dos estudos do Judiciário pós-1988 por uma série de motivos tanto metodológicos quanto conjunturais", Taylor (2007, p. 244) não descarta que as motivações estratégicas ou atitudinais influenciem o comportamento dos juízes brasileiros e nem que os respectivos modelos comportamentais possam ser aplicados à sua análise.

em assuntos de natureza propriamente política (em sentido estrito), sobretudo, quando envolvem interesses pessoais (diretos ou indiretos) dos atores políticos.[84]

No âmbito infraconstitucional, uma tentativa mal-sucedida de superação legislativa foi o dispositivo introduzido pela Lei 10.628/2002 que estendeu o foro especial por prerrogativa de função aos casos de inquéritos e ações judiciais iniciados após a cessação do exercício da função pública (CPP, art. 84, § 1º). Embora este entendimento tivesse sido sumulado pelo STF sob a égide da Carta de 1946,[85] o enunciado de súmula foi cancelado por não haver fundamento na Constituição de 1988 que justificasse a manutenção deste posicionamento.[86] Diante da superação legislativa do novo posicionamento jurisprudencial adotado pela Corte, os ministros decidiram, por maioria, que a Lei 10.628/2002 padecia de um vício formal. No julgado, prevaleceu o entendimento de que uma lei ordinária não poderia conferir a um dispositivo constitucional interpretação contrária à fixada pelo STF, por ser este o "Guardião da Constituição".[87] Como observou Campos

---

84. Vide, *e.g.*, a Lei 10.628/2002 (que alterou a redação do art. 84 do Código de Processo Penal); a EC 52/2006 (que disciplinou as coligações eleitorais); e a EC 58/2009 (que tratou de disposições relativas à recomposição das Câmaras Municipais).

85. Súmula 394/STF: "Cometido o crime durante o exercício funcional, prevalece a competência especial por prerrogativa de função, ainda que o inquérito ou a ação penal sejam iniciados após a cessação daquele exercício."

86. Inq 687/QO, Rel. Min. Sydney Sanches (Julgamento: 25.08.1999): "(...)Não se pode negar a relevância dessa argumentação, que, por tantos anos, foi aceita pelo Tribunal. Mas também não se pode, por outro lado, deixar de admitir que a prerrogativa de foro visa a garantir o exercício do cargo ou do mandato, e não a proteger quem o exerce. Menos ainda quem deixa de exercê-lo. Aliás, a prerrogativa de foro perante a Corte Suprema, como expressa na Constituição brasileira, mesmo para os que se encontram no exercício do cargo ou mandato, não é encontradiça no Direito Constitucional Comparado. Menos, ainda, para ex-exercentes de cargos ou mandatos. Ademais, as prerrogativas de foro, pelo privilégio, que, de certa forma, conferem, não devem ser interpretadas ampliativamente, numa Constituição que pretende tratar igualmente os cidadãos comuns, como são, também, os ex-exercentes de tais cargos ou mandatos."

87. ADI 2.797/DF, Rel. Min. Sepúlveda Pertence (Julgamento: 15.09.2005): "1. O novo § 1º do art. 84 CPrPen constitui evidente reação legislativa ao cancelamento da Súmula 394 por decisão tomada pelo Supremo Tribunal no Inq 687-QO, 25.8.97, rel. o em. Ministro Sydney Sanches (RTJ 179/912), cujos fundamentos a lei nova contraria inequivocamente. 2. Tanto a Súmula 394, como a decisão do Supremo Tribunal, que a cancelou, derivaram de interpretação direta e exclusiva da Constituição Federal. 3. Não pode a lei ordinária pretender impor, como seu objeto imediato, uma interpretação da Constituição: a questão é de inconstitucionalidade formal, ínsita a toda norma de gradação inferior que se proponha a ditar interpretação da norma de hierarquia superior."

(2012, p. 317), as razões expostas nos votos de alguns ministros sugerem que o Tribunal, mais do que o detentor da "última palavra", seria o "único intérprete" legítimo da Constituição.

No âmbito constitucional, a rigidez da Constituição de 1988 não tem se revelado um obstáculo significativo à superação de decisões do STF por meio de emendas. O grau de dificuldade imposto para as reformas constitucionais é relativamente baixo[88] e não impõe grandes obstáculos às alterações, como demonstram as mais de 100 emendas (de reforma e de revisão) promulgadas em pouco mais de três décadas de existência da Constituição de 1988. Dentre as emendas mais recentes promulgadas com o objetivo de superar decisões do STF, estão a EC 58/2009, que fixou novos limites máximos para a composição das Câmaras Municipais (CRFB/88, art. 29, IV),[89] a EC 52/2008[90], que conferiu aos partidos políticos autonomia para "definir o regime de suas coligações eleitorais, sem obrigatoriedade de vinculação entre as

88. CRFB/88, Art. 60, § 2º- A proposta será discutida e votada em cada Casa do Congresso Nacional, em dois turnos, considerando-se aprovada se obtiver, em ambos, três quintos dos votos dos respectivos membros.

89. A referida Emenda foi aprovada em resposta à decisão do STF proferida no RE 197.917-8/SP, rel. Min. Maurício Corrêa (Julgamento: 06.04.2002): "1. O artigo 29, inciso IV da Constituição Federal, exige que o número de Vereadores seja proporcional à população dos Municípios, observados os limites mínimos e máximos fixados pelas alíneas a, b e c. 2. Deixar a critério do legislador municipal o estabelecimento da composição das Câmaras Municipais, com observância apenas dos limites máximos e mínimos do preceito (CF, artigo 29) é tornar sem sentido a previsão constitucional expressa da proporcionalidade. 3. Situação real e contemporânea em que Municípios menos populosos têm mais Vereadores do que outros com um número de habitantes várias vezes maior. Casos em que a falta de um parâmetro matemático rígido que delimite a ação dos legislativos Municipais implica evidente afronta ao postulado da isonomia. 4. Princípio da razoabilidade. Restrição legislativa. A aprovação de norma municipal que estabelece a composição da Câmara de Vereadores sem observância da relação cogente de proporção com a respectiva população configura excesso do poder de legislar, não encontrando eco no sistema constitucional vigente. 5. Parâmetro aritmético que atende ao comando expresso na Constituição Federal, sem que a proporcionalidade reclamada traduza qualquer afronta aos demais princípios constitucionais e nem resulte formas estranhas e distantes da realidade dos Municípios brasileiros. Atendimento aos postulados da moralidade, impessoalidade e economicidade dos atos administrativos (CF, artigo 37)."

90. CRFB/88, art. 17, § 1º É assegurada aos partidos políticos autonomia para definir sua estrutura interna, organização e funcionamento e para adotar os critérios de escolha e o regime de suas coligações eleitorais, sem obrigatoriedade de vinculação entre as candidaturas em âmbito nacional, estadual, distrital ou municipal, devendo seus estatutos estabelecer normas de disciplina e fidelidade partidária. (Redação dada pela Emenda Constitucional nº 52, de 2006)

candidaturas em âmbito nacional, estadual, distrital ou municipal"[91], bem como a EC 96/2017, na qual excluídas das práticas que submetem os animais à crueldade, as desportivas que sejam manifestações culturais, como no caso da vaquejada.[92]

O extenso rol de cláusulas pétreas contempladas na Constituição de 1988[93] permite ao STF, em certos casos, redirecionar a análise de emendas para os limites materiais impostos pelo poder constituinte originário e, desse modo, evitar que um determinado entendimento adotado pela Corte seja superado pelo Congresso. Questionado sobre a constitucionalidade da EC 52/2008, o STF considerou válida a inovação que conferiu status constitucional à matéria, mas decidiu que a aplicação da nova regra deveria observar o "princípio da anterioridade

91. A EC 52/2008 teve por objetivo de afastar a regra da *verticalização* imposta por Resolução do Tribunal Superior Eleitoral (TSE – Resolução 20.993/2002, Art. 4º, § 1º: "Os partidos políticos que lançarem, isoladamente ou em coligação, candidato à eleição de presidente da República não poderão formar coligações para eleição de governador/a de Estado ou do Distrito Federal, senador/a, deputado/a federal e deputado/a estadual ou distrital com partido político que tenha, isoladamente ou em aliança diversa, lançado candidato/a à eleição presidencial."). As Ações Diretas que impugnavam esta Resolução não foram conhecidas por ter prevalecido o entendimento de que se tratava de ato normativo secundário de natureza interpretativa, cujos eventuais excessos configurariam ofensa apenas indireta à Constituição, insuscetível de análise em sede de controle abstrato de normas (ADI 2.626/DF e ADI 2.628/DF, Rel. orig. Min. Sydney Sanches, Rel. p/ acórdão Min. Ellen Gracie, julgamento: 18.04.2002).

92. No julgamento da ADI 4.983/CE, Rel. Min. Marco Aurélio (06.10.2016), o STF declarou a inconstitucionalidade de lei cearense que regulamentava a "vaquejada", atividade na qual uma dupla de vaqueiros tenta derrubar um touro dentro de uma área demarcada. Nos termos do voto do Relator, embora considerada patrimônio cultural do povo nordestino, a crueldade intrínseca a tal prática torna "intolerável a conduta humana autorizada pela norma estadual atacada." Em reação à decisão, no mês subsequente, o Congresso Nacional aprovou a Lei nº 13.364/2016, na qual o Rodeio e a Vaquejada, bem como as respectivas expressões artístico-culturais, foram elevados à condição de manifestações da cultura nacional e de patrimônio cultural imaterial. Em seguida, por meio da EC 96/2017, acrescentou o § 7º ao artigo 225 da Constituição, nos termos do qual "não se consideram cruéis as práticas desportivas que utilizem animais, desde que sejam manifestações culturais, conforme o § 1º do art. 215 desta Constituição Federal, registradas como bem de natureza imaterial integrante do patrimônio cultural brasileiro, devendo ser regulamentadas por lei específica que assegure o bem-estar dos animais envolvidos".

93. CRFB/88, Art. 60, § 4º- Não será objeto de deliberação a proposta de emenda tendente a abolir: I- a forma federativa de Estado; II- o voto direto, secreto, universal e periódico; III- a separação dos Poderes; IV- os direitos e garantias individuais. *Nota do autor*: embora no texto constitucional estejam elencados apenas quatro grupos, com exceção do inciso II, todos os demais são formulados em termos extremamente vagos e imprecisos, permitindo uma interpretação abrangente de boa parte da Constituição.

eleitoral" (CRFB/88, art. 16), norma à qual foi conferido o *status* de cláusula pétrea.[94]

Em síntese, parece razoável supor que o *comportamento estratégico em sentido estrito* seja adotado pelo STF apenas de forma esporádica, em contextos decisórios e institucionais bastante específicos. Se mesmo na Suprema Corte dos EUA, que dispõe de discricionariedade para escolher os casos a serem julgados e um baixo volume de processos, esta não parece ser comportamento "rotineiro",[95] quem dirá no Supremo Tribunal Federal.

10.2.2. As garantias institucionais e funcionais

A análise das normas que conferem autonomia externa e interna à magistratura pode fornecer importantes indícios sobre a susceptibilidade dos juízes à influência de fatores extrajurídicos, sobretudo, no caso das Supremas Cortes e Tribunais Constitucionais, cujas formas usuais de recrutamento tendem a favorecer politizações indevidas. Criadas com a finalidade de evitar que a independência e imparcialidade judiciais sejam

94. ADI 3685, Rel. Min. Ellen Gracie (Julgamento: 22.03.2006): "[...] o art. 16 representa garantia individual do cidadão-eleitor, detentor originário do poder exercido pelos representantes eleitos e 'a quem assiste o direito de receber, do Estado, o necessário grau de segurança e de certeza jurídicas contra alterações abruptas das regras inerentes à disputa eleitoral' (ADI 3.345, Rel. Min. Celso de Mello). Além de o referido princípio conter, em si mesmo, elementos que o caracterizam como uma garantia fundamental oponível até mesmo à atividade do legislador constituinte derivado, nos termos dos arts. 5º, § 2º, e 60, § 4º, IV, a burla ao que contido no art. 16 ainda afronta os direitos individuais da segurança jurídica (CF, art. 5º, caput) e do devido processo legal (CF, art. 5º, LIV). A modificação no texto do art. 16 pela EC 4/1993 em nada alterou seu conteúdo principiológico fundamental. Tratou-se de mero aperfeiçoamento técnico levado a efeito para facilitar a regulamentação do processo eleitoral. Pedido que se julga procedente para dar interpretação conforme no sentido de que a inovação trazida no art. 1º da EC 52/2006 somente seja aplicada após decorrido um ano da data de sua vigência."

95. Nesse sentido, Baum (2008, p. 77): "O uso ocasional de tais táticas parece mais consistente com os autoconceitos desejados pelos *justices* do que o ajuste de rotina. Ele não exige subordinação regular ao Congresso. De fato, tal ação ocasional pode permitir que os *justices* sintam um grau de controle sobre o ambiente político. Em termos de motivação, os esforços seletivos para influenciar a ação do Congresso são mais razoáveis do que constantes esforços para evitar superações." BRENNER; WHITMEYER (2009, p. 125): "[...] aceitamos a conclusão de Baum de que seguir a estratégia da separação dos poderes não é uma prática comum para os *justices*. Em estudos empíricos sobre o comportamento dos ministros não aparece qualquer uso generalizado desta estratégia. Além disso, o aparente esquecimento do Congresso de diferenças ideológicas com a Corte faz esta estratégia sem sentido."

ameaçadas, as garantias atribuídas ao Poder Judiciário e a seus membros atuam no sentido não só de evitar *coações* internas (por parte parte dos juízes hierarquicamente superiores) e externas (por parte de outros poderes), mas também de minimizar a capacidade de influência de atores políticos relevantes, restringindo a utilização de mecanismos de pressão para punir ou recompensar determinados comportamentos judiciais.

A fim de permitir que a liberdade judicial seja essencialmente restringida apenas pelo direito, bem como para que seja mantida a adequada distância da política, nos Estados de Direito são asseguradas garantias de natureza *institucional* ao Poder Judiciário (*e.g.*, autonomia administrativa e financeira) e *funcional* aos seus membros (*e.g.*, vitaliciedade, inamovibilidade e irredutibilidade da remuneração). Ao minimizarem a preocupação com a manutenção no cargo, com a redução da remuneração e com outras possíveis formas de retaliação, essas garantias protegem os juízes contra pressões internas e externas, em especial, as de caráter político potencialmente capazes de enfraquecer todo o sistema democrático.[96]

Em que pese terem sido formuladas com o intuito de evitar interferências indevidas, ao protegerem os juízes contra possíveis retaliações, essas garantias institucionais e funcionais acabam permitindo, em contrapartida, que juízes mal-intencionados ou politicamente orientados tenham maior liberdade para tentar maximizar preferências políticas pessoais ou interesses próprios e de terceiros. Em outras palavras: as garantias conferem proteção aos juízes contra interferências externas indevidas, mas não protegem o sistema constitucional e a sociedade de juízes dispostos a desobedecer ou a distorcer o direito.[97] Por isso, as precauções adotadas para assegurar a independência externa devem ser acompanhadas de mecanismos que assegurem a independência interna dos juízes.[98]

96. POSNER (2008, p. 58): "A independência judicial é provavelmente mais valorizada quando a competição política é intensa, como ocorre nos Estados Unidos, porque 'pela criação de uma Corte independente, políticos atualmente em exercício tornam mais difícil para os sucessores alterar as políticas aprovadas hoje'." (citação omitida)

97. FEREJOHN (1999, p. 354): "Queremos que os juízes sejam institucionalmente protegidos, para que possam tomar as decisões corretas sem se preocupar com as consequências pessoais de tais decisões. Mas proporcionar proteção pessoal para juízes não é garantia de que eles vão responder à lei e à constituição de formas desejáveis. Na verdade, muitos dos conflitos históricos envolvendo os juízes surgiram em circunstâncias nas quais se acreditava amplamente que as proteções institucionais conferiam muita margem de manobra para os juízes imporem seus pontos de vista sobre a sociedade."

98. Nesse sentido, a advertência feita por Dieter Grimm (2009, p. 26): "A garantia constitucional de independência judicial não é um privilégio pessoal para decidir à vontade, mas um

O nível da proteção conferida por essas garantias depende não apenas de sua consagração formal, mas principalmente da efetividade com que são asseguradas e do ambiente institucional no qual está inserido o comportamento a ser investigado. A interferência exercida por atores internos e externos em contextos institucionais onde a independência judicial não é assegurada de forma satisfatória e efetiva ultrapassa os limites da mera "influência" para se transformar em autêntica "coação". Em sistemas "hiper-presidenciais" marcados pela tradição de dependência judicial, como tem ocorido historicamente em vários países da América Latina, a expectativa é de que os órgãos judiciais não tenham disposição e nem capacidade para desafiar os demais ramos do governo, sendo raros os que se atrevem a fazê-lo (KAPISZEWSKI; TAYLOR, 2008, p. 743).

Embora na prática nem sempre seja possível estabelecer uma linha divisória nítida entre as duas formas de interferência, que se caracterizam mais por sua gradualidade do que dicotomia, em termos teóricos esta ressalva se faz necessária, tendo em vista que os enunciados probabilísticos formulados ao longo deste estudo têm como pressuposto objetivo a existência de um ambiente institucional em que as três dimensões da independência judicial ("autonomia externa", "autonomia interna" e "imparcialidade") são efetivamente asseguradas em um nível satisfatório.

Em momentos de instabilidade institucional e democrática ou de grave crise institucional entre os poderes, as pressões externas sobre os juízes tendem a aumentar, o que pode colocar em risco a independência política das decisões e até do Poder Judiciário. Neste tipo de contexto, os interesses e preferências políticas dos membros dos demais poderes tendem a ter especial relevância para o comportamento judicial, tornando o ambiente decisório mais suscetível a *atuações estratégicas extracorte*, sobretudo de natureza *cooperativa* entre os membros do tribunal.[99]

---

requisito funcional. Deve permitir aos juízes cumprir sua função, ou seja, aplicar o direito, independentemente dos interesses e expectativas das partes em litígio ou das poderosas forças políticas ou sociais. Ela libera os juízes de vínculos extrajurídicos – não para dar-lhes uma margem de manobra em suas decisões, mas para que possam decidir de acordo com o direito. A razão para a independência de vínculos extrajurídicos é dar pleno cumprimento às obrigações legais a que estão sujeitos os juízes. Submissão ao direito é a contrapartida necessária da independência judicial. Tal como acontece com independência externa, as precauções também podem ser tomadas para a independência interna."

99. BRENNER; WHITMEYER (2009, p. 82): "Em casos de ameaça [...], a [Suprema] Corte é suscetível de formar uma frente unida contra a ameaça. Em outras palavras, alguns *justices* estariam dispostos a votar contra as suas predisposições ideológicas para protegê-la contra a ameaça."

No tocante à proteção conferida à autonomia interna e externa pelas garantias funcionais e institucionais, podem ser formulados os seguintes enunciados probabilísticos:

- ***Enunciado dos fatores institucionais (9):*** *Quanto mais amplas e efetivas as garantias institucionais e funcionais atribuídas ao Judiciário, menor a probabilidade de interferência de atores políticos.*
- ***Enunciado dos fatores institucionais (10):*** *Quanto maior a instabilidade institucional e/ou a crise institucional entre os poderes, maior a probabilidade de atuações estratégicas cooperativas entre os membros do tribunal.*

10.2.2.1. A autonomia dos membros da Suprema Corte dos EUA

Com o intuito de proteger a independência dos magistrados federais, inclusive no âmbito da Suprema Corte, a Constituição dos EUA assegura garantias funcionais como a vitaliciedade e a irredutibilidade da remuneração.[100] Não há fixação de limite etário máximo para fins de aposentadoria compulsória, sendo permitido que os juízes permaneçam no cargo enquanto gozarem da saúde física e mental exigidas para o exercício da função.

Na história da Suprema Corte, dois ministros já permaneceram no cargo até os noventa anos de idade. O mais recente foi John Paul Stevens, cuja aposentadoria voluntária ocorreu em 2010. Atualmente, há quatro membros com mais de setenta anos no Tribunal, sendo Ruth Bader Ginsburg, que completou 87 em 2020, a com idade mais avançada. A garantia da vitaliciedade, entretanto, não é assegurada em alguns órgãos do judiciário estadual norte-americano, nos quais os juízes exercem mandato por prazo determinado.

As garantias funcionais conferidas aos juízes não são capazes de proteger o Judiciário contra todos os tipos de pressões externas e retaliações por parte de outros poderes. Um dos exemplos mais conhecidos

100. Constituição dos EUA/1787, Artigo III, Seção 1: "O Poder Judiciário dos Estados Unidos será constituído por uma suprema Corte e por Cortes inferiores que forem oportunamente estabelecidos e organizados pelo Congresso. Os juízes, tanto da suprema Corte como das inferiores, conservarão seus cargos enquanto bem servirem, e perceberão, periodicamente, uma remuneração por seus serviços a qual não poderá ser diminuída durante a sua permanência no cargo."

de medida intimidatória utilizada pelo governo foi a tentativa de "empacotamento" da Suprema Corte ocorrida na *Era Lochner*.[101] Durante o *New Deal* (1933-1937), período marcado por uma das piores crises econômicas dos EUA, a Corte adotou uma postura sistematicamente contrária às medidas propostas pelo Presidente Roosevelt.[102]

Com o intuito de reverter o quadro desfavorável, Roosevelt propôs uma reforma na organização judiciária federal permitindo a nomeação de um juiz adicional para cada membro com mais de setenta anos, o que lhe daria a chance de nomear até seis *justices* alinhados com as medidas do governo. Embora o plano de mudança na composição ("*Court-Packing Plan*") tenha falhado em sua concepção original, a forte pressão política foi decisiva para a Suprema Corte reverter a sequência de precedentes contrários às medidas governamentais intervencionistas e adotar uma interpretação constitucional mais próxima dos anseios populares.[103] Como a Corte estava profundamente dividida entre liberais e conservadores, a mudança de orientação de Owen Roberts, o único *justice* ideologicamente moderado, acabou sendo decisiva para

101. FRIEDMAN (2005, p. 314): "O tamanho da [Suprema] Corte foi alterado em vários momentos durante a Guerra Civil e a da Reconstrução e, em pelo menos um caso famoso, isso teve um impacto imediato e substancial. O Plano de Empacotamento da Corte proposto por Roosevelt não conseguiu alterar o tamanho da Corte, mas a própria jurisprudência mudou rapidamente depois. O Congresso ameaçou tirar jurisdição após a Segunda-feira Vermelha [*Red Monday*] e a Corte moderou sua posição. Ainda hoje, os *Justices* demonstram uma consciência desses eventos históricos com um aceno de cabeça em direção à posição relativamente frágil da Corte."

102. CAMPOS (2012, p. 41-42): "*Lochner* simbolizou um período de jurisprudência conservadora da Suprema Corte (*Era Lochner*), marcada pela ideologia do *laissez faire* e por uma leitura amplificada da Emenda XIV e de sua cláusula do devido processo legal *substancial*. Aplicando um teste muito rigoroso de legitimidade, a Corte declarou inconstitucionais várias leis federais e estaduais de caráter regulatório e social, que dispunham sobre salários mínimos, limites de horas diárias e semanais de trabalho, contratação preferencial de empregados sindicalizados, estímulo à associação de trabalhadores, etc."

103. MISHLER; SHEEHAN (1993, p. 89): "[...] a Corte abruptamente reverteu sua sequencia de decisões anti-*New Deal* acolhendo as leis de salário mínimo em *West Coast Hotel v. Parrish* (1937) e *Wagner Act* em *NLRB v. Jones e Laughlin Steel Company* (1937), entre outras decisões. Assim o fez, aliás, sem qualquer alteração na composição. Também frequentemente citada é a decisão do Tribunal em *Koramatsu v. the United States* (1944), em que o popularmente apoiado e presidencialmente ordenado internamento de nipo-americanos foi mantido pelo Tribunal apesar das dúvidas generalizadas de constitucionalistas e juristas sobre a constitucionalidade desta decisão. Mesmo o *Chief Justice* Rehnquist reconheceu que a decisão da Corte em *Youngstown Sheet and Tube Company v. Sawyer* (1952) foi provavelmente influenciada por sentimento popular em relação ao Presidente Truman e à Guerra da Coréia."

a mudança de posicionamento que se tornou conhecida como "*the switch in time that saved nine*".

Na análise de Barry Friedman (2009, p. 4), "um acordo tácito foi alcançado: o povo americano concederia aos *justices* seu poder, desde que a interpretação da Constituição pela Suprema Corte não ficasse muito longe do que a maioria das pessoas acreditava que deveria ser.". Diante do vasto arsenal potencialmente utilizável contra um Judiciário problemático, Friedman (2005, p. 313) considera que, apesar da dificuldade de se emendar a Constituição dos EUA, há motivos suficientemente fortes para justificar comportamentos estratégicos extracorte também no âmbito constitucional.

10.2.2.2. As ameaças à autonomia política do STF

Como tradicionalmente tem ocorrido com os órgãos judiciais de países latino-americanos, a utilização de ameaças e mecanismos intimidatórios contra o Supremo Tribunal Federal, sobretudo por parte do Executivo, pode ser constatada em vários períodos. A história brasileira está repleta de momentos nos quais as decisões de nossa mais alta Corte foram proferidas em um ambiente social inóspito, contaminado por coações diretas ou indiretas de outros atores políticos.

Um caso bastante conhecido ocorreu nos primórdios da República. Em face de manifestações populares e da descoberta de armas, consideradas como tentativa de sedição e incitamento à revolta das Forças Armadas, antes mesmo de decretar o Estado de Sítio, o Marechal Floriano Peixoto determinou que fossem efetuadas prisões de várias pessoas, dentre as quais se encontravam senadores, deputados, jornalistas e oficiais do Exército. Diante do *habeas corpus* impetrado por Rui Barbosa, circulou uma frase verdadeiramente atribuída a Floriano com os seguintes dizeres: "se os juízes do Tribunal concederem *habeas corpus* aos políticos, eu não sei quem amanhã lhes dará o *habeas corpus* de que, por sua vez, necessitarão." A concessão do *writ* foi negada pelos ministros do Supremo, por dez votos contra apenas um (RODRIGUES, 1965, p. 17-22).

Outro exemplo histórico bastante ilustrativo ocorreu na década de 1950. Em 1955, o então Presidente da República Café Filho, após ter sido internado em decorrência de um infarto, enviou carta ao Presidente do Congresso trasmitindo-lhe o exercício da Presidência da República, enquanto estivesse afastado para o tratamento de saúde. Todavia, ao sair do hospital em que estava internado, Café Filho foi impedido de reassumir a Presidência por deliberação do Congresso Nacional, fato que levou à impetração de um mandado de segurança no STF para que lhe fosse assegurado o direito de assumir novamente o cargo. Mesmo diante da urgência e relevância da situação, o pedido só foi analisado pelo STF três semanas depois e, mesmo assim, a maioria dos ministros entendeu que o julgamento deveria ser sustado até que fosse suspenso o estado de sítio. Quando finalmente o *writ* foi analisado (07/11/1956), cerca de um ano depois da impetração, o STF julgou prejudicado o pedido, uma vez que Juscelino Kubitschek já havia sido eleito como novo presidente e tomara posse no cargo desde 31/01/1956 (RODRIGUES, 2002, p. 169).

Em nossa experiência constitucional, a alteração da composição do Supremo, como meio de conformação de suas decisões ao regime dominante, não ficou apenas na ameaça. Em outubro de 1965, durante o período do Regime Militar, o Ato Institucional n. 2 ampliou o número de ministros do STF de onze para dezesseis. O principal critério para a escolha dos novos membros, por evidente, foi a identificação com o Regime.[104]

Neste período sombrio da história brasileira, as investidas contra o Tribunal não pararam por aí. Em janeiro de 1969, com base no Ato Institucional n. 5, foram aposentados compulsoriamente três ministros (Victor Nunes Leal, Hermes Lima e Evandro Lins e Silva). Em sinal de protesto contra o ato de "cassação", houve a renúncia do então presidente do STF (Ministro Antonio Gonçalves de Oliveira) e o pedido de aposentadoria do ministro Lafayette de Andrada. Duas semanas depois, com base na justificativa de que era necessário modificar a composição e as competências do STF, para "fortalecer sua posição de Corte eminentemente constitucional e, reduzindo-lhes os encargos, facilitar o exercício de suas atribuições", foi editado o Ato Institucional n. 6, reduzindo novamente o número de ministros para onze, que era exatamente a quantidade de membros remanescentes na Corte.

Atualmente, o rol de *garantias institucionais* (autonomia administrativa e financeira)[105] e *funcionais* (vitaliciedade, inamovibilidade

104. À época, o então Ministro da Justiça Juracy Magalhães declarou, sem qualquer constrangimento, que o governo estava selecionando nomes para completar os tribunais, com juízes à altura do desenvolvimento do Brasil e das necessidades da revolução (VALE, 1976, p. 138).

105. CRFB/88, Art. 99. "Ao Poder Judiciário é assegurada autonomia administrativa e financeira."

e irredutibilidade de subsídios)[106] conferidas ao Poder Judiciário pela Constituição brasileira de 1988 está entre os mais amplos existentes no direito comparado. No Judiciário brasileiro, apenas juízes de tribunais eleitorais não possuem vitaliciedade.[107] Diversamente do tratamento conferido pela Constituição estadunidense, nossa Constituição fixa limite etário máximo ao impor a aposentadoria compulsória aos setenta anos de idade (CRFB/88, art. 93, VI c/c art. 40, II). Além deste limite, em tese, aumentar a rotatividade de membros do tribunal, o *tempo de permanência no cargo* e a *idade* são variáveis potencialmente significativas para diferenças no padrão de comportamento judicial.

Com a redemocratização de 1988, as medidas de retaliação têm sido mais esporádicas e, quando ocorrem, pouco efetivas.[108] Após ter consolidado gradativamente sua independência política em um contexto institucional incerto e extremamente desafiador, o STF tem se valido de decisões simbólicas e de pronunciamentos de seus membros como um meio de "pressão negociadora" com vistas à manutenção de um ambiente livre da interferência política externa (KAPISZEWSKI; TAYLOR, 2008, p. 745).

---

106. CRFB/88, Art. 95. "Os juízes gozam das seguintes garantias: I - vitaliciedade, que, no primeiro grau, só será adquirida após dois anos de exercício, dependendo a perda do cargo, nesse período, de deliberação do tribunal a que o juiz estiver vinculado, e, nos demais casos, de sentença judicial transitada em julgado; II- inamovibilidade, salvo por motivo de interesse público, na forma do art. 93, VIII; III- irredutibilidade de subsídio, ressalvado o disposto nos arts. 37, X e XI, 39, § 4º, 150, II, 153, III, e 153, § 2º, I."

107. CRFB/88, Art. 121, § 2º. "Os juízes dos tribunais eleitorais, salvo motivo justificado, servirão por dois anos, no mínimo, e nunca por mais de dois biênios consecutivos, sendo os substitutos escolhidos na mesma ocasião e pelo mesmo processo, em número igual para cada categoria."

108. Em análise envolvendo Cortes Supremas da América Latina, Helmke e Staton (2009) afirmam que as condições para a independência judicial e para o próprio Estado de Direito melhoraram no Brasil e no México, mas que o cenário permanece bastante sombrio em outros lugares. Os autores observam que, nas últimas três décadas, as Cortes Supremas de países como Argentina, Peru, Equador, Bolívia e Venezuela vêm sofrendo retaliações por parte do Executivo e do Legislativo como reação a decisões que contrariaram esses poderes. Os autores concluem que, embora a democratização possa ter uma grande influência na independência judicial e no Estado de Direito, ainda assim as Cortes Supremas podem ser bastante limitadas. Para Helmke e Staton (2009, p. 35), a experiência latino-americana revela que, mesmo em países democráticos, os tribunais podem ser não só constrangidos, mas também abertamente atacados, mas que isso não os impede de desafiar, em alguns momentos, autoridades poderosas e potencialmente perigosas.

No período atual, dentre as tentativas usualmente utilizadas por atores políticos com o objetivo de tentar intimidar os juízes brasileiros estão as ameaças de redução de prerrogativas, de criação de mecanismos externos de controle do Judiciário, de descumprimento das decisões e de rompimento institucional. No levantamento feito por Oliveira (2012, p. 153), no período de 1994 a 1999, é possível observar que quanto maior a tensão entre o Poder Judiciário e o governo, maior a incidência nos jornais (*Folha de S. Paulo* e *Estadão*) de afirmações feitas por agentes políticos sobre a necessidade de reforma do Judiciário, em especial, no sentido de alterar as atribuições e o funcionamento do STF e implantar um sistema de controle externo.

Ao assumir a presidência do STF (em 1995), o Ministro Sepúlveda Pertence afirmou em entrevista ao jornal *Folha de S. Paulo* que "essa história de controle externo só vem à tona, não a propósito de uma reflexão séria sobre os problemas do Judiciário, mas sempre depois de uma decisão polêmica dos tribunais, particularmente do Supremo." (NETO, 1995, p. 16). A formulação de medidas de caráter restritivo como resposta casuística a determinadas decisões também já foi destacada por Gilmar Mendes que, questionado sobre a PEC 33/2011,[109] asseverou que, "em geral, essas reações são marcadas por decepções, frustrações imediatas." (BRÍGIDO, 2013).

No final de 2012, imediatamente após a decisão do STF favorável à perda automática de mandato de parlamentares,[110] o Presidente da Câmara dos Deputados (Marco Maia, PR/RS) alertou para o surgimento de uma possível crise institucional em razão da "ingerência do Judiciário no Legislativo" e disse não ter dúvidas de que, a continuar nessa linha, os projetos relativos às "prerrogativas" do STF, certamente, tramitariam com mais rapidez dentro da Câmara (COELHO, 2012). Em 24 de abril 2013, pouco mais de quatro meses depois, a polêmica

109. Em síntese, a PEC 33/2011 visava a ampliar para quatro quintos o quorum mínimo de ministros para a declaração de inconstitucionalidade e para aprovação de enunciados de súmula com efeito vinculante; a submeter a produção destes efeitos à aprovação (expressa ou tácita) do Parlamento; nos casos de declaração de inconstitucionalidade material de emendas à Constituição, a submeter a aprovação de efeitos ao Congresso Nacional e, caso este se manifeste contrariamente, a uma consulta popular; e, a vedar a suspensão de eficácia de emenda à constituição por decisão liminar do STF. Após forte mobilização da opinião pública contrariamente ao seu conteúdo, a PEC acabou sendo arquivada. O fato demonstrou a força política do Judiciário à época, frente à grande rejeição da população com relação ao Legislativo.

110. AP 470/DF, Rel. Min. Joaquim Barbosa (julgamento: 17.12.2012).

PEC 33/2011 foi aprovada na Comissão de Constituição e Justiça da Câmara.[111] Vale lembrar que o controle político do conteúdo das decisões judiciais, embora inédito no contexto democrático brasileiro, já havia sido consagrado pela Constituição "polaca" de 1937.[112]

O "congelamento" da remuneração dos magistrados também é um expediente utilizado como mecanismo de pressão ou de retaliação contra decisões indesejadas. A garantia da irredutibilidade de subsídios (CF, Art. 95, III) não impede sua corrosão pela inflação, seja pela falta de reajuste por longo período, seja pela insuficiência dos índices utilizados na reposição das perdas. Coincidência ou não, após a propositura da ADPF 144/DF pela Associação dos Magistrados Brasileiros (AMB)[113] e de uma série de decisões do STF que desagradaram boa parte dos atores políticos[114], os magistrados federais ficaram por mais de quatro anos sem qualquer reajuste em seus subsídios.

---

111. Na fundamentação da PEC 33/2011, a crescente *judicialização das relações sociais* e o *ativismo judicial* do STF foram apontados como os principais motivos para a elaboração da proposta: "(...) É tarefa simples enumerar os casos de explícito ativismo judicial. Difícil é mencionar exemplos de autocontenção de nossa Corte Suprema (...) Tal anomalia precisa ser corrigida por mecanismos que fomentem o diálogo institucional entre os Poderes. É, portanto, o que se propõe, sem buscar suprimir qualquer parcela, ínfima que seja, da competência dos Poderes da República. Desse modo, estamos, em síntese, propondo uma revisão da sistemática de aprovação de súmulas vinculantes e do modelo de controle de constitucionalidade de Emendas à Constituição Federal. Em ambos os mecanismos o Poder Legislativo assumirá, como deve ser, um papel relevante."

112. CF/1937, Art. 96, parágrafo único: "No caso de ser declarada a inconstitucionalidade de uma lei que, a juízo do Presidente da República, seja necessária ao bem-estar do povo, à promoção ou defesa de interesse nacional de alta monta, poderá o Presidente da República submetê-la novamente ao exame do Parlamento: se este a confirmar por dois terços de votos em cada uma das Câmaras, ficará sem efeito a decisão do Tribunal."

113. A ação de Arguição de Descumprimento de Preceito Fundamental, protocolada em 26/06/2008, em apertada síntese, tinha como pedido principal o reconhecimento da autoaplicabilidade do art. 14, § 9º da CRFB/88, a fim de que a "vida pregressa" de candidatos a cargos eletivos pudesse ser analisada como requisito para a capacidade eleitoral passiva, independentemente da existência de sentença penal condenatória transitada em julgado.

114. No período sem aumento, dentre as decisões proferidas pelo STF que afetaram diretamente os atores políticos, podem ser mencionadas as que confirmaram os critérios objetivos para o "número máximo de vereadores" (ADI 3345/DF, j. 25/08/2005; ADI 4307-REF-MC, j. 11/11/2009), a que determinou a "verticalização" das coligações partidárias (ADI 3685/DF, j. 22/03/2006), a que afastou a "Cláusula de barreira" (ADI 1351/DF, j. 07/12/2006), as que vedaram o "nepotismo" (ADC 12/DF, j. 20/08/2008; Súmula Vinculante n. 13, de 21/08/2008) e a que estabeleceu a "fidelidade partidária" (ADI 3.999/DF e ADI 4.086/DF; j. 12/11/2008).

O *impeachment* é outra "arma" potencialmente utilizável em tentativas de intimidação, embora nunca tenha ocorrido no Brasil a condenação de um ministro do STF por crime de responsabilidade. Um dos casos, foi o requerimento de parlamentares federais das bancadas evangélica e católica pedindo a abertura de processo por crime de responsabilidade contra o Ministro Marco Aurélio, sob a alegação de que este, em entrevistas ao SBT e à revista Veja no ano de 2008, teria emitido juízo de valor sobre a interrupção de gestações de fetos anencéfalos, objeto do julgamento da ADPF 54/DF, ação na qual foi o relator e votou pela procedência do pedido.[115] Mais recentemente, um senador protocolou pedido de *impeachment* contra o Ministro Alexandre de Moraes, sob a alegação de que este teria cometido crime de responsabilidade ao suspender o ato de nomeação do delegado Alexandre Ramagem ao cargo de diretor-geral da Polícia Federal. De acordo com o senador, o ministro teria extrapolado os limites de sua função ao suspender ato de nomeação privativa do Poder Executivo. Só em 2019, foram apresentados 17 pedidos de *impeachment* contra ministros do STF, sendo 9 deles contra o então Presidente do Tribunal, Dias Toffoli.

10.2.3. A forma de recrutamento

A forma de recrutamento dos juízes costuma ser pautada por critérios *técnico-jurídicos* e/ou *político-jurídicos*. A utilização de critérios mais objetivos de seleção, pautados essencialmente na avaliação do conhecimento jurídico do candidato – como nos concursos públicos –, tende a favorecer o ingresso na magistratura de indivíduos com perfil mais técnico e, em tese, menos propensos a perseguir objetivos políticos. Em contrapartida, a adoção de critérios mais subjetivos tende a favorecer escolhas baseadas em afinidades político-ideológicas ou em outros tipos de interesses, tornando as decisões do órgão judicial, em tese, mais suscetíveis à influência de fatores extrajurídicos.

Tendo em consideração a forma de recrutamento dos juízes, pode ser formulado o seguinte enunciado probabilístico:

115. Os outros pedidos de *impeachment* protocolados no Senado foram em face do Ministro Dias Toffoli, por não ter se declarado impedido de participar do "julgamento do mensalão" (AP 470/DF) e do Ministro Gilmar Mendes, sob o fundamento de que teria recebido benesses de escritórios de advocacia, pelo *habeas corpus* concedido ao banqueiro Daniel Dantas e por sua suposta ligação com o bicheiro Carlinhos Cachoeira.

- ***Enunciado dos fatores institucionais (11):*** *Quanto maior o grau de subjetividade do critério adotado para recrutamento dos juízes, maior a probabilidade de influência de fatores extrajurídicos.*

A forte influência das supremas cortes e tribunais constitucionais na formulação da política nacional suscita a necessidade de legitimação democrática de seus membros, sendo usual a adoção de modelos nos quais atores políticos eleitos participam ativamente do processo de escolha e nomeação, seja através de eleição pelo Parlamento, como ocorre na Alemanha,[116] seja por indicação do Presidente e aprovação do Legislativo, como ocorre nos EUA e no Brasil.[117] Nesse contexto, é natural e até inerente à própria lógica do sistema que exista uma inclinação para a escolha de juízes que compartilhem os mesmos valores ideológicos básicos. Não faria sentido a constituição atribuir a escolha de juízes a atores políticos democraticamente eleitos (Presidente da República e Parlamento) se o objetivo fosse a utilização de um critério de seleção puramente técnico-jurídico. Neste caso, o concurso público seria a melhor opção. Não obstante, se a opção por um critério político-jurídico não pode ser interpretada como um desejo de que as decisões proferidas por tribunais superiores devam atender interesses do governo[118] ou da maioria e tampouco de que

---

116. MARTINS (2005, p. 42): "No que tange ao processo de eleição, tem-se, em síntese, que a metade dos juízes é escolhida pela Câmara Federal (Bundestag), sendo a outra metade pelo Conselho (Senado) Federal – Bundesrat (Art. 94 I 2 GG, § 5 I BVerfGG). A Lei Orgânica do TCF (BVerfGG) fixou para a eleição a necessidade de uma maioria qualificada de 2/3 nos dois grêmios (§ 6 V e § 7 BVerfGG). A escolha do Conselho (Senado) Federal (Bundesrat) dá-se no seu Pleno; a escolha da Câmara Federal (Bundestag) dá-se de forma indireta por meio de comissão eletiva que se compõe de doze deputados, os quais, por sua vez, são escolhidos pelo Pleno do Bundestag segundo as regras do sistema proporcional de eleição."

117. CRFB/88, Art. 101, parágrafo único. Os Ministros do Supremo Tribunal Federal serão nomeados pelo Presidente da República, depois de aprovada a escolha pela maioria absoluta do Senado Federal.

118. Esta é uma das preocupações constantemente observadas nos debates envolvendo o recrutamento de membros de Cortes Supremas e de Tribunais Constitucionais. No caso específico do STF, não são raras as críticas a atuações de ministros que supostamente estariam agindo para defender interesses governamentais. Nesse sentido, DALLARI (1997, p. 3): "É importante não esquecer que o presidente da República acaba de pôr no STF seu ex-ministro da Justiça, Nelson Jobim, que, afrontando a ética, vem decidindo sobre seus próprios atos e sobre aqueles que preparou para o presidente, além de adotar o inusitado comportamento de 'líder do governo' no tribunal."

preferências políticas do juiz se sobreponham a critérios jurídicos na decisão, qual seria então o motivo subjacente à adoção deste sistema por grande parte das constituições?

A resposta talvez possa ser encontrada no reconhecimento - certamente mais intuitivo e empírico do que cientificamente determinado - de que a ideologia influencia a interpretação judicial do direito e de que, em muitos dos casos, ela simplesmente não pode ser eliminada. É certo que as indicações feitas por Presidentes nem sempre têm em conta a ideologia do escolhido, o que não significa que este aspecto não *deveria ser* levado em consideração ao lado de outros previstos expressa ou implicitamente nas constituições.

Serão abordados, a seguir, alguns aspectos dos modelos de recrutamento adotados nos EUA e no Brasil, com o intuito precípuo de analisar sua possível interferência sobre o comportamento judicial.

10.2.3.1. O modelo estadunidense e a tese do "regime dominante"

Nos Estados Unidos, não há concurso público para a magistratura, prevalecendo o *critério político-jurídico*. No judiciário estadual, o critério para ingresso na carreira não é uniforme em todos os estados da federação, podendo o recrutamento ocorrer por eleição direta da população ou por indicação do Governador. No judiciário federal, a nomeação depende da indicação do Presidente da República e da posterior confirmação pelo Senado.[119]

No caso da Suprema Corte estadunidense, Segal e Spaeth (1993, p. 127-131) apontam seis fatores que tendem a influenciar o complexo processo de escolha do Presidente: I) *partidarismo e ideologia*: tendo em conta o papel relevante desempenhado pelo tribunal na formulação de políticas públicas nacionais, seria improvável que as preferências políticas pessoais do candidato ao cargo não fossem levadas em consideração; II) *ambiente político*: mesmo que o presidente tenha o desejo de escolher alguém com as preferências políticas mais próximas possíveis da sua, ele deve levar em consideração a configuração política do

119. OLIVEIRA (2006, p. 36): "Analisando a judicialização da política nos Estados Unidos, Shapiro (1995) afirma que a forma de escolha dos juízes é a causa crucial desse processo. Os juízes americanos são recrutados em sua maioria entre os profissionais privados bem sucedidos, de meia idade, com pouca experiência no governo, mas que construíram parte substancial de sua carreira representando interesses privados contra o governo (público)."

Senado responsável pela aprovação;[120] III) *experiência anterior*: o tipo de experiência jurídica anterior é um dos fatores de forte influência sobre as escolhas feitas pelo Presidente; IV) *região*: a representação regional tem sido um dos critérios observados nas indicações; V) *religião, raça e sexo*: até o início da década de 1990, dos 145 nomeados, 143 eram brancos, 144 eram homens e 126 eram protestantes; e VI) *amizade e patronagem*: os autores afirmam que cerca de 60% dos nomeados para a Suprema Corte conheciam pessoalmente o presidente que os indicou e que, por vezes, a nomeação para o cargo foi utilizada como forma de pagamento de dívidas políticas.[121] Nos tribunais federais inferiores, historicamente, este sempre foi um dos principais aspectos levados em consideração.[122] A frase de Robert Scigliano sintetiza este critério de forma precisa: "Às vezes não é o que você sabe, mas quem você é". Dentre os fatores mencionados, sem dúvida, o *partidarismo*

---

120. A rejeição de indicações feitas pelo presidente não é algo usual. Um dos raros casos foi o do juiz Robert Bork, conhecido como um dos símbolos do ativismo judicial conservador nos EUA. Escolhido para a Suprema Corte pelo Republicano Ronald Reagan, Bork teve o seu nome vetado pelo Senado formado por maioria democrata. Sobre o tema, Sunstein *et al.* (2006, p. 2) comentaram: "Em 1987, a nomeação feita pelo presidente Ronald Reagan de um juiz de apelação extremamente distinto, Robert Bork, foi rejeitada pelo Senado por uma votação de 58 a 42. A rejeição foi em grande parte com base em motivos ideológicos; ninguém argumentou que o juiz Bork era incompetente, sendo que a preocupação real, para seus críticos, era o seu padrão provável de votos. A escolha do presidente Clinton de indicados para Suprema Corte foi constrangida pelas reações antecipadas de senadores republicanos. Suas escolhas finais, Ruth Bader Ginsburg e Stephen Breyer, foram 'previamente apuradas', no sentido de proeminentes republicanos sinalizarem que seriam aceitáveis."; SCHMIDHAUSER (1959, p. 39): "O Senado ocasionalmente rejeitou indicados por serem claramente escolhas medíocres (como a escolha feita por Madison do gestor político de Connecticut Alexander Wolcott e a escolha feita por Grant do corrupto George Williams). No entanto, seu histórico no que diz respeito à consideração dos méritos dos candidatos presidenciais é irregular...".

121. SEGAL; SPAETH (1993, p. 130): "Em 1952, Earl Warren, vendo suas chances de obter a nomeação presidencial republicana fraquejar, concedeu seu apoio e o da delegação da Califórnia ao General Eisenhower, no lugar de seu rival, o senador Robert Taft de Ohio. Um ano mais tarde, Eisenhower nomeou o Governador Warren para substituir Fred Vinson."

122. TAMANAHA (2010, p. 152-153): "Na maior parte da história do país, até as últimas décadas, os presidentes (com exceção de Franklin D. Roosevelt) não se envolveram de perto em triagens ideológicas para suas nomeações judiciais abaixo da Suprema Corte. Cargos de juízes federais foram concedidos, principalmente, por patronagem ou para reforçar o apoio local. Ronald Reagan foi o primeiro presidente a examinar sistematicamente os nomeados tribunais inferiores por seus pontos de vista ideológicos. A prática tem continuado desde então, especialmente de forma vigorosa por presidentes republicanos, a pedido e sob o escrutínio rigoroso de grupos de interesse conservadores e liberais."

e a *ideologia* têm sido determinantes para a escolha dos membros da Suprema Corte,[123] sendo apontados como os principais responsáveis pelo alinhamento de pontos de vista entre os governantes e os *justices*. Em artigo de influência seminal na ciência política,[124] Robert Dahl (1957) afirma que a preocupação com a "dificuldade contramajoritária" é algo sem fundamento, por terem sido raríssimos os casos nos quais a Suprema Corte foi bem sucedida na tentativa de bloquear a vontade da maioria em questões políticas importantes.[125] Dahl argumenta que, embora tenha competência para tomar decisões políticas contramajoritárias, a Suprema Corte geralmente não o faz por estar alinhada ao "regime dominante" (*ruling regime*), isto é, com o Presidente e com o Congresso.[126]

---

123. SEGAL; SPAETH (1993, p. 127): "Este fator tem sido crucial desde o início da República, com o Presidente Washington nomeando onze Federalistas consecutivos para a Corte. No total, 126 dos 145 candidatos (87%) vieram do partido do Presidente. A simples filiação partidária pinta um quadro incompleto. Em suas discussões com o senador Henry Cabot Lodge sobre o Democrata Horace Lurton, o Presidente Theodore Roosevelt observou que 'a denominação política de um homem nada tem a ver com suas ações no tribunal. Sua *real* política é que tem importância.' Roosevelt já havia solicitado anteriormente de Lodge a garantia de que Oliver Wendell Holmes estivesse 'em total sintonia com nossos pontos de vista' antes de sua indicação para a Suprema Corte."; TAMANAHA (2010, p. 153): "Clivagens políticas no comportamento judicial de votação tem crescido mais profundamente nas últimas duas décadas. Pesquisas recentes sugerem que o aumento da diferença é atribuível a uma propensão crescente de juízes conservadores decidirem de forma ideologicamente orientada. Cross, por exemplo, descobriu que '[o] s juízes nomeados pelos presidentes Reagan e G.H.W. Bush, parecem ser particularmente ideológicos.'"

124. A importância do artigo elaborado por Dahl é destacada por Epstein, Knight e Martin (2001, p. 583) ao observarem que "não decorreu um único ano ao longo das duas últimas décadas sem que um artigo publicado em uma revista de ciências sociais ou em uma revista de direito tenha citado a peça. Ainda mais importante é a diversidade de trabalhos – e trabalhos de alta qualidade – baseados no estudo do professor Dahl, da investigação sobre a relação entre a opinião pública e a Suprema Corte dos EUA até o papel que os *justices* desempenham para facilitar os realinhamentos partidários à capacidade do Tribunal de gerar mudanças sociais."

125. EPSTEIN; KNIGHT; MARTIN (2004, p. 186): "Na medida em que essa lógica ameniza a gravidade da 'dificuldade contramajoritária' acreditamos que Dahl esteja correto...".

126. Posner (2008, p. 29) observa que a comprovação empírica do alinhamento entre o Presidente e a Suprema Corte, embora seja uma heresia para as instituições jurídicas, tem o efeito paradoxal de enfraquecer as críticas no sentido de que a invalidação de leis pela jurisdição constitucional é antidemocrática. Em tom sarcástico, argumenta: "O juiz que orienta sua filosofia judicial para a ideologia do Presidente que o nomeia (...) poderia ser considerado um juiz democrático, que amplia mais que enfraquece as escolhas

Somente durante curtos períodos de transição, quando a antiga aliança está se desintegrando e a nova está lutando para assumir o controle das instituições políticas, o papel contramajoritário teria maior probabilidade de ser desempenhado, haja vista que nesses períodos o tribunal ainda é um resquício da antiga coalizão. No caso da Suprema Corte, a nomeação média de dois novos *justices* em cada mandato do Presidente da República, segundo a estimativa feita por Dahl, impediria o afastamento, por um longo período, entre a visão política dominante na Corte e a opinião da *maioria legislativa*.[127] Por isso, apenas durante os períodos de realinhamento eleitoral e partidário a Corte teria uma tendência de ficar fora de sintonia com a nova maioria legislativa dominante.[128]

De acordo com a tese do "regime dominante", a Suprema Corte funciona como uma espécie de *órgão de legitimação* das políticas da aliança dominante e dos padrões básicos de comportamento necessários para o funcionamento de uma democracia, os quais pressupõem a existência de um amplo consenso acerca de sua validade e adequação. A hipótese formulada por Dahl foi posteriormente testada e confirmada em um trabalho desenvolvido por Richard Funston (1975, p. 796). O estudo encontrou evidências de que a Suprema Corte reflete a vontade das forças políticas dominantes por longos períodos de tempo e que, somente durante os períodos de transição, há uma tendência maior de serem proferidas decisões contramajoritárias. Embora criticada em

---

populares. Aquele que considera a Presidência como a mais perfeita personificação do princípio democrático deve aplaudir tais juízes."

127. Ao contrário do expressivo número de pesquisas de opinião pública existentes na atualidade possibilitando uma comparação direta entre as decisões do tribunal e a vontade da maioria popular, na década de 1950 esse tipo de pesquisa ainda era algo bastante recente. O próprio Dahl (1957, p. 283) fez a seguinte ressalva: "Se alguém deseja ser totalmente rigoroso em relação a questão, é provavelmente impossível demonstrar que quaisquer decisões judiciais específicas estão ou não em conflito com as preferências de uma 'maioria nacional'. [...] Em sentido estrito, não há evidências adequadas, visto que as pesquisas de opinião científica são de origem relativamente recente, e as eleições nacionais são pouco mais do que uma indicação das preferências primordiais de alguns cidadãos."

128. EPSTEIN, KNIGHT e MARTIN (2001, p. 587): "Não é surpreendente que Dahl presumisse que o Tribunal se engajaria em um comportamento 'sincero'. Dahl estava escrevendo num momento em que o movimento behaviorista dos anos 1950, movimento de enorme influência, tinha tomado conta da ciência política. Esse movimento influenciou o estudo de decisões judiciais através da utilização do chamado 'modelo atitudinal', o qual sustenta que os *justices* baseiam suas decisões exclusivamente nos fatos dos casos em relação às suas atitudes ideológicas e valores."

aspectos pontuais,[129] ainda hoje, esta teoria é amplamente aceita nos EUA.[130]

10.2.3.2. Os modelos de recrutamento adotados no Brasil

No modelo de recrutamento dos magistrados brasileiros prevalece, sobretudo nas instâncias inferiores, o *critério técnico-jurídico*.[131] A seleção para o ingresso na magistratura, em primeiro grau, é feita exclusivamente por concurso público de provas e títulos, sendo exigidos, no mínimo, três anos de atividade jurídica (CRFB/88, art. 93, I). Nas demais instâncias, o número de membros indicados e nomeados pelo Chefe do Poder Executivo, bem como sua liberdade de escolha, aumentam gradativamente com o grau de jurisdição. Cabe ao Presidente da República escolher e nomear um quinto dos membros dos Tribunais Regionais Federais (TRF)[132] e todos os membros do Superior

129. CASPER (1976, p. 50): "Defendo aqui que a abordagem de Dahl não é adequada para a compreensão do papel da Suprema Corte na formulação de políticas. O exame da maneira como ele interpreta suas próprias evidências e outras provas relevantes que são excluídas de sua análise sugere que a Corte participa de forma mais significativa na definição das políticas nacionais do que o argumento de Dahl sugere."; MISHLER; SHEEHAN (1993, p. 96): "... as evidências sugerem que a opinião pública exerce importante influência sobre as decisões da Corte, mesmo na ausência de alterações na composição do Tribunal ou na composição partidária e ideológica do Congresso e da presidência."

130. EPSTEIN; MARTIN (2010, p. 270): "... praticamente todos os estudos demonstram um efeito *indireto* da opinião pública através do processo de nomeações. Ou seja, eles tendem a mostrar que as mudanças na composição do Tribunal podem levar a uma porcentagem maior ou menor de decisões liberais em cada período. Cientistas políticos consideram esta [hipótese] 'indireta', porque o público não afeta diretamente o percentual de decisões liberais; seu papel vem da eleição do Presidente e do Senado, que designará os *Justices* refletindo as preferências do público. Assim, a 'orientação ideológica da Corte geralmente [irá] corresponder às atitudes do eleitorado' e do regime dominante."

131. DESPOSATO; INGRAM; LANNES (2012, p. 4-5): "[E]nquanto os juízes de países de *common law* são nomeados por serem advogados experientes (e, portanto, mais velhos), professores de direito, ou até mesmo advogados retornando de outros empreendimentos profissionais e, eventualmente, podendo até mesmo serem eleitos, os juízes do mundo da *civil law* são mais jovens e mais estreitamente ligado à profissão judicial. Normalmente, os juízes são muito mais jovens do que os do mundo da *common law*, por serem recrutados para o Judiciário imediatamente ou pouco tempo depois de terminarem a faculdade de direito. [...] Por essas razões, a entrada lateral para a profissão é rara em países de *civil law*...".

132. CRFB/88, Art. 94. Um quinto dos lugares dos Tribunais Regionais Federais, dos Tribunais dos Estados, e do Distrito Federal e Territórios será composto de membros, do Ministério Público, com mais de dez anos de carreira, e de advogados de notório saber jurídico e de reputação ilibada, com mais de dez anos de efetiva atividade profissional, indicados

Tribunal de Justiça (STJ) e do Supremo Tribunal Federal (STF), com a diferença de que no caso do STJ a escolha é limitada aos candidatos constantes de listas previamente elaboradas por outros órgãos,[133] enquanto que no STF a forma de recrutamento, inspirada no modelo norte-americano, permite a escolha de qualquer cidadão que atenda os requisitos constitucionais.[134] Desde a criação deste Tribunal pela Constituição de 1891, a nomeação é feita pelo Presidente da República, após sua escolha ser aprovada pelo Senado Federal (CRFB/88, art. 101, parágrafo único).

Com o objetivo de testar a potencial influência política do modelo de recrutamento dos membros sobre as decisões dos tribunais, Felipe Lopes (2013) fez uma análise comparativa entre o Superior Tribunal de Justiça (STJ) e o Supremo Tribunal Federal (STF). Partindo do pressuposto de que o governo sempre terá interesse em arrecadar mais, foram selecionadas exclusivamente decisões proferidas em matéria tributária e submetidas à apreciação desses tribunais, respectivamente, através de Recurso Especial (REsp)[135] e de Recurso Extraordinário (RE)[136].

---

em lista sêxtupla pelos órgãos de representação das respectivas classes. Parágrafo único. Recebidas as indicações, o tribunal formará lista tríplice, enviando-a ao Poder Executivo, que, nos vinte dias subsequentes, escolherá um de seus integrantes para nomeação.

133. CRFB/88, Art. 104, parágrafo único. Os Ministros do Superior Tribunal de Justiça serão nomeados pelo Presidente da República, dentre brasileiros com mais de trinta e cinco e menos de sessenta e cinco anos, de notável saber jurídico e reputação ilibada, depois de aprovada a escolha pela maioria absoluta do Senado Federal sendo: I - um terço dentre juízes dos Tribunais Regionais Federais e um terço dentre desembargadores dos Tribunais de Justiça, indicados em lista tríplice elaborada pelo próprio Tribunal; II - um terço, em partes iguais, dentre advogados e membros do Ministério Público Federal, Estadual, do Distrito Federal e Territórios, alternadamente, indicados na forma do art. 94.

134. Para ocupar o cargo de ministro da Suprema Corte dos EUA, não se exige que o candidato tenha cursado a faculdade de direito. James F. Byrnes, nomeado *justice* em 1941, não chegou a terminar o ensino médio, tendo abandonado a escola aos 14 para trabalhar em um escritório de advocacia. No Supremo Tribunal Federal, o médico Barata Ribeiro, escolhido para ocupar o cargo de ministro pelo então Presidente Marechal Floriano Peixoto, chegou a exercer o cargo por alguns meses, mas sua indicação não foi confirmada pelo Senado.

135. CRFB/88, Art. 105. Compete ao Superior Tribunal de Justiça: [...] III - julgar, em recurso especial, as causas decididas, em única ou última instância, pelos Tribunais Regionais Federais ou pelos tribunais dos Estados, do Distrito Federal e Territórios, quando a decisão recorrida: a) contrariar tratado ou lei federal, ou negar-lhes vigência; b) julgar válido ato de governo local contestado em face de lei federal; c) der a lei federal interpretação divergente da que lhe haja atribuído outro tribunal.

136. CRFB/88, Art. 102. Compete ao Supremo Tribunal Federal, precipuamente, a guarda da Constituição, cabendo-lhe: [...] III - julgar, mediante recurso extraordinário, as causas

Devido às diferenças constitucionalmente estabelecidas em relação ao grau de liberdade de escolha do presidente,[137] o autor esperava que, tudo o mais constante, este exercesse maior influência sobre as decisões do STF em comparação com o STJ. De fato, a expectativa se confirmou. No âmbito do Supremo, 65,66% das decisões foram favoráveis ao governo, ao passo que no STJ esta proporção ficou em torno de 50%. A conclusão de Lopes (2013, p. 45-50) acerca da independência do judiciário brasileiro foi dividida em três respostas às questões que nortearam o desenvolvimento da pesquisa: I) não foi detectado nenhum efeito agregado estatisticamente significativo de que as decisões dos membros das cortes superiores são influenciadas pelo presidente responsável por sua nomeação, embora tenham sido encontradas algumas evidências desta influência especificamente em relação aos ministros indicados por Collor e FHC para o STF; II) as restrições institucionais à indicação presidencial no STJ *provavelmente* tornam este tribunal menos suscetível às influências políticas do presidente do que o STF; e III) não foram encontradas evidências de que os ministros nomeados para os dois tribunais utilizem seus cargos com o intuito de beneficiar o partido do presidente responsável por sua nomeação ("efeito estratégico").[138]

---

decididas em única ou última instância, quando a decisão recorrida: a) contrariar dispositivo desta Constituição; b) declarar a inconstitucionalidade de tratado ou lei federal; c) julgar válida lei ou ato de governo local contestado em face desta Constituição; d) julgar válida lei local contestada em face de lei federal.

137. No caso do STF, todos os onze ministros são livremente escolhidos pelo presidente dentre cidadãos com mais de trinta e cinco e menos de sessenta e cinco anos de idade, de notável saber jurídico e reputação ilibada, sendo a escolha aprovada pelo Senado (CRFB/88, art. 101). No caso do STJ, embora sejam exigidos esses mesmos requisitos, a escolha é limitada a candidatos previamente indicados em listas, sendo: "I) um terço dentre juízes dos Tribunais Regionais Federais e um terço dentre desembargadores dos Tribunais de Justiça, indicados em lista tríplice elaborada pelo próprio Tribunal; II - um terço, em partes iguais, dentre advogados e membros do Ministério Público Federal, Estadual, do Distrito Federal e Territórios, alternadamente, indicados na forma do art. 94." (CRFB/88, art. 104, parágrafo único).

138. LOPES (2013, p. 50-51): "Apenas observaram-se indícios deste efeito para os indicados pelo Presidente Lula em algumas das especificações testadas, o que, de fato, não é conclusivo. Para o judiciário brasileiro, sempre bombardeado com denúncias de corrupção e favorecimento, esta pode ser uma boa notícia. O fato de que não foi possível encontrar evidências inequívocas do efeito estratégico, mas sim do efeito indicação no STF é sinal de que, nesta corte, os diversos presidentes da república conseguiram instalar ministros cuja posição ideológica é semelhante da de quem os indicou, mas provavelmente não utilizam da forma condenável de 'pragmatismo' político que os faria julgar estrategicamente. Isto significa que, apesar de os ministros (do STF) votarem, em

No que se refere à hipótese de que a maior liberdade na escolha dos membros provavelmente contribui para que o governo tenha maior influência política no STF do que no STJ, embora pareça bastante plausível, carece de novas análises empíricas, inclusive qualitativas, que levem em consideração a possível interferência de outras variáveis potencialmente significativas e que também podem ter contribuído, em igual ou maior medida, para esta diferença na proporção de decisões pró-governo em matéria tributária, dentre elas: as distintas *funções* desempenhadas pelos tribunais (guardião da Constituição e guardião da legislação federal); os diferentes materiais legislativos utilizados como *parâmetro* nessas ações (Constituição e leis federais); a maior influência de *fatores jurisprudenciais* no STJ em razão do maior grau de vinculação dos precedentes; e, o peso conferido a *fatores pragmáticos* no STF.[139]

Considerando todas as instâncias de jurisdição, é possível afirmar que as formas de recrutamento no judiciário brasileiro, em comparação com as adotadas nos EUA, tendem a favorecer o ingresso de indivíduos mais vocacionados a perseguir objetivos jurídicos do que políticos, o que tende a reduzir o grau de influência de fatores extrajurídicos.

10.2.3.2.1. Fatores tendentes a influenciar a escolha dos membros do STF

Os seis fatores que influenciam a escolha dos membros da Suprema Corte dos EUA, de certo modo, também são levados em consideração nas nomeações de ministros do STF, embora com pesos diversos. Não se pode deixar de registrar, todavia, que em certos casos a escolha costuma ser determinada por critérios casuísticos[140] ou de cunho imediatista,

---

média, de acordo com a posição política do presidente que fez a indicação, eles não mudam de posição dependendo que qual partido ocupa, no momento, o Palácio do Planalto. Assim, pode-se dizer que há uma certa consistência na posição política dos membros desta corte."

139. Vale registrar que o próprio Lopes (2013, p. 45-46) reconhece que há um componente estatisticamente significante em todas as especificações estimadas indicando a existência de algum outro fator específico no caso do STF além do efeito da indicação presidencial de seus ministros e que faz com que, na média, suas decisões sejam mais pró-Estado do que as do STJ.

140. Studart (2007) relata que a escolha do nome de Carlos Alberto Menezes Direito teria sido definida no seguinte contexto: "O presidente Lula estava mal-humorado na tarde da segunda-feira 27. Em seu gabinete no Palácio do Planalto, ele acompanhava pela televisão o julgamento pelo Supremo Tribunal Federal dos 40 acusados de pertencer

ou seja, tendo em conta temas específicos da pauta de julgamento do Tribunal e considerados estratégicos ou de alta relevância para o governo naquele momento.[141]

A principal diferença na valoração dos fatores está no peso atribuído ao *partidarismo* e à *ideologia*, critério quase sempre determinante para a escolha dos membros da Suprema Corte estadunidense, mas que no Brasil não costumava ser preponderante para a escolha. Este panorama, no entanto, parece estar se modificando nos últimos anos, sobretudo, a partir do Governo Lula.[142]

à quadrilha do mensalão. A cada voto contra um petista, Lula piorava seu humor. Ao final da tarde, antes mesmo de o julgamento terminar, ele mandou convocar dois ministros para uma reunião noturna: Nelson Jobim, da Defesa, e Tarso Genro, da Justiça. Na pauta, a decisão sobre qual nome, afinal, o presidente indicaria para ocupar uma vaga de ministro do Supremo. Jobim e Genro disputavam a indicação. Jobim lutava por Carlos Alberto Direito, ministro do Superior Tribunal de Justiça (STJ), considerado um dos juristas mais conservadores em atividade e rigorosamente técnico. Genro tentava emplacar uma alternativa à esquerda, Roberto Caldas, um jovem advogado de Brasília ligado às causas trabalhistas. O presidente estava em dúvida. Decidiu por Direito depois de assistir pela tevê à votação do mensalão. 'Todos esses ministros de esquerda que eu nomeei estão votando contra mim', queixou-se Lula. 'É sempre assim', prosseguiu. 'Eles ficam querendo mostrar independência e há muito tempo que só os ministros técnicos votam com o governo.' Os fatos que se deram a seguir foram rápidos. Na mesma noite, Lula comunicou a Genro e Jobim que se decidira por Carlos Alberto Direito. Uma edição extra do Diário Oficial rodou com a nomeação."

141. OLIVEIRA (2006, p. 15): "O jornal Correio Braziliense publicou, em maio de 2003, declaração do ministro da Justiça, Márcio Thomaz Bastos, de que as três nomeações feitas pelo presidente Lula ao STF (Joaquim Barbosa, Cezar Peluso e Ayres Brito) levaram em conta a afinidade dos escolhidos com as propostas do governo que tramitavam no Congresso Nacional, em especial a reforma do Judiciário. A recente escolha do ministro Enrique Ricardo Lewandowski, que substituiu Carlos Velloso, é um exemplo de como se dá o processo de escolha e nomeação. São 'lobbies' de diversos setores, envolvendo políticos, juristas e até mesmo associações como AMB, AJUFE."

142. DESPOSATO; INGRAM; LANNES (2012, p. 12-13): "Desde logo, não estamos dizendo que nenhum juiz do STF antes de Lula teve qualquer tipo de *background* político. De fato, pelo menos, seis juízes pré-Lula ocuparam um cargo eletivo formal, antes de entrar para o STF, e cinco desses juízes tiveram pelo menos um cargo eletivo em nível federal. Um Ministro adicional, Francisco Rezek, foi nomeado para o tribunal em 1983, renunciou para ser Ministro das Relações Exteriores (ou seja, Ministro de Estado) de Collor, em 1990, e mais tarde foi renomeado por Collor para o Tribunal em 1992. Vários juízes ocuparam cargos por nomeação em diferentes níveis de governo, incluindo Gilmar Mendes (nomeado por Fernando Henrique Cardoso), que, como Dias Toffoli [...], foi AGU. No entanto, esses outros juízes estavam espalhados por várias administrações. Em contraste, além de Dias Toffoli, quatro das oito nomeações de Lula ocuparam cargos por nomeação no governo local ou federal (Carlos Britto, Eros Grau, Ricardo Lewandowski e Menezes Direito), e apenas três dos oito já tinham sido juízes (Cezar Peluso, Lewandowski e Direito).

O *ambiente político* também é um fator que tende a ser considerado no momento da indicação, embora raramente se mostre inóspito às escolhas feitas pelo Presidente.[143] Diversamente dos EUA, onde o Senado tende a ser bastante rigoroso no processo de confirmação do escolhido – mesmo que as rejeições também sejam raras –, no Brasil, as sabatinas costumavam ter um caráter *pro forma*, com sessões ser marcadas por exaltações ao candidato, mais do que por uma avaliação rigorosa de seu "notável saber jurídico". Nos últimos anos, após o maior protagonismo alcançado pelo STF, tal cenário vem se modificando, com tendência a sabatinas mais duras.[144] Na realidade brasileira, o ambiente político é um fator que tende a ser considerado também em outro sentido. Por vezes, algumas nomeações feitas pelo Chefe do Executivo têm a clara intenção de agradar políticos da base aliada, ou seja, o cargo é utilizado como uma forma de recompensa ou de barganha pelo apoio político ao governo.

A *região* de origem do escolhido também é um critério tradicionalmente levado em consideração. Desde 1808, existe a tradição de manter na composição do STF, pelo menos, um ministro do Nordeste. Recentemente, com a saída do sergipano Ayres Britto e a indicação do fluminense Luís Roberto Barroso, a tradição acabou sendo rompida pela Presidente Dilma Roussef. A *patronagem* também é um fator que já contribuiu para algumas nomeações, sobretudo, durante o Regime Militar.[145]

A diversidade de *raça* e de *gênero* entre os integrantes do STF é um aspecto que somente após a virada do milênio passou a ser levado

---

143. Oliveira (2006, p. 15) relata que quando da escolha de Ricardo Lewandowski, chegou a ser "aventada a possibilidade da indicação de um nome ligado à cúpula do PT, como Tarso Genro, Luiz Eduardo Greenhalgh e Sigmaringa Seixas, mas frente à possibilidade de resistência do Senado esses nomes foram deixados de lado. Mas segundo declarações do Ministro da Justiça, a tendência é a de que os nomes considerados sejam de pessoas comprometidas com as propostas do governo."

144. Desde a criação do Supremo, a única oportunidade na qual os Senadores não confirmaram os escolhidos foi quando o Marechal Floriano Peixoto, segundo Presidente da história da República, indicou um médico (Barata Ribeiro) e dois generais (Ewerton Quadros e Inocêncio Galvão de Queiroz) em represália à atuação do STF no período.

145. OLIVEIRA (2006, p. 83): "Presidentes nomearam para o tribunal membros do seu governo, sendo os presidentes militares os que mais adotaram o critério da patronagem, nomeando para o tribunal ministros que se aposentaram logo após a posse – caso dos ministros Clóvis Ramalhete e Firmino Ferreira Paz, por exemplo –, o que gerou a reivindicação por parte dos ministros do STF durante a Constituinte para que houvesse a observação de um critério máximo de idade para que um ministro pudesse ser indicado."

em consideração. Dos 163 Ministros nomeados até o final de 2013, 157 eram homens e brancos. Foram indicadas apenas três mulheres para o Tribunal (Ellen Gracie, Carmen Lúcia e Rosa Weber), sendo a primeira delas em outubro de 2000. Em mais de 124 anos de história da Corte, dos 3 ministros não brancos, 2 eram considerados "mulatos" (Hermenegildo de Barros e Pedro Lessa) e apenas 1 reconhecidamente negro: Joaquim Barbosa, indicado por Lula em maio de 2003.[146]

No tocante às *experiências profissionais anteriores*, é possível observar uma nítida predominância de indicados advindos da magistratura, embora tenha ocorrido uma queda significativa do percentual de indicados com este perfil nas últimas décadas.[147] No período entre 1891 e 1999, segundo o levantamento feito por Oliveira (2012b, p. 60), 55,6% ocuparam cargo na magistratura antes de serem nomeados, 20,9% cargo político, 3,3% cargo no Ministério da Justiça, 4,6% na Consultoria Geral da República, 3,9% vieram da academia, 4,6% da advocacia e 7,2% do Ministérios Público. Atualmente, dos 11 ministros que compõem a Corte, 4 (36,36%) vieram da magistratura.

10.2.3.2.2. *A postura do STF perante o Governo*

Nos últimos anos vem aumentado gradativamente na literatura brasileira o número de investigações empíricas direcionadas à análise da potencial influência política do governo e das nomeações feitas pelo Presidente sobre o comportamento dos ministros do STF. Em quase todos os estudos há relativo consenso no sentido de que o STF tende a adotar uma *postura de deferência* – para alguns, *conservadora* e/ou de

146. POLICARPO JUNIOR (2003): "Festejando sua indicação, Barbosa Gomes foi o primeiro a reconhecer o simbolismo de sua ascensão. 'Vejo como um ato de grande significação que sinaliza para a sociedade o fim de certas barreiras visíveis e invisíveis', disse. 'Posso vir a ser o primeiro ministro reconhecidamente negro', completou. Isso porque, na história do STF, já houve dois negros – um mulato escuro, Hermenegildo de Barros, ministro de 1919 até a aposentadoria, em 1937, e outro mulato claro, Pedro Lessa, ministro de 1907 até sua morte, em 1921. Ambos nasceram no interior de Minas Gerais, como Barbosa Gomes, mas nenhum era 'reconhecidamente negro' nem de origem tão humilde – o que empresta à indicação de agora um simbolismo ao mesmo tempo étnico e social."

147. No período de 1891-1929, o percentual de magistrados no STF era de 63,5%, se manteve em 63,2% (1930-1945), caiu para 56,3% (1946-1963), depois para 43,5% (1964-1978), para 36,4% (1979-1988) até chegar em 30,0% (1989-1999) (OLIVEIRA, 2012b, p. 60). De 2000 a 2013, a tendência de queda deste percentual foi invertida. Dos 14 novos ministros nomeados no período, 7 estavam exercendo cargos na magistratura no momento da indicação, ou seja, um percentual de 50%.

subserviência –[148] em relação ao governo federal. Embora os resultados e conclusões sejam semelhantes, suas interpretações e explicações têm sido objeto de divergências. Cumpre-se advertir, ainda, que praticamente todas as análises existentes são baseadas exclusivamente em decisões proferidas nas Ações Diretas de Inconstitucionalidade (ADIs) sendo que estas, por suas características, não permitem considerar os resultados como representativos de toda a jurisprudência do Tribunal.

Outra ressalva importante se refere a dois tipos de influência distintas. Uma é a influência indireta, exercida pela forma de recrutamento, decorrente da afinidade ideológica entre os ministros e os responsáveis por sua nomeação, a qual, em tese, reflete os pontos de vista acolhidos pela maioria do eleitorado. Outra é a influência exercida pelo governo em exercício, a qual pode ser resultante da nomeação ou do compartilhamento dos mesmos valores sociais, mas também de comportamentos estratégicos adotados pelos juízes para evitar a superação de suas decisões ou com base no receio de retaliações advindas do Executivo, do Legislativo ou da opinião pública. A influência exercida pelo *governo de nomeação* não deve, portanto, ser confundida com a influência do *governo em exercicio*.

Nos estudos realizados por Fabiana Luci de Oliveira (2006) foi constatado um forte apoio do STF aos interesses do Executivo. Com

---

148. OLIVEIRA (2012a, p. 98-99): "A maioria dos autores que abordam a dinâmica interna e o padrão de resposta do Supremo aponta para um conservadorismo em sua atuação, ou seja, o STF tem agido com cautela, esquivando-se de decidir. Ou ainda, afirmam que o Supremo tem decidido favoravelmente ao governo, quando o foco são questões federais. Pacheco (2006) é uma das que apontam a baixa efetividade da atuação do tribunal. Ela estudou o desempenho do STF durante o primeiro governo FHC e o argumento da autora é de que o STF atua estrategicamente, decidindo questões de baixa relevância nacional e de pouco impacto territorial. [...] Colombo (2001) afirma essa mesma tendência da jurisprudência do Supremo em acolher conflitos menos relevantes social e politicamente. O argumento central do autor é de que nas questões políticas e econômicas mais relevantes no cenário nacional, as decisões do STF têm afirmado interesses e valores diferentes dos pressupostos e dos valores que informam a Constituição de 1988, alinhando-se às políticas de ajuste fiscal impostas por organismos internacionais (FMI e Banco Mundial, por exemplo). [...] Para o autor o STF atua a favor das políticas do Executivo. Oliveira (2005) também argumenta que o STF tem se eximido de adotar uma postura política ativa e de promover uma interferência judicial em âmbitos eminentemente políticos. [...] Maranhão (2003) é outra a afirmar que o Supremo atua a favor do Executivo. [...] Para ela, a subserviência se constata numa situação na qual o tribunal vote consistentemente com as preferências políticas do presidente da República. Ela observa que isso acontece em 85,9% das ADIns que questionam o Executivo Federal (Maranhão, 2003, p. 79)."

base nos resultados obtidos a partir da investigação realizada em sua tese de doutorado, na qual analisou 300 ADIs decididas entre 1988 e 2003, Oliveira concluiu que o STF tende a adotar uma postura mais restritiva ao analisar a inconstitucionalidade de normas de origem federal do que as de origem estadual, o que não significa, necessariamente, um comportamento de submissão ao Governo Federal por parte da Corte.[149] Os dados encontrados por Oliveira (2006, p. 149) revelaram que:

> I) as chances de decisão pela inconstitucionalidade são menores para o Governo Federal, 2) as chances dos ministros votarem pela inconstitucionalidade são menores quando a origem da lei é o Governo Federal, 3) as chances de decisão não unânime são menores quando o diploma questionado tem origem no Governo Federal e 4) os ministros tendem menos a se posicionar contra a maioria em assuntos de interesse do Governo Federal.

Matthew Taylor (2007, p. 235-236) considera que, embora a atuação do STF seja "muito cautelosa e até conservadora para evitar alargar potenciais conflitos com o Executivo", o conservadorismo do Tribunal não se reflete em uma timidez exagerada. Em termos comparativos, o autor afirma que a atuação do STF tem sido bastante significativa, sendo que somente através de ADIs o Tribunal invalidou, no período em 15 anos (entre 1988 e 2002), mais de 200 leis federais (no todo ou em parte).[150] Taylor (2007, p. 237) observa, no entanto, que todas as principais iniciativas políticas promovidas durante o Governo FHC foram contestadas perante o Judiciário e que, das dez propostas mais importantes, sete "foram alteradas ou atrasadas de alguma maneira no STF."

149. OLIVEIRA (2006, p. 131): "Se a origem do diploma ou lei for o Governo Federal em comparação com os Governos Estaduais, as chances de uma decisão pela inconstitucionalidade são menores, o que pode sugerir uma precaução por parte do Supremo em reverter decisões federais – lembrando que das 78 ações que questionam diplomas federais 43,6% são da autoria de partidos políticos e 30,8% da autoria de entidades de classe. Se a origem é o Judiciário, as ações têm chances maiores de serem deferidas. Na medida em que busca rever o sentido das decisões das instâncias inferiores, o STF demonstra exercer seu poder de instância máxima do Judiciário."

150. TAYLOR (2007, p. 236): "Em comparação, entre 1994 e 2002, a Suprema Corte mexicana julgou a constitucionalidade de um pouco mais de 600 leis naquele país usando dois instrumentos parecidos com a Adin, mas invalidou somente 21 leis federais; em toda sua história, a Suprema Corte americana invalidou em torno de 135 leis federais apenas."

Thamy Pogrebinschi (2011) afirma não haver qualquer evidência empírica de que o STF adote, de forma sistemática ou unívoca, um comportamento tendencioso em relação a qualquer das coalizões majoritárias formadas desde 1988.[151] Com base nos dados referentes às decisões de mérito proferidas pelo STF em ADIs e ADPFs, Pogrebinschi (2011, p. 9) argumenta que o Tribunal tem agido com bastante parcimônia, adotando uma postura de deferência em relação ao Congresso Nacional, inclusive no sentido de preservar e aperfeiçoar o trabalho deste.[152] No período pesquisado (1988-2009), dentre as 12.749 leis ou atos normativos produzidos pelo Legislativo federal, apenas 46 foram declarados inconstitucionais (menos de 0,02%), sendo que destes, somente 2 foram invalidados na íntegra.[153] No período de 21 anos, 67 dessas ações foram julgadas procedentes no todo (35) ou em parte (32), totalizando 7,97% das ADIs e ADPFs ajuizadas contra normas federais. Dentre as ações julgadas procedentes, 26 tratavam

---

151. POGREBINSCHI (2011, p. 116): "[N]ão há qualquer suporte empírico para afirmar que o STF segue um padrão decisório favorável ou desfavorável a coalizões de governos específicos, de modo que são incorretas as suposições de que a corte age de forma politicamente ativista."

152. Sobre a interpretação da autora no tocante aos percentuais encontrados, Ribeiro e Arguelhes (2012, p. 3-4) fazem a seguinte ponderação: "Mesmo assumindo que o percentual encontrado é 'baixo', em relação a algum parâmetro de 'agressividade' judicial, há várias interpretações diferentes que podem ser construídas a partir desse dado. Para citar apenas algumas delas, pode-se inferir que: (a) o tribunal não está exercendo de forma agressiva seu poder de *judicial review* porque seus membros tem um conjunto de crenças específicas sobre o papel do Supremo – crenças essas que recomendam 'autocontenção' diante da produção legislativa do Congresso; ou (b) as preferências políticas do Congresso e do Supremo Tribunal Federal têm sido suficientemente convergentes para que a leitura que o tribunal faz Constituição não divirja muito daquela feita pelos parlamentares; (c) o Supremo antecipa que uma atuação mais agressiva contra a produção legislativa federal pode ensejar reações indesejáveis, do ponto de vista dos Ministros, por parte do Congresso Nacional; (d) a produção legislativa do Congresso Nacional no período observado reflete um *aprendizado,* por parte desses atores políticos, sobre como o Supremo usa o seu poder para declarar leis inconstitucionais, de modo que ocorre uma autolimitação prévia por parte do Congresso. Nesse último cenário o ativismo dos Ministros em alguns momentos-chave faz com que, no geral, os atores políticos reajam estrategicamente e evitem criar conflitos com o tribunal, sob pena de serem derrotados na arena judicial."

153. POGREBINSCHI (2011, p. 63-64): "Trata-se inquestionavelmente de um valor pequeno, em termos absolutos e relativos, sobretudo diante da extensão do período analisado (o qual confere a média de apenas 3,19 decisões de inconstitucionalidade de normas do Congresso Nacional por ano, em face de uma média anual de 40,05 ações impetradas contra o mesmo tipo de norma), cuja significância se reduz ainda mais ao ter-se em mente o tamanho da produção legislativa do Congresso Nacional no mesmo período...".

de questões relacionadas ao Judiciário (39%) e apenas 8 ADIs (12%) eram referentes a temas afetos ao Executivo e ao Legislativo.[154] Isso revela, segundo Pogrebinschi (2011, p. 69), que o STF é "muito menos receptivo aos casos que versam sobre objetos de natureza política do que a publicidade obtida por alguns casos claramente *outliers* pode fazer parecer supor." Para a autora, não há suporte empírico para afirmar que o Tribunal tem se comportado "sistematicamente de modo a *judicializar* a política."[155]

Ricardo Ribeiro (2012), após analisar uma amostra de 162 ADIs envolvendo "questões de Estado" (1999-2004), chegou à conclusão de que o STF é *sensível aos interesses do Presidente*.[156] O autor não considera, todavia, que a tendência de evitar a declaração de inconstitucionalidade de normas que fazem parte da agenda do Presidente da República seja decorrente de subserviência da Corte ou de medo de retaliação.[157] Ribeiro (2012, p. 106-107) argumenta, ainda, que o processo decisório das ADIs não é influenciado apenas por "questões estritamente jurídicas", mas permeado de múltiplas variáveis, sendo as decisões do STF "sensíveis a fatores de ordem política e econômica." O autor afirma que os dados obtidos em sua pesquisa reforçam a conclusão predominante na literatura política brasileira de que "o STF age

154. Como algumas normas foram impugnadas por mais de uma ADI, as 8 ações que tinham por objeto matéria essencialmente política resultaram em apenas 4 decisões relacionadas à "cláusula de barreira" (um em 1994 e outro 2006), à "verticalização" e à "minirreforma eleitoral" (Lei 11.300/2006), todos em 2006.

155. Pogrebinschi (2011, p. 13) sustenta que os dados empíricos confirmam a proposição central de seu livro, no sentido de que "o STF, longe de ameaçar a expressão da vontade majoritária e enfraquecer o Congresso Nacional, revalida aquela e impulsiona este, contribuindo, assim, a chamada judicialização para o fortalecimento da representação política e para o revigoramento da democracia representativa no Brasil."

156. RIBEIRO (2012, p. 104): "Se o presidente tinha interesse na constitucionalidade da norma, isso reduziu as chances de declaração de inconstitucionalidade em 0,17. Em uma linguagem mais clara, isso significa que as chances do STF de não declarar a inconstitucionalidade, quando a norma está dentro da agenda do presidente, são 5,8 vezes superiores às situações nas quais o presidente é indiferente à mesma."

157. RIBEIRO (2012, p. 105-106): "[N]ão há razões para crer que o STF decide de acordo com as preferências do presidente em decorrência de receio de possível retaliação. Parece que a explicação mais plausível da significância dessa variável reside em dois pontos. Em primeiro lugar, uma norma que manifeste a agenda do presidente da República pode ser um sinal para o STF de que a Corte deve possuir cautela ao decidir, pois isso pode implicar alterações substanciais no curso de uma política. A segunda razão pode estar no legitimado ativo que provoca os ataques às normas de interesse do presidente da República" que, em 60,87%, são os partidos políticos.

como *policy maker*, tomando decisões como órgão de governo, e não como instituição jurídica neutra ao ambiente econômico e político."

Com base na análise de 756 ADIs julgadas em definitivo pelo Supremo (2002-2012), Pedro Ferreira (2013) concluiu que a maioria dos ministros do Supremo tende a ser favorável a interesses econômicos do Governo Federal e que o Tribunal tem desempenhado um "papel importante na manutenção da agenda econômica introduzida no país a partir dos anos 90." O autor verificou que as ações responsáveis pelas maiores divisões no STF podem ser reunidas em dois grupos: os casos nos quais há relevante interesse econômico do governo, sobretudo em questões econômicas; e, os casos que têm por objeto normas referentes ao pacto federativo e ao papel dos Estados-Membros na federação brasileira. Se por um lado a maioria da Corte se mostra pouco inclinada a derrubar normas federais com impacto na economia, por outro, há forte inclinação no sentido de adotar uma postura contrária à autonomia dos Estados na federação. Ferreira (2013, p. 85) aponta uma possível correlação entre as duas tendências nos seguintes termos:

> Em toda a época analisada, importantes reformas na legislação ligada a políticas econômicas foram questionadas no STF e os ministros que se posicionaram contrários a ela foram, em geral, vencidos. Como esses ministros não formaram a maioria do Supremo, o tribunal assegurou que importantes mudanças na economia fossem implementadas. Também pode ter contribuído para isso o fato da postura pró-Estados ser minoritária na corte. Como mostram Alston et al. (2008), uma parte relevante do processo de estabilização da economia do país se deveu aos esforços federais em inibir a autonomia fiscal dos Estados, que inegavelmente guarda relação com a sua autonomia legislativa e sua capacidade de auto-organização, frequentemente questionadas no STF na época analisada.

Por outro lado, as análises empíricas baseadas especificamente na correlação entre o comportamento de voto dos membros do STF e os presidentes que os nomearam sugerem não haver, ao menos em regra, evidências de um alinhamento de posições decorrente de possíveis afinidades ideológicas ou interesses pessoais.

Leoni e Ramos (2006) analisaram 408 ADIs (1988-2003) e chegaram à conclusão de que não existe uma correlação significativa entre o padrão de voto dos ministros e as preferências dos presidentes que os nomearam. Para os autores, o STF tem adotado uma postura de independência em relação ao Executivo. Embora tenham observado uma tendência de vinculação entre as alterações nos padrões decisórios e as eleições e mudanças no governo,[158] Leoni e Ramos (2006, p. 13-16) consideram que, na verdade, não são essas mudanças que causam os padrões observados, e sim as mudanças na agenda do Tribunal. Este tende a ser menos favorável não ao Presidente em si, mas às suas políticas públicas veiculadas por decreto e que são contrárias às maiorias no Congresso ou incompatíveis com a Constituição.

Com o objetivo de verificar empiricamente se o método de escolha dos ministros do STF pode ser responsabilizado por algum tipo de ingerência do Executivo sobre as decisões do Tribunal, Jaloretto e Mueller (2011) analisaram 669 ADIs julgadas durante o "Governo Lula" (2002-2009). Após a análise comparativa dos votos de ministros nomeados por Lula e por outros presidentes, os autores concluíram "que não há evidência empírica significativa suficiente de que o método de escolha dos ministros do STF constitui fator de influência nas decisões da Corte" e que, por conseguinte, na prática, esta forma de recrutamento "não compromete a independência do Poder Judiciário".

Em trabalho mais recente, Fabiana Oliveira (2012a) constatou que as chances de invalidação de normas federais em ADIs são menores quando comparadas com normas estaduais e atos normativos emanados do Judiciário ou de Agências. Descobriu, ainda, que as ações, quando julgadas no mesmo governo de origem da norma, têm proporcionalmente menores chances de serem deferidas. Essa constatação parece sugerir certa deferência ao governo em exercício, embora outros fatores possam também contribuir para este resultado como, por exemplo, o decurso de tempo conjugado com a mudança de contexto social ou econômico. Para testar a possível subserviência dos ministros ao governo que os nomeou, foram utilizadas como base empírica as decisões proferidas nas ADIs durante os Governos FHC e Lula: enquanto no segundo mandato de FHC, que foi o responsável pela nomeação de três ministros, foram invalidadas apenas 5% das normas federais impugnadas, no primeiro mandato de Lula essa proporção subiu para 14%, embora este tenha nomeado o dobro de

158. LEONI; RAMOS (2006, p. 12): "De 1993 até 1995, verificamos uma diminuição no apoio, seguida por um aumento acentuado no apoio ao Executivo no período de 1995 até 1998. Finalmente, o apoio ao governo no período de 1998 até 2003 parece tanto ser estável, como diminuir um pouco, mas ainda assim muito favorável às políticas do Executivo."

ministros (seis no total).[159] Se a postura mais restritiva fosse motivada pela subserviência ao Presidente responsável pela nomeação, os dados deveriam revelar resultados no sentido contrário ao encontrado. Para Oliveira (2012a, p. 98), a maior deferência em relação às normas federais está relacionada a aspectos institucionais e à trajetória profissional dos membros da Corte.

A análise conjunta dos trabalhos empíricos envolvendo o Supremo permite concluir que, por um lado, não há indícios significativos de que, em regra, seus membros decidam influenciados pelas preferências políticas do *presidente de nomeação* e nem do *presidente em exercício*. Por outro, ao menos em termos quantitativos e em relação ao julgamento de ADIs, há fortes evidências de que o STF tende a adotar uma *postura de deferência* em relação às normas e interesses do Governo Federal, sobretudo, quando comparada com a postura adotada em relação às normas e interesses de Governos Estaduais.

Na última década, todavia, com as mudanças na agenda temática das ADIs julgadas pelo Supremo, na qual foram introduzidos temas moral e/ou politicamente carregados, de alta saliência social e/ou midiática, é possível notar uma correspondente alteração no comportamento dos ministros, os quais vêm adotando posturas mais *ativistas*[160] ou, no mínimo, mais *engajadas* no cumprimento e reforço dos princípios constitucionais. Devido ao grande volume de ADIs julgadas anualmente, e por se tratar de uma postura adotada de forma mais pontual, dificilmente esta transformação, que se mostra bastante visível para os que acompanham a jurisprudência desta Corte, será captada por análises empíricas meramente quantitativas.

Outrossim, a constatação de que o Supremo adota uma postura de deferência na expressiva maioria dos casos não significa, necessariamente, uma influência direta ou indireta do governo e, tampouco, uma subserviência a este. Existem fortes razões, sobretudo de natureza jurídica, potencialmente capazes de ter contribuído para os resultados encontrados, tais como: a observância do princípio da *presunção de*

---

159. OLIVEIRA (2012a, p. 101): "De maneira geral, podemos afirmar que do total de ADIns com decisão final julgada durante o segundo governo FHC, 30% foram deferidas (total ou parcialmente) e no primeiro governo Lula, do total de ADIns com decisão final julgada, 46% foram deferidas (total ou parcialmente). Fazendo um teste estatístico simples é possível afirmar que há associação entre governo e resultado da decisão, ou seja, o Supremo respondeu às demandas de forma muito mais positiva no governo Lula do que no governo FHC."

160. Sobre o avanço do ativismo judicial no STF, ver CAMPOS (2012, p. 237 e ss.).

constitucionalidade das leis; a opção por *posturas restritivas* em respeito às escolhas feitas pelos poderes eleitos democraticamente ("autocontenção" como *preferência formal* ou de *segunda ordem*); a maior *indeterminação do parâmetro* de controle de constitucionalidade no caso de normas estaduais (como, *e.g.*, o "princípio da simetria"); ou, ainda, a menor *qualidade do processo legislativo* estadual em comparação com o federal. Ademais, parece razoável supor que em casos envolvendo questões socioeconômicas de alta relevância, a decisão seja precipuamente influenciada não por interesses de um governo específico, mas por *considerações sistêmicas* baseadas em preocupações de natureza coletiva e estrutural (*fatores pragmáticos*).

Em termos comparativos, é possível concluir que, embora a forma de recrutamento seja a mesma, ao contrário do que ocorre em relação à Suprema Corte dos EUA, não existem evidências significativas de alinhamento ideológico entre o Presidente e os membros do STF. Esta diferença de comportamento pode ser atribuída a uma série de fatores característicos do contexto institucional brasileiro, dentre eles: a falta de transparência com relação aos valores e convicções políticas dos candidatos ao cargo de ministro e a diminuta importância tradicionalmente atribuída a este critério;[161] a menor propensão dos ministros a perseguir objetivos políticos; o maior grau de determinação do material jurídico convencional; a falta de discricionariedade na escolha dos casos a serem julgados;[162] o número excessivamente elevado de processos e sua variedade temática.

---

161. Atualmente, este cenário parece estar mudando, como pode ser constatado com as indicações de Edson Fachin, Alexandre de Moraes e Luís Roberto Barroso, cujas preferências políticas pessoais sempre foram claramente defendidas em seus trabalhos acadêmicos e em sua atuação profissional, além de terem sido confirmadas abertamente durante a sabatina no Senado. Quando de sua indicação para o STF, Abramovay e Hartmann (2013, p. A3) comentaram: "Dilma tem feito escolhas técnicas. Barroso não foge à regra. Mas as escolhas anteriores ancoravam-se no fato de os indicados serem ministros de tribunais superiores. O respaldo de Barroso vem de trajetória na academia e na advocacia pública e privada. E essa trajetória aponta para outro fato: não se trata de alguém cujas posições políticas e morais sejam desconhecidas. Falta de transparência quanto aos posicionamentos dos candidatos ao Supremo tem sido a regra no Brasil. Em outros países sempre houve esforço para discutir as convicções de um futuro juiz de corte suprema. Talvez essa nomeação inaugure uma fase em que é visto com naturalidade um presidente indicar um jurista que compartilhe de seus valores básicos. A trajetória profissional de Barroso sempre colocou em destaque seus entendimentos progressistas. É possível que alguns brasileiros não concordem com todos, mas é muito fácil saber quais são."

162. Sobre o tema, ver *item 10.1.1* (O controle sobre a própria agenda).

10.2.4. O grau de exposição pública das deliberações intracorte

O grau de exposição pública das sessões de julgamento de um tribunal pode interferir na qualidade, no controle e nos resultados da deliberação desses órgãos colegiados. As deliberações feitas reservadamente, além de conferirem maior proteção contra eventuais pressões externas,[163] em regra, são mais genuínas, flexíveis e potencialmente capazes de produzir melhores resultados, seja por permitirem uma análise menos tendenciosa de argumentos favoráveis e contrários aos pontos de vista iniciais, seja por favorecerem a mudança de opinião nos casos em que são apresentados melhores argumentos.

Em contrapartida, as deliberações realizadas mais abertamente, por permitirem maior escrutínio público das decisões, exigem maior atenção dos julgadores em relação à fundamentação de suas decisões, o que tende a favorecer a eficácia dos mecanismos internos de autocontrole no sentido de minimizar influências indesejadas tendentes a operar de forma não plenamente consciente. Não se pode ignorar, ainda, que a veiculação dos julgamentos nos meios de comunicação (televisão, internet...) pode contribuir para despertar maior interesse social em relação às questões constitucionalmente discutidas, o que pode ser útil para o desenvolvimento da cultura jurídica, bem como para a formação de uma "consciência constitucional" mais ampla e profunda entre os membros da sociedade.[164] Igualmente, favorece a construção de uma imagem menos idealizada e ingênua do Poder Judiciário, o que pode representar um ganho em termos democráticos para o debate sobre qual deve ser a extensão do papel desempenhado pelos poderes públicos.

---

163. MOREIRA (1994, p. 6-7): "No caráter secreto da deliberação costuma enxergar-se uma proteção dos juízes contra pressões exteriores: sem ela, com maior facilidade os induziriam a tomar esta ou aquela posição- eventualmente diversa da que lhes sugerisse a convicção racional- sentimentos como o temor de uma vingança, o desejo de não desagradar a um amigo, a uma autoridade administrativa, a um magistrado de hierarquia superior, a um partido político...".

164. Peter Häberle (1997, p. 13) sustenta que a interpretação constitucional deve ser desenvolvida sob a influência da teoria democrática, a qual se apoia na ideia de que uma sociedade aberta, democrática e pluralista exige uma interpretação igualmente aberta de sua constituição. Sob esta perspectiva, não seria possível estabelecer um rol fechado de intérpretes da constituição, uma vez que estão potencialmente vinculados no processo de interpretação constitucional "todos os órgãos estatais, todas as potências públicas, todos os cidadãos e grupos."

Quanto à interferência do grau de publicidade das deliberações internas sobre a atuação de fatores cognitivos, podem ser formulados os seguintes enunciados probabilísticos:

- ***Enunciado dos fatores institucionais (12)**: Quanto menor a exposição pública das deliberações intracorte, maior a probabilidade de serem aproveitadas as vantagens do raciocínio em grupo e de se produzirem melhores resultados.*
- ***Enunciado dos fatores institucionais (13)**: Quanto maior a exposição pública das deliberações intracorte, maior a probabilidade de serem acionados mecanismos internos de autocontrole para minimizar influências indesejadas.*

10.2.4.1. O "mundo secreto" da Suprema Corte dos EUA

Na Suprema Corte estadunidense, a exemplo do que ocorre na maioria dos tribunais constitucionais de outros países,[165] as deliberações são feitas reservadamente, sendo a privacidade e o sigilo extremamente valorizados.[166] Com exceção das alegações orais, quando é possível colher informações sobre as preocupações dos ministros e de suas inclinações de voto a partir das perguntas formuladas, e do resultado das deliberações, todo o restante ocorre em segredo.

De acordo com as normas internas, após as alegações orais, os *justices* se reúnem em uma conferência secreta para decidir sobre a reforma ou manutenção da decisão recorrida.[167] Nesta conferência,

165. SILVA (2013b): "[N]o Brasil, quando você fala em decidir com as portas fechadas as pessoas já ligam o alarme. Mas essa é a regra em quase todos os lugares. Você tem países em que não se divulga nem o voto divergente. No Tribunal Constitucional Italiano a decisão é do tribunal. O tribunal fala como uma voz, uma instituição, não com vozes isoladas. Não é um placar, não fica contando cabeças. Você tem tribunais que permitem votos vencidos, mas, no geral, as pessoas que perdem não querem ficar mostrando para todo mundo que elas perderam. O que importa é a decisão institucional. Em alguns casos vem escrito 'por maioria', só isso. [...] No Tribunal Constitucional Alemão as deliberações são feitas reservadamente, não tem nem secretário, nem ata. É para [o magistrado] falar o que quiser e, no final, ter a melhor decisão."

166. ROMA (2013): "A Suprema Corte dos EUA é um mundo secreto. Pouco se sabe sobre como os juízes se relacionam e deliberam. São públicos apenas os argumentos orais e o resumo da deliberação. Advogados, pesquisadores e jornalistas têm dificuldade para investigar como a corte funciona por dentro."

167. BRENNER; WHITMEYER (2009, p. 170): "Esta votação é chamada de *conferência de voto sobre o mérito*. Os *justices* apresentam as suas opiniões e votos por ordem de antiguidade, com o *Chief Justice* votando em primeiro lugar. É preciso uma maioria de

não é permitida a presença de qualquer pessoa além dos ministros e nem a gravação ou o registro de qualquer parte do processo. Normas rígidas proíbem, ainda, a revelação de detalhes relacionados aos debates intracorte. Apesar das ressalvas em relação ao sigilo em si,[168] há quem o considere uma estratégia produtiva para reduzir as críticas em relação a outras ações da Corte, para lhe conferir maior respeito e, por conseguinte, aumentar o seu prestígio e poder (BRENNER; WHITMEYER, 2009, p. 152-153).

Outro aspecto positivo do sigilo consiste no melhor aproveitamento das vantagens do raciocínio em grupo, permitindo-se uma análise menos enviesada dos argumentos contrários. A divulgação pública imediata dos votos durante a conferência acaba por desencorajar os membros da Corte a mudar seus votos durante o processo decisório, mesmo quando confrontados com melhores respostas. Neste sentido, o *Justice* Powell afirmou que "o sigilo permitiu aos juízes [da Suprema Corte] serem mais flexíveis em casos decisivos do que seriam se seus votos na conferência fossem imediatamente divulgados." (BRENNER; WHITMEYER, 2009, p. 154).

10.2.4.2. A alta exposição pública das deliberações do STF

A Constituição brasileira consagra expressamente, como regra, a publicidade dos julgamentos judiciais, os quais devem ser devidamente fundamentados.[169] Por certo, o caráter público da deliberação

---

votos para reverter ou confirmar. Se a votação for 4-4 (ou 3-3), a decisão do tribunal inferior é confirmada sem o *opinion*. A coalizão vencedora na conferência de votação é chamada de *coalizão da conferência*. O *Chief Justice*, quando membro da coalizão da conferência, atribui a elaboração do voto da maioria. Ele pode se autoatribuir o voto da maioria ou atribuí-lo a qualquer outro *justice* da coalizão da conferência. Se o *Chief Justice* não é um membro da coalizão da conferência, o *justice* associado sênior (em termos de posse na Corte) desta coalizão faz a atribuição."

168. ROMA (2013): "A opinião pública americana quer abrir a caixa-preta. Em 2010, 61% dos eleitores opinaram que a transmissão das audiências seria boa para a democracia, segundo sondagem da Fairleigh Dickinson University. Na mesma pesquisa, 50% dos entrevistados revelaram que assistiriam a essas audiências se fossem transmitidas. Em 2011, segundo o Gallup, 72% dos eleitores se declararam favoráveis a que os debates fossem televisionados."

169. CRFB/88, Art. 93, IX- todos os julgamentos dos órgãos do Poder Judiciário serão públicos, e fundamentadas todas as decisões, sob pena de nulidade, podendo a lei limitar a presença, em determinados atos, às próprias partes e a seus advogados, ou somente a estes, em casos nos quais a preservação do direito à intimidade do interessado no sigilo não prejudique o interesse público à informação.

e a exigência de fundamentação adequada têm a vantagem de exigir maior atenção e reflexão do juiz, caso queira evitar críticas vexatórias ou desconcertantes. No caso específico do Supremo Tribunal Federal, os julgamentos são marcados por um grau de publicidade sem paralelo em qualquer outra corte no mundo. Todas as sessões plenárias do Tribunal são integralmente transmitidas por um canal de televisão (*TV Justiça*) voltado especificamente para a divulgação de atos do Poder Judiciário e dos serviços essenciais à Justiça.[170] Em casos de grande repercussão, partes das sessões plenárias chegam a ser transmitidas ou retransmitidas por outros canais televisivos, como no caso da AP 470/DF ("julgamento do mensalão"). Nas palavras do cientista político Celso Roma (2013), enquanto a Suprema Corte "é um mundo secreto", o STF "lembra um reality show".[171]

A apuração quantitativa dos impactos produzidos pela *TV Justiça* sobre o julgamento das ADIs pelo STF, realizada por Felipe de Melo Fonte (2013), constatou, por um lado, o crescimento de 58,70% no tamanho das decisões e, por outro, a redução de 34,11% no quantitativo anual de acórdãos publicados na era pós-TV Justiça.[172] Segundo

---

170. FONTE (2013): "Em 11 de agosto de 2012, a TV Justiça completou dez anos de existência ininterrupta. Curiosamente, o início da publicidade ostensiva dos julgamentos corresponde ao período em que o Supremo Tribunal Federal deixou de ser mero apêndice aos demais órgãos políticos e transformou-se em efetivo protagonista do processo político brasileiro. Ao longo desse período, a TV Justiça trouxe à luz as entranhas do tribunal. Brigas ásperas entre ministros e deliberações tensas foram transmitidas ao vivo e posteriormente retransmitidas nas maiores cadeias de televisão."

171. MOREIRA (1994, p. 7): "Votando *coram populo*, o juiz pode sem dúvida ver-se tentado a 'jogar para a plateia', a preocupar-se em excesso com a repercussão do voto junto aos assistentes – e, para além deles, junto à opinião pública, ou àquilo que passe por ser a opinião pública no dizer dos meios de comunicação social... Agrava-se o perigo em se tratando de processo concernente a assunto de grande relevância política (no sentido estrito da palavra), ou propício a suscitar emoções fortes, que se expressam em juízos apaixonados; ainda maior se torna quando o julgamento se realiza na presença de repórteres e – sobretudo! – de câmeras de televisão; atingirá o ápice, bem se compreende, se inundarem o recinto, ou de qualquer sorte estiverem em condições de acompanhar de perto os trabalhos, interessados diretos ou indiretos, dos quais haja motivos para temer manifestações de aprovação ou de desaprovação, quando não intervenções mais enérgicas. Em tais circunstâncias, não é remota a probabilidade de que algum juiz, ao votar, se deixe guiar menos por aquilo que realmente pensa, na intimidade de sua consciência, do que por aquilo que, segundo lhe parece, o resto do mundo gostaria que ele pensasse."

172. FONTE (2013): "Quando comparado os dois períodos, tem-se que, entre 1990 e 2002, o Supremo publicava, em média, 179,67 acórdãos por ano, ao passo que, entre 2003 e 2011, passou a publicar 118,40 acórdãos por ano, redução de 34,11%. O incremento no

Roma (2013), a constatação do aumento do tamanho dos votos dos ministros e da diminuição do número de decisões colegiadas pode ser traduzida nos seguintes termos: "expostos na televisão, os ministros se exibem mais e decidem menos sobre a matéria."

A deliberação em público e a transmissão dos julgamentos têm aspectos positivos e podem contribuir para o debate e aprimoramento da cultura jurídica e das instituições democráticas. A transparência do processo deliberativo[173] pode ser útil para a melhor compreensão das virtudes e defeitos das decisões colegiadas, auxiliando no desvelamento da aura de mistério que costuma envolver o Poder Judiciário e que, por vezes, acaba fomentando no imaginário popular uma visão idealizada dos juízes, como se fossem semi-deuses, guardiães da verdade jurídica e únicos desveladores legítimos do conteúdo consagrado na constituição e nas leis. Assim como os demais poderes, o Judiciário também tem fraquezas e vicissitudes que não devem ser ocultadas do público em geral.

Não obstante, há também aspectos negativos, sobretudo para o conteúdo da deliberação.[174] A publicidade dos julgamentos maximiza o "fenômeno de reforço" (*bolstering*) do próprio ponto de vista, no qual o

---

tamanho dos acórdãos e a redução da produtividade do plenário, ambos verificados após o advento da TV Justiça, são fenômenos relacionados, e também podem ser resultado da transmissão de julgamentos. Por simples ilação lógica, uma vez estabelecida a cultura de prolação de longos votos individuais, há menos tempo para julgar outras questões. Mas é importante salientar que a redução da produtividade *coletiva* foi contrabalanceada pelo incremento dramático na produção individual dos ministros. [...] A média histórica de decisões proferidas anualmente em ações diretas é de 199,86, incluídas decisões individuais (negativas de seguimento e concessões de liminares, nos casos em que tal é admitido por lei e pelo regimento). [...] [A] partir de 2002 ocorre súbito aumento das decisões. Entre 2003-2011, o Supremo produziu 268,50 decisões, em média, por ano, ao passo que no período anterior, entre 1990-2002, foram apenas 126,00, crescimento de 113,09%. Em outras palavras, o incremento dramático da produção individual impediu que o Supremo, a partir de 2002, ostentasse números absolutos menores que os verificados no período imediatamente anterior, relativo aos primeiros doze anos de funcionamento do tribunal no contexto pós-redemocratização."

173. A *transparência do processo deliberativo* não se confunde com a *transparência da decisão* em si que, como bem observado por Virgilio Afonso da Silva (2013b), não está naquilo que é dito no plenário ou para as câmeras, mas na sinceridade dos argumentos apresentados. Celso Roma (2013) considera que as digressões feitas pelos ministros, o abuso na utilização de termos técnicos e os longos votos lidos em plenário dificultam a compreensão dos debates por parte daqueles que não são iniciados na área jurídica, tornam "a transparência do STF [...] mais aparente que real."

174. FONTE (2013): "[O] voto individual perde a característica exclusiva de instrumento de convencimento voltado aos pares. Ele passa a ter, agregado a si, um objetivo mais amplo,

julgador tende a conferir maior peso aos argumentos que corroboram suas opiniões já declaradas publicamente. Em uma transmissão ao vivo, após realizarem a leitura do voto ou de simplesmente manifestarem a posição pessoal sobre o tema, as pressões para que o ministro se mantenha fiel aos seus pontos de vista e não se renda às opiniões contrárias, sem dúvida, aumentam exponencialmente. Consideradas as vantagens produzidas pelo raciocínio em grupo em comparação com o raciocíno individual, este é um aspecto negativo.

10.2.5. O apoio do público

Os juízes atuam dentro de um amplo contexto sociopolítico e, por isso, devem estar atentos a normas informais externas de legitimidade[175] que refletem as crenças dominantes na sociedade sobre o Estado de Direito e, em especial, sobre o papel do Poder Judiciário. Tais normas atuam como um importante constrangimento institucional, pois sua inobservância pode gerar sanções e afetar a maneira como particulares e poderes públicos reagem às decisões judiciais.[176]

As supremas cortes e os tribunais constitucionais têm competência para examinar questões políticas com base na constituição, mas não dispõem de mecanismos para impor suas decisões dependendo, para tal, da disposição dos demais poderes.[177] A fragilidade institucional

---

que é o de convencer o grande público de que as razões apresentadas pelo julgador são as mais apropriadas ao caso concreto...".

175. TYLER (2006, p. 375): "A legitimidade é uma propriedade psicológica de uma autoridade, instituição ou organização social que leva os que estão ligados a ela a acreditar que é apropriada, adequada e justa. Por causa da legitimidade, as pessoas sentem que devem se submeter às decisões e normas, a segui-las voluntariamente por obrigação e não por medo de punição ou antecipação de recompensa. Ser legítimo é importante para o sucesso das autoridades, instituições e arranjos institucionais, uma vez que é difícil exercerem influência sobre outros com base unicamente na posse e uso do poder. Ser capaz de obter a aquiescência voluntária da maioria das pessoas, na maioria das vezes, devido ao seu senso de obrigação aumenta a eficácia em períodos de escassez, crise e conflito."

176. Para Epstein e Knight (1998, p. 117), as normas informais e as correspondentes sanções "são as principais fontes de constrangimento institucional sobre os membros da Suprema Corte."

177. GRIMM (2009, p. 23): "Se a verdadeira essência do constitucionalismo é a submissão da política à lei, então a verdadeira essência da adjudicação constitucional é aplicar o direito constitucional em face do governo. Isso implica a revisão judicial de atos políticos- incluindo a legislação. No entanto, os tribunais constitucionais ou tribunais com jurisdição constitucional não podem compensar totalmente a fraqueza do direito

do Judiciário foi destacada por Alexander Hamilton, há mais de dois séculos, em seu célebre comentário constante da obra "O Federalista" (*Federalist Papers*):

> "O Judiciário, devido à natureza de suas funções, será sempre o menos perigoso para os direitos políticos da constituição; pois ele terá menos capacidade de incomodar ou ferir. O Executivo não só distribui as honras, como também segura a espada da comunidade. O Legislativo não só comanda o orçamento, como também prescreve as regras pelas quais os deveres e direitos de cada cidadão devem ser regulamentados. O Poder Judiciário, ao contrário, não tem qualquer influência nem sobre a espada, nem sobre o orçamento; não dirige nem a força nem a riqueza da sociedade, e não pode tomar qualquer resolução ativa que seja. Pode realmente ser dito que não tem nem força nem a vontade, mas apenas a sentença; e, no fim das contas, ainda depende do auxílio do Executivo até mesmo para a eficácia de suas decisões. Essa visão simples do tema sugere diversas consequências importantes. É a prova incontestável que o Judiciário é, sem comparação, o mais fraco dos três órgãos do poder." (HAMILTON; MADISON; JAY, 2009, p. 509).

A preservação da integridade institucional e do poder dos órgãos judiciais dependem, em grande medida, do respeito às suas decisões. O fato de desempenhar o papel de "guardião da constituição" ou de se autoatribuir a condição de seu "intérprete final", não assegura às supremas cortes e aos tribunais constitucionais o cumprimento e a imposição de suas decisões pelos demais poderes, razão pela qual é pouco provável que ordenem, com frequência, uma série de coisas que simplesmente não irão acontecer (FRIEDMAN, 2005, p. 315).

Decisões que extrapolam os padrões aceitáveis ou que frequentemente contrariam as expectativas da sociedade podem encontrar resistência para serem voluntariamente acatadas por seus destinatários ou executadas pelos demais poderes. Assim como o Legislativo e o Executivo podem se recusar, implícita ou explicitamente, a implementar uma decisão, parte da sociedade também pode criar obstáculos para cumpri-la.

---

constitucional. Como o poder de usar a força física permanece nas mãos dos órgãos políticos do governo, os tribunais são impotentes quando os políticos se recusam a cumprir com a constituição ou ignorar as ordens do tribunal."

Por um lado, em casos de alta saliência social, preocupações relacionadas à possível perda de apoio popular podem motivar comportamentos judiciais orientados pelo resultado, ainda que eventualmente desviantes do sentido estabelecido pelo material jurídico convencional. Por outro, expectativas relacionadas a sanções informais decorrentes de uma atuação em desconformidade com normas e convenções sociais inerentes ao Estado de Direito e ao papel do Judiciário podem estimular os juízes e tribunais a respeitarem os precedentes.[178] Embora eventuais desvios sejam tolerados, a inobservância "regular e sistemática" de sua jurisprudência pode acabar afetando o apoio do público e a crença na legitimidade do tribunal.[179]

Em termos institucionais, o apoio do público pode ser diferenciado em duas espécies. O *apoio específico* é mais restrito, ocorrendo nos casos em que uma instituição obtém o respaldo dos indivíduos que concordam com uma determinada decisão. O *apoio difuso*, por sua vez, refere-se à ideia de que decisões contrárias à vontade popular específica sobre o tema tendem a ser toleradas quando a instituição goza de uma reserva suficiente de apoio público.

A noção de "apoio difuso" pode ser compreendida como um "reservatório de boa vontade" em relação às instituições, a qual

---

178. EPSTEIN; KNIGHT (1998, p. 164): "Por pelo menos duas razões, é nesta dimensão externa estratégica que uma norma favorecendo o respeito pelo precedente pode afetar significativamente a tomada de decisão através da limitação da escolha judicial. Primeiro, razões de prudência sugerem que os *justices* deveriam seguir o precedente ao invés de suas próprias preferências políticas. O *stare decisis* é uma maneira de os tribunais respeitarem as expectativas estabelecidas de uma comunidade. Na medida em que os membros da comunidade baseiam suas expectativas futuras sobre a crença de que os outros vão seguir as leis existentes, a Corte tem interesse em minimizar os efeitos perturbadores da derrubada das normas atuais de comportamento. Se o Tribunal faz uma mudança radical, a comunidade pode não ser capaz de se adaptar, resultando em uma decisão que não produz uma regra eficaz. Há também razões normativas pelas quais os *justices* podem seguir um precedente ao invés de suas próprias preferências. Se uma comunidade tem uma crença fundamental de que o '*rule of law*' obriga a Corte a ser limitada pelo precedente, os juízes podem seguir a crença, mesmo que pessoalmente não a aceitem."

179. EPSTEIN; KNIGHT (1998, p. 165): "[V]iolações individuais da norma [que exige o respeito aos precedentes] não resultarão na rejeição da Corte pela sociedade; apenas desvios regulares e sistemáticos da norma poderiam minar a legitimidade do Tribunal. Por conseguinte, provas de casos individuais de desvio não demonstram que a norma não tem efeito. Enquanto os ministros, como regra, derem cumprimento à norma, eles estarão livres para se desviarem do precedente naqueles casos em que as suas preferências pessoais são tão diferentes do precedente que se sentem obrigados a alterar o direito existente."

contribui para que a opinião pública tolere ou aceite determinadas decisões desfavoráveis aos seus interesses imediatos.[180] O bom funcionamento do mercado político pressupõe certa correspondência entre o que os governados querem e aquilo que efetivamente recebem. Embora necessariamente exista uma folga entre o desejado e o recebido, esta folga não deve ser exageradamente grande. O apoio difuso é a medida da folga que a instituição tem para seguir o seu próprio caminho em determinadas questões (FRIEDMAN, 2005, p. 325; 2009, p. 379).

Em que pesem as dificuldades empíricas envolvendo o tema, nos últimos anos, estudos produzidos em diversos países têm apontado um forte apoio difuso ao Poder Judiciário e à manutenção de sua independência, mesmo quando há uma grande insatisfação com o resultado de decisões específicas. Na Alemanha, Ingeborg Maus (2000, p. 185) relata que a ampliação objetiva das funções exercidas pelo Judiciário tem sido acompanhada por uma "representação da Justiça por parte da população que ganha contorno de veneração religiosa".[181] Nos EUA, tradicionalmente as pesquisas de opinião pública apontam a existência de uma considerável dose de apoio do público à Suprema Corte.[182] No Brasil, o índice de apoio popular ao STF também pode ser considerado elevado, sobretudo, quando comparado com outras instituições políticas, como o Congresso Nacional.[183]

---

180. A ideia de um *apoio difuso* encontra raízes no trabalho seminal de David Easton que o definiu como "um reservatório de atitudes favoráveis ou de boa vontade que ajuda os membros a aceitar ou tolerar saídas [*outputs*] às quais se opõem ou o efeito que veem como prejudicial à sua vontade."

181. A professora da Universidade Johann Wolfgang Goethe, de *Frankfurt am Main*, menciona uma pesquisa de opinião pública que comprova esse ganho de confiança, na qual a aprovação popular do Tribunal Constitucional atingiu o percentual de 62%, extremamente elevado se comparado com o de outras instituições políticas e sociais como a televisão (34%) e a universidade (apenas 2%) (MAUS, 2000, p. 185).

182. CALDEIRA; GIBSON (1992, p. 635-636): "a Suprema Corte tem tradicionalmente se saído bem nas estimativas do público, especialmente em comparação com outras instituições políticas. Mesmo durante os anos 1960, quando o suporte para outras instituições despencou, as avaliações públicas da Corte mantiveram-se relativamente altas. [...] No entanto, o apoio popular para a Suprema Corte é limitado e isso muda ao longo do tempo em resposta às ações do próprio Tribunal e das condições políticas externas."

183. Pesquisa realizada em dezembro de 2012, pelo *Datafolha*, apontou que o STF contava com a confiança de 70% dos brasileiros, contra 43% em relação ao Congresso Nacional. A instituição com maior credibilidade entre os brasileiros foi a Presidência da República, com 81% de respostas positivas (CAMPANHA, 2012, p. A6). No mesmo período, segundo pesquisa realizada pelo IBOPE, a confiança da população no STF foi de 54 pontos (em

O prestígio institucional perante o público facilita o exercício da autoridade e contribui para que as decisões sejam voluntariamente acatadas.[184] Pode ter, ainda, um significativo efeito sobre a disposição dos poderes públicos para agir de forma rápida e decisiva na implementação das políticas definidas judicialmente. Como assinalado por Franklin e Kosaki (1989, p. 752), a percepção de que uma questão é muito controversa pode levar as autoridades públicas a uma inação.

Ao longo da história há vários exemplos de decisões judiciais que causaram reações indesejadas ou encontraram dificuldades para serem implementadas por se afastarem demasiadamente daquilo que a sociedade estava disposta a tolerar.[185] Embora careça de autoridade formal para impedir o cumprimento de uma decisão, a sociedade pode criar obstáculos à sua implementação, mesmo quando a oposição se restringe a um público local. É o que ocorreu, por exemplo, em relação à decisão do Tribunal Constitucional Federal alemão que determinou a retirada de crucifixos das salas de aula de escolas públicas (*Kruzifix* - BVerfGE 93, 1)[186] e com as decisões da Suprema Corte norte-americana sobre o fim do sistema de segregação racial nas escolas (caso *Brown v. Board of Education*).

Especialmente em contextos marcados por graves crises institucionais, o apoio do público se revela importante não apenas para a preservação de prerrogativas do tribunal, protegendo-o contra ameaças ou ataques efetivos, mas também para o fiel cumprimento de suas

---

uma escala de 0 a 100), enquanto o índice de confiança no "Poder Judiciário/Justiça" foi de 47 pontos. O Congresso Nacional teve o menor índice: 35 pontos (IBOPE, 2013).

184. TYLER (2006, p. 379): "Na área jurídica, a investigação sobre as interações pessoais dos indivíduos com policiais e juízes indica que as pessoas que veem essas autoridades como legítimas são mais propensas a aceitar as suas decisões, um efeito que é distinto da conclusão geral de que as pessoas são mais propensas a aceitar decisões que são mais favoráveis e/ou justas."

185. BRENNER; WHITMEYER (2009, p. 128-129): "[M]esmo que haja uma perda de apoio à Corte, é improvável que isso resulte em uma perda de eficácia da Corte, a menos que determinada decisão exija o público em geral, ou pelo menos parte dele, para dar cumprimento à decisão da Corte, ou que a perda do apoio público influencie a ação do Congresso ou do Executivo."

186. VANBERG (2005, p. 4): "Em um artigo de fim de ano sobre a crise [envolvendo a retirada dos crucifixos], o *Neue Zürcher Zeitung*, um dos jornais mais influentes da Europa, concluiu que 'com exceção de alguns casos extremamente raros, nada mudou no cotidiano escolar da Baviera'(16 de dezembro de 1995). Como ironizou um juiz do TCF [Tribunal Constitucional Federal] durante uma palestra na Universidade de Freiburg: 'Há mais crucifixos pendurados nas salas de aula bávaras agora do que antes da decisão.'"

decisões pelos demais poderes. Eventuais tentativas de subverter uma decisão de uma instituição nacional prestigiada podem acabar provocando uma reação pública (*public backlash*) contra aqueles que se atreverem a arriscar (FRIEDMAN, 2005, p. 323-324).

No tocante à influência de expectativas envolvendo a legitimidade institucional e o apoio do público, pode ser formulado o seguinte enunciado probabilístico:

- ***Enunciado dos fatores institucionais (14):*** *Quanto maiores os riscos à legitimidade institucional do tribunal, maior a probabilidade de influência de expectativas relacionadas ao apoio do público.*

10.2.5.1. A Suprema Corte e a "hipótese da legitimidade institucional"

A consciência sobre a importância do apoio do público para a preservação da legitimidade institucional pode fornecer fortes incentivos no sentido de evitar um distanciamento demasiado, ou por um longo período, dos pontos de vista majoritários sobre questões fundamentais.[187]

Parte dos estudiosos aponta preocupações relacionadas à preservação da *legitimidade institucional* da Suprema Corte dos EUA como a principal razão subjacente à correlação estatisticamente significativa entre o conteúdo de suas decisões e as mudanças de humor do público.[188] Nesse sentido, Mishler e Sheehan (1994, p. 717) afirmam que a Corte é uma instituição política, cuja autoridade depende, em certa medida, da confiança e respeito do público.[189] Primeira mulher a ser nomeada *justice*, Sandra Day O'Connor certa feita afirmou: "Nós dependemos

---

187. MISHLER; SHEEHAN (1994, p. 717): "A teoria não é que os *justices* rotineiramente mudam as suas decisões com base em pesquisas de opinião pública, mas que *alguns justices ocasionalmente* modificam suas decisões (se não as suas crenças pessoais) sobre *questões* importantes em resposta a *mudanças de longo prazo e fundamentais* na opinião pública percebidas como ameaçadoras da autoridade do Tribunal."

188. Sobre explicações referentes à sintonia entre a opinião pública e as decisões da Suprema Corte dos EUA, baseadas em razões de outra natureza, ver *item 9.2.4.1* (A Suprema Corte dos EUA e a opinião pública).

189. MISHLER; SHEEHAN (1993, p. 95): "... o impacto da opinião pública sobre as decisões do Tribunal é mediado, em parte, através de seus efeitos sobre a mudança na composição da Corte. Entretanto, de acordo com a hipótese de ajustamento político, a persistência de fortes efeitos do humor do público, [mesmo] com o controle da composição da

da confiança do público na correção dessas decisões. É por isso que temos de estar cientes das opiniões públicas e de atitudes em direção ao nosso sistema de justiça, e é por isso que devemos tentar manter e construir esta confiança." (FRIEDMAN, 2009, p. 371).

É oportuno lembrar que na experiência constitucional estadunidense a *judicial review* é resultante de uma criação jurisprudencial, cujas bases teóricas foram formuladas pelo *Chief Justice* Marshall no famoso *Caso Marbury v. Madison* (1803). Por não estar expressamente prevista no texto constitucional, questões relacionadas à legitimidade e à amplitude do controle de constitucionalidade, ainda hoje, estão no centro do debate jurídico, político e filosófico daquele país.

10.2.5.2. O STF e o apoio do público

No sistema jurídico brasileiro, a competência para o exercício do controle de constitucionalidade pelo STF está expressamente consagrada na Constituição,[190] o que esvazia o debate sobre a legitimidade do controle, restringindo-o aos limites dentro dos quais deve ser exercido. Não obstante, assim como a Suprema Corte dos EUA, o STF também necessita do auxílio de outras instituições para conferir efetividade a boa parte de suas decisões, o que, de certo modo, atua como um constrangimento para que ele opere dentro de certos limites gerais de aceitação pública.

A previsão expressa das competências pela constituição reduz a dependência em relação ao apoio do público, o qual tende a ter maior influência sobre o tipo de postura a ser adotada pelos juízes. Em contextos institucionais onde impera o equilíbrio na percepção do público sobre as instituições, haverá maior probabilidade de serem adotadas posturas mais deferentes em relação às escolhas feitas pelos

---

Corte indica também que o impacto da opinião pública sobre as decisões do Tribunal é parcialmente independente da alteração de composição."

190. No direito brasileiro, o controle difuso de constitucionalidade (*sistema norte-americano de controle*) vem sendo consagrado desde a primeira Constituição Republicana de 1891, ao passo que o controle concentrado (*sistema austríaco ou europeu de controle*) foi introduzido na Constituição de 1946, pela Emenda Constitucional 16/1965, sendo expressamente consagrado, desde então, em todas as demais constituições brasileiras. A Constituição de 1988 consagra, de forma direta, a competência do STF para exercer o controle concentrado de constitucionalidade (CRFB/88, Arts. 102, I, *a* e § 1º; e, 103, §2º); e, de forma indireta, a possibilidade de exercício do controle difuso pelo STF (CRFB/88, Arts. 52, X e 102, III) e por outros tribunais (CRFB/88, Art. 102, III, *b*).

poderes democraticamente eleitos, do que naqueles marcados por um forte apoio do público ao Judiciário e por um elevado grau de desconfiança em relação ao Legislativo e Executivo. O prestígio institucional conferido pelo apoio do público tende a estimular posturas judiciais mais ativistas.

A decisão do STF a favor da perda automática de mandato de parlamentares condenados criminalmente parece ilustrar bem esta hipótese. Na questão, havia uma margem razoável para duas interpretações em sentidos opostos: conferir ao Legislativo a decisão final sobre a perda dos mandatos (postura de autocontenção) ou conferir ao próprio Tribunal a última palavra (postura ativista).[191] Sem embargo de alguns congressistas argumentarem que este último entendimento levaria a uma ingerência indevida do Judiciário em atribuições políticas do Legislativo e até mesmo das ameaças feitas pelo presidente da Câmara dos Deputados (Marco Maia, PR/RS) sobre o possível surgimento de uma crise institucional, o STF, por cinco votos a quatro, adotou uma postura extremamente pró-ativa,[192] embora, posteriormente, devido às mudanças na composição da Corte, o entendimento majoritário sobre o tema tenha sido modificado com a entrada de dois novos ministros.[193]

---

191. Sobre o tema, no sentido que a perda de mandato deve ser automática nos casos de decisão criminal transitada em julgado, *cf.* PEREIRA; CAMPOS (2012); em sentido contrário, SARMENTO (2012).

192. Apesar da previsão constitucional expressa no sentido de que, no caso de parlamentar condenado criminalmente em sentença criminal transitada em julgado, a perda do mandato deve ser *decidida* pela respectiva Casa (CRFB/88, art. 55, VI c/c art. 55, § 2º), no final de 2012, durante o "julgamento do mensalão", prevaleceu o entendimento de que, no caso de condenação criminal definitiva pelo STF, não haveria espaço para o exercício de juízo político ou de conveniência pela Casa Legislativa, uma vez que a suspensão de direitos políticos, com a subsequente perda de mandato eletivo, seria efeito automático e irreversível da sentença condenatória, em face do disposto no art. 15, III da CRFB/88 (AP 470/DF, Rel. Min. Joaquim Barbosa, julgamento: 17.12.2012).

193. Com a nomeação dos ministros Teori Zavascki e Luís Roberto Barroso, houve uma mudança de posicionamento. Na decisão proferida em agosto de 2013, por seis votos a cinco, prevaleceu o entendimento de que caberia à respectiva Casa Legislativa deliberar sobre a eventual perda de mandato de seus membros, tendo em vista o disposto no § 2º do art. 55 da CRFB/88 (AP 565, Rel. Min. Cármen Lúcia, julgamento: 08.08.2013). Cumpre-se registrar, no entanto, uma ressalva feita por Barroso em decisão monocrática proferida pouco depois. Em mandado de segurança impetrado contra ato do Presidente da Câmara dos Deputados, que submeteu ao Plenário da Casa deliberação na qual foi preservado o mandato do Deputado Federal Natan Donadon, condenado a mais de 13 anos de prisão pelo STF, o Ministro concedeu a liminar por entender que, "no caso em exame, a perda do mandato deveria decorrer automaticamente da condenação judicial, sendo o ato da Mesa da Câmara dos Deputados vinculado e declaratório,"

Não parece descabido supor que a "descrença da população na política majoritária"[194] conjugada com a onda de popularidade na qual o Tribunal vinha surfando[195] tenham contribuído, em grande medida, para a postura originalmente adotada. É possível supor que tanto o *apoio específico* da maioria popular (favorável à perda automática do mandato) em relação ao conteúdo da decisão, quanto o capital político fornecido pelo *apoio difuso* ao Tribunal forneceram fortes incentivos para o comportamento de alguns dos ministros. Se os prestígios institucionais do STF e do Legislativo estivessem situados em patamares opostos, a probabilidade de prevalecer uma postura mais deferente seria maior.

uma vez que o período de pena a ser cumprido em regime fechado excedia "o prazo remanescente do mandato, tornando sua conservação impossível, tanto do ponto de vista jurídico quanto fático." Nas palavras de Barroso, o *periculum in mora* (perigo na demora) estava caracterizado "pela gravidade moral e institucional de se manterem os efeitos de uma decisão política que, desconsiderando uma impossibilidade fática e jurídica, chancela a existência de um Deputado presidiário, cumprindo pena de mais de 13 (treze) anos, em regime inicial fechado. A indignação cívica, a perplexidade jurídica, o abalo às instituições e o constrangimento que tal situação gera para os Poderes constituídos legitimam a atuação imediata do Judiciário." (MS 32.326 MC/DF, rel. Min. Roberto Barroso, julgamento: 02.09.2013).

194. SARMENTO (2009b, p. 53): "A percepção geral, alimentada por sucessivos escândalos e pelo discurso de alguns meios de comunicação social, de que a política parlamentar e partidária são esferas essencialmente corrompidas, que se movem exclusivamente em torno de interesses e não de valores, gera em alguns setores a expectativa de que a solução para os problemas nacionais possa vir do Judiciário. E este sentimento é fortalecido quando a Justiça adota decisões em consonância com a opinião pública – como ocorreu no recebimento da denúncia criminal no caso do "mensalão", na definição de perda do mandato por infidelidade partidária, e na proibição do nepotismo na Administração Pública."

195. Segundo pesquisa do *Datafolha*, durante o julgamento do mensalão a confiança dos brasileiros no STF cresceu em três pontos percentuais, passando de 67% em agosto para 70% em dezembro de 2012. Neste período, o Supremo foi a única instituição que obteve aumento no grau de confiança da população (CAMPANHA, 2012, p. A6).

11

CONCLUSÃO

O objetivo central do presente estudo foi identificar, explicar e sistematizar os fatores extrajurídicos tendentes a influenciar o comportamento judicial em determinados contextos, a fim de fornecer elementos contributivos para o aprimoramento das teorias normativas de decisão e argumentação jurídicas, bem como para o controle de interferências indesejadas, seja por meio do acionamento de mecanismos internos de atenção e autocontrole pelo próprio julgador ("controle endógeno"), seja mediante a adoção de medidas e normas direcionadas a evitar desajustes institucionais ("controle exógeno").

Como demonstrado, os juízes possuem *predisposições*, *preferências* e *interesses*, além de atuarem com base em *expectativas* geradas por plateias relevantes e pelo ambiente institucional, as quais fornecem estímulos para se alcançar determinados resultados. A identificação dos contextos decisórios e institucionais mais suscetíveis à influência de fatores extrajurídicos se mostra especialmente relevante na medida em que tais interferências não operam sempre de forma consciente, nem podem ser completamente evitadas.

Ante a impossibilidade fática de os comportamentos judiciais serem absolutamente *neutros* (i.e., despidos de predisposições valorativas) e *imparciais* (i.e., livres de preconceitos e/ou inclinações em relação às partes envolvidas ou interessadas na solução do litígio) em todos os tipos de contexto decisório, deve-se buscar mecanismos e medidas capazes de promover uma objetividade e racionalidade possíveis.

A identificação dos contextos nos quais há maior probabilidade de interferência de erros sistemáticos e vieses cognitivos, juntamente com a imposição de exigências relacionadas à prática e à fundamentação das decisões judiciais, voltadas a expor possíveis falhas e inconsistências com maior clareza, podem contribuir para promover a coerência interna e externa dos julgados, de modo a minimizar influências indesejadas.

Para dizer como devem decidir, é preciso saber *como os juízes são capazes de decidir*. Se comprovadamente fatores extrajurídicos influenciam o comportamento judicial, muitas vezes de forma inconsciente e inevitável, as teorias prescritivas com pretensão de minimizar interferências indesejadas devem levá-los em consideração e enfrentá-los, ao invés de simplesmente ignorá-los como se não existissem. Como adverte Barry Friedman (2005, p. 331), "as realidades imutáveis do mundo são os parâmetros dentro dos quais as teorias normativas devem operar." Ter em conta as descobertas realizadas em investigações empíricas não diminui a importância de teorias normativas de decisão e argumentação jurídicas, mas, ao contrário, contribui para revigorá-las, tornando-as mais efetivas.

11.1. MODELO JURÍDICO MULTIFATORIAL

O *modelo jurídico multifatorial* pressupõe que a atuação dos juízes é essencialmente orientada e limitada pelo material jurídico convencional, embora reconheça que a doutrina, a legislação e a jurisprudência são inaptas para conformar todos os atos judiciais praticados durante o processo ("comportamento judicial em sentido amplo") e de impor um único resultado decisório razoável ("comportamento judicial em sentido estrito") para todos os casos judiciais, como comprovam as decisões colegiadas não unânimes.

Nos termos desse modelo, os juízes são potencialmente influenciáveis pelas mesmas espécies de *fatores extrajurídicos*, independentemente do órgão ou do sistema jurídico nos quais atuam. No entanto, a intensidade e o grau de interferência são dependentes de dois tipos de variáveis: os atributos de cada juiz, os quais são constituídos e estruturados pelo ambiente institucional, social e cultural (*variáveis subjetivas*); e o contexto decisório e institucional, que pode, conforme a configuração, estimular ou restringir a influência de predisposições, preferências e interesses (*variáveis objetivas*).

Os "fatores extrajurídicos" foram reunidos, de acordo com sua origem, em dois grupos. Os *fatores endógenos* compreendem as variáveis referentes às predisposições ("fatores cognitivos"), às preferências pessoais ("fatores ideológicos") e aos interesses ("fatores de interesse") dos juízes. Os *fatores exógenos* abrangem estruturas sociais ("fatores sociais"), culturais ("fatores culturais"), questões interpessoais ("fatores interpessoais") e instituições ("fatores institucionais"), que, além de contribuírem para a constituição e estruturação dos atributos dos juízes, atuam no sentido de fomentar ou restringir a influência exercida por determinados fatores endógenos.

11.1.1. Enunciados probabilísticos

Para explicar a influência dos fatores extrajurídicos sobre o comportamento judicial, foram formulados, a partir dos estudos empíricos existentes, *enunciados probabilísticos* contendo proposições sintéticas referentes à possível influência de determinados fatores diante de certos contextos ou situações, desde que mantidas todas as demais condições inalteradas (*ceteris paribus*).

Para comprovar a tese de que a probabilidade de influência dos "fatores extrajurídicos endógenos" é condicionada, primordialmente, pelo *contexto decisório*, foram utilizados alguns casos típicos como alicerces para o desenvolvimento do modelo.

I) A primeira distinção estrutural relacionada ao contexto decisório foi entre *casos simples* e *casos complexos*. Se a indeterminação dos elementos fáticos e/ou jurídicos reduz a certeza acerca da possível resposta fornecida pelo direito e amplia a margem de ação do julgador, por conseguinte, a complexidade do caso judicial está diretamente relacionada à probabilidade de influência, consciente ou inconsciente, de fatores extrajurídicos.[1]

I.1) A *legislação* possui enunciados normativos vagos, imprecisos e/ou materialmente controversos incapazes de impor a (re)criação de uma única norma de decisão. Por outro lado, poucas são as normas processuais e/ou procedimentais dirigidas ao juiz de forma vinculante, sob pena de sanção no caso de inobservância. Tais características conferem uma ampla margem de ação dentro da qual, dependendo do contexto decisório, o comportamento judicial tende a ser influenciado por fatores extrajurídicos.[2]

---

1. ***Enunciado estruturante (1):*** *Quanto mais simples o caso judicial, maior a probabilidade de que o resultado seja determinado exclusivamente por fatores jurídicos;* ***Enunciado estruturante (2):*** *Quanto mais complexo o caso judicial, maior a probabilidade de influência de fatores extrajurídicos.*

2. ***Enunciado legislativo (1):*** *Quanto mais vagos e imprecisos os termos contidos no enunciado normativo, maior a probabilidade de influência de fatores extrajurídicos na interpretação;* ***Enunciado legislativo (2):*** *Quanto maior o dissenso conteudístico sobre questões de alta carga moral e/ou política, maior a probabilidade de influência de fatores cognitivos e ideológicos;* ***Enunciado legislativo (3):*** *Quanto maior a flexibilidade*

I.2) A *doutrina* desempenha papel relevante tanto na constituição e estruturação dos atributos judiciais, quanto na redução de incertezas e criação de constrangimentos metodológicos. Os fatores de objetivação, no entanto, são incapazes de afastar a influência de fatores extrajurídicos, mesmo no caso de juízes bem-intencionados, de sólida formação profissional e perseguidores de objetivos jurídicos.[3]

I.3) A *jurisprudência* desempenha papel fundamental no sentido de reduzir a influência de fatores extrajurídicos, seja por transformar casos originariamente complexos em casos simples, seja por fixar teses e regras a serem observadas na solução de casos semelhantes (precedentes).[4]

II) A segunda distinção estrutural referente ao contexto decisório teve em conta as características marcantes do tema a ser decidido. Foram diferenciados quatro grupos de casos típicos tendentes a favorecer a influência de certos fatores endógenos.

II.1) O primeiro grupo reuniu os *casos de alto impacto político, social e/ou econômico*. Em processos envolvendo direitos fundamentais, cujos efeitos da decisão são potencialmente capazes de causar forte impacto negativo na política, na sociedade e/ou na economia, considerações de natureza consequencialista tendem a interferir na escolha do resultado, ampliando a probabilidade de influência por *fatores pragmáticos*.[5]

---

das normas processuais e/ou procedimentais, maior a probabilidade de influência de fatores extrajurídicos sobre o comportamento judicial em sentido amplo.

3. ***Enunciado doutrinário (1):*** *Quanto mais sólidas e coerentes as concepções doutrinárias acolhidas por um juiz, maior a probabilidade de influenciarem o comportamento judicial;* ***Enunciado doutrinário (2):*** *Quanto maior o consenso doutrinário sobre determinada tese jurídica, maior o constrangimento metodológico imposto por ela e, por conseguinte, menor a probabilidade de influência de fatores extrajurídicos.*

4. ***Enunciado jurisprudencial (1):*** *Quanto maior o grau de similitude das circunstâncias fáticas e jurídicas dos casos comparados, maior a probabilidade de influência dos precedentes;* ***Enunciado jurisprudencial (2):*** *Quanto maior o peso conferido aos precedentes, menor a probabilidade de influência de fatores extrajurídicos.*

5. ***Enunciado estruturante (3):*** *Quanto mais forte o impacto potencialmente negativo de uma decisão envolvendo questões políticas, sociais e/ou econômicas, maior a probabilidade de influência de fatores pragmáticos;* ***Enunciado dos fatores pragmáticos:*** *Quanto maior o impacto político, social ou econômico da decisão, maior a probabilidade de considerações de natureza consequencialista influenciarem o comportamento judicial.*

II.2) O segundo grupo é formado por *casos em que são exigidas valorações judiciais* entre as várias alternativas juridicamente estabelecidas. A subjetividade do critério a ser utilizado nessa espécie de análise tende a favorecer a interferência de *fatores cognitivos*, em especial, das denominadas "ilusões cognitivas".[6]

II.3) O terceiro grupo é composto por *casos com alta carga moral e/ou política*. Em questões de natureza filosófica, moral, religiosa ou política (em sentido estrito), como as envolvendo certos direitos e garantias individuais, a ideologia do juiz tende a influenciar o seu comportamento com maior intensidade. Tal interferência pode operar tanto de forma deliberada, motivada pelo desejo de maximizar *preferências políticas pessoais* (*fatores ideológicos*), como de maneira inconsciente, devido às *predisposições* relacionadas a valores e convicções pessoais (*fatores cognitivos*).[7]

II.3.1) Os *fatores cognitivos* atuam no comportamento judicial de forma não consciente, fazendo com que predisposições e erros sistemáticos potencializem preferências e interesses pessoais ou induzam a expectativas enviesadas. Toda tomada de decisão, inclusive a judicial, envolve processos mentais extremamente complexos.[8] A melhor maneira de minimizar interferências indesejáveis é identificar as situações mais suscetíveis, de modo a permitir o acionamento de mecanismos endógenos de controle.[9]

A influência de *fatores cognitivos* tende a ser mais forte em *casos com alta carga moral e/ou política* nos quais já existe uma "proto-decisão", isto é, uma decisão subjetivista tomada antes mesmo do conhecimento de todos os dados concretos do caso a ser julgado. Quanto maior a *saliência pessoal* de um determinado tema, mais fortes serão os valores e convicções pessoais e, por conseguinte, maior a dificuldade em

---

6. ***Enunciado estruturante (4):*** *Quanto maior a subjetividade do critério valorativo fixado para a escolha entre alternativas juridicamente estabelecidas, maior a probabilidade de influência de fatores cognitivos.*

7. ***Enunciado estruturante (5):*** *Quanto mais alta a carga política e/ou moral do tema a ser decidido, maior a probabilidade de influência de fatores ideológicos e cognitivos.*

8. ***Enunciado dos fatores cognitivos (1)****: Quanto menor o tempo disponível para deliberação judicial, maior a probabilidade de julgamentos intuitivos e superficiais.*

9. ***Enunciado dos fatores cognitivos (2)****: Quanto menor o conhecimento sobre a existência e as circunstâncias de atuação dos fatores cognitivos, maior a probabilidade de sua influência sobre o comportamento judicial.*

evitar a interferência de predisposições que interfiram no raciocínio decisório.[10]

Os *fatores cognitivos grupais*, relacionados às influências recíprocas entre juízes do mesmo órgão colegiado, podem ampliar ou reduzir a interferência da ideologia ("efeitos do colegiado"). Nos órgãos colegiados homogêneos – i.e., compostos por juízes com valores e convicções semelhantes –, há uma tendência de *amplificação ideológica*, consistente no deslocamento dos pontos de vista pessoais para as extremidades ("polarização grupal").[11] Em sentido inverso, nos órgãos judiciais heterogêneos, a presença de pelo menos um juiz com valores e convicções diferentes dos demais tende a produzir uma *atenuação ideológica* ("efeito informador").[12] Já em temas acerca dos quais não possuem conhecimento, opinião consolidada ou segurança quanto ao enquadramento jurídico, membros de órgãos colegiados tendem a aderir à opinião dos demais ("efeito conformador").[13]

II.3.2) Os *fatores ideológicos*, além de operarem de forma inconsciente por meio das predisposições (*julgamento enviesado*), podem interferir também de modo deliberado, quando o comportamento judicial é motivado pelo desejo de maximizar "preferências políticas pessoais" (*julgamento intencional*). Em ambos os casos, a probabilidade de influência desses fatores é maior quando presentes algumas variáveis subjetivas e objetivas.

Os juízes *ideologicamente extremados*, por serem mais suscetíveis a tal influência, adotam posicionamentos mais previsíveis.[14] Quando são perseguidos *objetivos políticos*, o que tende a ocorrer em temas de *alta saliência pessoal*, os mecanismos internos de controle não são

---

10. ***Enunciado dos fatores cognitivos (3)***: *Quanto mais fortes e arraigados os valores e convicções pessoais (entrincheiramento ideológico), maior a probabilidade de que a influência de fatores ideológicos se sobreponha à de outros fatores extrajurídicos.*

11. ***Enunciado dos fatores cognitivos (4)***: *Quanto maior a homogeneidade de pontos de vista dos membros de um órgão colegiado, maior a probabilidade de serem adotadas posições grupais mais extremas que a média das decisões tomadas individualmente.*

12. ***Enunciado dos fatores cognitivos (5)***: *Quanto maior a pluralidade de informações e de pontos de vista nos órgãos colegiados, maior a probabilidade de se evitar erros sistemáticos e decisões ideologicamente extremadas.*

13. ***Enunciado dos fatores cognitivos (6)***: *Quanto maior a incerteza individual e a conformidade do grupo sobre determinadas questões, maior a probabilidade de influência da opinião majoritária intracorte.*

14. ***Enunciado dos fatores ideológicos (1):*** *Quanto mais extremada a ideologia do juiz, maior a probabilidade de influência consistente e previsível de fatores ideológicos.*

acionados e, por conseguinte, a influência tende a ser ainda mais intensa. Por outro lado, além de a influência de fatores ideológicos ser característica de casos com alta carga moral e/ou política, quanto maior a complexidade e a saliência social e/ou midiática, maior a probabilidade de interferência da ideologia.[15] O mesmo se verifica em relação às restrições institucionais, cuja fragilidade amplia a possibilidade de tal interferência. Por outro lado, havendo o receio de revisão da decisão por um tribunal superior, de sua superação pelo Parlamento ou de pressão de grupos de interesse, os mecanismos de autocontrole e vigilância individual se intensificam e, por conseguinte, tendem a inibir referida influência.[16]

No tocante à força da influência exercida por "preferências formais", as posturas ativistas tendem a conferir uma margem de ação mais ampla aos juízes que posturas deferentes, logo, têm maior suscetibilidade à influência de fatores extrajurídicos.[17]

II.4) O quarto grupo compreende os *casos de alta saliência pessoal, social e/ou midiática*. A especial relevância da questão discutida - seja para o próprio juiz, seja para plateias relevantes - e/ou a repercussão do tema na sociedade e/ou nos meios de comunicação são características tendentes a favorecer a interferência de determinados *fatores de interesse*, assim como *considerações de natureza estratégica* baseadas em expectativas sobre as possíveis reações de outros atores.[18]

II.4.1) Os juízes, assim como qualquer ser humano, possuem "interesses" variados potencialmente capazes de motivar determinados comportamentos. O desejo de ser promovido, de evitar a reversão/superação de suas decisões, de maximizar o tempo livre, o poder e a reputação são alguns dos *fatores de interesse* potencialmente capazes de influenciar preferências e escolhas judiciais.

---

15. ***Enunciado dos fatores ideológicos (2):*** *Quanto maior a complexidade e/ou saliência de um caso com alta carga moral e/ou política, maior a probabilidade de influência de fatores ideológicos.*
16. ***Enunciado dos fatores ideológicos (3):*** *Quanto mais fortes as restrições institucionais, menor a probabilidade de influência de fatores ideológicos.*
17. ***Enunciado dos fatores ideológicos (4):*** *Quanto mais ativista a postura judicial, maior a probabilidade de influência de fatores extrajurídicos.*
18. ***Enunciado estruturante (6):*** *Quanto maior a saliência pessoal, social e/ou midiática de um caso, maior a probabilidade de influência de fatores de interesse e de considerações de natureza estratégica.*

O *tipo de interesse* a ser fomentado e o *grau de probabilidade* de sua influência dependem tanto da capacidade individual de "autocontrole" (variável subjetiva), quanto do contexto decisório e institucional (variável objetiva). Sob a perspectiva subjetiva, pessoas com "autocontrole elevado" têm maior capacidade de supervisionar a maneira como se apresentam e, por isso, conseguem ajustar melhor sua imagem aos diferentes contextos. Pessoas com "autocontrole baixo" conferem menos atenção às impressões causadas em terceiros e, por conseguinte, tendem a transmitir uma imagem mais constante. Sob a perspectiva objetiva, a probabilidade de influência de *fatores de interesse* tende a ser maior em áreas abertas do direito (i.e., em casos mais complexos ou quando as condutas judiciais não são regulamentadas de forma rígida) ou quando as restrições institucionais são fracas ou improváveis (*e.g.*, baixo risco de punição ou de reversão/superação da decisão). O tipo de interesse a ser fomentado pode variar conforme o órgão de atuação e a saliência do caso a ser decidido. Ser promovido e evitar o risco de reversão da decisão são interesses potencialmente capazes de afetar apenas juízes de instâncias inferiores; a maximização do poder e de interesses ligados à reputação são fatores que tendem a ter maior influência sobre a atuação de membros das Supremas Cortes e Tribunais Constitucionais. O desejo de evitar divergências intracorte (*aversão à divergência*)[19] e de maximizar o tempo livre tem maior probabilidade de influenciar o comportamento judicial em contextos decisórios de baixa saliência; o interesse em maximizar o poder e a reputação positiva perante determinadas plateias tende a atuar com maior intensidade em casos de alta saliência.

II.4.2) Os casos de alta saliência, por despertarem especial interesse do próprio juiz ou de plateias relevantes, favorecem a adoção de comportamentos baseados em *considerações de natureza estratégica*. Os juízes têm consciência de que a realização de suas preferências e interesses não depende apenas de si mesmos e que, para alcançar determinados fins, devem levar em consideração tanto as preferências e possíveis reações de outros atores relevantes, como o contexto institucional. Diversamente do "comportamento sincero", no qual a influência de determinados fatores extrajurídicos pode operar abaixo do nível da consciência, no "comportamento estratégico" as escolhas são feitas de forma intencional.

---

19. ***Enunciado dos fatores de interesse (4):*** *Quanto menor o tempo de posse no tribunal, maior a probabilidade de "aversão à divergência".*

III) A parte final do trabalho foi dedicada à análise da influência exercida por fatores sociais, culturais, interpessoais e institucionais. A atuação desses *fatores extrajurídicos exógenos* se desenvolve, basicamente, em dois sentidos distintos. Por um lado, as instituições e estruturas sociais e culturais contribuem para constituir os atributos individuais de cada julgador (variável subjetiva). Por outro, as diferentes configurações do contexto normativo-institucional em que o juiz exerce sua atividade podem agir no sentido de ampliar ou reduzir a intensidade e o grau de influência de determinados fatores jurídicos ou extrajurídicos (variável objetiva).

III.1) As ideias, convicções, valores e atitudes dos juízes são conformados, em diferentes medidas, por *estruturas sociais* e *culturais* mais amplas, responsáveis por estimular hábitos característicos do pensamento e fornecer fundamentos essenciais para a conduta. O "background" social (formação educacional, profissional, política, religiosa, classe social, sexo, idade) é potencialmente capaz de infundir nos indivíduos predisposições para responder, de forma relativamente padronizada, a certas classes consistentes de estímulos, embora os padrões comportamentais sejam sempre delimitados no tempo e no espaço. No mesmo sentido, os elementos objetivos (fatos, coisas, signos, tradições) e subjetivos (sentimentos, ideias, emoções, julgamentos de valor...) integrantes dos "complexos culturais" atuam na constituição dos quadros mentais do indivíduo, embora a adesão aos padrões de cultura do grupo ocorra em diferentes níveis.

A ação conformadora do meio social e cultural sobre o comportamento oscila conforme a capacidade de reação de cada indivíduo à pressão modeladora do meio. Nem as prescrições dos códigos sociais são uniformemente acatadas, nem as características culturais são capazes de aniquilar os atributos específicos de cada indivíduo, os quais são moldados também por uma imensa gama de outros fatores. Em que pesem tais ressalvas quanto à capacidade de conformação individual das estruturas sociais e culturais, é certo que estas desempenham papel fundamental na constituição e estruturação dos atributos dos juízes e, por isso, são potencialmente capazes de produzir reflexos relevantes na intensidade e no grau de influência de determinados fatores.[20]

20. ***Enunciado dos fatores culturais (1)***: *Quanto mais arraigados o jeitinho, a mentalidade hierárquica, o personalismo e o patrimonialismo, maior a probabilidade de decisões casuísticas e personalistas.*

III.2) A *direção* na qual o comportamento judicial tende a ser influenciado por interesses relacionados à reputação positiva (popularidade, fama, prestígio, admiração, renome, estima e respeito) depende, sobretudo, das *plateias interessadas*[21] e do *tipo de imagem* que o juiz deseja exteriorizar. Os juízes com perfil mais "acadêmico" tendem a conferir especial atenção às plateias internas (atores jurídicos) e, por conseguinte, são mais propensos a tentar demonstrar sua imparcialidade e capacidade técnico-jurídica de agir pautado pelo direito, sem a influência de pressões e interesses externos. A preocupação em ter uma reputação positiva perante os membros da comunidade jurídica, em regra, tende a incentivar os juízes a agir dentro de limites juridicamente aceitáveis.[22] Por sua vez, os juízes com perfil mais "popular" tendem a ter maior preocupação com os pontos de vista do público em geral e, por conseguinte, são mais suscetíveis a tomar decisões orientadas pelo resultado.[23]

A crescente midiatização dos casos judiciais vem deslocando o foco de preocupação dos juízes das plateias internas em direção a plateias externas, sobretudo, no âmbito das Supremas Cortes e dos Tribunais Constitucionais. Por ser a relevância atribuída aos *meios de comunicação* uma decorrência de seu papel intermediador com a *opinião pública*, as variáveis tendentes a potencializar a influência exercida por essas plateias são basicamente as mesmas. Em regra, a probabilidade de influência tende a ser maior quando: os juízes são ideologicamente mais moderados (*variável subjetiva*);[24] atuam em contextos institucionais de intensa e frequente exposição midiática;[25] e, o caso judicial se caracteriza pela alta saliência social e/ou midiática[26] (*variáveis objetivas*).

---

21. ***Enunciado dos fatores de interesse (1):*** *Quanto maior o interesse de plateias relevantes no resultado da decisão, maior a probabilidade de influência de fatores de interesse.*

22. ***Enunciado dos fatores de interesse (2):*** *Quanto maior a preocupação com a reputação positiva perante plateias internas (atores jurídicos), menor a probabilidade de influência de fatores extrajurídicos.*

23. ***Enunciado dos fatores de interesse (3):*** *Quanto maior a preocupação com a reputação positiva perante plateias externas (atores não jurídicos), maior a probabilidade de influência de fatores extrajurídicos.*

24. ***Enunciado dos fatores de interesse (5):*** *Quanto mais moderada a ideologia do juiz, maior a probabilidade de serem levados em consideração os pontos de vista acolhidos pela mídia e/ou opinião pública.*

25. ***Enunciado dos fatores de interesse (6):*** *Quanto maior a exposição midiática do juiz, maior a probabilidade de interferência da mídia e/ou opinião pública sobre o comportamento judicial.*

26. ***Enunciado dos fatores de interesse (7):*** *Quanto maior a saliência social e/ou midiática do caso, maior a probabilidade de influência da mídia e/ou opinião pública sobre o comportamento judicial.*

III.3) As *instituições* servem como fonte e ajudam a moldar predisposições, preferências e interesses dando forma, direção e sentido ao comportamento judicial. As características do Poder Judiciário, bem como sua relação com as demais instituições no sistema político, impõem aos juízes a obrigação de agir de acordo com determinadas expectativas e responsabilidades. O sentimento do dever de respeitar o direito vigente e o compromisso de agir como magistrado, e não como membro do Legislativo ou do Executivo, fornecem incentivos para a adoção de comportamentos orientados por objetivos jurídicos. A posição institucional dos juízes tende a motivá-los a agir guiados pelo senso de dever profissional, com a observância de determinadas normas de conduta. A noção de "tribunal", como instituição fomentadora de objetivos e executora de funções específicas dentro do sistema político, influencia a autoconcepção de seus membros, inclusive no que se refere ao senso de responsabilidade profissional para filtrar interferências inconsistentes com as funções institucionais.

Os fatores institucionais atuam, ainda, no sentido de fornecer estímulos potencialmente capazes de fomentar ou restringir a influência de outros fatores jurídicos e extrajurídicos. Configurações institucionais distintas criam diferentes expectativas e formas de produção do direito. A definição e a realização de objetivos, preferências e interesses são, em certa medida, institucionalmente dependentes. O alcance de objetivos está subordinado aos arranjos institucionais. Por vezes, mesmo quando os juízes têm uma margem de ação para decidir conforme suas preferências e interesses, as expectativas em relação às possíveis reações de outros atores acabam por criar constrangimentos capazes de limitar a intensidade desse tipo de influência. Os juízes atuam em um sistema político no qual a prevalência e a efetividade de suas decisões possuem relação de interdependência com as preferências e interesses de outros atores. Por isso, mesmo quando mantidas todas as demais condições inalteradas, o comportamento judicial tende a variar de acordo com a configuração do contexto normativo-institucional.

III.3.1) As *normas internas* tratam de aspectos referentes ao funcionamento dos órgãos judiciais durante o processo e julgamento. A discricionariedade no controle da agenda, o volume de trabalho, a forma de escolha do presidente do tribunal e do relator dos processos, a ordem de votação e o modo de deliberação interna são aspectos institucionais potencialmente capazes de afetar o comportamento judicial, estimulando ou restringindo a interferência de fatores extrajurídicos.

III.3.1.1) O nível de discricionariedade no *controle sobre a agenda* do tribunal é uma das variáveis institucionais de maior relevância. A liberdade para escolher os temas a serem decididos e/ou o melhor momento para proferir a decisão tende a favorecer a interferência de considerações estranhas ao direito, baseadas em preferências, interesses ou expectativas relacionadas às consequências sistêmicas da decisão e/ou às possíveis reações de outros atores. Quando o tribunal tem a possibilidade de definir quais são os casos a serem julgados, as escolhas tendem a recair sobre questões mais complexas e de alta saliência pessoal, social e/ou midiática, ou seja, tornam-se mais frequentes os contextos decisórios típicos para a influência de fatores extrajurídicos.[27]

III.3.1.2) A *carga de trabalho* pode interferir na espécie de comportamento a ser adotado, bem como no tipo de fator e grau de influência. A sobrecarga de processos impõe a adoção de comportamentos otimizadores da atuação judicial, o que tende a fornecer fortes incentivos para a adoção de condutas de menor complexidade e mais céleres.[28] Nesse contexto institucional, comportamentos judiciais que exigem maior quantidade de tempo e esforço tendem a ser empregados em um número proporcionalmente menor de casos, em especial, naqueles dotados de maior saliência.[29]

III.3.1.3) As *formas de escolha do presidente do tribunal* e do *relator* podem amplificar interferências de caráter pessoal, conforme o grau de subjetividade do critério adotado. A discricionariedade estimula escolhas influenciadas por preferências, interesses e expectativas de caráter pessoal, tornando o ambiente decisório mais suscetível à interferência de fatores extrajurídicos e à utilização de comportamentos estratégicos.[30]

---

27. ***Enunciado dos fatores institucionais (1):*** *Quanto maior o grau de discricionariedade para definir a própria agenda, maior a probabilidade de influência de fatores extrajurídicos e de serem adotados comportamentos estratégicos.*
28. ***Enunciado dos fatores institucionais (2):*** *Quanto maior a carga de trabalho, maior a probabilidade de influência do relator;* ***Enunciado dos fatores institucionais (3):*** *Quanto maior a carga de trabalho, maior a probabilidade de adesão aos precedentes.*
29. ***Enunciado dos fatores institucionais (4):*** *Quanto maior a carga de trabalho, menor a frequência de atuações estratégicas em sentido estrito.*
30. ***Enunciado dos fatores institucionais (5):*** *Quanto maior a subjetividade do critério adotado para a escolha do presidente ou para a designação do relator, maior a probabilidade de comportamentos judiciais influenciados por fatores extrajurídicos e/ou baseados em considerações estratégicas.*

III.3.1.4) A *ordem de votação* pode interferir na capacidade de influenciar os demais colegas de tribunal e na eficácia de comportamentos estratégicos intracorte. A probabilidade de influência em um órgão colegiado é maior quando os demais membros ainda não exteriorizaram o entendimento pessoal sobre o assunto. Quanto mais cedo os argumentos são expostos durante o julgamento, maiores as chances de serem levados em consideração.[31] Em contrapartida, votar após ter conhecimento da posição adotada por outros colegas facilita a adoção de atuações estratégicas voltadas à formação de maiorias em temas sobre os quais o tribunal esteja dividido.

III.3.1.5) A *forma de deliberação* interna de órgãos colegiados interfere diretamente na influência de determinados fatores cognitivos. Em regra, a busca por argumentos de apoio a uma solução tende a ser mais eficiente na abordagem dialógica conjunta, a qual é potencialmente capaz de ter melhor desempenho e de produzir resultados mais corretos e com maior grau de objetividade do que a análise individual, mesmo quando realizada pelo melhor membro do grupo ("efeito do bônus da assembleia").

Há dois modelos básicos de deliberação interna adotados por tribunais. No *modelo agregativo*, as decisões colegiadas são essencialmente resultantes da soma dos pontos de vista de cada membro. Como as decisões individuais geralmente são elaboradas antes da sessão plenária, a tendência é os juízes, ao avaliarem outros argumentos, conferirem maior peso aos pontos de vista favoráveis às suas opiniões prévias e serem menos permeáveis à influência de argumentos contendo razões contrárias. No *modelo deliberativo*, a elaboração da decisão do tribunal é precedida, em tese, pela discussão conjunta dos pontos de vista individuais, o que tende a favorecer avaliações menos enviesadas, deliberações mais genuínas e, por conseguinte, a descoberta de melhores respostas.[32]

III.3.2) As *normas externas* regem as relações entre órgãos judiciais e atores politicamente relevantes localizados fora do Poder Judiciário, tais como os membros do Executivo, do Legislativo e o público em geral. A configuração do sistema de separação dos poderes, a amplitude das garantias

31. ***Enunciado dos fatores institucionais (6):*** *Quanto antes uma opinião é manifestada, maior a probabilidade de influenciar os demais membros do colegiado.*

32. ***Enunciado dos fatores institucionais (7):*** *Quanto mais ampla e sincera a deliberação intracorte, maior a probabilidade de se alcançar melhores resultados.*

funcionais e institucionais, a forma de recrutamento dos julgadores, assim como o nível de publicidade e de apoio popular às decisões interferem na intensidade e no grau de influência dos fatores extrajurídicos.

III.3.2.1) Dentre as instituições formais institucionalizadas nas constituições modernas, o sistema de *separação dos poderes* é um dos principais responsáveis por impor limites às preferências e interesses dos juízes. Os mecanismos de freios e contrapesos geram diferentes expectativas tendentes a influenciar o comportamento judicial, em maior ou menor medida, conforme a facilidade para a superação da decisão ou o risco de sanções formais e/ou informais.[33]

III.3.2.2) As *garantias institucionais* e *funcionais* visam a assegurar a independência do Poder Judiciário, protegendo os magistrados para atuarem com autonomia (interna e externa) e imparcialidade. Quando devidamente asseguradas e respeitadas, tais garantias impedem a "coação" e reduzem a "capacidade de influência" de atores políticos, por limitarem a utilização de mecanismos de pressão externa potencialmente capazes de estimular decisões judiciais em determinados sentidos.[34]

Por outro lado, momentos de grave crise institucional potencializam os riscos à independência do Poder Judiciário e à efetividade de suas decisões, tornando-as mais suscetíveis à interferência de atores políticos externos. Nesse tipo de ambiente, as "preferências" dos demais poderes tendem a ter um peso maior sobre o comportamento judicial, aumentando a probabilidade de atuações estratégicas cooperativas.[35]

III.3.2.3) A *forma de recrutamento* tende a favorecer, conforme o critério adotado ("técnico-jurídico" ou "político-jurídico"), o ingresso de indivíduos mais vocacionados a perseguirem objetivos jurídicos ou políticos.[36] No caso de critérios *político-jurídicos*, o grau de liberdade

33. ***Enunciado dos fatores institucionais (8):*** *Quanto mais fortes as expectativas sobre a possibilidade de superação ou de reação negativa pelos demais poderes, maior a probabilidade de atuações estratégicas extracorte.*

34. ***Enunciado dos fatores institucionais (9):*** *Quanto mais amplas e efetivas as garantias institucionais e funcionais atribuídas ao Judiciário, menor a probabilidade de interferência de atores políticos.*

35. ***Enunciado dos fatores institucionais (10):*** *Quanto maior a instabilidade institucional e/ou a crise institucional entre os poderes, maior a probabilidade de atuações estratégicas cooperativas entre os membros do tribunal.*

36. ***Enunciado dos fatores institucionais (11):*** *Quanto maior o grau de subjetividade do critério adotado para recrutamento dos juízes, maior a probabilidade de influência de fatores extrajurídicos.*

conferido ao Chefe do Executivo para escolher os magistrados pode permitir a seleção de indivíduos mais alinhados às suas preferências e interesses, o que, por conseguinte, tende a ampliar sua influência indireta sobre as decisões do órgão judicial.

III.3.2.4) O *grau de exposição pública* das sessões de julgamento pode interferir na qualidade, no controle e nos resultados da deliberação intracorte. As deliberações reservadas têm a vantagem de conferir maior blindagem contra eventuais pressões externas e, por serem potencialmente mais genuínas e flexíveis, tendem a produzir melhores resultados coletivos.[37] Por sua vez, as deliberações abertas, por permitirem maior escrutínio público, tendem a exigir maior atenção dos julgadores e, por conseguinte, favorecem a atuação de mecanismos internos de autocontrole contra influências indesejadas tendentes a operar de forma inconsciente.[38]

III.3.2.5) As normas informais externas de legitimidade relacionadas ao *apoio do público* refletem as crenças dominantes na sociedade sobre o Estado de Direito e, em especial, sobre o papel do Poder Judiciário. Tais normas criam importantes constrangimentos institucionais, pois sua inobservância pode afetar a maneira como particulares e poderes públicos reagem às decisões judiciais. Por estarem inseridos em um contexto sociopolítico no qual não possuem mecanismos para imposição autônoma de todas as suas decisões, as Cortes Supremas e os Tribunais Constitucionais tendem a se preocupar com o apoio do público, fator relevante para a preservação da legitimidade institucional e, por conseguinte, da efetividade das decisões.[39] O prestígio perante o público, além de proteger as prerrogativas do tribunal contra eventuais ameaças ou ataques, facilita o exercício de sua autoridade, contribuindo para o acatamento voluntário das decisões.

---

37. ***Enunciado dos fatores institucionais (12)***: *Quanto menor a exposição pública das deliberações intracorte, maior a probabilidade de serem aproveitadas as vantagens do raciocínio em grupo e de se produzir melhores resultados.*

38. ***Enunciado dos fatores institucionais (13)***: *Quanto maior a exposição pública das deliberações intracorte, maior a probabilidade de serem acionados mecanismos internos de autocontrole para minimizar influências indesejadas.*

39. ***Enunciado dos fatores institucionais (14):*** *Quanto maiores os riscos à legitimidade institucional do tribunal, maior a probabilidade de influência de expectativas relacionadas ao apoio do público.*

11.2. MECANISMOS DE CONTROLE

As descobertas realizadas pelos estudiosos positivos contêm informações de fundamental importância para o desenvolvimento de *teorias normativas* mais produtivas e eficazes.

A eficácia dos mecanismos de *controle endógeno* pode ser fomentada em dois momentos distintos: na formação e na atuação dos magistrados. O período de formação acadêmica e profissional, fase na qual os indivíduos são mais permeáveis à assimilação de novas informações e ideias, mostra-se especialmente relevante para a incorporação dos valores subjacentes ao Estado de Direito e, em particular, para o desenvolvimento do senso de dever profissional e de pontos de vista relacionados ao papel a ser desempenhado pelo Judiciário no sistema político. Nesse sentido, o ensino jurídico afeta diretamente a constituição e estruturação de alguns dos principais elementos integrantes dos atributos dos magistrados. As abordagens realizadas no âmbito acadêmico seriam mais úteis à formação jurídica se baseadas em uma visão menos idealizada e ingênua do comportamento judicial. A conscientização de futuros magistrados sobre suas próprias limitações e fraquezas contribuiria para o aprimoramento de mecanismos de autocrítica e de autocontrole.

Durante a atuação judicial, o potencial de autocontrole dos juízes pode ser maximizado não apenas com o conhecimento dos contextos nos quais fatores extrajurídicos tendem a atuar com maior intensidade, mas também por meio de medidas voltadas a assegurar o tempo adequado para a reflexão e a qualidade das deliberações colegiadas. Ambos são essenciais para a detecção e controle de erros sistemáticos e vieses cognitivos.

Por outro lado, as descobertas reveladas pelos estudos empíricos também podem ser de grande utilidade para a criação, implementação e desenvolvimento de mecanismos de *controle exógeno* mais eficazes.

Uma medida potencialmente capaz de trazer benefícios para o sistema judicial é o fomento, sobretudo nos órgãos colegiados, da *diversidade* em todos os aspectos, inclusive em termos metodológicos. Nos casos de nomeação de magistrados por atores políticos, por exemplo, o Chefe do Executivo e os membros do Legislativo devem tê-la em consideração na escolha e aprovação dos indicados, de modo a permitir que pontos de vista diversos forneçam diferentes informações para a descoberta de respostas mais adequadas.

No *âmbito legislativo*, considerando que em boa parte dos casos o grau de determinação do direito está relacionado à formulação mais ou menos precisa do enunciado normativo, a medida mais óbvia a ser adotada para reduzir o grau de subjetividade das decisões judiciais – nos contextos jurídicos em que tal medida se revelar desejável – seria a substituição ou a concretização de enunciados normativos vagos e imprecisos por dispositivos dotados de maior precisão e clareza. Normas abertas e indeterminadas, que exigem o recurso a concepções teóricas altamente abstratas ou valorações judiciais, conferem uma ampla margem de ação ao julgador e, por conseguinte, aumentam a probabilidade de influência dos fatores extrajurídicos. No "comportamento judicial em sentido amplo", esse tipo de interferência pode ser minimizado com a adoção de normas processuais e procedimentais mais restritivas e eficazes em relação aos atos judiciais a serem praticados durante o processo, de modo a evitar, por exemplo, que o momento e a ordem dos julgamentos sejam pautados exclusivamente por critérios subjetivos estabelecidos discricionariamente por cada juiz.[40]

O intuito de tais considerações não é defender uma regulamentação minuciosamente detalhada de todos os atos judiciais ou em todas as áreas temáticas do direito, tampouco afirmar que se deve restringir ao máximo, e sempre, a margem de ação e as hipóteses de valoração judiciais. Há contextos em que ambas não apenas são necessárias e inevitáveis, mas também desejáveis, mesmo ante a tendência de fatores estranhos ao direito influenciarem o comportamento judicial. Para questões complexas, não existem soluções fáceis e simplórias. Toda escolha, necessariamente, implica em renúncia. Qualquer que seja a opção legislativa por um determinado tipo de norma, sempre haverá vantagens e desvantagens. Por isso, a importância de se ponderar, a partir de contextos decisórios e institucionais específicos, os possíveis riscos e benefícios decorrentes das escolhas a serem realizadas.

No *âmbito jurisprudencial*, as considerações lançadas ao longo deste estudo reforçam a importância do desenvolvimento de uma cultura de valorização e respeito aos precedentes. A fixação de teses jurídicas e a criação de regras decisórias a serem observadas como critério para

40. Nesse sentido, o artigo 12 do Novo Código de Processo Civil dispunha, em seu texto originário, que os juízes e os tribunais deveriam "obedecer à ordem cronológica de conclusão para proferir sentença ou acórdão." Tal exigência, no entanto, foi matizada pela Lei nº 13.256/2016, que conferiu ao dispositivo a seguinte redação: "Os juízes e os tribunais atenderão, preferencialmente, à ordem cronológica de conclusão para proferir sentença ou acórdão."

a solução de casos futuros, além de restringirem a margem de ação dos juízes e, por conseguinte, a capacidade de conformação do Direito às suas preferências políticas pessoais, reduzem os riscos de decisões personalistas e casuísticas, bem como promovem a liberdade, a igualdade, a justiça e a segurança jurídica, valores basilares do Estado de Direito. A fidelidade a esse modelo de Estado requer que as mesmas regras e soluções orientem as decisões judiciais, independentemente do órgão julgador ou de quem está sendo julgado.

A *ausência de uniformidade do Direito* enfraquece a força normativa da Constituição, cria um ambiente de injustiça, insegurança e incerteza, viola o dever estatal de tratamento isonômico, além de afetar a previsibilidade e cognoscibilidade do direito.

O papel central das Supremas Cortes e dos Tribunais Constitucionais é fixar o *sentido a ser atribuído aos dispositivos* constitucionais, (re) criando regras, seja pela interpretação de dispositivos constitucionais, seja pela ponderação de princípios colidentes, aptas a orientar futuras decisões em casos semelhantes. A legitimidade e a força persuasiva dos precedentes, no entanto, depende do modo como o próprio tribunal se comporta diante de seus julgados. Quando nem ele respeita suas próprias decisões, a observância pelos demais órgãos judiciais fica comprometida.[41]

A despeito de não ter a pretensão de sugerir quais medidas devem ser adotadas, o presente estudo visa a fornecer elementos e informações potencialmente úteis à análise dos aspectos positivos e negativos de determinados modelos institucionais. Se conseguir alcançar o objetivo, poderá contribuir para o aprimoramento da tomada de decisão judicial.

41. Nos termos do artigo 926 do Novo Código de Processo Civil, "os tribunais devem uniformizar sua jurisprudência e mantê-la estável, íntegra e coerente."

12

REFERÊNCIAS

AARNIO, Aulis (1987). *The rational as reasonable: A treatise on legal justification*. Dordrecht: D. Reidel Publishing Company.

ABRAMOVAY, Pedro Vieira; HARTMANN, Ivar A. (2013). Barroso compartilha de seus valores básicos. *Folha de S. Paulo*, São Paulo, 24 mai. 2013. Opinião, p. A3.

ACKERMAN, Bruce. *We the People: Foundations.* Cambridge: The Belknap Press, 1991.

AGÊNCIA BRASIL (2012). Toffoli diz que 'prisão combina com período medieval'. *Diário do Nordeste*. Disponível em: http://diariodonordeste.globo.com/noticia.asp?codigo=349123&modulo=964. Acesso em: 09 fev. 2013.

ALEXY, Robert (2008a). *Teoria da argumentação jurídica: A teoria do discurso racional como teoria da justificação jurídica*. Tradução: Zilda Hutchinson Schild Silva. 2. ed. São Paulo: Landy.

_______ (2008b). *Teoria dos direitos fundamentais*. Trad. Virgílio Afonso da Silva. São Paulo: Malheiros.

_______ (2009). *Conceito e validade do direito*. Trad. Gercélia Batista de Oliveira Mendes. São Paulo: WMF Martins Fontes.

_______ (2012). *O conceito e a natureza do direito*. Tradução: Thomas da Rosa de Bustamante. Marcial Pons (No prelo).

ALMEIDA, Alberto Carlos (2007). *A cabeça do brasileiro*. 2. ed. Rio de Janeiro: Record.

ALTMAN, Andrew (1986). Legal Realism, Critical Legal Studies, and Dworkin. *Philosophy & Public Affairs*. Vol. 15, N. 3, pp. 205-235. Disponível em: http://www.jstor.org/stable/2265210. Acesso em: 09 out. 2012.

ALTMAN, Breno (2012). De qual lado ficará o STF? *Folha de S. Paulo*, São Paulo, 24 set. 2012. Opinião, p. A3.

ALVES, José Carlos Moreira (1982). A missão constitucional do Supremo Tribunal Federal e a Argüição de Relevância de Questão Federal. *Revista do Instituto dos Advogados Brasileiros*, Ano XVI, N. 58/59.

ANDRADE, Fábio Martins de (2010). *O argumento pragmático ou consequencialista de cunho econômico e a modulação temporal dos efeitos das decisões do Supremo Tribunal Federal em matéria tributária*. Tese de doutorado apresentada ao Programa de Pós-Graduação em Direito Público da Universidade do Estado do Rio de Janeiro.

ARGUELHES, Diego Werneck (2005). Argumentação consequencialista e Estado de Direito: subsídios para uma compatibilização. Trabalho apresentado no *XIV CONPEDI*, Fortaleza, Nov. 2005. Disponível em: http://www.conpedi.org/manaus/arquivos/Anais/Diego%20Werneck%20Arguelhes.pdf. Acesso em: 20 jul. 2010.

_______ (2012). Poder não é querer: preferências restritivas e redesenho institucional no Supremo Tribunal Federal pós-democratização. *Revista de Direito do Estado*, N. 26. (A numeração das páginas citadas correspondem às do texto gentilmente cedido pelo autor).

ARGUELHES, Diego Werneck; LEAL, Fernando (2009). Pragmatismo como [meta] teoria normativa da decisão judicial: caracterização, estratégias e implicações. *Filosofia e Teoria Constitucional Contemporânea*. Daniel Sarmento [Coord.]. Rio de Janeiro: Lumen Juris, pp. 171-211.

ARGUELHES, Diego Werneck; RIBEIRO, Leandro Molhano (2012). Quando a unanimidade não esclarece. *Valor*, 22 jun. 2012. Disponível em: http://www.osconstitucionalistas.com.br/quando-a-unanimidade-nao-esclarece. Acesso em: 13 abr. 2013.

ARGUELHES, Diego Werneck; OLIVEIRA, Fabiana Luci de; RIBEIRO, Leandro Molhano (2012). Ativismo judicial e seus usos na mídia brasileira. *Direito, Estado e Sociedade*, N. 40, pp. 34-64 jan/jun 2012.

ÁVILA, Humberto (2001). Argumentação jurídica e a imunidade do livro eletrônico. *Revista Diálogo Jurídico*, Salvador, CAJ - Centro de

Atualização Jurídica, V. I, N. 5, ago. 2001. Disponível em: <http://www.direitopublico.com.br>. Acesso em: 20 ago. 2009.

_______ (2008). "Neoconstitucionalismo": entre a "ciência do direito" e o "direito da ciência". *Vinte Anos da Constituição Federal de 1988.* Gustavo Binenbojm; Daniel Sarmento e Cláudio Pereira de Souza Neto [Coords.]. Rio de Janeiro: Lumen Juris.

_______ (2012). *Teoria dos princípios: da definição à aplicação dos princípios jurídicos*. 13. ed. São Paulo: Malheiros.

BANAJI, Mahzarin R.; BAZERMAN, Max H.; CHUGH, Dolly (2003). How (Un) Ethical Are You? *Harvard Busines Review*.

BALIARDO, Rafael (2012). Barbosa diz que ministros fizeram "leitura errônea". *Revista Consultor Jurídico* [periódico na Internet]. 2012 dez [acesso em 2013 fev 09]; Disponível em: http://www.conjur.com.br/2012-dez-20/barbosa-ministros-fizeram-leitura-erronea-processo-mensalao.

BARBERÁN, Pablo Marshall (2010). El Estado de Derecho como principio y su consagración en la constitución política. *Revista de Derecho Universidad Católica del Norte*. Sección: Ensayos, Ano 17, N. 2, pp. 185-204.

BARCELLOS, Ana Paula de (2005). *Ponderação, racionalidade e atividade jurisdicional*. Rio de Janeiro: Renovar.

BARNUM, David G. (1985). The Supreme Court and public opinion: judicial decision making in the post-New Deal period. *The Journal of Politics*, Vol. 47, N. 2, (Jun., 1985), pp. 652-666. Disponível em: http://www.jstor.org/stable/2130901. Acesso em: 22 ago. 2012.

BARROSO, Luís Roberto (1996). *Interpretação e aplicação da Constituição: Fundamentos de uma dogmática transformadora*. São Paulo: Saraiva.

_______ (2009). *Curso de direito constitucional contemporâneo: os conceitos fundamentais e a construção do novo modelo*. São Paulo: Saraiva.

_______ (2011). Constituição, democracia e supremacia judicial: direito e política no Brasil contemporâneo. *As novas faces do ativismo judicial*. André L. F. Fellet; Daniel Giotti de Paula; Marcelo Novelino [Orgs.]. Salvador: Juspodivm, p. 225-270.

BARROSO, Luís Roberto; MENDONÇA, Eduardo (2012). STF foi permeável à opinião pública, sem ser subserviente. *Revista Consultor*

Jurídico [periódico na Internet]. 2012 jan [acesso em 2013 fev 09]; Disponível em: http://www.conjur.com.br/2012-jan-03/retrospectiva-2011-stf-foi-permeavel-opiniao-publica-subserviente.

BARTELS, Brandon L. (2010). Top-down and bottom-up models of judicial reasoning. *The psychology of judicial decision making*. David E. Klein; Gregory Mitchell [eds.]. New York: Oxford University Press.

BARTELS, Brandon L.; MUTZ, Diana C. (2009). Explaining processes of institutional opinion Leadership. *The Journal of Politics*, Vol. 71, N. 1, pp. 249-261.

BASILE, Juliano (2012). Fux diz que opinião pública não influencia resultado do mensalão. *Valor Econômico*, 12 jul. 2012. Disponível em: http://www.valor.com.br/politica/2710444/fux-diz-que-opiniao-publica-nao-influencia-resultado-do-mensalao. Acesso em: 11 jan. 2013.

BAUM, Lawrence (1999). Recruitment and the motivations of Supreme Court Justices. *Supreme Court decision-making: New institutionalist approaches*. GILLMAN, Howard; CLAYTON, Cornell W. [Edits.]. The University of Chicago Press: Chicago.

_______ (2008). *Judges and their audiences: A perspective on judicial behavior*. Princeton: Princenton University Press.

BAUM, Lawrence; DEVINS, Neal (2010). Why the Supreme Court Cares About Elites, Not the American People. *Faculty Publications*. Paper 1116. Disponível em: http://scholarship.law.wm.edu/facpubs/1116. Acesso em: 07 jan. 2013.

BERCOVICI, Gilberto (1999). A problemática da constituição dirigente: algumas considerações sobre o caso brasileiro. *Revista de informação legislativa*, Brasília, ano 36, n. 142, abr.-jun., 1999, pp. 35-51.

BERGAMO, Mônica (2013). Nunca a mídia foi tão ostensiva para subjugar um juiz, diz ministro Celso de Mello. *Folha de S. Paulo*, São Paulo, 26 set. 2013. Ilustrada, p. E2.

BERNAL PULIDO, Carlos (2012). "O conceito e a natureza do direito segundo Robert Alexy". Publicado como estudo introdutório da obra *O conceito e a natureza do direito* (Robert Alexy). Marcial Pons (No prelo).

BICKEL, Alexander M. (1986). *The least dangerous Branch: The Supreme Court at the bar of politics.* 2. ed. New Haven and London: Yale University Press.

BINENBOJM, Gustavo (2004). *A nova jurisdição constitucional brasileira: legitimidade democrática e instrumentos de realização*. 2. ed. Rio de Janeiro: Renovar.

BOBBIO, Norberto (1996). *Il positivismo giuridico: Lezioni di filosofia del diritto*. Torino: G. Giappichelli.

_______ (2009). *O futuro da democracia*. 11. Ed. São Paulo: Paz e Terra.

BONAVIDES, Paulo (1988). *Ciência política*. 7. Ed. Rio de Janeiro: Forense.

_______ (2011). *Curso de direito constitucional*. 26. ed. São Paulo: Malheiros.

BOROWSKI, Martin (2000). La restricción de los derechos fundamentales. *Revista Española de Derecho Constitucional*, Ano 20, n. 59, mai/ago 2000, p. 29-56.

BOYD, Christina L.; EPSTEIN, Lee; MARTIN, Andrew D. (2010). Untangling the causal effects of sex on judging. *American Journal of Political Science*, Vol. 54, N. 2, pp. 389–411. Disponível em: http://ssrn.com/abstract=1001748; Acesso em: 18 jun. 2012.

BRANDÃO, Rodrigo (2012). *Supremacia judicial* versus *diálogos constitucionais*: a quem cabe a última palavra sobre o sentido da Constituição? Rio de Janeiro: Lumen Juris.

BRASIL (2020). Supremo Tribunal Federal. Estatísticas do STF. Disponível em: http://www.stf.jus.br/portal/cms/verTexto.asp?servico=estatistica. Acesso em: 25 mai. 2020.

_______ (2020). Supremo Tribunal Federal. Repercussão Geral. Disponível em http://www.stf.jus.br/portal/cms/verTexto.asp?servico=jurisprudenciaRepercussaoGeral&pagina=listas_rg. Acesso em: 13 ago. 2020.

BRENNER, Saul; WHITMEYER; Joseph M. (2009). *Strategy on the United States Supreme Court*. Cambridge: Cambridge University Press.

BRÍGIDO, Carolina (2013). Ministros do STF criticam PEC que submete decisões ao Congresso. *O Globo*, 24 abr. 2013. Disponível em: http://oglobo.globo.com/pais/ministros-do-stf-criticam-pec-que-submete-decisoes-ao-congresso-8201539. Acesso em: 24 abr. 2013.

BRITTO, Ayres (2012). *Discurso de posse no cargo de Presidente do Supremo Tribunal Federal e do Conselho Nacional de Justiça*. Disponível em: http://www.stf.jus.br/arquivo/cms/noticiaNoticiaStf/anexo/DiscursoAyresBritto.pdf. Acesso em: 11 jan. 2013.

BURBANK, Stephen B. (2009). On the Study of Judicial Behaviors: Of Law, Politics, Science and Humility. *Public Law and Legal Theory Research Paper*. University of Pennsylvania. Disponível em: http://ssrn.com/abstract=1393362. Acesso em: 04 ago. 1012.

BUSTAMANTE, Thomas da Rosa de (2005). *Argumentação* contra legem: *A teoria do discurso e a justificação jurídica nos casos mais difíceis*. Rio de Janeiro: Renovar.

_______ (2012). *Teoria do precedente judicial*. São Paulo: Noeses.

CALDEIRA, Gregory A.; GIBSON, James L. (1992). The Etiology of Public Support for the Supreme Court. *American Journal of Political Science*, Vol. 36, N. 3, pp. 635-664.

CALDEIRA, Rodrigo Coppe. Conceitos de 'liberal' e 'conservador' têm limites. *Folha de S. Paulo*, São Paulo, 24 mar. 2013. Mundo, p. A15.

CALLIGARIS, Contardo (2007). Raciocínios "motivados". *Folha de S. Paulo*, São Paulo, 22 fev. 2007. Ilustrada. Disponível em: http://www1.folha.uol.com.br/fsp/ilustrad/fq2202200727.htm. Acesso em: 13 mai. 2012.

CALSAMIGLIA, Albert (1989). Ensayo sobre Dworkin. *Los derechos em serio*. Barcelona: Ariel.

_______ (1998). Postpositivismo. *Doxa – Cuadernos de filosofia del derecho*, n. 21-I, pp. 209-220.

CAMPANHA, Diógenes (2012). Confiança no STF sobe em meio ao mensalão. *Folha de S. Paulo*, São Paulo, 16 dez. 2012. Poder, p. A6.

CAMPOS, Carlos Alexandre de Azevedo (2012). *Dimensões do ativismo judicial no Supremo Tribunal Federal*. Rio de Janeiro: UERJ/Direito Público, Dissertação de mestrado.

_______ (2011). Moreira Alves *v.* Gilmar Mendes: a evolução das dimensões metodológica e processual do ativismo judicial do Supremo Tribunal Federal. *As novas faces do ativismo judicial*. André L. F. Fellet; Daniel Giotti de Paula; Marcelo Novelino [Orgs.]. Salvador: Juspodivm, pp. 541-596.

CANOTILHO, José Joaquim Gomes (1994). *Constituição dirigente e vinculação do legislador:* contributo para a compreensão das normas constitucionais programáticas. Coimbra: Coimbra.

_______ (1999). Estado de direito. *Cadernos Democráticos 07*. Fundação Mário Soares e Gradiva, pp. 1-26.

_______ (2000). *Direito constitucional e teoria da Constituição*. 4. ed. Coimbra: Almedina.

CAPPELLETTI, Mauro (1993). *Juízes legisladores?* Tradução: Carlos Alberto A. de Oliveira. Porto Alegre: Sergio Antonio Fabris Editor.

CARVALHO, Ernani (2009). Judicialização da política no Brasil: controlo de constitucionalidade e racionalidade política. *Análise Social*, Vol. XLIV (191), pp. 315-335.

CASPER, Jonathan D. (1976). The Supreme Court and National Policy Making. *The American Political Science Review*, Vol. 70, Issue 1, pp. 50-63.

CASS, Ronald A. (1995). Judging: norms and incentives of retrospective decision-making. *75 B.U.L. Rev.*, pp. 941-996. Disponível em: http://heinonline.org. Acesso em: 11 dez. 2012.

CASTRO, Gabriel (2010). Marco Aurélio x Ellen Gracie: "Tem viagem marcada?". *Veja*, Brasília, 27 out. 2010. Disponível em: http://veja.abril.com.br/blog/eleicoes/veja-acompanha-eleicoes-2010/marco-aurelio-x-ellen-gracievossa-excelencia-tem-viagem-marcada/. Acesso em: 22 ago. 2011.

CASTRO, Marcos Faro de (1997). O Supremo Tribunal Federal e a judicialização da política. *Revista Brasileira de Ciências Sociais*, 12 (34), pp. 147-156.

CLAYTON, Cornell W. (1999). Supreme Court and political jurisprudence: New and old institutionalism. *Supreme Court decision-making: New institutionalist approaches*. GILLMAN, Howard; CLAYTON, Cornell W. [Edits.]. The University of Chicago Press: Chicago.

CLAYTON, Cornell; MAY, David A. (1999). A Political Regimes Approach to the Analysis of Legal Decisions. *Polity*, Vol. 32, N. 2 (Winter, 1999), p. 233-252. Disponível em: http://www.jstor.org/stable/3235284. Acesso em: 22 jul. 2013.

COELHO, Mario (2012). Presidente da Câmara acredita que parlamentares vão acelerar projetos que tiram prerrogativas da corte. Para petista, decisão do Supremo é "ingerência" no Legislativo. *Congresso em Foco*. Disponível em: http://congressoemfoco.uol.com.br/noticias/propostas-contra-stf-andarao-mais-rapido-diz-maia/. Acesso em: 17 dez. 2012.

COLLINS Jr., Paul M. (2007). The consistency of judicial choice. *Article presented at the 2005 Annual Meeting of the American Political Science Association*. 14 nov. 2007. Disponível em: http://www.researchgate.net/publication/228666964_The_consistency_of_judicial_choice/file/50463523ae43b47656.pdf. Acesso em: 17 fev. 2013.

CONJUR (2013). Existe "conluio" entre advogados e juízes, diz Barbosa. *Revista Consultor Jurídico*, 19 mar. 2013. Disponível em: http://www.conjur.com.br/2013-mar-19/sessao-cnj-joaquim-barbosa-aponta-conluio-entre-advogados-juizes. Acesso em: 19 mar. 2013.

CONTINENTINO, Marcelo Casseb (2012). O problema das excessivas citações doutrinárias no STF. *Revista Consultor Jurídico*, 15 set. 2012. Disponível em: http://www.conjur.com.br/2012-set-15/observatorio-constitucional-problema-citacoes-doutrinarias-stf. Acesso em: 30 jun. 2013.

CROSS, Frank B. (1997). Political science and the new legal realism: a case of unfortunate interdisciplinary ignorance. *HeinOnline*. 92 Nw. U. L. Rev., pp. 251-326. Disponível em: http://heinonline.org. Acesso em: 20 jun. 2012.

CROSS, Frank B.; TILLER, Emerson H. (1998). Judicial Partisanship and Obedience to Legal Doctrine: Whistleblowing on the Federal Courts of Appeals. *The Yale Law Journal*, Vol. 107, N. 7, pp. 2.155-2.176. Disponível em: http://www.jstor.org/stable/797418. Acesso em: 16 ago. 2012.

DAHL, Robert A. (1957). Decision-making in a democracy: the Supreme Court as a national policy-maker. *Journal of Public Law*, pp. 279-295.

DALLARI, Dalmo de Abreu (1997). Adeus aos Direitos. *Folha de S. Paulo*, São Paulo, 31 jul. 1997. Opinião, p. 3.

DAMATTA, Roberto (1986). *O que faz o brasil, Brasil?* Rio de Janeiro: Rocco.

_______ (1997). *Carnavais, malandros e heróis: para uma sociologia do dilema brasileiro*. Rio de Janeiro: Rocco.

_______ (2004). *O que é o Brasil?* Rio de Janeiro: Rocco.

DANZIGER, Shai; LEVAV, Jonathan; AVNAIM-PESSO, Liora. (2011) "Extraneous factors in judicial decisions". *PNAS*; vol. 108; n. 17, pp. 6.889-6.892; Disponível em: http://www.pnas.org/content/108/17/6889.full.pdf+html?sid=2187a95d-cd07-4bd5-934c-9ed8fa6b78ba. Acesso em: 09 mai. 2012.

DATAFOLHA (2010). *Opinião Pública*. 30 mai. 2010. Disponível em: http://datafolha.folha.uol.com.br/po/ver_po.php?session=983. Acesso em: 28 jan. 2013.

_______ (2012). *Opinião Pública*. 14 dez. 2012. Disponível em: http://datafolha.folha.uol.com.br/po/ver_po.php?session=1281. Acesso em: 15 dez. 2012.

_______ (2013a). *Opinião Pública*. 20 nov. 2013. Disponível em: http://datafolha.folha.uol.com.br/opiniaopublica/2013/12/1379494-dilma-aumenta-vantagem-sobre-potenciais-adversarios-em-2014.shtml. Acesso em: 02 dez. 2013.

_______ (2013b). *Perfil ideológico dos brasileiros*. 28 nov. 2013. Disponível em: http://media.folha.uol.com.br/datafolha/2013/12/09/perfil-ideologico-dos-brasileiros.pdf. Acesso em: 02 dez. 2013.

DESPOSATO, Scott W.; INGRAM, Matthew C.; LANNES, Osmar P. (2012). Judicial Behavior in Civil Law Systems: Changing Patterns on the Brazilian *Supremo Tribunal Federal. Seminários de Pesquisa Ciclo 2012-II* (CIEF-CERME-UNB), Brasília, 14 nov. 2012. Disponível em http://www.cerme.unb.br/images/stories/seminario/ciclo2012_2/judicial_behavior_in_civil_law_systems__changing_patterns_on_the_brazilian_stf__deposato_ingram_and_lannes_.pdf. Acesso em: 05 jan. 2013.

DEVINS, Neal; FEDERSPIEL, Will. (2010). The Supreme Court, social psychology, and group formation. *The psychology of judicial decision making*. David E. Klein; Gregory Mitchell [eds.]. New York: Oxford University Press.

DÍAZ GARCIA, Elías (1992). *Estado de Derecho y sociedad democrática*. 8. ed. Madrid: Taurus.

DWORKIN, Ronald (1977). *Taking rights seriously*. Cambridge: Harvard University Press.

_______ (1984). Rights as trumps. *Theories of Rights.* Jeremy Waldron (ed.). Oxford: Oxford University, pp. 153-167.

_______ (2005). *Uma questão de princípio*. 2. ed. Tradução: Luís Carlos Borges. São Paulo: Martins Fontes.

____ (2006). *O direito da liberdade: A leitura moral da Constituição norte-americana.* Tradução: Marcelo Brandão Cipolla. São Paulo: Martins Fontes.

_______ (2007). *O império do direito*. Tradução de Jefferson Luiz Camargo. São Paulo: Martins Fontes.

_______ (2010). *A justiça de toga*. Tradução de Jefferson Luiz Camargo. São Paulo: WMF Martins Fontes.

EISENBERG, Theodore; JOHNSON, Sheri Lynn (1991). The Effects of Intent: Do We Know How Legal Standards Work?. *Cornell Law Faculty Publications*. Paper 409. Disponível em: http://scholarship.law.cornell.edu/facpub/409. Acesso em: 19 jul. 2012.

ELY, John Hart (1975). Flag Desecration: A Case Study in the Roles of Categorization and Balancing in First Amendment Analysis. *Harvard Law Review*, Vol. 88, No. 7 (May, 1975), pp. 1482-1508. Disponível em: http://www.jstor.org/stable/1340121. Acesso em: 30 jun. 2013.

_______ (1980). *Democracy and distrust: A theory of judicial review*. Cambridge: Cambridge University Press.

EPP, Charles R. (1999). External Pressure and the Supreme Court's Agenda. *Supreme Court decision-making: New institutionalist approaches*. GILLMAN, Howard; CLAYTON, Cornell W. [Edits.]. The University of Chicago Press: Chicago.

EPSTEIN, Lee; KNIGHT, Jack (1997). The new institutionalism, Part II. *The Law and Courts Website*. Disponível em: http://epstein.usc.edu/research/newinstit.pdf. Acesso em: 03 abr. 2013.

_______ (1998). *The choices Justices make*. Washington, D.C.: CQ Press.

_______ (1999). Mapping Out the Strategic Terrain: The Informational Role of *Amici Curiae*. *Supreme Court decision-making: New institutionalist approaches*. GILLMAN, Howard; CLAYTON, Cornell W. [Edits.]. The University of Chicago Press: Chicago.

EPSTEIN, Lee; KNIGHT, Jack; MARTIN, Andrew D. (2001). The Supreme Court as a strategic national policymaker. *Emory Law Journal*, 50 (Spring): p. 583-611.

_______ (2004). Constitutional interpretation from a strategic perspective. *Making policy, making law: An interbranch perspective*. MILLER, Marck C.; BARNES, Jeb (editors). Washington, D.C.: Georgetown University Press.

EPSTEIN, Lee; LANDES, William M.; POSNER, Richard (2013). *The behavior of federal judges: a theorical and empirical study of rational choice*. Harvard: Harvard University Press.

EPSTEIN, Lee; MARTIN, Andrew D. (2010). Does public opinion influence the Supreme Court? Possibly yes (but we're not sure why). *University of Pennsylvania Journal of Constitutional Law*, Vol. 13, N. 263. Disponível em: http://ssrn.com/abstract=2087255. Acesso em: 18 jan. 2013.

ESPANHA (2020). Tribunal Constitucional. Datos comparados 2007-2011. Disponível em: http://www.tribunalconstitucional.es/es/tribunal/memorias/Documents/Estadísticas%202011%20en%20pdf.pdf. Acesso em: 25 mai. 2020.

ESKRIDGE, William N.; FRICKEY, Philip P. (1994). Foreword: Law as Equilibrium. *108 Harvard Law Review* 26. Disponível em: http://scholarship.law.berkeley.edu/facpubs/1861. Acesso em: 12 mar. 2013.

FALCÃO, Joaquim; HABER, Carolina (2012). Análise: Relator e revisor do mensalão defendem teses distintas sobre penas. *Folha de S. Paulo*, São Paulo, 06 dez. 2012. Poder, p. A4.

FALCÃO, Joaquim; CERDEIRA, Pablo de Camargo; ARGUELHES, Diego Werneck (2011). Supremo em Números. *Fundação Getúlio Vargas*. Disponível em: http://www.supremoemnumeros.com.br/i-relatorio-abril2011-o-multiplo-supremo/. Acesso em: 03 set. 2012.

FALLON, Jr.; Richard H. (1997). "The Rule of Law" as a concept in constitutional discourse. *Columbia Law Review*, Vol. 97, N. 1, pp. 1-56. Disponível em: http://www.jstor.org/stable/1123446. Acesso em: 12 mar. 2010.

FAORO, Raymundo (1993). A aventura liberal numa ordem patrimonialista. *Revista USP*, São Paulo, N. 17, p. 14-29. Disponível em: http://www.revistas.usp.br/revusp/article/view/25950/0. Acesso em: 20 out. 2012.

_______ (2008). *Os donos do poder: formação do patronato político brasileiro*. 4. ed. São Paulo: Globo.

FARIA, Flávia (2019). Confiança na democracia sobe, mas insatisfação com seu funcionamento é de 58%. *Folha de São Paulo*, 04 jun. 2019. Disponível em: https://www1.folha.uol.com.br/poder/2019/06/confianca-na-democracia-sobe-mas-insatisfacao-com-seu-funcionamento-e-de-58.shtml. Acesso em: 15 set. 2020.

FELDMAN, Stephen Matthew (2005). Rule of Law or the Rule of Politics? Harmonizing the Internal and External Views of Supreme Court Decision Making. *Law & Social Inquiry*, Vol. 30. Disponível em: http://ssrn.com/abstract=1522257. Acesso em: 09 mar. 2013.

FEREJOHN, John (1999). Independent judges, dependent judiciary: explaining judicial independence. *Southern California Law Review*, Vol. 72, p. 353-384.

FEREJOHN, John A.; WEINGAST, Barry R. (1991). A positive theory of statutory interpretation. *Working Papers in Political Science*, pp. 1-25.

FEREJOHN, John; PASQUINO, Pasquale (2003). Rule of democracy and the Rule of Law. *Democracy and the Rule of Law*. MARAVALL, José María; PRZEWORSKI, Adam [Edits.]. Cambridge: Cambridge University Press, pp. 242-260.

FERRAJOLI, Luigi (2008). *Diritto e ragione: teoria del garantismo penale*. 9. ed. Roma-Bari: Laterza.

FERRAZ JR., Tercio Sampaio (2001). *Introdução ao estudo do direito: técnica, decisão, dominação*. 3. ed. São Paulo: Atlas.

FERREIRA, Aurélio Buarque de Holanda (1975). *Novo dicionário da língua portuguesa*. Rio de Janeiro: Nova Fronteira.

FERREIRA, Flávio (2013). Visibilidade do Supremo mais que duplica no ano passado. *Folha de S. Paulo*, São Paulo, 13 jan. 2013. Poder, p. A10.

FERREIRA, Pedro Fernando de Almeida Nery (2013). *Como decidem os ministros do STF*: *Pontos ideais e dimensões de preferências*. Dissertação de mestrado (Economia). Universidade de Brasília (UnB).

FGV DIREITO RIO (2011). I Relatório – abril/2011 – O Múltiplo Supremo. Supremo em Números. Disponível em: http://www.supremoemnumeros.com.br/i-relatorio-abril2011-o-multiplo-supremo/. Acesso em: 04 mai. 2011.

FLEMMING, Roy B.; WOOD, B. Dan (1997). The public and the Supreme Court: individual justice responsiveness to American policy moods. *American Journal of Political Science*, Vol. 41, N. 2, pp. 468-498. Disponível em: http://www.jstor.org/stable/2111773. Acesso em: 18 jan. 2013.

FONTE, Felipe de Melo (2013). Votos do STF são cada vez mais para o grande público. *Revista Consultor Jurídico*, 20 mai. 2013. Disponível em: http://www.conjur.com.br/2013-mai-20/felipe-fonte-votos-stf-sao-dirigidos-cada-vez-grande-publico. Acesso em: 20 jun. 2013.

FRANK, Jerome (1932). What Courts Do in Fact – Part one. *26 Illinois Law Review*, pp. 645-655. Disponível em: http://heinonline.org/HOL/LandingPage?collection=&handle=hein.journals/illlr26&div=49&id=&page=; Acesso em: 27 out. 2011.

FRANKLIN, Charles H.; KOSAKI, Liane C. (1989). Republican Schoolmaster: The U.S. Supreme Court, Public Opinion, and Abortion. *The American Political Science Review*, Vol. 83, N. 3, pp. 751-771. Disponível em: http://links.jstor.org/sici?sici=0003-0554%28198909%2983%3A3%3C751%3ARSTUSC%3E2.0.CO%3B2-3. Acesso em: 14 ago. 2012.

FREYRE, Gilberto (2006). *Casa-grande & senzala: formação da família brasileira sob o regime da economia patriarcal*. 51. ed. São Paulo: Global.

FRIEDMAN, Barry (2005). The Politics of Judicial Review. *Texas Law Review*, Vol. 84, pp. 257-337. Disponível em: http://papers.ssrn.com/sol3/papers.cfm?abstract_id=877328. Acesso em: 13 jul. 2010.

________ (2009). *The will of the people: How public opinion has influenced the Supreme Court and shaped the meaning of the Constitution*. Farrar, Straus and Giroux: New York.

FUNSTON, Richard (1975). The Supreme Court and critical elections. *The American Political Science Review*, Vol. 69, No. 3, pp. 795-811. Disponível em: http://www.jstor.org/stable/1958390. Acesso em: 22 ago. 2012.

GADAMER, Hans-Georg (1966). The universality of the hermeneutical problem. *Philosophical hermeneutics*. Translated by David E. Linge. Berkeley: University of California Press.

_______ (1997). *Verdade e método: traços fundamentais de uma hermenêutica filosófica*. 3. ed. Tradução: Flávio Paulo Meurer. Petrópolis: Vozes.

GALLUCCI, Mariângela (2013). 'Adiamento aprofundou ainda mais minha convicção', diz Celso de Mello. *O Estado de S. Paulo*, São Paulo, 15 set. 2013. Notícias. Disponível em: http://www.estadao.com.br/noticias/nacional,adiamento-aprofundou-ainda-mais-minha-conviccao-diz-celso-de-mello-,1074784,0.htm. Acesso em: 15 set. 2013.

GARGARELLA, Roberto (2003). The majoritarian reading of the Rule of Law. *Democracy and the Rule of Law*. MARAVALL, José María; PRZEWORSKI, Adam [Edits.]. Cambridge: Cambridge University Press, pp. 147-167.

GAROUPA, Nuno; GINSBURG, Tom (2009). Judicial audiences and reputation: perspectives from comparative law. *Columbia Journal of Transnational Law*, 47, pp. 451-490.

GEORGE, Tracey E.; EPSTEIN, Lee (1992). On the Nature of Supreme Court Decision Making. *The American Political Science Review*, Vol. 86, N. 2, jun. 1992, pp. 323-337. Disponível em: http://links.jstor.org/sici?sici=0003-0554%28199206%2986%3A2%3C323%3AOTNOSC%3E2.0. CO%3B2-S; Acesso em: 02 ago. 2004.

GIBSON, James L. (1983). From Simplicity to Complexity: The Development of Theory in the Study of Judicial Behavior. *Political Behavior*, Vol. 5, N. 1, Judicial Behavior: Theory and Methodology, pp. 7-49. Disponível em: http://www.jstor.org/stable/pdfplus/586347.pdf?acceptTC=true. Acesso em: 21 jun. 2013.

GIBSON, James L.; CALDEIRA, Gregory A. (2009). *Have Segal and Spaeth Damaged the Legitimacy of the U.S. Supreme Court?* Disponível em: http://ssrn.com/abstract=1436426. Acesso em: 14 jul. 2012.

GILLMAN, Howard (1993). *The Constitution Besieged: The Rise and Demise of Lochner Era Police Powers Jurisprudence*. Durham: Duke University Press.

_______ (1997). Placing judicial motives in context: A Response to Lee Epstein and Jack Knight. *Law and Courts*. Vol. 7, N. 2, pp. 10-13.

_______ (1999). The Court as an idea, not a building (or a game): Interpretative institutionalism and the analysis of Supreme Court decision-making. *Supreme Court decision-making: New institutionalist approaches*. GILLMAN, Howard; CLAYTON, Cornell W. (Edits.). The University of Chicago Press: Chicago.

GILLMAN, Howard; CLAYTON, Cornell W. (1999). Beyond judicial attitudes: Institutional approaches to Supreme Court decision-making. *Supreme Court decision-making: New institutionalist approaches*. GILLMAN, Howard; CLAYTON, Cornell W. (Edits.). The University of Chicago Press: Chicago.

GILOVICH, Thomas (1993). *How we know what isn't so*: *The fallibility of human reason in everyday life*. New York: The Free Press.

GÓES, Bruno. (2012). Lewandowski discordou de quase metade das condenações de Barbosa. *O Globo*, Rio de Janeiro, 12 out. 2012. Disponível em: http://br.noticias.yahoo.com/lewandowski-discordou-metade-das-condena%C3%A7%C3%B5es-barbosa-110000476.html. Acesso em: 12 out. 2012.

GOLDMAN, Sheldon (1975). Voting Behavior on the United States Courts of Appeals. *The American Political Science Review*, Vol. 69, N. 2, pp. 491-506. Disponível em: http://www.jstor.org/stable/1959082. Acesso em: 24 nov. 2012.

GRAU, Eros Roberto (1996). A jurisprudência dos interesses e a interpretação do Direito. *Jhering e o Direito no Brasil*. João Maurício Adeodato [Org.]. Recife: Universitária.

_______ (2006). *Ensaio e discurso sobre a interpretação/aplicação do direito*. 4. ed. São Paulo: Malheiros.

GREEN, Donald P.; SHAPIRO Ian (1994). *Pathologies of rational choice theory: A critique of applications in political science*. New Haven and London: Yale University Press.

GREENWALD, Anthony G.; KRIEGER, Linda Hamilton (2006). Implicit Bias: Scientific Foundations. *California Law Review*, Vol. 94, N. 4, pp. 945-967. Disponível em: http://www.jstor.org/stable/20439056. Acesso em: 28 nov. 2012.

GRIMM, Dieter (2006). *Constituição e política*. Tradução: Geraldo de Carvalho. Belo Horizonte: Del Rey.

_______ (2009). Constitutions, constitutional courts and constitutional interpretations at the interface of law and politics. *The law/politics distinction in contemporary public law adjudication*. Bogdan Iancu (ed.). Netherlands: Eleven International Publishing.

GROSSMAN, Joel B. (1967). Social Backgrounds and Judicial Decisions: Notes for a Theory. *The Journal of Politics*, Vol. 29, N. 2, pp. 334-351. Disponível em: http://www.jstor.org/stable/2127929. Acesso em: 22 ago. 2012.

GUTHRIE, Chris; RACHLINSKI, Jeffrey J.; WISTRICH, Andrew J. (2001). Inside the judicial mind. *Cornell Law Review*, Vol. 86, N. 4. Disponível em: http://ssrn.com/abstract=257634. Acesso em: 07 jun. 2011.

_______ (2007). Blinking on the bench: How judges decide cases. *Cornell Law Review, Forthcoming*; *Vanderbilt Public Law Research Paper N. 07-25*, pp. 101-141. Disponível em: http://ssrn.com/abstract=1026414. Acesso em: 28 nov. 2012.

GÜNTHER, Klaus (1995). Un concepto normativo de coherencia para una teoría normativa de la argumentación jurídica. *Doxa – Cuadernos de Filosofía del Derecho*, Vol. 17-18, pp. 271-302.

HÄBERLE, Peter (1997). *Hermenêutica constitucional.* A sociedade aberta dos intérpretes da Constituição: contribuição para a interpretação pluralista e "procedimental" da Constituição. Tradução: Gilmar Ferreira Mendes. Porto alegre: Sergio Antonio Fabris.

HAIDT, Jonathan (2011). The Argumentative Theory. A Conversation with Hugo Mercier. *Edge*, N. 342, May 3, 2011. Disponível em: http://edge.org/conversation/the-argumentative-theory. Acesso em: 13 mai. 2012.

HALL, Melinda Gann; BRACE, Paul. (1999). State Supreme Courts and their environments: Avenues to general theories of judicial choice. *Supreme Court decision-making: New institutionalist approaches*. GILLMAN, Howard; CLAYTON, Cornell W. [Edits.]. The University of Chicago Press: Chicago.

HAMILTON, Alexander; MADISON, James; JAY, John (2009). *The federalist*. Harvard University Press.

HANSSEN, F. Andrew (2001). Is there a politically optimal level of judicial independence? *Stanford Law School*, May 2001. Disponível em: http://papers.ssrn.com/paper.taf?abstract_id= 268680. Acesso em: 10 jun. 2012.

HART, Herbert L. A. (1994). *O conceito de direito*. 2. ed. Trad. A. Ribeiro Mendes. Lisboa: Fundação Calouste Gulbenkian.

_______ (2010). *Ensaios sobre teoria e filosofia do Direito*. Tradução: José G. Ghirardi e Lenita M. R. Esteves. Rio de Janeiro: Elsevier, pp. 53-95.

HEIDEGGER, Martin (2000). *Ser e Tempo*. Parte I. Tradução: Márcia de Sá Cavalcante Schuback. Petrópolis: Vozes.

HELMKE, Gretchen; STATON, Jeffrey K. (2009). Courting Conflict: A Logic of Risky Judicial Decisions in Latin America. Prepared for the Workshop on the Rule of Law, Yale University, April 24-25, 2009.

HOLANDA, Sergio Buarque de (1995). *Raízes do Brasil*. São Paulo: Companhia das Letras.

HOLMES Jr., Oliver Wendell (1881). *The Common Law*. E-book: Release Date: December, 2000. Disponível em: http://www.gutenberg.org/files/2449/2449-h/2449-h.htm. Acesso em: 03 out. 2012.

HOUAISS, Antônio; VILLAR, Mauro de Salles (2009). *Dicionário Houaiss da língua portuguesa*. Rio de Janeiro: Objetiva.

IBOPE (2011). *União estável entre homossexuais*. 18 jul. 2011. http://media.folha.uol.com.br/cotidiano/2011/07/28/casamentogay.pdf. Acesso em: 04 jun. 2012.

_______ (2013). *Confiança do brasileiro no STF é maior do que na Justiça*. 03 jan. 2013. Disponível em: http://www.ibope.com.br/pt-br/noticias/Paginas/Confianca-do-brasileiro-no-STF-e-maior-do-que-na-Justica.aspx. Acesso em: 04 jan. 2013.

IRWIN, John F.; REAL, Daniel L. (2010). Unconscious influences on judicial decision-making: The illusion of objectivity. (October 23, 2010). *McGeorge Law Review*, Vol. 43, 2010. Disponível em: http://ssrn.com/abstract=1696643. Acesso em: 22 jun. 2012.

ITÁLIA (2020). Tribunal Constitucional. Prospetti statistici allegati alla relazione sulla giurisprudenza costituzionale nel 2011. Disponível em: http://www.cortecostituzionale.it/ActionPagina_268.do. Acesso em: 25 mai. 2020.

JALORETTO, Maria Fernanda; MUELLER, Bernardo Pinheiro Machado (2011). O Procedimento de Escolha dos Ministros do Supremo Tribunal Federal – Uma Análise Empírica. *Economic Analysis of Law Review*, Vol. 2, N. 1, pp. 170-187.

JOHNSON, Susan W.; SONGER, Donald R. (2009). Judge gender and the voting behavior of justices on two North American Supreme Courts. *The Justice System Journal*, Vol. 30, N. 3, pp. 265-279.

KAHNEMAN, Daniel (2012). *Rápido e devagar: duas formas de pensar*. Tradução: Cássio de Arantes Leite. Rio de Janeiro: Objetiva.

KAPISZEWSKI, Diana (2011). Tactical Balancing: High Court decision making on politically crucial cases. *Law & Society Review*, Vol. 45, N. 2, pp. 471-560. Disponível em: http://onlinelibrary.wiley.com/doi/10.1111/j.1540-5893.2011.00437.x. Acesso em: 30 dez. 2013.

KAPISZEWSKI, Diana; TAYLOR, Matthew M. (2008). Doing courts justice? Studying judicial politics in Latin America. *Perspectives on Politics*, Vol. 6, N. 4, pp. 741-767. Disponível em: http://www.jstor.org/stable/20446826. Acesso em: 18 jan. 2013.

KELSEN, Hans (1996). *Teoria pura do direito*. 5. ed. Trad. João Baptista Machado. São Paulo: Martins Fontes.

________ (2007). *Jurisdição constitucional*. Tradução do francês: Maria Ermentina de A. P. Galvão. São Paulo: Martins Fontes.

KERSTENETZKY, Celia Lessa (2005). Qual o Valor do Auto-Interesse? *Revista de Economia Política*, vol. 25, N. 3 (99), pp. 254-276, jul.-set. 2005.

KIM, Pauline T. (2008). Deliberation and strategy on the United States Courts of Appeals: An empirical exploration of panel effects. *3rd Annual Conference on Empirical Legal Studies Papers*. Disponível em: http://ssrn.com/abstract=1115357. Acesso em: 31 mai. 2012.

KORNHAUSER, Lewis A.; SAGER, Lawrence G. (1983). The One and the Many: Adjudication in Collegial Courts. *California Law Review*, Vol. 81, N. 1, pp. 56-59. Disponível em: http://scholarship.law.berkeley.edu/californialawreview/vol81/iss1/1. Acesso em: 28 nov. 2012.

KUHN, Thomas (1995). *A estrutura das revoluções científicas*. São Paulo: Perspectiva.

LAGO, Rodolfo (2007). O Brasil das 181 mil leis. *ISTOÉ Independente*. Edição: 1953, 04 Abr. 07. Disponível em: http://www.istoe.com.br/reportagens/3144_O+BRASIL+DAS+181+MIL+LEIS. Acesso em: 05 out. 2013.

LARENZ, Karl (1997). *Metodologia da ciência do direito*. 3. ed. Trad. José Lamego. Lisboa: Fundação Calouste Gulbenkian.

LEAL, Fernando Angelo Ribeiro (2006). *Decidindo com normas vagas: Estado de Direito, coerência e pragmatismo por uma teoria da decisão institucional e argumentativamente adequada*. Dissertação de Mestrado apresentada ao programa de pós-graduação em direito da Universidade do Estado do Rio de Janeiro.

_______ (2012). *Ônus de argumentação, relações de prioridade e decisão jurídica: mecanismos de controle e de redução da incerteza na subidealidade do sistema jurídico*. Tese de Doutorado apresentada ao programa de pós-graduação em direito da Universidade do Estado do Rio de Janeiro.

LIMA, Maria; DOCA, Geralda (2018). Joaquim Barbosa surge à frente de Alckmin e Ciro e se credencia para a eleição. *O Globo*, 16 abr. 2018. Disponível em: https://oglobo.globo.com/brasil/joaquim-barbosa-surge-frente-de-alckmin-ciro-no-datafolha-se-credencia-para-eleicao-22594378. Acesso em 15 set. 2020.

LLEWELLYN, Karl (1930). *The Bramble Bush*. New York: Oceana.

LEONI, Eduardo L.; RAMOS, Antonio P. (2006). Judicial preferences and judicial independence in new democracies: The case of the brazilian Supreme Court (Early Draft). *Annual Meeting of the Midwest Political Science Association*, Chicago.

LOPES, Felipe de Mendonça (2013). *Independência do Judiciário: mensurando o viés político das cortes brasileiras*. Dissertação de mestrado. Escola de Economia de São Paulo. Fundação Getúlio Vargas.

LOPEZ, José Mouraz (2008). Formação de juízes para o século XXI. *Julgar*, n. 04, jan.-abr. 2008, pp. 133-158.

LOEWENSTEIN, Karl (1970). *Teoría de la Constitución*. 2. ed. Barcelona: Ariel.

MACCORMICK, Neil (2008). *Retórica e o Estado de Direito: Uma teoria da argumentação jurídica*. Rio de Janeiro: Elsevier.

MAGALHÃES, Vera (2007). "Tendência era amaciar para Dirceu", diz ministro do STF. *Folha de S. Paulo*, 30 ago. 2007. Poder; p. A4.

_______ (2012). Cobrança de Ayres Britto revolta advogados de réus do mensalão. *Folha de S. Paulo*, 26 jun. 2012. Poder; p. A4.

MAGALHÃES, Vera (2013). De caso pensado. *Folha de S. Paulo*, 18 ago. 2013. Poder; p. A4.

MAIA, Antonio Cavalcanti (2009). "Nos vinte anos da Carta Cidadã: do pós-positivismo ao neoconstitucionalismo". *Vinte anos da Constituição Federal de 1988*. Gustavo Binenbojm; Daniel Sarmento e Cláudio Pereira de Souza Neto [Coords.]. Rio de Janeiro: Lumen Juris, p. 117-168.

MALTZMAN, Forrest; SPRIGGS II, James F.; WAHLBECK, Paul J. (1999). Strategy and judicial choice: New institutionalist approaches to Supreme Court decision-making. *Supreme Court decision-making: New institutionalist approaches*. GILLMAN, Howard; CLAYTON, Cornell W. [Edits.]. The University of Chicago Press: Chicago.

MARCH, James G.; OLSEN, Johan P. (1984). The new institutionalism: organizational factors in political life. *The American Political Science Review*, Vol. 78, N. 3, pp. 734-749. Disponível em: http://www.jstor.org/stable/1961840. Acesso em: 09 fev. 2013.

MARRAFON, Marco Aurélio (2010). *O caráter complexo da decisão em matéria constitucional: Discursos sobre a verdade, radicalização hermenêutica e fundação ética na práxis jurisdicional*. Rio de Janeiro: Lumen Juris.

MARSHALL, Thomas R. (1989). *Public Opinion and the Supreme Court*. New York: Longman.

MARTINEK, Wendy L. (2010). Judges as members of small groups. *The psychology of judicial decision making*. David E. Klein; Gregory Mitchell [eds.]. New York: Oxford University Press.

MARTINS, Leonardo (2005). Introdução à Jurisprudência do Tribunal Constitucional Federal Alemão. *Cinqüenta Anos de Jurisprudência do Tribunal Constitucional Federal Alemão*. Disponível em: http://www.kas.de/wf/doc/kas_7738-544-1-30.pdf. Acesso em: 25 set. 2011.

MAUS, Ingeborg (2000). Judiciário como superego da sociedade: o papel da atividade jurisprudencial na "sociedade órfã". *Novos Estudos*. CEBRAP, n. 58, nov. 2000, pp. 183-202.

McGUIRE, Kevin T.; STIMSON, James A. (2004). The Least Dangerous Branch Revisited: New Evidence on Supreme Court Responsiveness to Public Preferences. *The journal of politics*, Vol. 66, N. 4, pp. 1.018-1.035.

MELLO, Marco Aurélio Mendes de Faria (2006). *Vencedor e vencido:* (seleção de notas e pronunciamentos no Supremo Tribunal Federal). Rio de Janeiro: Forense.

MENDES, Conrado Hübner (2008). *Separação dos poderes, direitos fundamentais e deliberação*. Tese de doutorado apresentada ao Departamento de Ciência Política da Universidade de São Paulo.

MENDONÇA, Eduardo (2009). A inserção da jurisdição constitucional na democracia: algum lugar entre o direito e a política. *Revista de Direito do Estado*. Rio de Janeiro, ano 4, N. 13, jan/mar 2009, pp. 211-247.

MENDONÇA, Eduardo; BARROSO, Luís Roberto (2013). STF entre seus papéis contramajoritário e representativo. *Revista Consultor Jurídico* [periódico na Internet]. 2013 jan [acesso em 2013 fev 09]; Disponível em: http://www.conjur.com.br/2013-jan-03/retrospectiva-2012-stf-entre-papeis-contramajoritario-representativo.

MENDES, Conrado Hübner (2010). Onze ilhas. *Folha de S. Paulo*, São Paulo, 01 fev. 2010. Opinião, p. A3.

MENDES, Gilmar Ferreira (2004). O papel do Senado Federal no controle de constitucionalidade: Um caso clássico de mutação constitucional. *Revista de Informação Legislativa*, Brasília, Ano 41, N. 162, abr.-jun., 2004, pp. 149-168.

_______ (2007). A reclamação constitucional no Supremo Tribunal Federal. *Leituras Complementares de Direito Constitucional: Controle de Constitucionalidade*. Marcelo Novelino [Org.]. Salvador: JusPodivm, pp. 177-211.

MENDONÇA, Eduardo; BARROSO, Luís Roberto (2013). STF entre seus papéis contramajoritário e representativo. *Revista Consultor Jurídico* [periódico na Internet]. 2013 jan [acesso em 2013 fev 09]; Disponível em: http://www.conjur.com.br/2013-jan-03/retrospectiva-2012-stf-entre-papeis-contramajoritario-representativo.

MENEZES, Cynara (2012). Um poeta na alta corte. *Carta Capital*, São Paulo, n. 695, 02 mai. 2012, Seu país, pp. 24-28.

MERCIER, Hugo & SPERBER, Dan (2011). Why do humans reason? Arguments for an argumentative theory. *Behavioral and brain sciences* 34, pp. 57–111 doi:10.1017/S0140525X10000968. Disponível em: http://ssrn.com/abstract=1698090. Acesso em: 13 mai. 2012.

MERRILL, Thomas W. (1994). A modest proposal for a political court. *17 Harv. J. L. & Pub. Pol'y 137*, pp. 137-147. Disponível em: http://heinonline.org. Acesso em: 15 Jul. 2012.

MISHLER, William; SHEEHAN, Reginald S. (1993). The Supreme Court as a countermajoritarian institution? the impact of public opinion on Supreme Court decisions. *The American Political Science Review*, Vol. 87, N. 1, pp. 87-101. Disponível em: http://www.jstor.org/stable/2938958. Acesso em: 16 ago. 2012.

_______ (1994). Response: Popular influence on supreme court decisions. *The American Political Science Review*, Vol. 88, N. 3, pp. 716–724. Disponível em: http://www.jstor.org/stable/2944805. Acesso em: 16 ago. 2012.

MONTESQUIEU (2009). *O espírito das leis:* as formas de governo, a federação, a divisão de poderes. 9. ed. Tradução: Pedro Vieira Mota. São Paulo: Saraiva.

MOREIRA, José Carlos Barbosa (1994). Notas sobre alguns fatores extrajurídicos no julgamento colegiado. *Revista de Processo*, Vol. 75, Jul. 1994, DTR\1994\295, pp. 1-15.

MORSE, Stephen J. (2006). Brain overclaim syndrome and criminal responsibility: A diagnostic note. *Ohio State Journal of Criminal Law*, Vol. 3, pp. 397-412. Disponível em: http://ssrn.com/abstract=896753. Acesso em: 23 fev. 2013.

MÜLLER, Friedrich (2000). *Métodos de trabalho do direito constitucional.* 2. ed. São Paulo: Max Limonad.

MURPHY, Walter F. (1964). *Elements of judicial strategy.* Chicago: The University of Chicago Press.

NAGEL, Stuart S. (1962). Testing relations between judicial characteristics and judicial decision-making. *The Western Political Quarterly*, Vol. 15, N. 3, pp. 425-437. Disponível em: http://www.jstor.org/stable/445033. Acesso em: 18 mar. 2013.

_______ (1974). Multiple correlation of judicial backgrounds and decisions. *Florida State University Law Review*, Vol. 2:258, pp. 258-280. Disponível em: http://heinonline.org. Acesso em: 25 Nov. 2012.

NETO, Olímpio Cruz (1995). Novo presidente do Supremo diz que faltam juiz e dinheiro. *Folha de S. Paulo*, São Paulo, 14 mai. 1995. Brasil, p. 16.

NEVES, Marcelo (2000). A constitucionalização simbólica: uma síntese. *20 anos da Constituição de 1976*. Coimbra: Coimbra.

_______ (2006). *Entre Têmis e Leviatã: Uma relação difícil. O Estado Democrático de Direito a partir e além de Luhmann e Habermas*. São Paulo: Martins Fontes.

_______ (2007). *A constitucionalização simbólica*. São Paulo: WMF Martins Fontes.

_______ (2009). *Transconstitucionalismo*. São Paulo: WMF Martins Fontes.

NICKERSON, Raymond S. (1998). "Confirmation bias: A ubiquitous phenomen in many guises". *Review of General Psychology*, Vol. 2, N. 2, p. 175-220.

NORPOTH, Helmut; SEGAL, Jeffrey A. (1994). Comment: Popular influence on Supreme Court decisions. *The American Political Science Review*, Vol. 88, N. 3, pp. 711-716. Disponível em: http://www.jstor.org/stable/2944805. Acesso em: 16 ago. 2012.

NOVAIS, Jorge Reis (2010). *As restrições aos direitos fundamentais não expressamente autorizadas pela Constituição*. 2. ed. Coimbra: Coimbra.

NOVELINO, Marcelo (2013a). A influência da opinião pública no comportamento judicial dos membros do STF. *Constitucionalismo e Democracia*. André Fellet; Marcelo Novelino [Orgs.]. Salvador: Juspodivm, pp. 265-328.

_______ (2013b). *Manual de direito constitucional*. 8. ed. São Paulo: GEN.

OLIVEIRA, Fabiana Luci de (2006). *Justiça, profissionalismo e política: o Supremo Tribunal Federal e o controle da constitucionalidade das leis no Brasil (1988-2003)*. Tese de doutorado apresentada ao Departamento de Ciências Sociais da Universidade Federal de São Carlos.

_______ (2008). Justice, Professionalism, and Politics in the Exercise of Judicial Review by Brazil's Supreme Court. *Brazilian Political Science Review*, Vol. 2, pp. 93-116.

_______ (2012a). Supremo Relator: Processo decisório e mudanças na composição do STF nos governos FHC e Lula. *Revista Brasileira de Ciências Sociais*, Vol. 27, N. 80, pp. 89-115.

_______ (2012b). *Supremo Tribunal Federal: do autoritarismo à democracia*. Rio de Janeiro: Elsevier: FGV.

PACHECO, Cristina Carvalho (2005). O Supremo Tribunal Federal e a Reforma do Estado feita pelo Governo Fernando Henrique Cardoso: Notas introdutórias para uma pesquisa sobre decisão judicial. *XXIX Encontro Anual da ANPOCS*. Disponível em: http://www.anpocs.org/portal/index.php?option=com_docman&task=doc_view&gid=3782&Itemid=318. Acesso em: 18 ago. 2013.

PALOMBELLA, Gianluigi (2009). The Rule of Law beyond the state: Failures, promises, and theory. *Oxford Journals Law*, Vol. 7, N. 3, pp. 442-467. Disponível em: http://icon.oxfordjournals.org/content/7/3/442.short. Acesso em: 08 mar. 2012.

PASSARELLI, Vinícius; BERALDO, Paulo (2019). Maioria dos partidos se identifica como de centro. *O Estado de São Paulo*, 25 dez. 2019. Disponível em: https://politica.estadao.com.br/noticias/geral,maioria-dos-partidos-se-identifica-como-de-centro,70003135964. Acesso em: 15 set. 2020.

PASSARINHO, Nathalia (2018). Eleições 2018: Quem são os eleitores de Lula que pretendem votar em Bolsonaro se o ex-presidente não concorrer. *BBC*, 28 ago. 2018. Disponível em: https://www.bbc.com/portuguese/brasil-45323102. Acesso em 15 set. 2020.

PECZENIK, Aleksander; HAGE, Jaap (2000). Law, morals and defeasibility. *Ratio Juris*, Vol. 13, N. 3, pp. 305-325.

PEREIRA, Jane Reis Gonçalves (2012). O Judiciário e a opinião pública: riscos e dificuldades de decidir sob aplausos e vaias. Disponível em: http://estadodedireitos.com/2012/10/29/o-judiciario-e-a-opiniao-publica-riscos-e-dificuldades-de-decidir-sob-aplausos-e-vaias/. Acesso em: 29 out. 2012.

PEREIRA, Jane Reis Gonçalves; CAMPOS, Carlos Alexandre de Azevedo (2012). O STF e a extinção dos mandatos parlamentares. Disponível em: http://estadodedireitos.com/2012/12/. Acesso em: 05 dez. 2012.

PERES, Paulo Sérgio (2008). Comportamento ou instituições? A evolução histórica do neo-institucionalismo da ciência política. *Revista Brasileira de Ciências Sociais*, V. 23, N. 68, , pp. 53-71.

PERISSINOTTO, Renato M.; MEDEIROS, Pedro Leonardo; WOWK, Rafael T. (2008). Valores, socialização e comportamento: sugestões para uma sociologia da elite judiciária. *Revista de Sociologia e Política*, Curitiba, Vol. 16, N. 30, pp. 151-165.

PINKER, Steven (2011). The Argumentative Theory. A Conversation with Hugo Mercier. *Edge*, N. 342, May 3, 2011. Disponível em: http://edge.org/conversation/the-argumentative-theory. Acesso em: 13 mai. 2012.

POGREBINSCHI, Thamy (2011). *Judicialização ou representação?: política, direito e democracia no Brasil*. Rio de Janeiro: Elsevier.

POLICARPO JUNIOR (2003). Enfim, um negro chega lá. *Veja online*, Edição 1.802, 14 mai. 2003. Disponível em: http://veja.abril.com.br/140503/p_050.html. Acesso em: 22 ago. 2011.

PORTUGAL (2020). Tribunal Constitucional. Dados Estatísticos. Acórdãos e Decisões do Tribunal Constitucional de 1983-2012. Disponível em: http://www.tribunalconstitucional.pt/tc/tribunal-estatisticas.html. Acesso em: 25 mai. 2020.

POSNER, Richard A. (1993). What do judges and justices maximize? (The same thing everybody else does). *Supreme Court Economic Review*, Vol. 3, pp. 1-41. Disponível em: http://links.jstor.org. Acesso em: 26 mai 2012.

______ (1995). *Overcoming Law*. Cambridge: Harvard University Press.

______ (2003). *Law, pragmatism and democracy*. Cambridge/Massachusetts/London: Harvard University Press, 2003.

______ (2007a). *El análisis económico del derecho*. 2. ed. Tradução: Eduardo L. Suárez. México: FCE.

______ (2007b). *Problemas de filosofia do direito*. São Paulo: Martins Fontes.

______ (2008). *How judges think*. Cambridge: Harvard University Press.

PRITCHETT, C. Herman (1948). *The Roosevelt Court: A study in judicial politics and values 1937-1947*. New York: The MacMillan Company.

RACHLINSKI, Jeffrey J.; JOHNSON, Sheri Lynn; WISTRICH, Andrew J.; GUTHRIE, Chris (2009). Does Unconscious Racial Bias Affect Trial Judges? *Notre Dame Law Review*, Vol. 84:3, pp. 1.195-1.246.

RANGEL, Rodrigo (2012). Será o julgamento do século. *Veja*, São Paulo, N. 2.264, 11 abr. 2012, Entrevista, pp. 17-21.

REIS, Fábio Wanderley (2013). Mensalão, instituições e dor nas costas. *Folha de S. Paulo*, São Paulo, 21 jan. 2013. Opinião, p. A3.

RIBEIRO, Ivan Cesar (2006). Robin Hood versus King John: How do local judges decide cases in Brazil. (Portuguese Version). Disponível em: http://ssrn.com/abstract=961425. Acesso em: 20 jul. 2012.

RIBEIRO, Leandro Molhano; ARGUELHES, Diego Werneck (2012). *Preferências, Estratégias e Motivações: Pressupostos institucionais de teorias sobre comportamento judicial e sua transposição para o caso brasileiro*. (Texto gentilmente cedido pelos autores).

RIBEIRO, Ricardo Silveira (2012). Política e economia na jurisdição constitucional abstrata (1999-2004). *Revista Direito GV*, São Paulo, 8(1), pp. 87-108.

ROBBENNOLT, Jennifer K.; MACCOUN, Robert; DARLEY, John M. (2008). Multiple constraint satisfaction in judging. *UC Berkeley Public Law Research Paper* N. 11333184. Disponível em: http://ssrn.com/abstract=1133184. Acesso em: 21 jun. 2012.

RICHARDS, Mark J.; KRITZER, Herbert M. (2002). Jurisprudential regimes in Supreme Court decision making. *American Political Science Review*, Vol. 96, N. 2, pp. 305-320.

RODRIGUES, Lêda Boechat (1965). *História do Supremo Tribunal Federal: Defesa das liberdades civis (1891-1898)*. Tomo I. Rio de Janeiro: Civilização Brasileira.

_______ (1968). *História do Supremo Tribunal Federal: Defesa do federalismo (1899-1910)*. Tomo II. Rio de Janeiro: Civilização Brasileira.

_______ (1991). *História do Supremo Tribunal Federal: Doutrina brasileira do habeas-corpus (1910-1926)*. Tomo III. Rio de Janeiro: Civilização Brasileira.

_______ (2002). *História do Supremo Tribunal Federal (1930-1963)*. Tomo IV, Vol. I. Rio de Janeiro: Civilização Brasileira.

ROHDE, David; SPAETH, Harold (1976). *Supreme Court decision making*. San Francisco: W. H. Freeman.

ROMA, Celso (2013). "Suprema Corte americana é um mundo secreto e a brasileira é um *reality-show*". Entrevista concedida ao jornalista Gabriel Manzano. *O Estado de S. Paulo*, São Paulo, 19 ago. 2013. Notícias. Disponível em: http://www.estadao.com.br/noticias/nacional,suprema-corte-americana-e-um-mundo-secreto-e-a-brasileira-e-um-reality-show,1065703,0.htm. Acesso em: 19 ago. 2013.

ROSENFELD, Michel (2001). The Rule of Law, and the legitimacy of constitutional democracy. *Cardozo Law School*, Working Paper Series N. 36, mar. 2001 Disponível em: http://papers.ssrn.com/paper.taf?abstract_id=262350. Acesso em: 25 ago. 2010.

ROSENN, Keith S. (1998). *O jeito na cultura jurídica brasileira*. Rio de Janeiro: Renovar.

ROVAI, Renato (2020). Quase 50% da população se diz de direita ou centro-direita. *Fórum*, 16 jun. 2020. Disponível em: https://revistaforum.com.br/pesquisaforum/quase-50-da-populacao-se-diz-de-direita-ou-centro-direita/. Acesso em: 15 set. 2020.

SÁ, Nelson de (2009). Toda Mídia. *Folha de S. Paulo*, São Paulo, 22 mai. 2009. Disponível em: http://www1.folha.uol.com.br/fsp/brasil/fc2205200921.htm. Acesso em: 17 nov. 2012.

SACAU, Ana; RODRIGUES, Andreia (2009). Reflexões sobre o papel da experiência do juiz na tomada de decisões judiciais. *Julgar*, N. 8, pp. 155-160.

SADEK, Maria Tereza [Coord.] (2006). *Magistrados: uma imagem em movimento*. Rio de Janeiro: Editora FGV.

_______ (2011). Supremo tem exercido ativamente o seu papel político. *Revista Consultor Jurídico*, Seção Direito e Política, 15 dez. 2011. Disponível em: http://www.conjur.com.br/2011-dez-15/supremo-exercido-ativamente-papel-politico. Acesso em: 25 set. 2012.

SAMPAIO, José Adércio Leite (2001). Discurso de legitimidade da jurisdição constitucional e as mudanças legais do regime de constitucionalidade no Brasil. *O controle de constitucionalidade e a Lei nº 9.868/99*. Daniel Sarmento [Org.]. Rio de Janeiro: Lumen Juris, pp. 165-218.

SANCHÍS, Luis Prieto (2005a). *Constitucionalismo y positivismo*. DF (México): Fontanamara.

_______ (2005b). Neoconstitucionalismo y ponderación judicial. *Neoconstitucionalismo(s)*. Miguel Carbonell [Coord.]. 2. ed. Madrid: Editorial Trotta, pp. 123-158.

SARMENTO, Daniel. (2006). *Livres e iguais:* estudos de direito constitucional. Rio de Janeiro: Lumen Juris.

_______ (2006). A ubiqüidade constitucional: os dois lados da moeda. *Revista de Direito do Estado*, N. 2, Rio de Janeiro: Renovar.

_______ (2009a). Interpretação Constitucional, pré-compreensão e capacidade institucional do intérprete. *Vinte anos da Constituição Federal de 1988*. Cláudio Pereira de Souza Neto; Daniel Sarmento e Gustavo Binenbojm [Coords.]. Rio de Janeiro: Lumen Juris.

_______ (2009b). "O neoconstitucionalismo no Brasil: riscos e possibilidades". *Leituras complementares de direito constitucional: teoria da Constituição*. Marcelo Novelino [Org.]. Salvador: JusPodivm, pp. 31-68.

_______ (2012). O Mensalão e os limites da interpretação constitucional. Disponível em: http://www.danielsarmento.com.br/2012/11/o-mensalao-e-os-limites-da-interpretacao-constitucional/. Acesso em: 20 dez. 2012.

SASTRE ARIZA, Santiago. La ciencia jurídica ante el neoconstitucionalismo. *Neoconstitucionalismo(s)*. Miguel Carbonell [Coord.] 2. ed. Madrid: Editorial Trotta, 2005, pp. 239-258.

SCHAUER, Frederick (2008). Is there a psychology of judging?. *The psychology of judicial decision making*. David E. Klein; Gregory Mitchell [eds.]. New York: Oxford University Press. Disponível em: http://ssrn.com/abstract=1015143. Acesso em: 01 jul. 2011.

_______ (2009). *Thinking like a lawyer: A new introduction to legal reasoning*. Cambridge: Harvard University Press.

SCHMIDHAUSER, John R. (1959). The Justices of the Supreme Court: A Collective Portrait. *Midwest Journal of Political Science*, Vol. 3, N. 1, pp. 1-57. Disponível em: http://www.jstor.org/stable/2109285. Acesso em: 31 mar. 2013.

_______ (1962). Stare Decisis, Dissent, and the Background of the Justices of the Supreme Court of the United States. *The University of Toronto Law Journal*, Vol. 14, N. 2, pp. 194-212. Disponível em: http://www.jstor.org/stable/825322. Acesso em: 16 dez. 2012.

SCHMIDT, Vivien A. (2010). Taking ideas and discourse seriously: explaining change through discursive institutionalism as the fourth 'new institutionalism'. *European Political Science Review*, 2:1, p. 1–25. Disponível em: doi:10.1017/S175577390999021X. Acesso em: 18 ago. 2012.

SCHUBERT, Glendon (1965). *The judicial mind: attitudes & ideologies of Supreme Court justices 1946-1963*. Evanston: Northwestern University Press.

SCHWARTSMAN, Hélio (2011). Raciocínio evoluiu por causa de discussões. *Folha de S. Paulo*, São Paulo, 25 Jun. 2011. Ciência, p. C5.

_______ (2013). Cálculo ideológico. *Folha de S. Paulo*, São Paulo, 09 out. 2013, p. A2.

SCHWARZ, Roberto (2009). *Cultura e política*. 3. ed. São Paulo: Paz e Terra.

SEGAL, Jeffrey A. (1999). Supreme Court Deference to Congress: An Examination of the Marksist Model. *Supreme Court decision-making: New institutionalist approaches*. GILLMAN, Howard; CLAYTON, Cornell W. [Edits.]. The University of Chicago Press: Chicago.

SEGAL, Jeffrey A.; COVER, Albert D. (1989). Ideological Values and the Votes of U.S. Supreme Court Justices. *The American Political Science Review*, Vol. 83, No. 2 (Jun., 1989), pp. 557-565. Disponível em: http://www.jstor.org/stable/1962405. Acesso em: 19 abr. 2012.

SEGAL, Jeffrey A.; EPSTEIN, Lee; CAMERON, Charles M.; SPAETH, Harold J. (1995). Ideological Values and the Votes of U.S. Supreme Court Justices Revisited. *The Journal of Politics*, Vol. 57, No. 3 (Aug., 1995), pp. 812-823. Disponível em: http://www.jstor.org/stable/2960194. Acesso em: 04 mar. 2013.

SEGAL, Jeffrey A.; SPAETH, Harold J. (1993). *The Supreme Court and the attitudinal model*. New York: Cambridge University Press.

_______ (1996). The influence of stare decisis on the votes of United States Supreme Court Justices. *American Journal of Political Science*, Vol. 40, N. 4, pp. 971-1003. Disponível em: http://www.jstor.org/stable/2111738. Acesso em: 15 ago. 2008.

_______ (2002). *The Supreme Court and the attitudinal model revisited*. New York: Cambridge University Press.

SEGAL, Jeffrey A.; SPAETH, Harold J.; BENESH, Sara C. (2005). *The Supreme Court in the American legal system*. New York: Cambridge University Press.

SELIGMAN, Felipe (2012). Ministro libera mensalão para ser julgado em agosto. *Folha de S. Paulo*, 27 jun. 2012. Poder, p. A4.

SELIGMAN, Felipe; COUTINHO, Felipe; FALCÃO, Márcio (2012). Perda do mandato de deputado abre nova divergência no STF. *Folha de S. Paulo*, São Paulo, 7 dez. 2012. Poder, p. A4.

SEÑA, Jorge F. Malem (2007). Podem as "más pessoas" ser bons juízes? *Revista Julgar*, n. 2, p. 31-54. Disponível em: https://sites.google.com/site/julgaronline/a-julgar-on-line/autores. Acesso em: 24 set. 2012.

SETTI, Ricardo (2011). Supremo consegue bater recorde de 11 anos e agora tem "apenas" 88 mil processos para julgar. A Corte Suprema dos EUA julga 100 por ano. *Veja*, Brasília, 19 fev. 2011. Disponível em: http://veja.abril.com.br/blog/ricardo-setti/politica-cia/supremo-consegue-bater-recorde-de-11-anos-e-agora-tem-apenas-88-mil-processos-para-julgar-a-corte-suprema-dos-eua-julga-100-por-ano/.

SHAPIRO, David (2008). The Role of Precedent in Constitutional Adjudication: An Introspection. *Texas Law Review*. Vol. 86, N. 5. Disponível em: HTTP://ssrn.com/abstract=1108440; Acesso em: 04 ago. 2012.

SHAPIRO, Fred R. (2000). The most-cited legal scholars. *The Journal of Legal Studies*, Vol. 29, N. S1, pp. 409-426.

SHERWIN, Emily (2010). Features of judicial reasoning. *The psychology of judicial decision making*. David E. Klein; Gregory Mitchell [eds.]. New York: Oxford University Press.

SHESOL, Jeff (2011). Should justices keep their opinions to themselves? *New York Times,* 29 jun. 2011, p. A23. Disponível em: http://www.nytimes.com/2011/06/29/opinion/29shesol.html?pagewanted=all. Acesso em: 11 nov. 2013.

SILVA, Alexandre Garrido da. (2008). Minimalismo, democracia e *expertise*: o Supremo Tribunal Federal diante de questões políticas e científicas complexas. *Revista de Direito do Estado*. Ano 3, N. 12, out.-dez. 2008, pp. 107-142.

SILVA, José Afonso da (1997). *Curso de direito constitucional positivo*. 14. ed. São Paulo: Malheiros.

_______ (2004). *Aplicabilidade das normas constitucionais*. 6. ed. São Paulo: Malheiros.

SILVA, Virgílio Afonso da (2007). "Interpretação constitucional e sincretismo metodológico". *Interpretação constitucional*. Virgílio Afonso da Silva [Org.]. São Paulo: Malheiros, pp. 115-143.

_______ (2010). *Direitos fundamentais: conteúdo essencial, restrições e eficácia*. 2. ed. São Paulo: Malheiros.

_______ (2013a). A emenda e o Supremo. *Valor*, 03 mai. 2013. Disponível em: http://www.advivo.com.br/blog/luisnassif/a-emenda-e-o-supremo-por-virgilio-afonso-da-silva. Acesso em: 31 mai. 2013.

_______ (2013b). Não faz sentido em falar em pizza do mensalão, diz constitucionalista da USP. *Folha de S. Paulo*, São Paulo, 22 set. 2013. Poder. Disponível em: http://www1.folha.uol.com.br/poder/2013/09/1345666-nao-faz-sentido-em-falar-em-pizza-do-mensalao-diz-constitucionalista-da-usp.shtml Acesso em: 22 set. 2013.

SIMON, Dan (2010). In praise of pedantic eclecticism: pitfalls and opportunities in the psychology of judging. *The psychology of judicial decision making*. David E. Klein; Gregory Mitchell [eds.]. New York: Oxford University Press.

SIMON, Dan; KRAWCZYK, Daniel C.; BLEICHER, Airom; HOLYOAK, Keith J. (2008). The transience of constructed preferences. *Journal of Behavioral Decision Making*, 21: 1-14. Disponível em: http://onlinelibrary.wiley.com/doi/10.1002/bdm.575/abstract. Acesso em: 06 dez. 2012.

SISK, Gregory C.; HEISE, Michael; MORRISS, Andrew P. (2004). Searching for the soul of judicial decisionmaking: An empirical study of religious freedom decisions. *Ohio State Law Journal*, Vol. 65, N. 3, pp. 490-614. Disponível em: http://ssrn.com/abstract=486148. Acesso em: 18 jun. 2012.

SMITH, Rogers M. (1988). Political jurisprudence, the "new institutionalism," and the future of public law. *The American Political Science Review*, Vol. 82, N. 1, pp. 89-108. Disponível em: http://www.jstor.org/stable/1958060. Acesso em: 27 mai. 2013.

SONGER, Donald R.; JOHNSON, Susan W. (2007). Judicial decision making in the Supreme Court of Canada: Updating the Personal Attribute Model. *Canadian Journal of Political Science*, 40:4, pp. 911–934. Disponível em: DOI: 10.1017OS0008423907071156. Acesso em: 05 ago. 2012.

SOUZA NETO, Claudio Pereira de; SARMENTO, Daniel (2012). *Direito Constitucional*: Teoria, história e métodos de trabalho. Belo Horizonte: Editora Fórum.

SPAETH, Harold J.; EPSTEIN, Lee; MARTIN, Andrew D.; SEGAL, Jeffrey A., RUGER, Theodore J.; BENESH, Sara C. 2019 Supreme Court Database, Version 2019 Release 01. Disponível em: http://supremecourtdatabase.org.

STONER, James Arthur F. (1961). A comparison of individual and group decisions involving risk. *Massachusetts Institute of Technology*. Disponível em: http://dspace.mit.edu/bitstream/handle/1721.1/11330/33120544.pdf. Acesso em: 28 mai. 2012.

STRAS, David R. (2007). The Supreme Court's Gatekeepers: The Role of Law Clerks in the Certiorari Process. *Texas Law Review*, Vol. 85, pp. 947-997.

STRECK, Lenio Luiz (2006). Os dezoito anos da Constituição do Brasil e as possibilidades de realização dos direitos fundamentais diante dos obstáculos do positivismo jurídico. *Leituras Complementares de Constitucional: Direitos fundamentais*. Marcelo Novelino [Org.]. Salvador: JusPodivm, pp. 1-24.

_______ (2009). *Hermenêutica jurídica e(m) crise: Uma exploração hermenêutica da construção do Direito*. 8. ed. Porto Alegre: Livraria do Advogado.

_______ (2011). *Verdade e consenso: constituição, hermenêutica e teorias discursivas*. 4. ed. São Paulo: Saraiva.

STRECK, Lenio Luiz; OLIVEIRA, Marcelo Andrade Cattoni de; LIMA, Martonio Mont'Alverne Barreto (2008). A nova perspectiva do Supremo Tribunal Federal sobre o controle difuso: Mutação constitucional e limites da legitimidade da jurisdição constitucional. *Revista Argumenta* (Revista do Programa de Mestrado em Ciência Jurídica da Fundinopi), 19:10, 15 jan. 2008, pp. 45-68.

STRUCHINER, Noel (2009). Posturas interpretativas e modelagem institucional: a dignidade (contingente) do formalismo jurídico. *Filosofia e Teoria Constitucional Contemporânea*. Daniel Sarmento [Coord.]. Rio de Janeiro: Lumen Juris.

STUDART, Hugo (2007). A escolha de direito. *IstoÉ Independente*. Edição: 1975, 05 set. 2007. Disponível em: http://www.istoe.com.br/reportagens/2366_A+ESCOLHA+DE+DIREITO. Acesso em: 05 jan. 2013.

SUNSTEIN, Cass R. (2001). *One case at a time: Judicial minimalism on the Supreme Court*. Cambridge: Harvard University Press.

SUNSTEIN, Cass R.; SCHKADE, David; ELLMAN, Lisa M.; SAWICKI, Andres (2006). *Are judges political?: An empirical analysis of the federal judiciary*. Washington, D.C.: Brookings Institution Press.

TAMANAHA, Brian Z. (2004). *On the Rule of Law: history, politics, Theory*. New York: Cambridge University Press.

_______ (2007). How an instrumental view of law corrodes the Rule of Law. *DePaul Law Review*, Vol. 56, pp. 1-51. Disponível em: http://ssrn.com/abstract=951518. Acesso em: 07 dez. 2011.

_______ (2010). *Beyond the formalist-realist divide: The role of politics in judging*. Princeton: Princeton University Press.

TARUFFO, Michele (2001). *Senso comum, experiência e ciência no raciocínio do juiz*. Tradução: Cândido Rangel Dinamarco. Curitiba: IBEJ.

_______ (2007). Il controllo di razionalità della decisione fra logica, retorica e dialettica. *Revista de Processo*. Ano 32, N. 143, Editora RT.

TATE, C. Neal (1981). Personal attribute models of the voting behavior of U.S. Supreme Court justices: Liberalism in civil liberties and economics decisions, 1946-1978. *The American Political Science Review*, Vol. 75, N. 2, pp. 355-367. Disponível em: http://www.jstor.org/stable/1961370. Acesso em: 22 ago. 2012.

TATE, C. Neal; HANDBERG, Roger (1991). Time binding and theory building in personal attribute models of Supreme Court voting behavior, 1916-88. *American Journal of Political Science*, Vol. 35, N. 2, pp. 460-480. Disponível em: http://www.jstor.org/stable/2111371. Acesso em: 06 abr. 2013.

TATE, C. Neal; SITTIWONG, Panu (1989). Decision making in the Canadian Supreme Court: Extending the personal attributes model across nations. *The Journal of Politics*, Vol. 51, N. 4, pp. 900-916. Disponível em: http://www.jstor.org/stable/2131540. Acesso em: 06 abr. 2013.

TATE, C. Neal; VALLINDER, Torbjörn (Edits.) (1995). *The global expansion of judicial power: The judicialization of politics*. New York: New York University Press.

TAYLOR, Matthew M. (2007). O Judiciário e as políticas públicas no Brasil. *DADOS – Revista de Ciências Sociais*, Rio de Janeiro, Vol. 50, N. 2, pp. 229-257.

TOCQUEVILLE, Alexis de (2010). *A democracia na América*. Trad. Neil Ribeiro da Silva. São Paulo: Folha de S. Paulo.

TÓRTIMA, Fernanda Lara (2012). Poder mandar não significa mandei. *O Estado de S. Paulo*, São Paulo, 18 nov. 2012. Notícias. Disponível em: http://www.estadao.com.br/noticias/impresso,poder-mandar-nao-significa-mandei,961758,0.htm. Acesso em: 18 nov. 2012.

TYLER, Tom R. (2006). Psychological perspectives on legitimacy and legitimation. *Annu. Rev. Psychol*. 57:375–400; Disponível em: 10.1146/annurev.psych.57.102904.190038. Acesso em: 01 ago. 2012.

ULMER, S. Sidney (1970). Dissent Behavior and the Social Background of Supreme Court Justices. *The Journal of Politics*, Vol. 32, N. 3, pp. 580-598. Disponível em: http://www.jstor.org/stable/2128832. Acesso em: 25 nov. 2012.

_______ (1973). Social Background as an Indicator to the Votes of Supreme Court Justices in Criminal Cases: 1947-1956 Terms. *American Journal of Political Science*, Vol. 17, N. 3, pp. 622-630. Disponível em: http://www.jstor.org/stable/2110748. Acesso em: 25 nov. 2012.

_______ (1986). Are social background models time-bound? *American Political Science Review*, Vol. 80, N. 3, pp. 957-968. Disponível em: http://www.jstor.org/stable/1960547. Acesso em: 06 abr. 2013.

VAINSENCHER, Semira Adler; FARIAS, Angela Simões de (1997). Júri popular: Algumas possibilidades de condenação ou absolvição. *Revista de Informação Legislativa*, Ano 34, N. 133, jan./mar. 1997, Brasília, pp. 17-22.

VALE, André Rufino do (2013). A deliberação no Supremo Tribunal Federal: Ensaio sobre alguns problemas e perspectivas de análise teórica. *Supremo Tribunal Federal – Constitucionalismo e democracia*. FELLET, André; NOVELINO, Marcelo [Orgs.]. Salvador: Juspodivm, pp. 329-348.

VALE, Osvaldo Trigueiro do (1976). *O Supremo Tribunal Federal e a instabilidade político-institucional*. Rio de Janeiro: Civilização Brasileira.

VANBERG, Georg. (2005). *The Politics of Constitutional Review in Germany*. Cambridge: Cambridge University Press.

VERISSIMO, Marcos Paulo (2008). A Constituição de 1988, vinte anos depois: Suprema Corte e ativismo judicial à brasileira. *Revista Direito GV*, São Paulo 4 [2], jul./dez. 2008, pp. 407-440.

VERMEULE, Adrian (2003). The Judiciary is a they, not an it: two fallacies of interpretive theory. *University of Chicago, Public Law Working Paper N. 49*. Disponível em: http://ssrn.com/abstract=449860. Acesso em: 01 jul. 2011.

VIANNA, Oliveira (1987). *Instituições políticas brasileiras*. Vol. 1. Niterói: Editora da Universidade Federal Fluminense.

VIANNA, Luiz Werneck; BURGOS, Marcelo Baumann; CARVALHO, Maria Alice Rezende de (1999). *A judicialização da política e das relações sociais no Brasil*. Rio de Janeiro: Revan.

VIANNA, Luiz Werneck; BURGOS, Marcelo Baumann; SALLES, Paula Martins (2007). Dezessete anos de judicialização da política. *Tempo Social*, Revista de sociologia da USP, Vol. 19, N. 2, pp. 39-85.

VIANNA, Luiz Werneck; CARVALHO, Maria Alice Rezende; MELO, Manuel Palacios Cunha; BURGOS, Marcelo Baumann (1997). *Corpo e alma da magistratura brasileira*. 3. ed. Rio de Janeiro: Revan.

VIEIRA, Oscar Vilhena (1994). *Supremo Tribunal Federal: jurisprudência política*. São Paulo: Editora Revista dos Tribunais.

_______ (1999). *A Constituição e sua reserva de justiça: um ensaio sobre os limites materiais ao poder reformador*. São Paulo: Malheiros.

_______ (2002). *Supremo Tribunal Federal: jurisprudência política*. 2. ed. São Paulo: Editora Malheiros.

_______ (2009). Supremocracia. *Filosofia e teoria constitucional contemporânea*. Daniel Sarmento [Coord.]. Rio de Janeiro: Lumen Juris, pp. 483-502.

_______ (2010). Quando menos é mais. *O Estado de S. Paulo*, São Paulo, 20 abr. 2010. Opinião. Disponível em: http://www.estadao.com.br/noticias/impresso,quando-menos-e-mais,540633,0.htm. Acesso em: 21 abr. 2010.

VOJVODIC, Adriana de Moraes; MACHADO, Ana Mara França; CARDOSO, Evorah Lusci Costa (2009). Escrevendo um romance, primeiro capítulo: precedentes e processo decisório no STF. *Revista Direito GV*, São Paulo 5(1), jan.-jun. 2009, pp. 21-44.

WALDRON, Jeremy (2008). The concept and the Rule of Law. *NYU School of Law*, Public Law Research Paper N. 08-50, 24 Set. 2008. Disponível em: http://ssrn.com/abstract=1273005. Acesso em: 08 mar. 2012.

WECHSLER, Herbert (1959). Toward Neutral Principles of Constitutional Law. *73 Harv. L. Rev. 1*, nov. 1959.

WHITTINGTON, Keith F. (2003). Legislative Sanctions and the Strategic Environment of Judicial Review. *Oxford University Press and New York University School of Law*. I.CON, Vol. 1, N. 3, pp. 446-474.

WILSON, Bertha (1990). Will Women Judges Really Make a Difference?. *28 Osgood Hall Law Journal*.

WOLFE, Alan (2008). "Hedonic Man". *The New Republic*, pp. 47-55.

WOODRUFF, Judy (2003). Sandra Day O'Connor: The Majesty of the Law. *CNN Exclusive, Interview*. Disponível em: http://articles.cnn.com/2003-05-20/politics/judy.page.oconnor_1_individual-rights-supreme-court-justice-sandra-day-o-connor?_s=PM:ALLPOLITICS.

WRIGHT, Robert (1996). *O animal moral. Porque somos como somos: A nova ciência da psicologia evolucionista.* Tradução: Lia Wyler. Rio de Janeiro: Campus.

WRIGHTSMAN, Lawrence S. (2010). Persuasion in the decision making of U.S. Supreme Court justices. *The psychology of judicial decision making*. David E. Klein; Gregory Mitchell [eds.]. New York: Oxford University Press.

WRÓBLEWSKI, Jerzy (1992). *The judicial application of Law*. Edited by Zenon Bankowski and Neil MacCormick. Kluwer Academic Publishers: The Netherlands.

EDITORA JusPODIVM
www.editorajuspodivm.com.br

RENOVA GRAF
www.renovagraf.com.br

JUS4584